여러분의 합격을 응원하는
해커스공무원 특별 혜택

KB093653

해커스공무원 스타강사의 행정법 무료 특강

해커스공무원(gosi.Hackers.com) 접속 후 로그인 ▶ 상단의 [무료강좌] ▶ [9급/7급 무료특강]에서 이용

* 교재 출간 일정에 맞추어 개설 예정

온라인 단과강의 20% 할인쿠폰

F256DDD5354A7579

해커스공무원의 모든 단과강의를 들을 수 있는 할인쿠폰으로
원하는 강의를 들을 수 있습니다.

해커스공무원(gosi.Hackers.com) 접속 후 로그인 ▶ 상단의 [나의 강의실] 클릭 ▶ 좌측의 [쿠폰등록] 클릭 ▶ 쿠폰번호 입력 후 이용

* 이용기한 : 2022년 12월 31일까지(등록 후 7일간 사용 가능)

해커스 회독증강 5만원 할인쿠폰

76B9E33F75538FC3

회독증강 학습에 최적화된 커리큘럼 및 주간 학습지,
해설강의를 통해 반복 학습을 할 수 있습니다.

해커스공무원(gosi.Hackers.com) 접속 후 로그인 ▶ 상단의 [나의 강의실] 클릭 ▶ 좌측의 [쿠폰등록] 클릭 ▶ 쿠폰번호 입력 후 이용

* 이용기한 : 2022년 12월 31일까지(등록 후 7일간 사용 가능) * 월간 학습지 회독증강 행정학/행정법총론 개별상품은 할인쿠폰 할인대상에서 제외

| 쿠폰 이용 안내 | 1. 쿠폰은 사이트 로그인 후 1회에 한해 등록 가능하며, 최초로 쿠폰을 인증한 후에는 별도의 추가 인증이 필요하지 않습니다.
2. 쿠폰은 현금이나 포인트로 변환 혹은 환불 불가합니다.
3. 기타 쿠폰 관련 문의는 고객센터(1588-4055)로 연락 주시거나 1:1 문의 게시판을 이용해주시기 바랍니다.

2021 최신판

해커스공무원
3개년
최신판례집 행정법총론

해커스공무원

장재혁

약력

연세대학교 법과대학 법학과 졸업
연세대학교 대학원 법학 석사과정
현 | 해커스공무원 행정법 강의
현 | 법무법인 대한중앙 공법 자문위원
현 | 장재혁법학연구소 소장
현 | 한국고시학원, 한국경찰학원 대표강사
전 | 박문각남부학원 대표강사

저서

해커스공무원 3개년 최신판례집 행정법총론, 해커스패스
해커스공무원 실전동형모의고사 장재혁 행정법총론, 해커스패스
해커스군무원 15개년 기출복원문제집 행정법, 해커스패스

`2021 최신판`

해커스공무원

3개년
최신판례집 행정법총론

초판 2쇄 발행 2021년 4월 28일
초판 1쇄 발행 2021년 3월 19일

지은이	장재혁
펴낸곳	해커스패스
펴낸이	해커스공무원 출판팀

주소	서울특별시 강남구 강남대로 428 해커스공무원
고객센터	02-598-5000
교재 관련 문의	gosi@hackerspass.com
	해커스공무원 사이트(gosi.Hackers.com) 교재 Q&A 게시판
	카카오톡 플러스 친구 [해커스공무원강남역], [해커스공무원노량진]
학원 강의 및 동영상강의	gosi.Hackers.com

ISBN	979-11-6662-215-1 (13360)
Serial Number	01-02-01

공무원 시험 합격을 위한 필수 판례집!

최근 공무원 행정법총론 시험은 판례를 묻는 문제가 대부분을 이루고 있습니다.

이에 『2021 해커스공무원 3개년 최신판례집 행정법총론』은 다음과 같은 특징을 가지고 있습니다.

첫째, 공무원 행정법총론 시험에서 출제될 가능성이 높은 3개년 최신판례를 수록하였습니다.

수많은 판례 중에서도 대법원의 기존 입장을 변경하는 판례(전원합의체 판결), 새로운 관점·기준을 제시한 판례, 새로운 사안에 대한 판단을 내린 판례는 출제가능성이 매우 높습니다. 따라서 최근 3년간의 대법원 판례 중 출제가능성이 높은 중요 판례를 수록하였습니다.

둘째, 판례의 핵심 내용을 점검할 수 있는 OX 문제를 수록하였습니다.

최신 판례의 내용과 함께 기존의 판례이론을 다시 점검할 수 있도록 판례의 주요 내용을 OX 문제로 수록하였습니다.

더불어, 공무원 시험 전문 사이트 해커스공무원(gosi.Hackers.com)에서 교재 학습 중 궁금한 점을 나누고 다양한 무료 학습 자료를 함께 이용하여 학습 효과를 극대화할 수 있습니다.

부디 『2021 해커스공무원 3개년 최신판례집 행정법총론』과 함께 공무원 행정법총론 시험 고득점을 달성하고 합격을 향해 한걸음 더 나아가시기를 바랍니다.

『2021 해커스공무원 3개년 최신판례집 행정법총론』이 공무원 합격을 꿈꾸는 모든 수험생 여러분에게 훌륭한 길잡이가 되기를 바랍니다.

장재혁

목차

PART 1   2020년 행정법총론 중요 판례

번호	제목	판례번호	페이지
01	관리처분계획인가처분 취소 ★☆☆	2018두34732	14
02	폐쇄명령처분 취소청구의 소 ★★☆	2019두51499	15
03	교육환경평가 승인반려처분 취소청구의 소 ★★☆	2019두52799	16
04	시정명령 취소청구 ★★☆	2019두38830	17
05	법무사사무원 승인취소처분 무효확인 등 ★★★	2015다34444	18
06	연구개발확인서 발급절차 이행청구의 소 ★★★	2019다264700	20
07	우선협상대상자 지위배제처분 취소 ★★☆	2017두31064	22
08	영업정지처분 취소 ★☆☆	2019두63515	24
09	도선사업면허변경처분 취소 ★★☆	2019두49953	25
10	매매대금 반환 ★☆☆	2018다298409	26
11	정보공개거부처분 취소 ★☆☆	2017두49652	27
12	관세 등 부과처분 취소 ★☆☆	2015두745	28
13	야간건조물침입절도, 병역법 위반, 사기, 점유이탈물횡령, 절도 ★★☆	2017도13409	29
14	손해배상(기) ★★☆	2015다224797	30
15	손해배상(기) ★★☆	2015다233807	31
16	손실보상금 ★★☆	2019두32696	32
17	사업종류변경처분 등 취소청구의 소 ★★☆	2019두61137	33
18	공급자등록취소 무효확인 등 청구 ★★☆	2017두66541	34
19	요양기관 업무정지처분 취소청구 ★★☆	2019두52980	36
20	등록무효(특) ★★☆	2018후11360	37
21	조정반 지정 거부처분 취소 ★★☆	2018두67152	38
22	부당해고 구제 재심판정 취소 ★★★	2019두52386	39
23	조세채권 존재확인 ★★★	2017두41771	40

PART 2 2019년 행정법총론 중요 판례

번호	제목	판례번호	페이지
01	손해배상(기) ★★☆	2017다282438	44
02	표시정지 및 판매정지처분 취소 ★☆☆	2017두45698	45
03	건축신고 반려처분 취소 ★★★	2017두74320	46
04	자동차운전면허취소처분 취소 ★☆☆	2017두59949	48
05	폐쇄명령처분 취소의 소 ★☆☆	2018두34497	49
06	환급금 일부부지급처분 취소 ★★☆	2016두52019	50
07	재산세 등 부과처분 취소 ★★☆	2018두42559	51
08	관세 등 부과처분 취소 ★★☆	2017두63726	52
09	해고무효확인 ★★☆	2015두52531	53
10	이행강제금 부과처분 취소청구의 소 ★★☆	2018두63563	54
11	입회금반환 ★★☆	2018다237473	55
12	폐기물관리법 위반, 국가기술자격법 위반, 사기 ★★☆	2019도3653	56
13	미지급보험급여 부지급처분 취소 ★★☆	2018두42634	57
14	장해급여부지급처분 취소 ★★☆	2015두39897	58
15	유가보조금 반환처분 취소청구 ★★☆	2019두33897	59
16	부당이득 ★★☆	2016두60287	60
17	가설건축물 축조신고 불수리처분 취소 ★☆☆	2017두75606	61
18	폐기물처리시설 설치비용 부담금부과처분 취소 ★★☆	2016두61051	62
19	결혼중개업의 관리에 관한 법률 위반 ★☆☆	2018도7989	63
20	개발행위 불허가처분 취소 ★★☆	2018두40744	64
21	사증발급거부처분 취소 ★★★	2017두38874	65
22	공무원 지위 확인 ★★☆	2013두20011	68
23	설치비지원결정취소처분 등 취소청구의 소 ★★☆	2017두48406	69
24	신용카드 마일리지 청구의 소 ★★☆	2016다276177	70
25	임금 ★★☆	2014두3020 · 2014두3037	72
26	제재처분 취소 ★★☆	2018두52204	73
27	급수공사비 등 부과처분 취소청구의 소 ★★☆	2017두33985	74
28	사업대상자 선정처분 취소 ★★☆	2017두43319	75

목차

번호	제목	판례번호	페이지
29	자동차운전면허취소처분 취소 ★★★	2016두56721 · 2016두56738	76
30	인가공증인 인가신청반려처분 취소청구의 소 ★★★	2018두41907	78
31	사업인정고시 취소 ★★☆	2017두71031	80
32	폐기물처리 종합재활용업 사업계획서 부적합통보처분 취소 ★★☆	2019두45579	82
33	손해배상(기) ★★★	2016다243306	83
34	보상금 청구의 소 ★★☆	2018다284400	84
35	장해등급 결정처분 취소 ★★★	2019두38656	85
36	관리비 ★★☆	2019다208953	86
37	법인세부과처분 취소 ★☆☆	2017두75873	88
38	부당이득금 ★★☆	2018다287287	89
39	종합소득세 부과처분의 무효확인 ★★★	2018다34848	90
40	도로점용허가처분 무효확인 등 ★★★	2018두104	92
41	명예전역선발취소처분 취소 ★★★	2014두40258	94
42	법인세부과처분 취소 ★★☆	2017두38645	96
43	중개사무소의 개설등록 취소처분 취소 ★★★	2017두40372	97
44	청년인턴지원금 반환청구의 소 ★★☆	2018다242451	98
45	고정비 미집행액 회수조치통보 무효확인 등 ★★☆	2018두60588	99
46	개발행위 허가처분 등 취소의 소 ★★☆	2018두47783	100
47	가격조정 명령처분 취소 ★★☆	2016두64975	101
48	명예전역선발취소 무효확인 ★★☆	2016두49808	102
49	정보공개거부처분 취소 ★★☆	2015두46512	103
50	기타 이행강제금 부과처분 취소 ★★☆	2018두42955	104
51	배당이의 ★★☆	2018다272407	105
52	손해배상(기) ★★☆	2019다206933	106
53	관세 등 부과처분 취소 ★★☆	2015두52616	107
54	손해배상(기) ★★☆	2016다258148	108
55	대여금 등 ★★☆	2013다14217	109
56	손해배상 ★★☆	2016다217833	110
57	보험금청구 ★★☆	2017다16174	111
58	손실보상금 ★★★	2019두34982	112

번호	제목	판례번호	페이지
59	공탁금 출급 청구권 확인 ★★☆	2018다277419	113
60	부당이득금 ★★★	2015다49804	114
61	부당이득금 ★★☆	2017다278668	116
62	수용재결 신청청구 거부처분 취소 ★★☆	2018두57865	117
63	보상금 ★★★	2018두227	118
64	수용재결 취소 등 ★★☆	2018두42641	120
65	예방접종 피해보상 거부처분 취소 ★★★	2017두52764	121
66	사업장 직권탈퇴 및 가입자 자격상실처분 취소청구의 소 ★★☆	2016두41729	123
67	경쟁입찰참여자격 제한처분 등 취소 ★★★	2015두46987	124
68	인적사항 공개처분 취소청구 ★★☆	2018두49130	126
69	영업휴업보상 등 ★★★	2019두47629	128
70	신문사업자 지위승계신고수리 및 신문사업변경등록처분 취소 ★★★	2018두47189	129
71	국가연구개발사업 참여제한처분 등 취소 ★☆☆	2018두58431	130
72	시정명령 및 과징금납부명령 취소 ★☆☆	2017두55077	131
73	시정조치 등 취소청구 ★★☆	2013두14726	132
74	퇴역대상자 지위확인 등 ★★☆	2017두62587	134
75	재정지원금 지급 ★★☆	2017두46455	136
76	토지사용동의 의사표시 ★★★	2016다262550	137
77	유족연금수급권 이전대상자 불가통보처분 취소청구의 소 ★★★	2018두46780	138

PART 3   2018년 행정법총론 중요 판례

번호	제목	판례번호	페이지
01	물포발포행위 등 위헌확인 ★★☆	2015헌마476	142
02	입찰참가자격제한처분 취소 ★★☆	2016두57984	143
03	의료기관개설신고 불수리처분 취소 ★★☆	2018두44302	144
04	부정당업자 입찰참가자격제한처분 취소 ★★☆	2018두49390	145
05	자동차운전면허취소처분 취소 ★★☆	2017두67476	146

목차

번호	제목	판례번호	페이지
06	손해배상(기) ★☆☆	2016다33196	147
07	입찰참가자격제한처분 취소청구 ★★☆	2016두33537	148
08	여객자동차운송사업계획변경 인가처분 취소소송 ★★★	2015두53824	149
09	입회보증금반환 등 ★☆☆	2016다220143	151
10	사업계획변경승인처분 취소 ★★☆	2016두45158	152
11	가축분뇨의 관리 및 이용에 관한 법률 위반, 공무상 표시무효, 모욕 ★★☆	2015도18284	153
12	전역처분 등 취소 ★★☆	2012두26401	154
13	퇴학처분 취소 ★★☆	2016두60591	156
14	건축허가신청불허가처분 취소 ★★☆	2015두47737	157
15	폐업신고수리취소거부처분 취소청구의 소 ★★☆	2018두33593	158
16	가설건축물 존치기간 연장신고 반려처분 취소 등 ★★★	2015두35116	159
17	댄스스포츠 학원의 설립·운영 등록신청의 반려처분 취소청구 ★☆☆	2015두48655	160
18	학원등록거부처분 등 취소 ★★☆	2013두15774	161
19	감면신청 기각처분 취소 ★★☆	2016두45783	162
20	정교사 1급 자격증 발급신청거부처분 취소 ★★☆	2015두40248	164
21	여객자동차운송사업 휴업허가신청 거부처분 취소 등 ★★☆	2017두51501	165
22	과징금부과처분 등 취소청구의 소 ★★☆	2016두40207	166
23	귀화불허결정 취소 ★★★	2016두31616	167
24	특허권 존속기간연장신청 불승인처분 취소청구 ★★☆	2014두37702	168
25	시정명령 및 과징금납부명령 취소 ★★☆	2016두49044	169
26	시정명령 등 취소 ★★★	2015두44028	170
27	과징금부과처분 취소 ★★☆	2016두48737	172
28	농지보전부담금 부과처분 취소 ★★☆	2018두43095	173
29	임대주택건설 사업계획승인처분 취소 ★★★	2016두38792	174
30	사업계획승인 취소처분 취소 등 ★★☆	2017두48734	176
31	부당이득금 ★★☆	2017다242409	177
32	평가인증취소처분 취소 ★★☆	2015두58195	178
33	수용재결 취소 등 ★★☆	2016두48416	179
34	퇴교처분 취소 ★★★	2016두33339	180
35	이행강제금부과 취소 ★☆☆	2017두66633	181

번호	제목	판례번호	페이지
36	임용제청거부처분 취소 등 ★★★	2016두57564	182
37	개인정보 보호법 위반 ★☆☆	2015도16508	184
38	정보공개거부처분 취소청구의 소 ★★★	2014두5477	185
39	정보공개거부처분 취소 ★★★	2017두69892	186
40	출입국관리법 제63조 제1항 위헌제청 ★★☆	2017헌가29	187
41	특수공무집행방해 ★★☆	2016도19417	188
42	의료기기법 위반 ★★☆	2015도10388	190
43	가산세부과처분 취소 ★★☆	2016두53180	191
44	종합소득세 부과처분 취소 ★★★	2018두128	192
45	관세 등 부과처분 취소 ★☆☆	2015두56120	194
46	손해배상(기) ★★☆	2016다266736	195
47	보상금증액 ★★★	2014두11601	197
48	손실보상금증액 ★★☆	2017두33978	198
49	보상금증액 ★★☆	2017두61799	199
50	토지수용보상금 등 증액 ★★★	2015두4044	200
51	잔여지가치하락 손실보상금 청구 ★☆☆	2017두68370	201
52	손실보상금 증액 등 ★★☆	2017두41221	202
53	종합쇼핑몰 거래정지처분 취소 ★★☆	2015두52395	203
54	가산금 반환 ★★☆	2016두50990	204
55	기타(명백한 잘못의 정정신청에 대한 결정 취소) ★★☆	2016두45745	205
56	교장임용거부처분 무효확인의 소 ★★★	2015두47492	206
57	부작위위법확인 ★★★	2017두47465	207
58	징계처분 등 ★★★	2014두35379	208
59	개발제한구역행위(건축)허가 취소 ★★★	2015두3485	209
60	사증발급거부처분 취소 ★★☆	2014두42506	210
61	대여장비 및 미납시청료 반환 ★★☆	2017마1332	212
62	유상매수 의무부존재 확인 ★★★	2015다221569	213
63	집행정지 ★★★	2018무600	214
64	생활폐기물 수집운반 및 가로청소대행 용역비 반납처분 취소 ★★★	2014두11328	215
65	교원소청심사위원회 결정 취소 ★★★	2017두74702	216

이 책의 구성 및 판례 가이드

이 책의 구성

① **행정법총론 중요 판례**
행정법총론 중요 판례를 연도별로 구분한 후, 단원 순서에 따라 배치하였습니다.

② **시험 출제 가능성에 따라 중요도 ★ 표시**
시험 출제 가능성이 높은 판례를 파악할 수 있도록 ★부터 ★★★까지 세 단계로 중요도를 표시하였습니다.

③ **핵심 내용에 밑줄 표시**
긴 판례의 내용 중 시험에 나올 수 있는 핵심 내용을 한 눈에 확인할 수 있도록 밑줄로 표시하였습니다.

④ **확인 OX**
판례 내용이 실제 시험에서는 어떻게 출제될지 확인하고 이에 맞추어 시험을 준비할 수 있도록 판례의 주요 내용을 OX 문제로 수록하였습니다.

판례 가이드

1. 판례를 찾는 방법

우리나라 법원은 판결문을 온라인 사이트를 통해 공개하고 있습니다. 사이트에 다수의 판례가 업로드 되어 있으며, 업로드 되지 않은 판례라면 신청을 통해 판결문을 전달받아 볼 수도 있습니다. 다만, 법원에서는 원하는 주제의 판례를 찾아주는 서비스까지는 제공하지 않기 때문에 판례번호나 주요 단어를 검색하는 방법 등으로 필요한 판례를 검색해볼 수 있답니다. 행정법총론을 학습하면서 판례에 대하여 자세히 알고 싶다면 직접 검색해보세요!

판결문을 제공하는 사이트 정보

구분	제공하는 정보	사이트 주소
국가법령정보센터	판결문, 법령	https://www.law.go.kr
종합법률정보	판결문, 법령	https://glaw.scourt.go.kr
헌법재판정보	헌법재판결정문	https://search.ccourt.go.kr

2. 판례번호의 의미

재판을 선고한 날짜   판결/결정 구분

대법원 2001.1.5., 선고, 98다39060, 판결

재판을 담당한 법원   판례번호

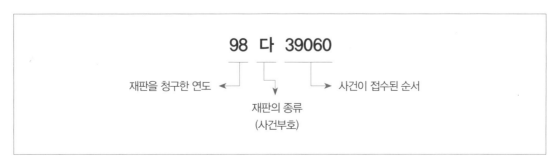

98 다 39060

재판을 청구한 연도 ←   → 사건이 접수된 순서

재판의 종류
(사건부호)

PART 1

2020년
행정법총론 중요 판례

제1편 행정법통론

제2편 일반행정작용법

제3편 행정절차, 개인정보 보호와 행정정보공개

제4편 행정의 실효성 확보수단

제5편 행정구제법 Ⅰ

제6편 행정구제법 Ⅱ

01 관리처분계획인가처분 취소 2018두34732 ★☆☆

[1] 조합의 총회는 재건축정비사업조합의 최고의사결정기관이고 정관 변경이나 관리처분계획의 수립·변경은 총회의 결의사항이므로, 조합의 총회는 상위법령과 정관이 정한 바에 따라 새로운 총회결의로써 종전 총회결의의 내용을 철회하거나 변경할 수 있는 자율성과 형성의 재량을 가진다. 구 도시 및 주거환경정비법(2016.1.27. 법률 제13912호로 개정되기 전의 것, 이하 '구 도시정비법'이라 한다)은 '재건축정비사업조합이 조합의 비용부담에 관한 정관을 변경하고자 하는 경우에는 제16조 제2항의 규정에도 불구하고 조합원 3분의 2 이상의 동의를 얻어 시장·군수의 인가를 받아야 한다'고 규정(제20조 제3항, 제1항 제8호)하고, '총회의 소집절차·시기 및 의결방법 등에 관하여는 정관으로 정한다'고 규정(제24조 제6항)하고 있으므로, 조합의 정관이 조합의 비용부담 등에 관한 총회의 소집절차나 의결방법에 대하여 상위법령인 구 도시정비법이 정한 것보다 더 엄격한 조항을 두지 않은 이상 조합의 비용부담에 관한 정관을 변경하고자 하는 총회결의에는 조합원 3분의 2 이상의 의결정족수가 적용되고, 변경되는 정관의 내용이 상가 소유자 등 특정 집단의 이해관계에 직접적인 영향을 미치는 경우라 할지라도 구 도시정비법 제16조 제2항이 적용되거나 유추적용된다고 볼 수는 없다.

[2] 단체의 총회에 소집공고 등 절차상 하자가 있더라도 구성원들의 총회 참여에 어떠한 지장도 없었다면 그와 같은 절차상 하자는 경미한 것이어서 총회결의는 유효하다.

[3] 신뢰보호의 원칙은 행정청이 공적인 견해를 표명할 당시의 사정이 그대로 유지됨을 전제로 적용되는 것이 원칙이므로, 사후에 그와 같은 사정이 변경된 경우에는 그 공적 견해가 더 이상 개인에게 신뢰의 대상이 된다고 보기 어려운 만큼, 특별한 사정이 없는 한 행정청이 그 견해표명에 반하는 처분을 하더라도 신뢰보호의 원칙에 위반된다고 할 수 없다.
한편 재건축조합에서 일단 내부 규범이 정립되면 조합원들은 특별한 사정이 없는 한 그것이 존속하리라는 신뢰를 가지게 되므로, 내부 규범 변경을 통해 달성하려는 이익이 종전 내부 규범의 존속을 신뢰한 조합원들의 이익보다 우월해야 한다. 조합 내부 규범을 변경하는 총회결의가 신뢰보호의 원칙에 위반되는지를 판단하기 위해서는, 종전 내부 규범의 내용을 변경하여야 할 객관적 사정과 필요가 존재하는지, 그로써 조합이 달성하려는 이익은 어떠한 것인지, 내부 규범의 변경에 따라 조합원들이 침해받은 이익은 어느 정도의 보호가치가 있으며 침해 정도는 어떠한지, 조합이 종전 내부 규범의 존속에 대한 조합원들의 신뢰 침해를 최소화하기 위하여 어떤 노력을 기울였는지 등과 같은 여러 사정을 종합적으로 비교·형량해야 한다(대판 2020.6.25, 2018두34732).

🏛 확인 OX

01 행정절차
단체의 총회에 소집공고 등 절차상 하자가 있다면 구성원들의 총회 참여에 어떠한 지장도 없었다 하더라도 그 총회결의는 위법하여 취소를 면할 수 없다. 예상 ( )

02 신뢰보호의 원칙
신뢰보호의 원칙은 행정청이 공적인 견해를 표명할 당시의 사정이 그대로 유지됨을 전제로 적용되는 것이 원칙이므로, 사후에 그와 같은 사정이 변경된 경우에는 그 공적 견해가 더 이상 개인에게 신뢰의 대상이 된다고 보기 어려운 만큼, 특별한 사정이 없는 한 행정청이 그 견해표명에 반하는 처분을 하더라도 신뢰보호의 원칙에 위반된다고 할 수 없다. 예상 ( )

정답 01 × 02 ○

[1] 구 국토이용관리법 시행령(2002.12.26. 대통령령 제17816호로 폐지) 제14조 제1항 제1호에 따르면, 준농림지역 안에서는 특정대기유해물질 배출시설의 설치가 금지되었기 때문에, 그 범위에서 특정대기유해물질이 발생하는 공장시설을 설치하여 운영하려는 자의 직업수행의 자유, 준농림지역 안에서 토지나 건물을 소유하고 있는 자의 재산권이 제한받을 수 있다. 그러나 위 규정이 헌법 제37조 제2항의 과잉금지원칙을 위반하였다고 볼 수는 없다.

[2] 준농림지역(이후 자연녹지지역으로 변경)에서 레미콘 공장을 설립하여 운영하던 갑 주식회사가 아스콘 공장을 추가로 설립하기 위하여 관할 시장으로부터 공장설립 변경승인을 받고 아스콘 공장 증설에 따른 대기오염물질 배출시설 설치 변경신고를 마친 다음 아스콘 공장을 운영하였는데, 위 공장에 대하여 실시한 배출검사에서 대기환경보전법상 특정대기유해물질에 해당하는 포름알데히드 등이 검출되자 시장이 자연녹지지역 안에서 허가받지 않은 특정대기유해물질 배출시설을 설치·운영하였다는 사유로 대기환경보전법 제38조 단서에 따라 위 공장의 대기오염물질 배출시설 및 방지시설을 폐쇄하라는 명령을 한 사안에서, 위 공장설립 당시의 관계 법령에 따르면 준농림지역 안에서 특정대기유해물질이 발생하는 위 공장의 설치가 금지되어 있었고, <u>위 공장은 국토의 계획 및 이용에 관한 법률 시행령 제71조 제1항 제16호 [별표 17] 제2호 (차)목에 따라 처분 당시 변경된 자연녹지지역에 설치가 금지된 경우에 해당하므로 대기환경보전법 제38조 단서에 따른 폐쇄명령의 대상이며, 공장설립 당시에 갑 회사가 위 공장에서 특정대기유해물질은 배출되지 않고 토석의 저장·혼합 및 연료 사용에 따라 먼지와 배기가스만 배출될 것이라는 전제에서 허위이거나 부실한 배출시설 및 방지시설 설치 계획서를 제출하였으므로 시장이 만연히 갑 회사의 계획서를 그대로 믿은 데에 과실이 있더라도, 시장의 착오는 갑 회사가 유발한 것이므로, 위 공장에 대하여 특정대기유해물질 관련 규제가 적용되지 않으리라는 갑 회사의 기대는 보호가치가 없다는 등의 이유로, 위 처분이 신뢰보호원칙, 행정의 자기구속 법리, 실효의 원칙에 위배되지 않는다고 본 원심판단을 수긍한</u> 사례(대판 2020.4.9, 2019두51499).

🏛 **확인 OX**

01 신뢰보호의 성립요건

준농림지역에서 레미콘 공장을 설립하여 운영하던 甲 주식회사가 아스콘 공장을 추가로 설립하기 위하여 관할 시장으로부터 공장설립 변경승인을 받고 아스콘 공장 증설에 따른 대기오염물질 배출시설 설치 변경신고를 마친 다음 아스콘 공장을 운영하였는데, 위 공장에 대하여 실시한 배출검사에서 대기환경보전법상 특정대기유해물질에 해당하는 포름알데히드 등이 검출되자 시장이 자연녹지지역 안에서 허가받지 않은 특정대기유해물질 배출시설을 설치·운영하였다는 사유로 대기환경보전법 제38조 단서에 따라 위 공장의 대기오염물질 배출시설 및 방지시설을 폐쇄하라는 명령을 한 것은 신뢰보호의 원칙에 위배되지 않는다. 예상 ( )

정답 0 10 믕앙

[1] 교육환경 보호에 관한 법률 제9조 제27호는 교육환경보호구역에서의 금지행위 및 시설로 '공중위생관리법 제2조 제1항 제2호에 따른 숙박업 및 관광진흥법 제3조 제1항 제2호 (가)목에 따른 호텔업'을 규정하고 있다. 공중위생관리법 제2조 제1항 제2호는 '숙박업'을 '손님이 잠을 자고 머물 수 있도록 시설 및 설비 등의 서비스를 제공하는 영업'이라고 정의하고 있고, 같은 조 제2항의 위임에 따른 공중위생관리법 시행령 제4조 제1호는 숙박업을 취사시설 포함 여부에 따라 '일반숙박업'과 '생활숙박업'으로 세분하고 있다. 관광진흥법 제3조 제1항 제2호는 관광숙박업을 '호텔업'과 '휴양 콘도미니엄업'으로 나누면서, 휴양 콘도미니엄업을 '관광객의 숙박과 취사에 적합한 시설을 갖추어 이를 그 시설의 회원이나 공유자, 그 밖의 관광객에게 제공하거나 숙박에 딸리는 음식 · 운동 · 오락 등에 적합한 시설 등을 함께 갖추어 이용하게 하는 업'이라고 정의하고 있다.

교육환경 보호에 관한 법률 제9조 제27호는 학생들의 주요 활동공간인 학교 주변의 일정 지역을 최소한의 범위에서 교육환경보호구역으로 설정하여 쾌적한 학교환경을 조성함으로써 청소년들이 건전하고 조화로운 인격을 형성할 수 있게 하고, 교육환경보호구역 안에서 숙박업을 못하게 함으로써 숙박시설 안에서 은밀하게 이루어질 수 있는 윤락행위 또는 음란행위, 음란한 물건의 유통, 도박 등의 사행행위 등으로 인한 각종 유해환경으로부터 학생들을 차단 · 보호하여 학생들의 건전한 육성과 학교 교육의 능률화를 기하고자 하는 것이다.

위와 같은 관련 규정들의 내용과 체계에 위 법률조항의 입법 취지를 종합하면, 휴양 콘도미니엄업은 위 법률조항에서 교육환경보호구역에서의 금지행위 및 시설로 규정한 '공중위생관리법 제2조 제1항 제2호에 따른 숙박업'에 해당한다고 보아야 한다.

[2] 갑 주식회사가 교육환경보호구역에 해당하는 사업부지에 콘도미니엄을 신축하기 위하여 교육환경평가승인신청을 한 데 대하여, 관할 교육지원청 교육장이 갑 회사에 '관광진흥법 제3조 제1항 제2호 (나)목에 따른 휴양 콘도미니엄업이 교육환경 보호에 관한 법률에 따른 금지행위 및 시설로 규정되어 있지는 않으나 성매매 등에 대한 우려를 제기하는 민원에 대한 구체적인 예방대책을 제시하시기 바람'이라고 기재된 보완요청서를 보낸 후 교육감으로부터 '콘도미니엄업에 관하여 교육환경보호구역에서 금지되는 행위 및 시설에 관한 교육환경 보호에 관한 법률(이하 '교육환경법'이라 한다) 제9조 제27호를 적용하라'는 취지의 행정지침을 통보받고 갑 회사에 교육환경평가승인신청을 반려하는 처분을 한 사안에서, 교육장이 보완요청서에서 '휴양 콘도미니엄업이 교육환경법 제9조 제27호에 따른 금지행위 및 시설로 규정되어 있지 않다'는 의견을 밝힌 바 있으나, 이는 교육장이 최종적으로 교육환경평가를 승인해 주겠다는 취지의 공적 견해를 표명한 것이라고 볼 수 없고 오히려 수차례에 걸쳐 갑 회사에 보낸 보완요청서에 의하면 현 상태로는 교육환경평가승인이 어렵다는 취지의 견해를 밝힌 것에 해당하는 점, 갑 회사는 사업 준비단계에서 휴양 콘도미니엄업을 계획하고 교육장의 보완요청에 따른 추가 검토를 진행한 정도에 불과하여 위 처분으로 침해받는 갑의 이익이 그다지 크다고 보기 어려운 반면 교육환경보호구역에서 휴양 콘도미니엄이 신축될 경우 학생들의 학습권과 교육환경에 미치는 부정적 영향이 매우 큰 점 등에 비추어, <u>위 처분은 신뢰의 대상이 되는 교육장의 공적 견해표명이 있었다고 보기 어렵고, 교육장의 교육환경평가승인이 공익 또는 제3자의 정당한 이익을 현저히 해할 우려가 있는 경우에 해당하므로 신뢰보호원칙에 반하지 않는다고 한 사례</u>(대판 2020.4.29, 2019두52799).

🏛 확인 OX

01 신뢰보호의 원칙(공적 견해표명)
甲 주식회사가 교육환경보호구역에 해당하는 사업부지에 콘도미니엄을 신축하기 위하여 교육환경평가승인신청을 한 데 대하여, 관할 교육지원청 교육장이 甲 회사에 관광진흥법상 휴양 콘도미니엄업이 교육환경 보호에 관한 법률에 따른 금지행위 및 시설로 규정되어 있지는 않다는 의견을 밝힌 것은 교육환경평가를 승인해주겠다는 취지의 공적 견해를 표명한 것이라고 볼 수 있다. 예상 (   )

정답 01 ×

[1] 식품위생법 제39조 제1항, 제3항에 의한 영업양도에 따른 지위승계 신고를 행정청이 수리하는 행위는 단순히 양도·양수인 사이에 이미 발생한 사법상의 영업양도의 법률효과에 의하여 양수인이 그 영업을 승계하였다는 사실의 신고를 접수하는 행위에 그치는 것이 아니라, 양도자에 대한 영업허가 등을 취소함과 아울러 양수자에게 적법하게 영업을 할 수 있는 지위를 설정하여 주는 행위로서 영업허가자 등의 변경이라는 법률효과를 발생시키는 행위이다. 따라서 양수인은 영업자 지위승계 신고서에 해당 영업장에서 적법하게 영업을 할 수 있는 요건을 모두 갖추었다는 점을 확인할 수 있는 소명자료를 첨부하여 제출하여야 하며(식품위생법 시행규칙 제48조 참조), 그 요건에는 신고 당시를 기준으로 해당 영업의 종류에 사용할 수 있는 적법한 건축물(점포)의 사용권원을 확보하고 식품위생법 제36조에서 정한 시설기준을 갖추어야 한다는 점도 포함된다.

<u>영업장 면적이 변경되었음에도 그에 관한 신고의무가 이행되지 않은 영업을 양수한 자 역시 그와 같은 신고의무를 이행하지 않은 채 영업을 계속한다면 시정명령 또는 영업정지 등 제재처분의 대상이 될 수 있다.</u>

[2] 건축법 제2조 제2항, 제19조 제2항 제1호, 건축법 시행령 제3조의5 및 [별표 1] 제4호 (자)목, 제14조 제5항에 따르면, 일반음식점은 건축물의 용도가 제2종 근린생활시설이어야 하고, 단독주택(주거업무시설군)에 속하는 건축물의 용도를 제2종 근린생활시설(근린생활시설군)로 변경하려면 시장 등의 허가를 받아야 한다. 따라서 일반음식점영업을 하려는 자는 용도가 제2종 근린생활시설인 건축물에 영업장을 마련하거나, 제2종 근린생활시설이 아닌 건축물의 경우 그 건축물의 용도를 제2종 근린생활시설로 변경하는 절차를 거쳐야 한다. 미리 이러한 건축물 용도변경절차를 거치지 않은 채 단독주택에서 일반음식점영업을 하는 것은 현행 식품위생법과 건축법하에서는 허용될 수 없다 (대판 2020.3.26, 2019두38830).

🏛 확인 OX

01 공권·공의무의 승계
영업장 면적이 변경되었음에도 그에 관한 신고의무가 이행되지 않은 영업을 양수한 자 역시 그와 같은 신고의무를 이행하지 않은 채 영업을 계속한다면 시정명령 또는 영업정지 등 제재처분의 대상이 될 수 있다. 예상 ( )

○ 정답 ○

05 | 법무사사무원 승인취소처분 무효확인 등 2015다34444 ★★★

[1] 항고소송의 대상인 '처분'이란 행정청이 행하는 구체적 사실에 관한 법집행으로서의 공권력의 행사 또는 그 거부와 그 밖에 이에 준하는 행정작용(행정소송법 제2조 제1항 제1호)을 말한다. 행정청의 행위가 항고소송의 대상이 될 수 있는지는 추상적·일반적으로 결정할 수 없고, 구체적인 경우에 관련 법령의 내용과 취지, 행위의 주체·내용·형식·절차, 행위와 상대방 등 이해관계인이 입는 불이익 사이의 실질적 견련성, 법치행정의 원리와 행위에 관련된 행정청이나 이해관계인의 태도 등을 고려하여 개별적으로 결정하여야 한다. 또한 어떠한 처분에 법령상 근거가 있는지, 행정절차법에서 정한 처분절차를 준수하였는지는 본안에서 당해 처분이 적법한가를 판단하는 단계에서 고려할 요소이지, 소송요건 심사단계에서 고려할 요소가 아니다.

[2] 불이익처분의 상대방은 직접 개인적 이익의 침해를 받은 자로서 원고적격이 인정된다. 행정처분의 직접 상대방이 아닌 자 하더라도 행정처분의 근거 법규 또는 관련 법규에 의하여 개별적·직접적·구체적으로 보호되는 이익이 있는 경우 처분의 취소를 구할 원고적격이 인정된다.

[3] 행정소송법상 항고소송으로 제기하여야 할 사건을 민사소송으로 잘못 제기한 경우에 수소법원이 항고소송에 대한 관할도 동시에 가지고 있다면, 전심절차를 거치지 않았거나 제소기간을 도과하는 등 항고소송으로서의 소송요건을 갖추지 못했음이 명백하여 항고소송으로 제기되었더라도 어차피 부적법하게 되는 경우가 아닌 이상, 원고로 하여금 항고소송으로 소 변경을 하도록 석명권을 행사하여 행정소송법이 정하는 절차에 따라 심리·판단하여야 한다.

[4] 법무사의 사무원 채용승인 신청에 대하여 소속 지방법무사회가 '채용승인을 거부'하는 조치 또는 일단 채용승인을 하였으나 법무사규칙 제37조 제6항을 근거로 '채용승인을 취소'하는 조치는 공법인인 지방법무사회가 행하는 구체적 사실에 관한 법집행으로서 공권력의 행사 또는 그 거부에 해당하므로 항고소송의 대상인 '처분'이라고 보아야 한다. 구체적인 이유는 다음과 같다.

법무사가 사무원을 채용하기 위하여 지방법무사회의 승인을 받도록 한 것은, 그 사람이 법무사법 제23조 제2항 각 호에서 정한 결격사유에 해당하는지 여부를 미리 심사함으로써 법무사 사무원의 비리를 예방하고 법무사 직역에 대한 일반국민의 신뢰를 확보하기 위함이다. 법무사 사무원 채용승인은 본래 법무사에 대한 감독권한을 가지는 소관 지방법원장에 의한 국가사무였다가 지방법무사회로 이관되었으나, 이후에도 소관 지방법원장은 지방법무사회로부터 채용승인 사실의 보고를 받고 이의신청을 직접 처리하는 등 지방법무사회의 업무수행 적정성에 대한 감독을 하고 있다. 또한 법무사가 사무원 채용에 관하여 법무사법이나 법무사규칙을 위반하는 경우에는 소관 지방법원장으로부터 징계를 받을 수 있으므로, 법무사에 대하여 지방법무사회로부터 채용승인을 얻어 사무원을 채용할 의무는 법무사법에 의하여 강제되는 공법적 의무이다.

이러한 법무사 사무원 채용승인 제도의 법적 성질 및 연혁, 사무원 채용승인 거부에 대한 불복절차로서 소관 지방법원장에게 이의신청을 하도록 제도를 규정한 점 등에 비추어 보면, 지방법무사회의 법무사 사무원 채용승인은 단순히 지방법무사회와 소속 법무사 사이의 내부 법률문제라거나 지방법무사회의 고유사무라고 볼 수 없고, 법무사 감독이라는 국가사무를 위임받아 수행하는 것이라고 보아야 한다. 따라서 지방법무사회는 법무사 감독 사무를 수행하기 위하여 법률에 의하여 설립과 법무사의 회원 가입이 강제된 공법인으로서 법무사 사무원 채용승인에 관한 공권력 행사의 주체라고 보아야 한다.

[5] 지방법무사회가 법무사의 사무원 채용승인 신청을 거부하거나 채용승인을 얻어 채용 중인 사람에 대한 채용승인을 취소하면, 상대방인 법무사로서도 그 사람을 사무원으로 채용할 수 없게 되는 불이익을 입게 될 뿐만 아니라, 그 사람도 법무사 사무원으로 채용되어 근무할 수 없게 되는 불이익을 입게 된다. 법무사규칙 제37조 제4항이 이의신

청 절차를 규정한 것은 채용승인을 신청한 법무사뿐만 아니라 사무원이 되려는 사람의 이익도 보호하려는 취지로 볼 수 있다. 따라서 지방법무사회의 사무원 채용승인 거부처분 또는 채용승인 취소처분에 대해서는 처분 상대방인 법무사뿐만 아니라 그 때문에 사무원이 될 수 없게 된 사람도 이를 다툴 원고적격이 인정되어야 한다.

[6] 법률 하위의 법규명령은 법률에 의한 위임이 없으면 개인의 권리·의무에 관한 내용을 변경·보충하거나 법률이 규정하지 아니한 새로운 내용을 정할 수는 없지만, 법률의 시행령이나 시행규칙의 내용이 모법의 입법 취지와 관련 조항 전체를 유기적·체계적으로 살펴보아 모법의 해석상 가능한 것을 명시한 것에 지나지 아니하거나 모법 조항의 취지에 근거하여 이를 구체화하기 위한 것인 때에는 모법의 규율 범위를 벗어난 것으로 볼 수 없으므로, 모법에 이에 관하여 직접 위임하는 규정을 두지 아니하였다고 하더라도 이를 무효라고 볼 수는 없다.

[7] '소속 지방법무사회는 법무사 사무원이 법무사 사무원으로서의 업무수행에 지장이 있다고 인정되는 행위를 하였을 경우에는 그 채용승인을 취소하여야 한다'고 규정한 법무사규칙 제37조 제6항 후단 부분이 모법인 법무사법 제23조 제4항의 위임 범위를 일탈한 것이어서 법률유보원칙에 위배되는지 문제 된 사안에서, 법무사법 제23조 제4항이 변동하는 사회경제 상황에 대처하여 탄력적으로 대응할 수 있도록 법무사 사무원 채용에 관하여 대법원규칙으로 구체화할 사항을 폭넓게 위임하고 있는 점, 위 규칙조항에 다소 추상적인 면이 있더라도 법무사 사무원 채용승인 제도의 입법 목적인 법무사 사무의 공익성·전문성 확보를 위하여 필요하고 법관의 법해석작용을 통하여 그 의미가 구체화·명확화될 수 있는 점 등을 고려하면, 위 규칙조항이 모법의 위임 범위를 일탈한 것으로 볼 수 없다고 한 원심판단을 수긍한 사례(대판 2020.4.9, 2015다34444).

📖 확인 OX

01 취소소송 절차
행정소송법상 항고소송으로 제기하여야 할 사건을 민사소송으로 잘못 제기한 경우에 수소법원이 항고소송에 대한 관할도 동시에 가지고 있다면, 전심절차를 거치지 않았거나 제소기간을 도과하는 등 항고소송으로서의 소송요건을 갖추지 못했음이 명백하여 항고소송으로 제기되었더라도 어차피 부적법하게 되는 경우가 아닌 이상, 원고로 하여금 항고소송으로 소 변경을 하도록 석명권을 행사하여 행정소송법이 정하는 절차에 따라 심리·판단하여야 한다. 예상　　　　　　　( )

02 소송요건(대상적격)
법무사의 사무원 채용승인 신청에 대하여 소속 지방법무사회가 채용승인을 거부하는 조치 또는 일단 채용승인을 하였으나 법무사규칙을 근거로 채용승인을 취소하는 조치는 공법인인 지방법무사회가 행하는 구체적 사실에 관한 법집행으로서 공권력의 행사 또는 그 거부에 해당하므로 항고소송의 대상인 처분이라고 보아야 한다. 예상　　　　　　　( )

03 소송요건(원고적격)
지방법무사회의 사무원 채용승인 거부처분 또는 채용승인 취소처분에 대해서는 처분 상대방인 법무사뿐만 아니라 그 때문에 사무원이 될 수 없게 된 사람도 이를 다툴 원고적격이 인정되어야 한다. 예상　　　　　　　( )

04 법규명령
법률 하위의 법규명령은 법률에 의한 위임이 없으면 법률이 규정하지 아니한 새로운 내용을 정할 수는 없지만 개인의 권리·의무에 관한 내용을 변경·보충할 수는 있다. 예상　　　　　　　( )

정답 01 ○ 02 ○ 03 ○ 04 ×

[1] 항고소송의 대상인 '처분'이란 "행정청이 행하는 구체적 사실에 관한 법집행으로서의 공권력의 행사 또는 그 거부와 그 밖에 이에 준하는 행정작용"(행정소송법 제2조 제1항 제1호)을 말한다. 행정청의 행위가 항고소송의 대상이 될 수 있는지는 추상적·일반적으로 결정할 수 없고, 구체적인 경우에 관련 법령의 내용과 취지, 그 행위의 주체·내용·형식·절차, 그 행위와 상대방 등 이해관계인이 입는 불이익 사이의 실질적 견련성, 법치행정의 원리와 그 행위에 관련된 행정청이나 이해관계인의 태도 등을 고려하여 개별적으로 결정하여야 한다. 또한 어떠한 처분에 법령상 근거가 있는지, 행정절차법에서 정한 처분절차를 준수하였는지는 본안에서 당해 처분이 적법한가를 판단하는 단계에서 고려할 요소이지, 소송요건 심사단계에서 고려할 요소가 아니다.

[2] 항고소송에서 처분의 위법 여부는 특별한 사정이 없는 한 그 처분 당시를 기준으로 판단하여야 한다. 이는 신청에 따른 처분의 경우에도 마찬가지이다. 새로 개정된 법령의 경과규정에서 달리 정함이 없는 한, 처분 당시에 시행되는 개정 법령과 그에서 정한 기준에 의하여 신청에 따른 처분의 발급 여부를 결정하는 것이 원칙이고, 그러한 개정 법령의 적용과 관련하여서는 개정 전 법령의 존속에 대한 국민의 신뢰가 개정 법령의 적용에 관한 공익상의 요구보다 더 보호가치가 있다고 인정되는 경우에 그러한 국민의 신뢰를 보호하기 위하여 그 적용이 제한될 수 있는 여지가 있을 따름이다.

[3] 행정소송법상 항고소송으로 제기하여야 할 사건을 민사소송으로 잘못 제기한 경우에 수소법원이 그 항고소송에 대한 관할도 동시에 가지고 있다면, 전심절차를 거치지 않았거나 제소기간을 도과하는 등 항고소송으로서의 소송요건을 갖추지 못했음이 명백하여 항고소송으로 제기되었더라도 어차피 부적법하게 되는 경우가 아닌 이상, 원고로 하여금 항고소송으로 소 변경을 하도록 석명권을 행사하여 행정소송법이 정하는 절차에 따라 심리·판단하여야 한다.

[4] 국방전력발전업무훈령 제113조의5 제1항에 의한 연구개발확인서 발급은 개발업체가 '업체투자연구개발' 방식 또는 '정부·업체공동투자연구개발' 방식으로 전력지원체계 연구개발사업을 성공적으로 수행하여 군사용 적합판정을 받고 국방규격이 제·개정된 경우에 사업관리기관이 개발업체에게 해당 품목의 양산과 관련하여 경쟁입찰에 부치지 않고 수의계약의 방식으로 국방조달계약을 체결할 수 있는 지위(경쟁입찰의 예외사유)가 있음을 인정해 주는 '확인적 행정행위'로서 공권력의 행사인 '처분'에 해당하고, 연구개발확인서 발급 거부는 신청에 따른 처분 발급을 거부하는 '거부처분'에 해당한다.

[5] 어떤 군수품을 조달할지 여부나 그 수량과 시기는 국방예산의 배정이나 육·해·공군(이하 '각군'이라 한다)에서 요청하는 군수품 소요의 우선순위에 따라 탄력적으로 결정될 수 있어야 하므로, 관계 법령이나 규정에서 특별히 달리 정하지 않은 이상, 군수품 조달에 관해서는 방위사업청장이나 각군에게 광범위한 재량이 있다. 국방전력발전업무훈령이 업체투자연구개발 방식이나 정부·업체공동투자연구개발 방식으로 연구개발이 완료되어 군사용 적합판정을 받고 국방규격이 제·개정된 품목에 관해서도 반드시 양산하여야 한다거나 또는 수의계약을 체결하여야 한다고 규정하고 있지 않은 것도 이 때문이다. 따라서 개발업체가 전력지원체계 연구개발사업을 성공적으로 수행하였다고 하더라도 언제나 해당 품목에 관하여 수의계약 체결을 요구할 권리가 있는 것은 아니다.

그렇다고 하더라도, 사업관리기관에 의한 연구개발확인서 발급 여부 결정은 수의계약 체결 여부를 결정하기 전에 행해지는 별개의 확인적 행정행위이므로, 개발업체가 국방전력발전업무훈령 제113조의5 제1항에서 정한 발급 요건을 충족한다면 연구개발확인서를 발급하여야 하며, 관련 국방예산을 배정받지 못했다거나 또는 해당 품목이 군수품 양산 우선순위에서 밀려 곧바로 수의계약을 체결하지는 않을 예정이라는 이유만으로 연구개발확인서 발급조차 거부하여서는 안 된다(대판 2020.1.16, 2019다264700).

🏛 확인 OX

01 소송요건(대상적격)
행정청의 행위가 항고소송의 대상이 될 수 있는지는 추상적·일반적으로 결정하여야 하고, 구체적인 사정을 고려하여 개별적으로 판단할 것은 아니다. 예상 ( )

02 취소소송의 심리
어떠한 처분에 법령상 근거가 있는지, 행정절차법에서 정한 처분절차를 준수하였는지는 소송요건 심사단계에서 고려할 요소이지 본안에서 당해 처분이 적법한가를 판단하는 단계에서 고려할 요소가 아니다. 예상 ( )

03 취소소송의 심리
항고소송에서 처분의 위법 여부는 특별한 사정이 없는 한 그 처분 당시를 기준으로 판단하여야 한다. 이는 신청에 따른 처분의 경우에도 마찬가지이다. 예상 ( )

04 취소소송 절차
행정소송법상 항고소송으로 제기하여야 할 사건을 민사소송으로 잘못 제기한 경우에 수소법원이 항고소송에 대한 관할도 동시에 가지고 있다면, 전심절차를 거치지 않았거나 제소기간을 도과하는 등 항고소송으로서의 소송요건을 갖추지 못했음이 명백하여 항고소송으로 제기되었더라도 어차피 부적법하게 되는 경우라 하더라도 원고로 하여금 항고소송으로 소 변경을 하도록 석명권을 행사하여 행정소송법이 정하는 절차에 따라 심리·판단하여야 한다. 예상 ( )

05 준법률행위적 행정행위
국방전력발전업무훈령에 의한 연구개발확인서 발급은 확인적 행정행위로서 공권력의 행사인 처분에 해당하고, 연구개발확인서 발급 거부는 신청에 따른 처분 발급을 거부하는 거부처분에 해당한다. 예상 ( )

정답 01 × 02 × 03 ○ 04 × 05 ○

[1] 구 사회기반시설에 대한 민간투자법(2016.3.2. 법률 제14044호로 개정되기 전의 것, 이하 '민간투자법'이라 한다)은 '사회기반시설'을 '각종 생산활동의 기반이 되는 시설, 해당 시설의 효용을 증진시키거나 이용자의 편의를 도모하는 시설 및 국민생활의 편익을 증진시키는 시설로서, 다음 각 목의 어느 하나에 해당하는 시설'이라고 정의하면서 각 목에서 대상시설을 열거하고 있고(제2조 제1호), '사회기반시설사업'을 '사회기반시설의 신설·증설·개량 또는 운영에 관한 사업'이라고 정의하며(제2조 제2호), '민간투자사업'을 '제9조에 따라 민간부문이 제안하는 사업 또는 제10조에 따른 민간투자시설사업기본계획에 따라 제7호에 따른 사업시행자가 시행하는 사회기반시설사업'이라고 정의하고 있다(제5호 본문).

이처럼 민간투자법은 일정한 사회기반시설을 민간투자법이 정하는 절차에 따라 시행할 수 있도록 정하고 있을 뿐이고, 민간투자자가 사회기반시설을 설치하여 운영하는 사업을 민간투자법에 따라서만 추진하여야 한다는 '적용우선 규정'을 명문으로 두고 있지 않으므로, 민간투자법이 민간투자법에 따른 민간투자사업 이외에 다른 개별 법률에 근거한 다른 방식의 민간투자사업을 허용하지 아니하는 취지라고 보기는 어렵다. 따라서 다른 개별 법률이 다른 방식의 민간투자사업을 허용하고 있는 이상, 행정청에는 민간투자법 이외에 다른 개별 법률에 근거해서도 다른 방식으로 민간투자사업을 추진할 수 있는 재량이 있다고 봄이 타당하고, 이는 대상시설이 민간투자법상 사회기반시설에 해당하여 민간투자법에 따른 민간투자사업 방식이 가능한 경우에도 마찬가지이다.

[2] 공유재산 및 물품관리법(이하 '공유재산법'이라 한다) 제2조 제1호, 제7조 제1항, 제20조 제1항, 제2항 제2호의 내용과 체계에 관련 법리를 종합하면, 지방자치단체의 장이 공유재산법에 근거하여 기부채납 및 사용·수익허가 방식으로 민간투자사업을 추진하는 과정에서 사업시행자를 지정하기 위한 전 단계에서 공모제안을 받아 일정한 심사를 거쳐 우선협상대상자를 선정하는 행위와 이미 선정된 우선협상대상자를 그 지위에서 배제하는 행위는 민간투자사업의 세부내용에 관한 협상을 거쳐 공유재산법에 따른 공유재산의 사용·수익허가를 우선적으로 부여받을 수 있는 지위를 설정하거나 또는 이미 설정한 지위를 박탈하는 조치이므로 모두 항고소송의 대상이 되는 행정처분으로 보아야 한다.

[3] 지방자치단체의 장이 공유재산 및 물품관리법에 근거하여 민간투자사업을 추진하던 중 우선협상대상자 지위를 박탈하는 처분을 하기 위하여 반드시 청문을 실시할 의무가 있다고 볼 수는 없다. 구체적인 이유는 다음과 같다.

행정절차법 제21조 제1항, 제4항, 제22조 제1항, 제3항, 제4항에 의하면, 행정청이 당사자에게 의무를 부과하거나 권익을 제한하는 처분을 하는 경우에는 미리 '처분의 제목', '처분하려는 원인이 되는 사실과 처분의 내용 및 법적 근거', '이에 대하여 의견을 제출할 수 있다는 뜻과 의견을 제출하지 아니하는 경우의 처리방법', '의견제출기관의 명칭과 주소', '의견제출기한' 등의 사항을 당사자 등에게 통지하여야 하고, 의견제출기한은 의견제출에 필요한 상당한 기간을 고려하여 정하여야 하며, 다른 법령 등에서 필수적으로 청문을 하거나 공청회를 개최하도록 규정하고 있지 아니한 경우에도 당사자 등에게 의견제출의 기회를 주어야 하며, 다만 '해당 처분의 성질상 의견청취가 현저히 곤란하거나 명백히 불필요하다고 인정될 만한 상당한 이유가 있는 경우' 등에 한하여 처분의 사전통지나 의견청취를 하지 아니할 수 있다. 따라서 행정청이 침해적 행정처분을 하면서 당사자에게 위와 같은 사전통지를 하거나 의견제출의 기회를 주지 아니하였다면, 그 사전통지나 의견제출의 예외적인 경우에 해당하지 아니하는 한, 그 처분은 위법하여 취소를 면할 수 없다.

이처럼 행정절차법이 당사자에게 의무를 부과하거나 권익을 제한하는 처분을 하는 경우에 사전통지 및 의견청취를 하도록 규정한 것은 불이익처분 상대방의 방어권 행사를 실질적으로 보장하기 위함이다.

이러한 행정절차법의 규정 내용과 체계에 의하면, 행정청이 당사자에게 의무를 부과하거나 권익을 제한하는 처분을 하는 경우에는 원칙적으로 행정절차법 제21조 제1항에 따른 사전통지를 하고, 제22조 제3항에 따른 의견제출 기회를 주는 것으로 족하며, 다른 법령 등에서 반드시 청문을 실시하도록 규정한 경우이거나 행정청이 필요하다고 인정하는 경우 등에 한하여 청문을 실시할 의무가 있다.

[4] 처분청은 비록 처분 당시에 별다른 하자가 없었고, 또 처분 후에 이를 철회할 별도의 법적 근거가 없더라도 원래의 처분을 존속시킬 필요가 없게 된 사정변경이 생겼거나 또는 중대한 공익상의 필요가 발생한 경우에는 그 효력을 상실케 하는 별개의 처분으로 이를 철회할 수 있다. 다만 수익적 처분을 취소 또는 철회하는 경우에는 이미 부여된 국민의 기득권을 침해하는 것이 되므로, 비록 취소 등의 사유가 있더라도 취소권 등의 행사는 기득권의 침해를 정당화할 만한 중대한 공익상의 필요 또는 제3자의 이익보호의 필요가 있는 때에 한하여 상대방이 받는 불이익과 비교·형량하여 결정하여야 하고, 그 처분으로 인하여 공익상의 필요보다 상대방이 받게 되는 불이익 등이 막대한 경우에는 재량권의 한계를 일탈한 것으로서 허용되지 않는다(대판 2020.4.29, 2017두31064).

🏛 확인 OX

01 소송요건(대상적격)

지방자치단체의 장이 공유재산법에 근거하여 기부채납 및 사용·수익허가 방식으로 민간투자사업을 추진하는 과정에서 사업시행자를 지정하기 위한 전 단계에서 공모제안을 받아 일정한 심사를 거쳐 우선협상대상자를 선정하는 행위와 이미 선정된 우선협상대상자를 그 지위에서 배제하는 행위는 모두 항고소송의 대상이 되는 행정처분이 아니다. 예상 ( )

02 행정절차

지방자치단체장이 공유재산 및 물품관리법에 근거한 민간투자사업을 추진하던 중 우선협상대상자 지위를 박탈하는 처분을 하려면 반드시 청문을 실시하여야 한다. 예상 ( )

03 처분을 함에 있어 적용되는 행정절차

행정청이 침해적 행정처분을 하면서 당사자에게 사전통지를 하거나 의견제출의 기회를 주지 아니하였다면, 그 사전통지나 의견제출의 예외적인 경우에 해당하지 아니하는 한, 그 처분은 위법하여 취소를 면할 수 없다. 예상 ( )

04 행정절차

당사자에 대한 침익처분을 하는 경우 원칙적으로 사전통지와 의견제출 기회를 주는 것으로 족하며, 다른 법령 등에서 반드시 청문을 실시하도록 규정한 경우나 행정청이 필요하다고 인정하는 경우 등에 한해 청문을 실시할 의무가 있다. 예상 ( )

05 행정행위의 철회

처분청이 수익적 처분을 취소 또는 철회하는 경우에는 이미 부여된 국민의 기득권을 침해하는 것이 되므로, 비록 취소 등의 사유가 있더라도 취소권 등의 행사는 기득권의 침해를 정당화할 만한 중대한 공익상의 필요 또는 제3자의 이익보호의 필요가 있는 때에 한하여 상대방이 받는 불이익과 비교·형량하여 결정하여야 하고, 그 처분으로 인하여 공익상의 필요보다 상대방이 받게 되는 불이익 등이 막대한 경우에는 재량권의 한계를 일탈한 것으로서 허용되지 않는다. 예상 ( )

정답 01 × 02 × 03 ○ 04 ○ 05 ○

[1] 폐기물관리법 제2조의2, 제13조 제1항, 제13조의2 제1항 제4호, 제5호, 제27조 제2항 제2호, 폐기물관리법 시행규칙 제4조의2 제1항 [별표 4] 제2호, 제2항 [별표 4의2] 제3호 (나)목의 1), 2), 제3항 [별표 4의3] 제2호, 제14조의3 제1항 [별표 5의3] 제1호 (다)목, 제2호 (다)목 2) 가), '유기성오니 등을 토지개량제 및 매립시설 복토 용도로의 재활용 방법에 관한 규정'(2016.12.30. 환경부고시 제2016-259호) 제2조 제1호, 제3호, 제7조 제2항, 제3항의 내용을 종합하면, 폐수처리오니에 생물학적 처리과정을 거쳐 '부숙토'를 만들어 매립시설 복토재 또는 토양개량제를 생산하는 것은 폐기물관리법령이 허용하는 폐수처리오니의 재활용 방법에 해당한다. 그러나 폐수처리오니로 '비탈면 녹화토'를 생산하는 것은 폐기물관리법령이 정한 재활용 기준을 위반하는 것이다. 나아가 폐기물처리업자가 폐수처리오니에 생물학적 처리과정을 거쳐 일단 매립시설 복토재 또는 토양개량제로 사용할 수 있는 부숙토를 생산하였더라도 이를 다시 제3자에게 제공하여 그로 하여금 부숙토를 원료로 폐수처리오니의 재활용 용도로 허용되지 않은 생산 품목인 비탈면 녹화토를 최종적으로 생산하게 하였다면, 이것 역시 폐기물처리업자가 폐기물관리법령이 정한 재활용 기준을 위반한 것이라고 보아야 한다.

다만 폐기물처리업자가 자신이 생산한 부숙토를 제3자에게 제공하면서 그가 그 부숙토를 폐기물관리법령이 허용하지 않는 방식으로 사용하리라는 점을 예견하거나 결과 발생을 회피하기 어렵다고 인정할 만한 특별한 사정이 있어 폐기물처리업자의 의무위반을 탓할 수 없는 정당한 사유가 있는 경우에는 폐기물처리업자에 대하여 제재처분을 할 수 없다고 보아야 한다. 여기에서 '의무위반을 탓할 수 없는 정당한 사유'가 있는지를 판단할 때에는 폐기물처리업자 본인이나 그 대표자의 주관적인 인식을 기준으로 하는 것이 아니라, 그의 가족, 대리인, 피용인 등과 같이 본인에게 책임을 객관적으로 귀속시킬 수 있는 관계자 모두를 기준으로 판단하여야 한다.

[2] 여러 처분사유에 관하여 하나의 제재처분을 하였을 때 그 중 일부가 인정되지 않는다고 하더라도 나머지 처분사유들만으로도 처분의 정당성이 인정되는 경우에는 그 처분을 위법하다고 보아 취소하여서는 아니 된다.

[3] 행정청이 여러 개의 위반행위에 대하여 하나의 제재처분을 하였으나, 위반행위별로 제재처분의 내용을 구분하는 것이 가능하고 여러 개의 위반행위 중 일부의 위반행위에 대한 제재처분 부분만이 위법하다면, 법원은 제재처분 중 위법성이 인정되는 부분만 취소하여야 하고 제재처분 전부를 취소하여서는 아니 된다(대판 2020.5.14, 2019두63515).

🏛 확인 OX

01 행정행위의 하자
여러 처분사유에 관하여 하나의 제재처분을 한 경우 그 중 일부가 인정되지 않는다면 나머지 처분사유들만으로 처분의 정당성이 인정되더라도 처분을 취소하여야 한다. 예상 ( )

02 행정행위의 취소와 철회
행정청이 여러 개의 위반행위에 대하여 하나의 제재처분을 하였으나, 위반행위별로 제재처분의 내용을 구분하는 것이 가능하고 여러 개의 위반행위 중 일부의 위반행위에 대한 제재처분 부분만이 위법하다 하더라도 법원은 제재처분 전부를 취소하여야 하고 제재처분 중 위법성이 인정되는 부분만 취소하여서는 아니 된다. 예상 ( )

정답 01 × 02 ×

[1] 행정처분을 다툴 소의 이익은 개별·구체적 사정을 고려하여 판단하여야 한다. 행정처분의 무효확인 또는 취소를 구하는 소가 제소 당시에는 소의 이익이 있어 적법하였더라도, 소송 계속 중 처분청이 다툼의 대상이 되는 행정처분을 직권으로 취소하면 그 처분은 효력을 상실하여 더 이상 존재하지 않는 것이므로, 존재하지 않는 처분을 대상으로 한 항고소송은 원칙적으로 소의 이익이 소멸하여 부적법하다고 보아야 한다.

다만 처분청의 직권취소에도 완전한 원상회복이 이루어지지 않아 무효확인 또는 취소로써 회복할 수 있는 다른 권리나 이익이 남아 있거나 또는 동일한 소송 당사자 사이에서 그 행정처분과 동일한 사유로 위법한 처분이 반복될 위험성이 있어 행정처분의 위법성 확인 내지 불분명한 법률문제에 대한 해명이 필요한 경우 행정의 적법성 확보와 그에 대한 사법통제, 국민의 권리구제의 확대 등의 측면에서 예외적으로 그 처분의 취소를 구할 소의 이익을 인정할 수 있다.

[2] 선행처분의 주요 부분을 실질적으로 변경하는 내용으로 후행처분을 한 경우에 선행처분은 특별한 사정이 없는 한 효력을 상실하지만, 후행처분이 선행처분의 내용 중 일부만을 소폭 변경하는 정도에 불과한 경우에는 선행처분은 소멸하는 것이 아니라 후행처분에 의하여 변경되지 아니한 범위 내에서는 그대로 존속한다.

[3] 일반적으로 면허나 인허가 등의 수익적 행정처분의 근거가 되는 법률이 해당 업자들 사이의 과당경쟁으로 인한 경영의 불합리를 방지하는 것도 목적으로 하고 있는 경우, 다른 업자에 대한 면허나 인허가 등의 수익적 행정처분에 대하여 미리 같은 종류의 면허나 인허가 등의 수익적 행정처분을 받아 영업을 하고 있는 기존의 업자는 경업자에 대하여 이루어진 면허나 인허가 등 행정처분의 상대방이 아니라고 하더라도 당해 행정처분의 무효확인 또는 취소를 구할 이익이 있다. 그러나 경업자에 대한 행정처분이 경업자에게 불리한 내용이라면 그와 경쟁관계에 있는 기존의 업자에게는 특별한 사정이 없는 한 유리할 것이므로 기존의 업자가 그 행정처분의 무효확인 또는 취소를 구할 이익은 없다고 보아야 한다.

[4] 어떤 행정처분을 위법하다고 판단하여 취소하는 판결이 확정되면 행정청은 취소판결의 기속력에 따라 그 판결에서 확인된 위법사유를 배제한 상태에서 다시 처분을 하거나 그 밖에 위법한 결과를 제거하는 조치를 할 의무가 있다(대판 2020.4.9, 2019두49953).

🏛 확인 OX

01 소송요건(소의 이익)
행정처분의 무효확인 또는 취소를 구하는 소가 제소 당시에는 소의 이익이 있어 적법하였더라도, 소송 계속 중 처분청이 다툼의 대상이 되는 행정처분을 직권으로 취소하였다면 완전한 원상회복이 이루어지지 않아 무효확인 또는 취소로써 회복할 수 있는 다른 권리나 이익이 남아 있더라도 소의 이익을 인정할 수 없다. 예상 ( )

02 행정행위의 실효
선행처분의 주요 부분을 실질적으로 변경하는 내용으로 후행처분을 한 경우와 후행처분이 선행처분의 내용 중 일부만을 소폭 변경하는 경우 모두 선행처분은 특별한 사정이 없는 한 효력을 상실한다. 예상 ( )

03 소송요건(소의 이익)
경업자에 대한 행정처분이 경업자에게 불리한 내용인 경우에도 그와 경쟁관계에 있는 기존업자는 특별한 사정이 없는 한 그 행정처분의 취소를 구할 이익이 있다. 예상 ( )

04 판결의 효력(기속력)
어떤 행정처분을 위법하다고 판단하여 취소하는 판결이 확정되었더라도 그 판결에서 확인된 위법사유를 배제한 상태에서 다시 처분을 하거나 그 밖에 위법한 결과를 제거하는 조치를 할 의무가 있는 것은 아니다. 예상 ( )

정답 01 × 02 × 03 × 04 ×

[1] 국가를 당사자로 하는 계약에 관한 법률에 따라 국가가 당사자가 되는 이른바 공공계약은 사경제 주체로서 상대방과 대등한 위치에서 체결하는 사법상 계약으로서 본질적인 내용은 사인 간의 계약과 다를 바가 없으므로, 그에 관한 법령에 특별한 정함이 있는 경우를 제외하고는 사적 자치와 계약자유의 원칙 등 사법의 원리가 그대로 적용된다.

[2] 법 해석은 가능한 한 법률에 사용된 문언의 통상적인 의미에 충실하게 해석하는 것을 원칙으로 하여야 한다.

[3] 갑이 국가와 체결한 국유임산물 매각계약의 계약조건에서 '소관 관서의 장은 매수자가 산림관계법령 또는 계약사항을 위반한 때에는 계약을 해제할 수 있으며, 이때 계약보증금, 기납된 대금 및 매각임산물은 국고에 귀속할 수 있다'는 내용을 규정하고 있었는데, 국가가 갑이 계약에서 정한 기한 내 반출의무를 위반하였다는 이유로 계약을 해제하고 매각대금 등을 국고에 귀속하자 갑이 국가를 상대로 미반출산물에 상당하는 매각대금 등의 반환을 구한 사안에서, 위 국유임산물 매각계약은 갑과 국가가 사경제 주체로서 대등한 위치에서 체결한 사법상 계약으로서 계약조건의 매각대금 국고귀속 조항은 문언 그대로 갑이 계약사항을 위반하여 계약이 해제된 경우에 적용되는 것으로 해석되고, 계약조건이나 관련 법령의 내용을 모두 살펴보더라도 매수인의 기한 내 반출의무 위반으로 인해 계약이 해제되는 경우에는 손상 또는 부패되었거나 손상 또는 부패할 우려가 있는 국유임산물이 아닌 한 적용되지 않는다는 내용은 포함되어 있지 않은 것으로 보이며, 그와 같이 해석하여야 할 객관적인 근거 역시 찾아보기 어려운데도, 이와 달리 본 원심판단에 법리오해의 잘못이 있다고 한 사례(대판 2020.5.14, 2018다298409).

📋 확인 OX

01 국가를 당사자로 하는 계약에 관한 법률

국가를 당사자로 하는 계약에 관한 법률에 따라 국가가 당사자가 되는 이른바 공공계약은 사경제 주체로서 상대방과 대등한 위치에서 체결하는 사법상 계약으로서 본질적인 내용은 사인 간의 계약과 다를 바가 없으므로, 그에 관한 법령에 특별한 정함이 있는 경우를 제외하고는 사적 자치와 계약자유의 원칙 등 사법의 원리가 그대로 적용된다. 예상 ( )

정답 01 ㅇ

11 정보공개거부처분 취소 2017두49652 ★☆☆

[1] 정보공개법 제9조 제1항 제1호는 '다른 법률 또는 법률에 의한 명령에 따라 비밀이나 비공개 사항으로 규정된 정보'를 비공개 대상 정보의 하나로 규정하고 있고, 구 국세기본법(2017.12.19. 법률 제15220호로 개정되기 전의 것, 이하 같다) 제81조의13 제1항은 본문에서 '세무공무원은 납세자가 세법이 정한 납세의무를 이행하기 위하여 제출한 자료나 국세의 부과·징수를 위하여 업무상 취득한 자료 등(이하 '과세정보'라 한다)을 타인에게 제공 또는 누설하거나 목적 외의 용도로 사용하여서는 아니 된다'는 과세정보 비공개 원칙을 규정하면서, 예외적으로 납세자의 과세정보를 제공할 수 있는 경우를 단서의 각 호에 규정하고 있다.

[2] 원심은, 구 국세기본법 제81조의13 제1항 본문의 과세정보는 정보공개법 제9조 제1항 제1호의 '다른 법률에 의하여 비밀 또는 비공개 사항으로 규정한 정보'에 해당하지만(대법원 2004.3.12. 선고 2003두11544 판결 참조), 쟁점 정보는 이 사건 국제중재 사건에서 신청인들이 주장·청구하는 손해액 중 대한민국이 신청인들에게 부과한 과세·원천징수세액의 총 합계액과 이를 청구하는 신청인들의 명단일 뿐 신청인별 과세·원천징수세액은 아니어서 신청인별 과세·원천징수세액의 총 합계액을 공개하더라도 납세자인 신청인들에 대한 개별 과세·원천징수세액은 알 수 없다는 등의 이유로 쟁점 정보가 과세정보에 해당한다고 보기 어렵고, 달리 쟁점 정보가 과세정보에 해당한다는 점에 관한 증거가 없다고 판단하였다.

[3] 관련 법리와 기록에 비추어 살펴보면, 원심의 이유 설시에 다소 부적절한 부분이 있으나 정보공개법 제9조 제1항 제1호의 적용을 부정한 결론은 정당하고, 구 국세기본법 제81조의13 제1항 본문의 과세정보에 관한 법리 등을 오해한 잘못이 없다(대판 2020.5.14, 2017두49652).

🏛 확인 OX

01 정보공개

구 국세기본법상 세무공무원은 납세자가 세법이 정한 납세의무를 이행하기 위하여 제출한 자료나 국세의 부과·징수를 위하여 업무상 취득한 자료 등을 타인에게 제공 또는 누설하거나 목적 외의 용도로 사용하여서는 아니 된다는 과세정보 비공개 원칙은 정보공개법상의 다른 법률에 의하여 비밀 또는 비공개 사항으로 규정한 정보에 해당한다. 예상 ( )

정답 01 O

| 12 | 관세 등 부과처분 취소 2015두745 | ★☆☆ |

[1] 구 관세법(2011.12.31. 법률 제11121호로 개정되기 전의 것) 제111조에 의하면, 세관공무원은 예외적인 경우를 제외하고는 해당 사안에 대하여 이미 조사를 받은 자에 대하여 재조사를 할 수 없다. 나아가 금지되는 재조사에 기하여 과세처분을 하는 것은 단순히 당초 과세처분의 오류를 경정하는 경우에 불과하다는 등의 특별한 사정이 없는 한 그 자체로 위법하고, 이는 과세관청이 그러한 재조사로 얻은 과세자료를 과세처분의 근거로 삼지 않았다거나 이를 배제하고서도 동일한 과세처분이 가능한 경우라고 하여 달리 볼 것은 아니다.

[2] 세관공무원의 조사행위가 구 관세법(2011.12.31. 법률 제11121호로 개정되기 전의 것) 제111조가 적용되는 '조사'에 해당하는지는 조사의 목적과 실시 경위, 질문조사의 대상과 방법 및 내용, 조사를 통하여 획득한 자료, 조사행위의 규모와 기간 등을 종합적으로 고려하여 구체적 사안에서 개별적으로 판단하며, 납세자 등을 접촉하여 상당한 시일에 걸쳐 질문검사권을 행사하여 과세요건사실을 조사·확인하고 일정한 기간 과세에 필요한 직간접의 자료를 검사·조사하고 수집하는 일련의 행위를 한 경우에는 특별한 사정이 없는 한 재조사가 금지되는 '조사'로 보아야 한다.

[3] 세관공무원이 어느 수입물품의 과세가격에 대하여 조사한 경우에 다시 동일한 수입물품의 과세가격에 대하여 조사를 하는 것은 특별한 사정이 없는 한 구 관세법(2011.12.31. 법률 제11121호로 개정되기 전의 것) 제111조에서 금지하는 재조사에 해당하고, 세관공무원이 동일한 사안에 대하여 당초 조사한 과세가격 결정방법이 아닌 다른 과세가격 결정방법을 조사하였다고 하여 달리 볼 것은 아니다(대판 2020.2.13, 2015두745).

📋 **확인 OX**

01 행정조사
구 관세법에 의하면, 세관공무원은 예외적인 경우를 제외하고는 해당 사안에 대하여 이미 조사를 받은 자에 대하여 재조사를 할 수 없으며, 금지되는 재조사에 기하여 과세처분을 하는 것은 단순히 당초 과세처분의 오류를 경정하는 경우에 불과하다는 등의 특별한 사정이 없는 한 그 자체로 위법하다. 예상 ( )

정답 01. O

경범죄 처벌법은 제3장에서 '경범죄 처벌의 특례'로서 범칙행위에 대한 통고처분(제7조), 범칙금의 납부(제8조, 제8조의 2)와 통고처분 불이행자 등의 처리(제9조)를 정하고 있다. 경찰서장으로부터 범칙금 통고처분을 받은 사람은 통고처분서를 받은 날부터 10일 이내에 범칙금을 납부하여야 하고, 위 기간에 범칙금을 납부하지 않은 사람은 위 기간의 마지막 날의 다음 날부터 20일 이내에 통고받은 범칙금에 20/100을 더한 금액을 납부하여야 한다(제8조 제1항, 제2항). 경범죄 처벌법 제8조 제2항에 따른 납부기간에 범칙금을 납부하지 않은 사람에 대하여 경찰서장은 지체 없이 즉결심판을 청구하여야 하고(제9조 제1항 제2호), 즉결심판이 청구되더라도 그 선고 전까지 피고인이 통고받은 범칙금에 50/100을 더한 금액을 납부하고 그 증명서류를 제출하였을 경우에는 경찰서장은 즉결심판 청구를 취소하여야 한다(제9조 제2항). 이와 같이 통고받은 범칙금을 납부한 사람은 그 범칙행위에 대하여 다시 처벌받지 않는다(제8조 제3항, 제9조 제3항).

위와 같은 규정 내용과 통고처분의 입법 취지를 고려하면, 경범죄 처벌법상 범칙금제도는 범칙행위에 대하여 형사절차에 앞서 경찰서장의 통고처분에 따라 범칙금을 납부할 경우 이를 납부하는 사람에 대하여는 기소를 하지 않는 처벌의 특례를 마련해 둔 것으로 법원의 재판절차와는 제도적 취지와 법적 성질에서 차이가 있다. 또한 범칙자가 통고처분을 불이행하였더라도 기소독점주의의 예외를 인정하여 경찰서장의 즉결심판 청구를 통하여 공판절차를 거치지 않고 사건을 간이하고 신속·적정하게 처리함으로써 소송경제를 도모하되, 즉결심판 선고 전까지 범칙금을 납부하면 형사처벌을 면할 수 있도록 함으로써 범칙자에 대하여 형사소추와 형사처벌을 면제받을 기회를 부여하고 있다.

따라서 <u>경찰서장이 범칙행위에 대하여 통고처분을 한 이상, 범칙자의 위와 같은 절차적 지위를 보장하기 위하여 통고처분에서 정한 범칙금 납부기간까지는 원칙적으로 경찰서장은 즉결심판을 청구할 수 없고, 검사도 동일한 범칙행위에 대하여 공소를 제기할 수 없다고 보아야 한다</u>(대판 2020.4.29, 2017도13409).

🏛 확인 OX

01 행정형벌

경찰서장이 범칙행위에 대하여 통고처분을 한 이상, 통고처분에서 정한 범칙금 납부기간까지는 원칙적으로 경찰서장은 즉결심판을 청구할 수 없고, 검사도 동일한 범칙행위에 대하여 공소를 제기할 수 없다고 보아야 한다. 예상   (   )

정답 01 ○

14 손해배상(기) 2015다224797 ★★☆

[1] 국가배상책임에 있어 공무원의 가해행위는 법령을 위반한 것이어야 하고, 법령을 위반하였다 함은 엄격한 의미의 법령 위반뿐 아니라 인권존중, 권력남용금지, 신의성실과 같이 공무원으로서 마땅히 지켜야 할 준칙이나 규범을 지키지 않고 위반한 경우를 포함하여 널리 그 행위가 객관적인 정당성을 결여하고 있음을 뜻하는 것이므로, 수사기관이 범죄수사를 하면서 지켜야 할 법규상 또는 조리상의 한계를 위반하였다면 이는 법령을 위반한 경우에 해당한다.

[2] 수사기관은 수사 등 직무를 수행할 때에 헌법과 법률에 따라 국민의 인권을 존중하고 공정하게 하여야 하며 실체적 진실을 발견하기 위하여 노력하여야 할 법규상 또는 조리상의 의무가 있고, 특히 피의자가 소년 등 사회적 약자인 경우에는 수사과정에서 방어권 행사에 불이익이 발생하지 않도록 더욱 세심하게 배려할 직무상 의무가 있다. 따라서 경찰관은 피의자의 진술을 조서화하는 과정에서 조서의 객관성을 유지하여야 하고, 고의 또는 과실로 위 직무상 의무를 위반하여 피의자신문조서를 작성함으로써 피의자의 방어권이 실질적으로 침해되었다고 인정된다면, 국가는 그로 인하여 피의자가 입은 손해를 배상하여야 한다(대판 2020.4.29, 2015다224797).

📖 확인 OX

01 공무원의 직무상 불법행위로 인한 손해배상책임
국가배상책임에서의 법령위반에는 널리 그 행위가 객관적인 정당성을 결여하고 있는 경우도 포함된다. 18. 서울시 9급 ( )

02 공무원의 직무상 불법행위로 인한 손해배상책임
국가배상책임에 있어서 공무원의 행위는 법령에 위반한 것이어야 하고, 법령위반이라 함은 엄격한 의미의 법령위반뿐만 아니라 인권존중, 권력남용금지, 신의성실 등의 위반도 포함하여 그 행위가 객관적인 정당성을 결여하고 있음을 의미한다. 17. 사회복지직 ( )

03 공무원의 직무상 불법행위로 인한 손해배상책임
경찰관이 피의자신문조서를 작성하면서 조서의 객관성을 유지할 의무를 위반하였고 그로 인해 피의자의 방어권이 실질적으로 침해되었다고 인정된다면 국가배상책임이 인정된다. 예상 ( )

정답 01 ○ 02 ○ 03 ○

[1] 정부의 정책에 대하여 정치적인 반대의사를 표시하는 것은 헌법이 보장하는 정치적 자유의 가장 핵심적인 부분이다. 자신의 정치적 생각을 집회와 시위를 통해 설파하거나 서명운동 등을 통해 자신과 의견이 같은 세력을 규합해 나가는 것은 국가의 안전에 대한 위협이 아니라, 우리 헌법의 근본이념인 '자유민주적 기본질서'의 핵심적인 보장 영역에 속한다. 정부에 대한 비판에 대하여 합리적인 홍보와 설득으로 대처하는 것이 아니라, 비판 자체를 원천적으로 배제하려는 공권력의 행사는 대한민국 헌법이 예정하고 있는 자유민주적 기본질서에 부합하지 아니하므로 정당성을 인정할 수 없다.

그러나 공무원의 행위를 원인으로 한 국가배상책임을 인정하려면 '공무원이 직무를 집행하면서 고의 또는 과실로 법령을 위반하여 타인에게 손해를 입힌 때'라고 하는 국가배상법 제2조 제1항의 요건이 충족되어야 한다. 여기서 '법령을 위반하여'라고 함은 엄격하게 형식적 의미의 법령에 명시적으로 공무원의 행위의무가 정하여져 있음에도 이를 위반하는 경우만을 의미하는 것은 아니고, 인권존중·권력남용금지·신의성실과 같이 공무원으로서 마땅히 지켜야 할 준칙이나 규범을 지키지 아니하고 위반한 경우를 비롯하여 널리 그 행위가 객관적인 정당성을 결여하고 있는 경우를 포함한다.

[2] 일반적으로 국가기관이 자신이 관리·운영하는 홈페이지에 게시된 글에 대하여 정부의 정책에 찬성하는 내용인지, 반대하는 내용인지에 따라 선별적으로 삭제 여부를 결정하는 것은 특별한 사정이 없는 한 국민의 기본권인 표현의 자유와 자유민주적 기본질서에 배치되므로 허용되지 않는다.

[3] 해군본부가 해군 홈페이지 자유게시판에 집단적으로 게시된 '제주해군기지 건설사업에 반대하는 취지의 항의글' 100여 건을 삭제하는 조치를 취하자, 항의글을 게시한 갑 등이 위 조치가 위법한 직무수행에 해당하며 표현의 자유 등이 침해되었다고 주장하면서 국가를 상대로 손해배상을 구한 사안에서, 해군 홈페이지 자유게시판이 정치적 논쟁의 장이 되어서는 안 되는 점, 위와 같은 항의글을 게시한 행위는 정부정책에 대한 반대의사 표시이므로 '해군 인터넷 홈페이지 운영규정'에서 정한 게시글 삭제 사유인 '정치적 목적이나 성향이 있는 경우'에 해당하는 점, 해군본부가 집단적 항의글이 위 운영규정 등에서 정한 삭제 사유에 해당한다고 판단한 것이 사회통념상 합리성이 없다고 단정하기 어려운 점, 반대의견을 표출하는 항의 시위의 1차적 목적은 달성되었고 현행법상 국가기관으로 하여금 인터넷 공간에서의 항의 시위의 결과물인 게시글을 영구히 또는 일정 기간 보존하여야 할 의무를 부과하는 규정은 없는 점 등에 비추어 위 삭제 조치가 객관적 정당성을 상실한 위법한 직무집행에 해당한다고 보기 어려운데도, 이와 달리 본 원심판단에 법리오해의 잘못이 있다고 한 사례(대판 2020.6.4, 2015다233807).

📋 확인 OX

01 공무원의 직무상 불법행위로 인한 손해배상책임
일반적으로 국가기관이 자신이 관리·운영하는 홈페이지에 게시된 글에 대하여 정부의 정책에 찬성하는 내용인지, 반대하는 내용인지에 따라 선별적으로 삭제 여부를 결정하는 것은 특별한 사정이 없는 한 국민의 기본권인 표현의 자유와 자유민주적 기본질서에 배치되므로 허용되지 않는다. 예상 ( )

02 공무원의 직무상 불법행위로 인한 손해배상책임
해군본부가 해군 홈페이지 자유게시판에 집단적으로 게시된 제주해군기지 건설사업에 반대하는 취지의 항의글 100여 건을 삭제하는 조치를 취한 경우, 이는 국가배상청구권의 요건이 되는 "위법한 직무집행"에 해당한다고 보기 어렵다. 예상 ( )

정답 01 O 02 O

[1] 공익사업을 위한 토지 등의 취득 및 보상에 관한 법률 제77조 제4항은 농업손실 보상액의 구체적인 산정 및 평가 방법과 보상기준에 관한 사항을 국토교통부령으로 정하도록 위임하고 있다. 그 위임에 따라 2013.4.25. 국토교통부령 제5호로 개정된 공익사업을 위한 토지 등의 취득 및 보상에 관한 법률 시행규칙(이하 '개정 시행규칙'이라 한다) 제48조 제2항 단서 제1호가 실제소득 적용 영농보상금의 예외로서, 농민이 제출한 입증자료에 따라 산정한 실제소득이 동일 작목별 평균소득의 2배를 초과하는 경우에 해당 작목별 평균생산량의 2배를 판매한 금액을 실제소득으로 간주하도록 규정함으로써 실제소득 적용 영농보상금의 '상한'을 설정하였다.

이와 같은 개정 시행규칙 제48조 제2항 단서 제1호는, 영농보상이 장래의 불확정적인 일실소득을 보상하는 것이자 농민의 생존배려 · 생계지원을 위한 보상인 점, 실제소득 산정의 어려움 등을 고려하여, 농민이 실농으로 인한 대체 생활을 준비하는 기간의 생계를 보장할 수 있는 범위 내에서 실제소득 적용 영농보상금의 '상한'을 설정함으로써 나름대로 합리적인 적정한 보상액의 산정방법을 마련한 것이므로, 헌법상 정당보상원칙, 비례원칙에 위반되거나 위임입법의 한계를 일탈한 것으로는 볼 수 없다.

[2] 사업인정고시일 전부터 해당 토지를 소유하거나 사용권원을 확보하여 적법하게 농업에 종사해 온 농민은 사업인 정고시일 이후에도 수용개시일 전날까지는 해당 토지에서 그간 해온 농업을 계속할 수 있다. 그러나 사업인정고시 일 이후에 수용개시일 전날까지 농민이 해당 공익사업의 시행과 무관한 어떤 다른 사유로 경작을 중단한 경우에는 손실보상의 대상에서 제외될 수 있다. 사업인정고시가 이루어졌다는 점만으로 농민이 구체적인 영농보상금 청구권 을 확정적으로 취득하였다고는 볼 수 없으며, 보상협의 또는 재결절차를 거쳐 협의성립 당시 또는 수용재결 당시의 사정을 기준으로 구체적으로 산정되는 것이다.

또한 공익사업을 위한 토지 등의 취득 및 보상에 관한 법률 시행규칙 제48조에 따른 영농보상은 수용개시일 이후 편입농지에서 더 이상 영농을 계속할 수 없게 됨에 따라 발생하는 손실에 대하여 장래의 2년간 일실소득을 예측하 여 보상하는 것이므로, 수용재결 당시를 기준으로도 영농보상은 아직 발생하지 않은 장래의 손실에 대하여 보상하 는 것이다.

따라서 공익사업을 위한 토지 등의 취득 및 보상에 관한 법률 시행규칙 부칙(2013.4.25.) 제4조 제1항이 영농보상금 액의 구체적인 산정방법 · 기준에 관한 2013.4.25. 국토교통부령 제5호로 개정된 공익사업을 위한 토지 등의 취득 및 보상에 관한 법률 시행규칙(이하 '개정 시행규칙'이라 한다) 제48조 제2항 단서 제1호를 개정 시행규칙 시행일 전에 사업인정고시가 이루어졌으나 개정 시행규칙 시행 후 보상계획의 공고 · 통지가 이루어진 공익사업에 대해서도 적 용하도록 규정한 것은 진정소급입법에 해당하지 않는다(대판 2020.4.29, 2019두32696).

🏛 확인 OX

01 손실보상의 내용
토지보상법 시행규칙에 따라 실제소득 적용 영농보상금의 예외로서 농민이 제출한 입증자료에 따라 산정한 실제소득이 동일 작목별 평균소득의 2배를 초과하는 경우에 해당 작목별 평균생산량의 2배를 판매한 금액을 실제소득으로 간주하도록 규정하여 실제소득 적 용 영농보상금의 상한을 설정한 것은 헌법상 정당보상원칙, 비례원칙에 위반되어 위임입법의 한계를 일탈한 것으로 볼 수 있다. 예상

( )

02 손실보상의 내용
사업인정고시일 전부터 해당 토지에서 적법하게 농업에 종사해 온 농민은 사업인정고시가 이루어짐으로써 구체적인 영농보상금 청 구권을 확정적으로 취득한다. 예상

( )

정답 01 × 02 ×

17 사업종류변경처분 등 취소청구의 소 2019두61137 ★★☆

[1] 행정청의 행위가 '처분'에 해당하는지가 불분명한 경우에는 그에 대한 불복방법 선택에 중대한 이해관계를 가지는 상대방의 인식가능성과 예측가능성을 중요하게 고려하여 규범적으로 판단하여야 한다.

[2] 항고소송의 대상인 처분에 관한 법리에 비추어 고용보험 및 산업재해보상보험의 보험료징수 등에 관한 법률(이하 '고용산재보험료징수법'이라 한다) 제11조 제1항, 제12조 제1항, 제13조 제5항, 제14조 제3항, 제16조의2, 제16조의6 제1항, 제16조의9 제2항, 제3항, 제19조의2, 고용보험 및 산업재해보상보험의 보험료징수 등에 관한 법률 시행령 제9조 제3호, 고용보험 및 산업재해보상보험의 보험료징수 등에 관한 법률 시행규칙 제12조 및 근로복지공단이 고용산재보험료징수법령 등에서 위임된 사항과 그 시행을 위하여 필요한 사항을 규정할 목적으로 제정한 '적용 및 부과업무 처리 규정' 등 관련 규정들의 내용과 체계 등을 살펴보면, 근로복지공단이 사업주에 대하여 하는 '개별 사업장의 사업종류 변경결정'은 행정청이 행하는 구체적 사실에 관한 법집행으로서의 공권력의 행사인 '처분'에 해당한다(대판 2020.4.9, 2019두61137).

📖 확인 OX

01 소송요건(대상적격)
행정청의 행위가 '처분'에 해당하는지가 불분명한 경우 그에 대한 불복방법 선택에 중대한 이해관계를 가지는 상대방의 인식가능성과 예측가능성을 중요하게 고려하여 규범적으로 판단하여야 한다. 예상 ( )

02 소송요건(대상적격)
근로복지공단이 사업주에 대하여 하는 개별 사업장의 사업종류 변경결정은 행정청이 행하는 구체적 사실에 관한 법집행으로서의 공권력의 행사인 처분에 해당한다. 예상 ( )

정답 01 ○ 02 ○

[1] 행정절차에 관한 일반법인 행정절차법은 행정청을 "행정에 관한 의사를 결정하여 표시하는 국가 또는 지방자치단체의 기관", "그 밖에 법령 또는 자치법규에 따라 행정권한을 가지고 있거나 위임 또는 위탁받은 공공단체 또는 그 기관이나 사인(사인)"이라고 정의하고 있고(제2조 제1호), 행정소송법도 "이 법을 적용함에 있어서 행정청에는 법령에 의하여 행정권한의 위임 또는 위탁을 받은 행정기관, 공공단체 및 그 기관 또는 사인이 포함된다."라고 규정하고 있다(제2조 제2항).

공공기관의 운영에 관한 법률(이하 '공공기관운영법'이라 한다) 제39조는 공기업·준정부기관은 공정한 경쟁이나 계약의 적정한 이행을 해칠 것이 명백하다고 판단되는 사람·법인 또는 단체 등에 대하여 2년의 범위 내에서 일정 기간 입찰참가자격을 제한할 수 있고(제2항), 그에 따른 입찰참가자격의 제한기준 등에 관하여 필요한 사항은 기획재정부령으로 정하도록 규정하고 있다(제3항). 그 위임에 따른 '공기업·준정부기관 계약사무규칙' 제15조는 기관장은 공정한 경쟁이나 계약의 적정한 이행을 해칠 것이 명백하다고 판단되는 자에 대해서는 '국가를 당사자로 하는 계약에 관한 법률' 제27조에 따라 입찰참가자격을 제한할 수 있다고 규정하고 있다. 이와 같이 <u>공공기관운영법 제39조 제2항과 그 하위법령에 따른 입찰참가자격제한 조치는 '구체적 사실에 관한 법집행으로서의 공권력의 행사'로서 행정처분에 해당한다.</u> 공공기관운영법은 공공기관을 공기업, 준정부기관, 기타공공기관으로 구분하고(제5조), 그 중에서 공기업, 준정부기관에 대해서는 입찰참가자격제한처분을 할 수 있는 권한을 부여하였다.

한국수력원자력 주식회사는 한국전력공사법에 의하여 설립된 공법인인 한국전력공사가 종래 수행하던 발전사업 중 수력·원자력 발전사업 부문을 전문적·독점적으로 수행하기 위하여 2000.12.23. 법률 제6282호로 제정된 '전력산업 구조개편 촉진에 관한 법률'에 의하여 한국전력공사에서 분할되어 설립된 회사로서, 한국전력공사가 그 주식 100%를 보유하고 있으며, 공공기관운영법 제5조 제3항 제1호에 따라 '시장형 공기업'으로 지정·고시된 '공공기관'이다. 한국수력원자력 주식회사는 공공기관운영법에 따른 '공기업'으로 지정됨으로써 공공기관운영업 제39조 제2항에 따라 입찰참가자격제한처분을 할 수 있는 권한을 부여받았으므로 '법령에 따라 행정처분권한을 위임받은 공공기관'으로서 행정청에 해당한다.

[2] 행정기관이 소속 공무원이나 하급행정기관에 대하여 세부적인 업무처리절차나 법령의 해석·적용 기준을 정해 주는 <u>'행정규칙'은 상위법령의 구체적 위임이 있지 않는 한 조직 내부에서만 효력을 가질 뿐 대외적으로 국민이나 법원을 구속하는 효력이 없다.</u> 행정규칙이 이를 정한 행정기관의 재량에 속하는 사항에 관한 것인 때에는 그 규정 내용이 객관적 합리성을 결여하였다는 등의 특별한 사정이 없는 한 법원은 이를 존중하는 것이 바람직하다. 그러나 <u>행정규칙의 내용이 상위법령이나 법의 일반원칙에 반하는 것이라면 법치국가원리에서 파생되는 법질서의 통일성과 모순금지 원칙에 따라 그것은 법질서상 당연무효이고, 행정내부적 효력도 인정될 수 없다.</u> 이러한 경우 법원은 해당 행정규칙이 법질서상 부존재하는 것으로 취급하여 행정기관이 한 조치의 당부를 상위법령의 규정과 입법 목적 등에 따라서 판단하여야 한다.

[3] 공공기관의 운영에 관한 법률(이하 '공공기관운영법'이라 한다)이나 그 하위법령은 공기업이 거래상대방 업체에 대하여 공공기관운영법 제39조 제2항 및 공기업·준정부기관 계약사무규칙 제15조에서 정한 범위를 뛰어넘어 추가적인 제재조치를 취할 수 있도록 위임한 바 없다. 따라서 한국수력원자력 주식회사가 조달하는 기자재, 용역 및 정비공사, 기기수리의 공급자에 대한 관리업무 절차를 규정함을 목적으로 제정·운용하고 있는 '공급자관리지침' 중 등록취소 및 그에 따른 일정 기간의 거래제한조치에 관한 규정들은 공공기관으로서 행정청에 해당하는 한국수력원자력 주식회사가 상위법령의 구체적 위임 없이 정한 것이어서 대외적 구속력이 없는 행정규칙이다.

[4] <u>한국수력원자력 주식회사가 자신의 '공급자관리지침'에 근거하여 등록된 공급업체에 대하여 하는 '등록취소 및 그에 따른 일정 기간의 거래제한조치'는 행정청이 행하는 구체적 사실에 관한 법집행으로서의 공권력의 행사인 '처분'에 해당한다.</u>

[5] 계약당사자 사이에서 계약의 적정한 이행을 위하여 일정한 계약상 의무를 위반하는 경우 계약해지, 위약벌이나 손해배상액 약정, 장래 일정 기간의 거래제한 등의 제재조치를 약정하는 것은 상위법령과 법의 일반원칙에 위배되지 않는 범위에서 허용되며, 그러한 계약에 따른 제재조치는 법령에 근거한 공권력의 행사로서의 제재처분과는 법적 성질을 달리한다.

그러나 공공기관의 어떤 제재조치가 계약에 따른 제재조치에 해당하려면 일정한 사유가 있을 때 그러한 제재조치를 할 수 있다는 점을 공공기관과 그 거래상대방이 미리 구체적으로 약정하였어야 한다. 공공기관이 여러 거래업체들과의 계약에 적용하기 위하여 거래업체가 일정한 계약상 의무를 위반하는 경우 장래 일정 기간의 거래제한 등의 제재조치를 할 수 있다는 내용을 계약특수조건 등의 일정한 형식으로 미리 마련하였다고 하더라도, 약관의 규제에 관한 법률 제3조에서 정한 바와 같이 계약상대방에게 그 중요 내용을 미리 설명하여 계약내용으로 편입하는 절차를 거치지 않았다면 계약의 내용으로 주장할 수 없다(대판 2020.5.28, 2017두66541).

---

[1] 행정청이 제재처분 양정을 하면서 공익과 사익의 형량을 전혀 하지 않았거나 이익형량의 고려대상에 마땅히 포함하여야 할 사항을 누락한 경우 또는 이익형량을 하였으나 정당성·객관성이 결여된 경우에는 제재처분은 재량권을 일탈·남용한 것이라고 보아야 한다. 처분상대방에게 법령에서 정한 임의적 감경사유가 있는 경우에, 행정청이 감경사유까지 고려하고도 감경하지 않은 채 개별처분기준에서 정한 상한으로 처분을 한 경우에는 재량권을 일탈·남용하였다고 단정할 수는 없으나, 행정청이 감경사유를 전혀 고려하지 않았거나 감경사유에 해당하지 않는다고 오인하여 개별처분기준에서 정한 상한으로 처분을 한 경우에는 마땅히 고려대상에 포함하여야 할 사항을 누락하였거나 고려대상에 관한 사실을 오인한 경우에 해당하여 재량권을 일탈·남용한 것이라고 보아야 한다.

[2] 구 국민건강보험법(2016.2.3. 법률 제13985호로 개정되기 전의 것, 이하 같다) 제98조 제1항 제1호에서 '속임수나 그 밖의 부당한 방법으로 보험자·가입자 및 피부양자에게 요양급여비용을 부담하게 한 경우'란 요양기관이 요양급여비용을 받기 위하여 허위의 자료를 제출하거나 사실을 적극적으로 은폐할 것을 요하는 것은 아니고, 국민건강보험법령과 그 하위 규정들에 따르면 요양급여비용으로 지급받을 수 없는 비용임에도 불구하고, 이를 청구하여 지급받는 행위를 모두 포함한다.

따라서 구 국민건강보험법 제98조 제1항 제1호에 따른 업무정지처분을 하려면 행정청은 처분사유, 즉 요양기관이 요양급여비용을 청구하여 지급받은 어떤 진료행위가 국민건강보험법령과 그 하위 규정들에 따르면 요양급여비용으로 지급받을 수 없는 경우에 해당한다는 객관적 사정을 증명하는 것으로 족하며, 해당 요양기관이 '속임수'를 사용하지 않았다는 사정은 행정청의 처분양정 단계에서 그리고 이에 대한 법원의 재량권 일탈·남용 여부 심사 단계에서 고려할 사정이므로 이를 자신에게 유리한 사정으로 주장하는 원고가 증명하여야 한다.

[3] 구 국민건강보험법(2016.2.3. 법률 제13985호로 개정되기 전의 것) 제98조 제1항 제1호에서 '속임수'란 요양기관이 어떤 진료행위에 관하여 국민건강보험법령과 그 하위 규정들에 따르면 요양급여비용으로 지급받을 수 없다는 사정을 알면서도 요양급여비용을 지급받을 수 있는 진료행위가 이루어진 것처럼 요양급여비용청구서나 진료기록부 등의 관련 서류를 실제와 다르게 거짓으로 또는 부풀려 작성하여 제출하는 등의 적극적인 방법으로 공단 등을 기망한 경우를 말하고, '그 밖의 부당한 방법'이란 요양기관이 과실로 국민건강보험법령과 그 하위 규정들에 따르면 요양급여비용으로 지급받을 수 없다는 사정을 알지 못한 채 요양급여비용을 청구하였을 뿐 공단 등을 기망하기 위하여 관련 서류를 거짓으로 작성하는 등의 적극적인 방법을 사용하지 않은 경우를 말한다.

요양기관이 어떤 진료행위에 관하여 국민건강보험법령과 그 하위 규정들에 따르면 요양급여비용으로 지급받을 수 없다는 사정을 알았는지 여부는 요양기관 개설자만을 기준으로 판단할 것이 아니라, 요양급여비용청구서나 진료기록부 등의 관련 서류의 작성 등의 행위가 대리인 또는 피용인 등에 의하여 이루어진 경우에는 대리인 등 관계자 모두를 기준으로 판단하여야 한다.

[4] 주된 진료행위가 구 국민건강보험법(2016.2.3. 법률 제13985호로 개정되기 전의 것) 제41조 제3항의 위임에 따른 구 국민건강보험 요양급여의 기준에 관한 규칙(2016.8.4. 보건복지부령 제431호로 개정되기 전의 것) 제9조 제1항 [별표 2]에서 정한 '비급여대상'에 해당하는 경우에는 주된 진료행위에 부수하여 그 전후에 이루어지는 진찰·검사·처치 등의 진료행위 역시 비급여대상에 해당하므로, 요양기관이 부수적인 진료행위에 관하여 요양급여비용을 청구하는 것은 허용될 수 없다(대판 2020.6.25, 2019두52980).

🏛 확인 OX

01 소송요건(대상적격)
처분상대방에게 법령에서 정한 임의적 감경사유가 있는 경우, 행정청이 감경사유를 전혀 고려하지 않았거나 감경사유에 해당하지 않는다고 오인하여 개별처분기준에서 정한 상한으로 처분을 한 경우라도 재량권을 일탈·남용하였다고 단정할 수는 없다. 예상 (   )

정답 01 ×

특허법 제163조는 "이 법에 따른 심판의 심결이 확정되었을 때에는 그 사건에 대해서는 누구든지 동일 사실 및 동일 증거에 의하여 다시 심판을 청구할 수 없다. 다만 확정된 심결이 각하 심결인 경우에는 그러하지 아니하다."라고 확정 심결의 일사부재리 효력을 정하고 있다. 따라서 위 규정을 위반한 심판청구는 누가 청구한 것이든 부적법하여 각하하여야 한다.

심판청구인은 심판청구서를 제출한 후 요지를 변경할 수 없으나 청구의 이유를 보정하는 것은 허용된다(특허법 제140조 제2항 참조). 따라서 특허심판원은 심판청구 후 심결 시까지 보정된 사실과 이에 대한 증거를 모두 고려하여 심결 시를 기준으로 심판청구가 선행 확정 심결과 동일한 사실·증거에 기초한 것이라서 일사부재리 원칙에 위반되는지 여부를 판단하여야 한다.

대법원 2012.1.19. 선고 2009후2234 전원합의체 판결은 '일사부재리의 원칙에 따라 심판청구가 부적법하게 되는지를 판단하는 기준 시점은 심판청구를 제기하던 당시로 보아야 한다.'고 하였는데, 이는 선행 심결의 확정을 판단하는 기준 시점이 쟁점이 된 사안에서 특허법상 일사부재리 원칙의 대세효로 제3자의 권리 제한을 최소화하기 위하여 부득이하게 선행 심결의 확정과 관련해서만 기준 시점을 심결 시에서 심판청구 시로 변경한 것이다.

심판은 특허심판원에서 진행하는 행정절차로서 심결은 행정처분에 해당한다. 그에 대한 불복 소송인 심결 취소소송은 항고소송에 해당하여 그 소송물은 심결의 실체적·절차적 위법성 여부이므로, 당사자는 심결에서 판단되지 않은 처분의 위법사유도 심결 취소소송 단계에서 주장·입증할 수 있고, 심결 취소소송의 법원은 특별한 사정이 없는 한 제한 없이 이를 심리·판단하여 판결의 기초로 삼을 수 있다. 이와 같이 본다고 해서 심급의 이익을 해친다거나 당사자에게 예측하지 못한 불의의 손해를 입히는 것이 아니다.

위에서 보았듯이 일사부재리 원칙 위반을 이유로 등록무효 심판청구를 각하한 심결에 대한 취소소송에서 심결 시를 기준으로 동일 사실과 동일 증거를 제출한 것인지를 심리하여 일사부재리 원칙 위반 여부를 판단하여야 한다. 이때 심판청구인이 심판절차에서 주장하지 않은 새로운 등록무효 사유를 주장하는 것은 허용되지 않는다. 따라서 이러한 새로운 등록무효 사유의 주장을 이유로 각하 심결을 취소할 수 없고, 새로운 등록무효 사유에 대하여 판단할 수도 없다(대판 2020.4.9, 2018후11360).

📖 **확인 OX**

01 소송요건(대상적격)
특허법상 심판은 특허심판원에서 진행하는 행정절차로서 심결은 행정처분에 해당하며, 그에 대한 불복 소송인 심결 취소소송은 항고소송에 해당한다. 예상 ( )

○ ㅣ0 月8

[1] 행정처분의 무효확인 또는 취소를 구하는 소에서, 비록 행정처분의 위법을 이유로 무효확인 또는 취소 판결을 받더라도 그 처분으로 발생한 위법상태를 원상으로 회복시킬 수 없는 경우에는 원칙적으로 무효확인 또는 취소를 구할 법률상 이익이 없다. 다만 원상회복이 불가능하더라도 무효확인 또는 취소로써 회복할 수 있는 다른 권리나 이익이 남아 있거나, 동일한 소송 당사자 사이에서 동일한 사유로 위법한 처분이 반복될 위험이 있어 행정처분의 위법성 확인 또는 불분명한 법률문제에 대한 해명이 필요하다고 판단되는 경우 등에는 행정의 적법성 확보와 그에 대한 사법통제, 국민의 권리구제 확대 등의 측면에서 예외적으로 처분의 취소를 구할 소의 이익을 인정할 수 있다.

[2] 세무사 자격 보유 변호사 갑이 관할 지방국세청장에게 조정반 지정 신청을 하였으나 지방국세청장이 '갑의 경우 세무사등록부에 등록되지 않았기 때문에 2015년도 조정반 구성원으로 지정할 수 없다'는 이유로 거부처분을 하자, 갑이 거부처분의 취소를 구하는 소를 제기한 사안에서, 2015년도 조정반 지정의 효력기간이 지났으므로 거부처분을 취소하더라도 갑이 2015년도 조정반으로 지정되고자 하는 목적을 달성할 수 없고 장래의 조정반 지정 신청에 대하여 동일한 사유로 위법한 처분이 반복될 위험성이 있다거나 행정처분의 위법성 확인 또는 불분명한 법률문제에 대한 해명이 필요한 경우도 아니어서 소의 이익을 예외적으로 인정할 필요도 없으므로, 위 소는 부적법함에도 본안판단으로 나아가 청구를 인용한 원심판단에 법리를 오해한 잘못이 있다고 한 사례(대판 2020.2.27, 2018두67152).

📖 확인 OX

01 소송요건(소의 이익)
위법한 처분을 취소하더라도 원상회복이 불가능한 경우에는 원칙적으로 취소를 구할 소의 이익이 없다. 10. 세무사　　　　　　　　(　)

02 소송요건(소의 이익)
세무사 자격을 보유한 변호사 甲이 관할 지방국세청장에게 조정반 지정 신청을 하였으나 지방국세청장이 거부처분을 하자 甲이 거부처분의 취소를 구하는 소를 제기한 사안에서, 조정반 지정의 효력기간이 지나버려 거부처분을 취소하더라도 甲이 조정반으로 지정되고자 하는 목적을 달성할 수 없는 경우 소의 이익이 인정되지 않는다. 예상　　　　　　　(　)

정답 01 ○ 10 ○ 02 ○

[1] 부당해고 구제명령제도에 관한 근로기준법의 규정 내용과 목적 및 취지, 임금 상당액 구제명령의 의의 및 법적 효과 등을 종합적으로 고려하면, 근로자가 부당해고 구제신청을 하여 해고의 효력을 다투던 중 정년에 이르거나 근로계약기간이 만료하는 등의 사유로 원직에 복직하는 것이 불가능하게 된 경우에도 해고기간 중의 임금 상당액을 지급받을 필요가 있다면 임금 상당액 지급의 구제명령을 받을 이익이 유지되므로 구제신청을 기각한 중앙노동위원회의 재심판정을 다툴 소의 이익이 있다고 보아야 한다. 상세한 이유는 다음과 같다.

① 부당해고 구제명령제도는 부당한 해고를 당한 근로자에 대한 원상회복, 즉 근로자가 부당해고를 당하지 않았다면 향유할 법적 지위와 이익의 회복을 위해 도입된 제도로서, 근로자 지위의 회복만을 목적으로 하는 것이 아니다. 해고를 당한 근로자가 원직에 복직하는 것이 불가능하더라도, 부당한 해고라는 사실을 확인하여 해고기간 중의 임금 상당액을 지급받도록 하는 것도 부당해고 구제명령제도의 목적에 포함된다.

② 부당한 해고를 당한 근로자를 원직에 복직하도록 하는 것과, 해고기간 중의 임금 상당액을 지급받도록 하는 것 중 어느 것이 더 우월한 구제방법이라고 말할 수 없다. 근로자를 원직에 복직하도록 하는 것은 장래의 근로관계에 대한 조치이고, 해고기간 중의 임금 상당액을 지급받도록 하는 것은 근로자가 부당한 해고의 효력을 다투고 있던 기간 중의 근로관계의 불확실성에 따른 법률관계를 정리하기 위한 것으로 서로 목적과 효과가 다르기 때문에 원직복직이 가능한 근로자에 한정하여 임금 상당액을 지급받도록 할 것은 아니다.

③ 근로자가 구제명령을 통해 유효한 집행권원을 획득하는 것은 아니지만, 해고기간 중의 미지급 임금과 관련하여 강제력 있는 구제명령을 얻을 이익이 있으므로 이를 위해 재심판정의 취소를 구할 이익도 인정된다고 봄이 타당하다.

④ 해고기간 중의 임금 상당액을 지급받기 위하여 민사소송을 제기할 수 있다는 사정이 소의 이익을 부정할 이유가 되지는 않는다.

⑤ 종래 대법원이 근로자가 구제명령을 얻는다고 하더라도 객관적으로 보아 원직에 복직하는 것이 불가능하고, 해고기간에 지급받지 못한 임금을 지급받기 위한 필요가 있더라도 민사소송절차를 통하여 해결할 수 있다는 등의 이유를 들어 소의 이익을 부정하여 왔던 판결들은 금품지급명령을 도입한 근로기준법 개정 취지에 맞지 않고, 기간제근로자의 실효적이고 직접적인 권리구제를 사실상 부정하는 결과가 되어 부당하다.

[2] 위와 같은 법리는 근로자가 근로기준법 제30조 제3항에 따라 금품지급명령을 신청한 경우에도 마찬가지로 적용된다(대판 2020.2.20, 2019두52386).

📖 **확인 OX**

01 소송요건(소의 이익)

근로자가 부당해고 구제신청을 하여 해고의 효력을 다투던 중 정년에 이르거나 근로계약기간이 만료하는 등의 사유로 원직에 복직하는 것이 불가능하게 된 경우라면 해고기간 중의 임금 상당액을 지급받을 필요가 있다하더라도 구제신청을 기각한 중앙노동위원회의 재심판정을 다툴 소의 이익이 없다고 보아야 한다. 예상   (   )

정답 01 × ✕

[1] 구 국세기본법(2013.1.1. 법률 제11604호로 개정되기 전의 것, 이하 같다) 제27조 제2항은 국세징수권의 소멸시효에 관하여 국세기본법 또는 세법에 특별한 규정이 있는 것을 제외하고는 민법에 따른다고 규정하고 있고, 제28조 제1항은 납세고지(제1호), 독촉 또는 납부최고(제2호), 교부청구(제3호), 압류(제4호)를 국세징수권의 소멸시효 중단사유로 규정하고 있다.

위 납세고지, 독촉 또는 납부최고, 교부청구, 압류는 국세징수를 위해 국세징수법에 규정된 특유한 절차들로서 국세기본법이 규정한 특별한 국세징수권 소멸시효 중단사유이기는 하다. 그러나 구 국세기본법은 민법에 따른 국세징수권 소멸시효 중단사유의 준용을 배제한다는 규정을 두지 않고 있고, 조세채권도 민사상 채권과 비교하여 볼 때 성질상 민법에 정한 소멸시효 중단사유를 적용할 수 있는 경우라면 준용을 배제할 이유도 없다. 따라서 구 국세기본법 제28조 제1항 각호의 소멸시효 중단사유를 제한적 · 열거적 규정으로 보아 구 국세기본법 제28조 제1항 각호가 규정한 사유들만이 국세징수권의 소멸시효 중단사유가 된다고 볼 수는 없다. 이와 같은 관련 규정의 체계와 문언 내용 등에 비추어, 민법 제168조 제1호가 소멸시효의 중단사유로 규정하고 있는 '청구'도 그것이 허용될 수 있는 경우라면 구 국세기본법 제27조 제2항에 따라 국세징수권의 소멸시효 중단사유가 될 수 있다고 봄이 타당하다.

[2] 조세는 국가존립의 기초인 재정의 근간으로서, 세법은 공권력 행사의 주체인 과세관청에 부과권이나 우선권 및 자력집행권 등 세액의 납부와 징수를 위한 상당한 권한을 부여하여 공익성과 공공성을 담보하고 있다. 따라서 조세채권자는 세법이 부여한 부과권 및 자력집행권 등에 기하여 조세채권을 실현할 수 있어 특별한 사정이 없는 한 납세자를 상대로 소를 제기할 이익을 인정하기 어렵다.

다만 납세의무자가 무자력이거나 소재불명이어서 체납처분 등의 자력집행권을 행사할 수 없는 등 구 국세기본법 (2013.1.1. 법률 제11604호로 개정되기 전의 것) 제28조 제1항이 규정한 사유들에 의해서는 조세채권의 소멸시효 중단이 불가능하고 조세채권자가 조세채권의 징수를 위하여 가능한 모든 조치를 충실히 취하여 왔음에도 조세채권이 실현되지 않은 채 소멸시효기간의 경과가 임박하는 등의 특별한 사정이 있는 경우에는, 그 시효중단을 위한 재판상 청구는 예외적으로 소의 이익이 있다고 봄이 타당하다.

[3] 국가 등 과세주체가 당해 확정된 조세채권의 소멸시효 중단을 위하여 납세의무자를 상대로 제기한 조세채권존재확인의 소는 공법상 당사자소송에 해당한다(대판 2020.3.2, 2017두41771).

🏛 확인 OX

01 소송요건(소의 이익)
조세채권자는 세법이 부여한 부과권 및 자력집행권 등에 기하여 조세채권을 실현할 수 있어 특별한 사정이 없는 한 납세자를 상대로 소를 제기할 이익을 인정하기 어렵다. 예상　　　　　　　　　　　　　　　　　　　　　　　　　　　　　　　（　　　）

02 당사자소송
국가 등 과세주체가 당해 확정된 조세채권의 소멸시효 중단을 위하여 납세의무자를 상대로 제기한 조세채권존재확인의 소는 공법상 당사자소송에 해당한다. 예상　　　　　　　　　　　　　　　　　　　　　　　　（　　　）

정답 01 ○ 02 ○

gosi.Hackers.com

PART 2

2019년
행정법총론 중요 판례

제1편 행정법통론

제2편 일반행정작용법

제3편 행정절차, 개인정보 보호와 행정정보공개

제4편 행정의 실효성 확보수단

제5편 행정구제법 Ⅰ

제6편 행정구제법 Ⅱ

01 손해배상(기) 2017다282438 ★★☆

[1] 도시 및 주거환경정비법에 의한 주택재개발 정비사업조합의 정관은 해당 조합의 조직, 기관, 활동, 조합원의 권리의 무관계 등 단체법적 법률관계를 규율하는 것으로서 공법인인 조합과 조합원에 대하여 구속력을 가지는 자치법규 이다. 따라서 주택재개발 정비사업조합의 단체 내부를 규율하는 자치법규인 정관에서 정한 사항은 원칙적으로 해 당 조합과 조합원을 위한 규정이라고 봄이 타당하고 조합 외부의 제3자를 보호하거나 제3자를 위한 규정이라고 볼 것은 아니다.

[2] 갑 주택재개발 정비사업조합의 정관에서 '총회 의결로 정한 예산의 범위 내에서의 용역계약 등'을 대의원회의 의결 사항으로 정하고 있는데, 갑 조합의 조합장 및 이사회 의장인 을이 갑 조합 이사회를 개최하여 병을 법무사로 선정 하고 그와 등기업무 위임계약을 체결하기로 의결하자, 기존에 갑 조합과 위임계약을 체결하여 등기업무 등을 수행 하던 정 법무사법인이 을의 정관 위반행위 때문에 손해를 입었다며 을을 상대로 불법행위에 따른 손해배상을 구한 사안에서, 갑 조합의 정관이 '총회 의결로 정한 예산의 범위 내에서의 용역계약 등'을 포함한 여러 항목을 대의원회 의 의결사항으로 정하고 있는데, 이는 갑 조합과 그 조합원을 위하여 일정 부분 총회의 권한을 대행하는 대의원회 의 의결을 통하여 대의원 다수의 뜻을 모아 신중하게 결정, 처리하도록 한 사항들로 보일 뿐, 위 정관 규정이 조합 외부의 제3자를 보호하거나 제3자의 이익을 위한 규정이라고 보이지는 않으므로, 을이 대의원회의 의결을 거치도 록 정한 위 정관 규정을 위반하였다고 하더라도 특별한 사정이 없는 한 그 정관 위반행위만으로 바로 을에게 조합 외부의 제3자인 정 법무사법인에 대한 불법행위책임을 물을 수는 없는데도, 을이 갑 조합의 정관을 위반하였다는 것만으로 다른 합리적인 이유의 설시 없이 을에게 불법행위에 따른 손해배상책임이 있다고 본 원심판단에는 주택 재개발 정비사업조합 정관의 법적 성질 등에 관한 법리오해 등의 잘못이 있다고 한 사례(대판 2019.10.31, 2017다 282438).

🏛 **확인 OX**

01 행정법의 법원

도시 및 주거환경정비법에 의한 주택재개발 정비사업조합의 정관은 해당 조합의 조직, 기관, 활동, 조합원의 권리의무관계 등 단체법적 법률관계를 규율하는 것으로서 조합 외부의 제3자를 보호하기도 하는 제3자를 위한 자치법규이다. 예상 ( )

정답 01 ×

[1] 구 산업표준화법(2016.1.6. 법률 제13737호로 개정되기 전의 것) 제20조 제1항, 제21조 제1항, 제3항, 구 산업표준화법 시행령(2017.1.26. 대통령령 제27807호로 개정되기 전의 것, 이하 '시행령'이라 한다) 제27조 제1항, 제3항, 제28조 [별표 1의2], 구 산업표준화법 시행규칙(2016.9.6. 산업통상자원부령 제216호로 개정되기 전의 것) 제17조 [별표 9] 제2호 (가)목, 제5호의 규정 내용과 체계, 문언에다가 아래와 같은 사정들을 종합하면, 판매하기 위하여 만든 제품에서 시료를 채취하여 품질시험을 한 경우만 시판품조사에 해당하고, 제품의 생산과 관련한 서류를 비교·분석하는 것은 현장조사의 방법일 뿐 시판품조사에는 해당하지 않는다.

① 산업표준화법령은 '시판품조사'와 '현장조사'를 명확하게 구분하여 그 방법과 절차를 달리 규정하고 있고, 위반 사항이 시판품조사를 통해 확인되었는지 아니면 현장조사를 통해 확인되었는지에 따라 제재처분의 양정을 달리하도록 규정하고 있다. 특히 시판품조사 결과 위반사항이 확인된 경우에 대해 좀 더 엄격한 처분기준을 규정하고 있는 점을 고려하면, 시판품조사의 범위를 문언의 통상적인 의미를 벗어나 행정처분의 상대방에게 불리한 방향으로 확장해석하여서는 안 된다.

② 시행령 제27조 제1항은 시판품조사는 제품에서 시료를 채취하여 실시하여야 한다고 분명하게 규정하고 있다. '시료'는 사전적으로 시험·검사·분석 따위에 쓰이는 물질이나 생물로서 조사 대상인 물질 자체를 의미하므로, 제품의 성분 내지 구성 부분이 아닌 제품의 생산·제조 등과 관련된 서류는 시료의 개념에 포함될 수 없다.

③ 레미콘 제품의 경우에도 시료 채취를 통한 시판품조사가 현실적으로 불가능하지 않다.

④ 이처럼 산업표준화법령은 시판품조사에 관해서는 제품에서 시료를 채취하여 실시하여야 한다고 분명하게 규정하고 있다. 만약 서류조사까지 시판품조사에 해당한다고 보게 되면, 시판품조사와 현장조사의 실질적인 차이가 없어져 양자를 구분하는 것이 사실상 불가능해지게 된다.

[2] 하위법령의 규정이 상위법령의 규정에 저촉되는지 여부가 명백하지 아니한 경우에, 관련 법령의 내용과 입법 취지 및 연혁 등을 종합적으로 살펴 하위법령의 의미를 상위법령에 합치되는 것으로 해석하는 것도 가능한 경우라면, 하위법령이 상위법령에 위반된다는 이유로 쉽게 무효를 선언할 것은 아니다.

이러한 법리를 기초로 구 산업표준화법 시행규칙(2016.9.6. 산업통상자원부령 제216호로 개정되기 전의 것) 제17조 [별표 9] 제5호, 제2호 (가)목 단서를 관련 산업표준화법령 해석에 비추어 살펴보면, 위 시행규칙 조항은 모법의 위임 범위를 벗어나 새로운 시판품조사의 방법을 창설한 것이 아니라, 제품제조공장에서 시료 채취가 곤란한 경우 시판품조사로서가 아니라 현장조사로서 제품의 생산과 관련된 서류의 비교·분석을 통하여 제품의 품질을 심사할 수 있음을 규정한 것이다(대판 2019.5.16, 2017두45698).

🏛 **확인 OX**

01 상위법 우선의 원칙
하위법령의 규정이 상위법령의 규정에 저촉되는지 여부가 명백하지 아니한 경우에, 관련 법령의 내용과 입법 취지 및 연혁 등을 종합적으로 살펴 하위법령의 의미를 상위법령에 합치되는 것으로 해석하는 것이 가능하더라도 하위법령이 상위법령에 위반된다면 이는 무효에 해당한다. 예상

( )

정답 0l ×

[1] 개정 법률이 전부 개정인 경우에는 기존 법률을 폐지하고 새로운 법률을 제정하는 것과 마찬가지여서 원칙적으로 종전 법률의 본문 규정은 물론 부칙 규정도 모두 효력이 소멸되는 것으로 보아야 하므로 종전 법률 부칙의 경과규정도 실효되지만, 특별한 사정이 있는 경우에는 효력이 상실되지 않는다. 여기에서 말하는 '특별한 사정'은 전부 개정된 법률에서 종전 법률 부칙의 경과규정에 관하여 계속 적용한다는 별도의 규정을 둔 경우뿐만 아니라, 그러한 규정을 두지 않았다고 하더라도 종전의 경과규정이 실효되지 않고 계속 적용된다고 보아야 할 만한 예외적인 사정이 있는 경우도 포함한다. 이 경우 예외적인 '특별한 사정'이 있는지는 종전 경과규정의 입법 경위·취지, 전부 개정된 법령의 입법 취지 및 전반적 체계, 종전 경과규정이 실효된다고 볼 경우 법률상 공백상태가 발생하는지 여부, 기타 제반 사정 등을 종합적으로 고려하여 개별적·구체적으로 판단하여야 한다.

[2] 건축법이 1991.5.31. 법률 제4381호로 전부 개정되면서 구 건축법 부칙(1975.12.31.) 제2항(이하 '종전 부칙 제2항'이라 한다)과 같은 경과규정을 두지 않은 것은 당시 대부분의 도로가 시장·군수 등의 도로 지정을 받게 됨으로써 종전 부칙 제2항과 같은 경과규정을 존치시킬 필요성이 줄어든 상황을 반영한 것일 뿐, 이미 건축법상의 도로가 된 사실상의 도로를 다시 건축법상의 도로가 아닌 것으로 변경하려고 한 취지는 아닌 점, 종전 부칙 제2항이 효력을 상실한다고 보면 같은 규정에 의하여 이미 확정적으로 건축법상의 도로가 된 사실상의 도로들에 관하여 법률상 공백 상태가 발생하게 되고 그 도로의 이해관계인들, 특히 그 도로를 통행로로 이용하는 인근 토지 및 건축물 소유자의 신뢰보호 및 법적 안정성 측면에도 문제가 생기는 점 등의 제반 사정을 종합해 볼 때, 종전 부칙 제2항은 1991.5.31. 법률 제4381호로 전부 개정된 건축법의 시행에도, 여전히 실효되지 않았다고 볼 '특별한 사정'이 있다.

[3] 건축허가권자는 건축신고가 건축법, 국토의 계획 및 이용에 관한 법률 등 관계 법령에서 정하는 명시적인 제한에 배치되지 않는 경우에도 건축을 허용하지 않아야 할 중대한 공익상 필요가 있는 경우에는 건축신고의 수리를 거부할 수 있다.

[4] 갑이 '사실상의 도로'로서 인근 주민들의 통행로로 이용되고 있는 토지를 매수한 다음 2층 규모의 주택을 신축하겠다는 내용의 건축신고서를 제출하였으나, 구청장이 '위 토지가 건축법상 도로에 해당하여 건축을 허용할 수 없다'는 사유로 건축신고수리 거부처분을 하자 갑이 처분에 대한 취소를 구하는 소송을 제기하였는데, 1심법원이 위 토지가 건축법상 도로에 해당하지 않는다는 이유로 갑의 청구를 인용하는 판결을 선고하자 구청장이 항소하여 '위 토지가 인근 주민들의 통행에 제공된 사실상의 도로인데, 주택을 건축하여 주민들의 통행을 막는 것은 사회공동체와 인근 주민들의 이익에 반하므로 갑의 주택 건축을 허용할 수 없다'는 주장을 추가한 사안에서, 당초 처분사유와 구청장이 원심에서 추가로 주장한 처분사유는 위 토지상의 사실상 도로의 법적 성질에 관한 평가를 다소 달리하는 것일 뿐, 모두 토지의 이용현황이 '도로'이므로 거기에 주택을 신축하는 것은 허용될 수 없다는 것이므로 기본적 사실관계의 동일성이 인정되고, 위 토지에 건물이 신축됨으로써 인근 주민들의 통행을 막지 않도록 하여야 할 중대한 공익상 필요가 인정되고 이러한 공익적 요청이 갑의 재산권 행사보다 훨씬 중요하므로, 구청장이 원심에서 추가한 처분사유는 정당하여 결과적으로 위 처분이 적법한 것으로 볼 여지가 있음에도 이와 달리 본 원심판단에 법리를 오해한 잘못이 있다고 한 사례(대판 2019.10.31, 2017두74320).

📖 확인 OX

01 법령의 효력소멸
개정 법률이 전부 개정인 경우에는 기존 법률을 폐지하고 새로운 법률을 제정하는 것과 마찬가지여서 원칙적으로 종전 법률의 본문 규정은 물론 부칙 규정도 모두 효력이 소멸되는 것으로 보아야 하므로 특별한 사정이 있는 경우라 하더라도 부칙 규정의 효력은 상실 된다. 예상 ( )

02 자기완결적 신고
건축허가권자는 건축신고가 건축법, 국토의 계획 및 이용에 관한 법률 등 관계 법령에서 정하는 명시적인 제한에 배치되지 않는 경우 에도 건축을 허용하지 않아야 할 중대한 공익상 필요가 있는 경우에는 건축신고의 수리를 거부할 수 있다. 예상 ( )

03 처분사유의 추가 · 변경
甲이 사실상의 도로로서 인근 주민들의 통행로로 이용되고 있는 토지를 매수한 다음 2층 규모의 주택을 신축하겠다는 내용의 건축신 고서를 제출하였으나, 구청장이 위 토지가 건축법상 도로에 해당하여 건축을 허용할 수 없다는 사유로 건축신고수리 거부처분을 하자 甲이 처분의 취소를 구하는 소송을 제기하였는데, 1심법원이 위 토지가 건축법상 도로에 해당하지 않는다는 이유로 甲의 청구를 인용 하는 판결을 선고하자 구청장이 항소하여 위 토지가 인근 주민들의 통행에 제공된 사실상의 도로인데, 주택을 건축하여 주민들의 통행을 막는 것은 사회공동체와 인근 주민들의 이익에 반하므로 甲의 주택 건축을 허용할 수 없다는 주장을 추가한 사안에서, 구청장 이 원심에서 추가한 처분사유는 당초 처분사유와 기본적 사실관계의 동일성이 인정된다. 예상 ( )

정답 01 × 02 ○ 03 ○

자동차가 대중적인 교통수단이고 그에 따라 자동차운전면허가 대량으로 발급되어 교통상황이 날로 혼잡해짐에 따라 교통법규를 엄격히 지켜야 할 필요성은 더욱 커지는 점, 음주운전으로 인한 교통사고 역시 빈번하고 그 결과가 참혹한 경우가 많아 대다수의 선량한 운전자 및 보행자를 보호하기 위하여 음주운전을 엄격하게 단속하여야 할 필요가 절실한 점 등에 비추어 보면, <u>음주운전으로 인한 교통사고를 방지할 공익상의 필요는 더욱 중시되어야</u> 하고 <u>운전면허의 취소는 일반의 수익적 행정행위의 취소와는 달리 그 취소로 인하여 입게 될 당사자의 불이익보다는 이를 방지하여야 하는 일반 예방적 측면이 더욱 강조되어야 한다</u>(대판 2019.1.17, 2017두59949).

🏛 **확인 OX**

01 행정법의 일반원칙

음주운전으로 인한 교통사고를 방지할 공익상의 필요는 더욱 중시되어야 하므로 운전면허의 취소는 일반의 수익적 행정행위의 취소와는 달리 그 취소로 인하여 입게 될 당사자의 불이익보다는 이를 방지하여야 하는 일반예방적 측면이 더욱 강조되어야 한다. 예상

( )

정답 O 10

구 대기환경보전법 시행령(2015.12.10. 대통령령 제26705호로 개정되기 전의 것) 제11조 제1항 제1호 및 구 국토의 계획 및 이용에 관한 법률 시행령(2015.12.10. 대통령령 제26705호로 개정되기 전의 것) 제71조 제1항 제19호, [별표 20] 제1호 (자)목 (1) 중 [별표 19] 제2호 (자)목 (1) 부분에 의하면, 특정대기유해물질 배출시설을 설치하기 위해서는 행정청의 허가를 받아야 하는데, 계획관리지역에서는 특정대기유해물질을 배출하는 시설의 설치가 금지되기 때문에 허가를 받을 수 없으므로, 그 범위에서 특정대기유해물질을 배출하는 공장시설을 설치하여 운영하려는 자의 직업수행의 자유, 계획관리지역에서 토지나 건물을 소유하고 있는 자의 재산권이 제한받을 수 있다. 그러나 위 시행령 조항들이 헌법 제37조 제2항의 과잉금지원칙을 위반하였다고 볼 수는 없다(대판 2019.10.18, 2018두34497).

🏛 **확인 OX**

01 비례의 원칙의 위반 여부
계획관리지역에서는 특정대기유해물질을 배출하는 시설의 설치가 금지되기 때문에 허가를 받을 수 없으므로, 그 범위에서 특정대기유해물질을 배출하는 공장시설을 설치하여 운영하려는 자의 직업수행의 자유, 계획관리지역에서 토지나 건물을 소유하고 있는 자의 재산권이 제한받을 수 있기 때문에 이는 과잉금지원칙을 위반한 것이다. 예상 ( )

정답 01 ×

[1] 직업능력개발훈련과정 인정을 받은 사업주가 거짓이나 그 밖의 부정한 방법으로 훈련비용을 지원받은 경우에는 해당 훈련과정의 인정을 취소할 수 있고, 인정이 취소된 사업주에 대하여는 인정취소일부터 5년의 범위에서 구 근로자직업능력 개발법(2012.2.1. 법률 제11272호로 개정되기 전의 것, 이하 '직업능력개발법'이라 한다) 제24조 제1항에 의한 직업능력개발훈련과정 인정을 하지 않을 수 있으며, 1년간 직업능력개발훈련 비용을 지원하지 않을 수 있다[직업능력개발법 제24조 제2항 제2호, 제3항, 제55조 제2항 제1호, 구 근로자직업능력 개발법 시행규칙(2011.3.11. 고용노동부령 제20호로 개정되기 전의 것) 제22조 [별표 6의2]].

관할관청이 직업능력개발훈련과정 인정을 받은 사업주에 대하여 거짓이나 그 밖의 부정한 방법으로 훈련비용을 지원받았다고 판단하여 위 규정들에 따라 일정 기간의 훈련과정 인정제한처분과 훈련비용 지원제한처분을 하였다면, 사업주는 제한처분 때문에 해당 제한 기간에는 실시예정인 훈련과정의 인정을 신청할 수 없고, 이미 실시한 훈련과정의 비용지원도 신청할 수 없게 된다(설령 사업주가 신청을 하더라도, 관할관청은 제한처분이 있음을 이유로 훈련과정 인정이나 훈련비용 지원을 거부할 것임이 분명하다).

그런데 그 제한처분에 대한 쟁송절차에서 해당 제한처분이 위법한 것으로 판단되어 취소되거나 당연무효로 확인된 경우에는, 예외적으로 사업주가 해당 제한처분 때문에 관계 법령이 정한 기한 내에 하지 못했던 훈련과정 인정신청과 훈련비용 지원신청을 사후적으로 할 수 있는 기회를 주는 것이 취소판결과 무효확인판결의 기속력을 규정한 행정소송법 제30조 제1항, 제2항, 제38조 제1항의 입법 취지와 법치행정 원리에 부합한다.

[2] 관할관청이 위법한 직업능력개발훈련과정 인정제한처분을 하여 사업주로 하여금 제때 훈련과정 인정신청을 할 수 없도록 하였음에도, 인정제한처분에 대한 취소판결 확정 후 사업주가 인정제한 기간 내에 실제로 실시하였던 훈련에 관하여 비용지원신청을 한 경우에, 관할관청은 단지 해당 훈련과정에 관하여 사전에 훈련과정 인정을 받지 않았다는 이유만을 들어 훈련비용 지원을 거부할 수는 없음이 원칙이다. 이러한 거부행위는 위법한 훈련과정 인정제한처분을 함으로써 사업주로 하여금 제때 훈련과정 인정신청을 할 수 없게 한 장애사유를 만든 행정청이 사업주에 대하여 사전에 훈련과정 인정신청을 하지 않았음을 탓하는 것과 다름없으므로 신의성실의 원칙에 반하여 허용될 수 없다.

따라서 사업주에 대한 훈련과정 인정제한처분과 훈련비용 지원제한처분이 쟁송절차에서 위법한 것으로 판단되어 취소되거나 당연무효로 확인된 후에 사업주가 인정제한 기간에 실제로 실시한 직업능력개발훈련과정의 비용에 대하여 사후적으로 지원신청을 하는 경우, 관할관청으로서는 사업주가 해당 훈련과정에 대하여 미리 훈련과정 인정을 받아 두지 않았다는 형식적인 이유만으로 훈련비용 지원을 거부하여서는 아니 된다. 관할관청은 사업주가 인정제한 기간에 실제로 실시한 직업능력개발훈련과정이 구 근로자직업능력 개발법 시행령(2011.12.30. 대통령령 제23467호로 개정되기 전의 것) 제22조 제1항에서 정한 훈련과정 인정의 실체적 요건들을 모두 충족하였는지, 각 훈련생이 구 사업주에 대한 직업능력개발훈련 지원규정(2011.12.30. 고용노동부고시 제2011-73호로 개정되기 전의 것) 제8조 제1항에서 정한 지원금 지급을 위한 수료기준을 충족하였는지 등을 심사하여 훈련비용 지원 여부와 지원금액의 규모를 결정하여야 한다. 나아가 관할관청은 사업주가 사후적인 훈련비용 지원신청서에 위와 같은 심사에 필요한 서류를 제대로 첨부하지 아니한 경우에는 사업주에게 상당한 기간을 정하여 보완을 요구하여야 한다(행정절차법 제17조 제5항)(대판 2019.1.31, 2016두52019).

🏛 확인 OX

01 신뢰보호의 원칙

관할관청이 위법한 직업능력개발훈련과정 인정제한처분을 하여 사업주로 하여금 제때 훈련과정 인정신청을 할 수 없도록 하였음에도, 인정제한처분에 대한 취소판결 확정 후 사업주가 인정제한 기간 내에 실제로 실시하였던 훈련에 관하여 비용지원신청을 한 경우에, 관할관청이 단지 해당 훈련과정에 관하여 사전에 훈련과정 인정을 받지 않았다는 이유만을 들어 훈련비용 지원을 거부하는 행위는 신의성실의 원칙에 반하여 허용될 수 없다. 예상   (   )

정답 01 O

[1] 지방세기본법 제18조에 의하면, 세무공무원은 신의에 따라 성실하게 직무를 수행하여야 한다. 일반적으로 조세법률관계에서 과세관청의 행위에 대하여 신의성실의 원칙이 적용되기 위하여는, ① 과세관청이 납세자에게 신뢰의 대상이 되는 공적인 견해를 표명하여야 하고 ② 납세자가 과세관청의 견해표명이 정당하다고 신뢰한 데 대하여 납세자에게 귀책사유가 없어야 하며 ③ 납세자가 그 견해표명을 신뢰하고 이에 따라 무엇인가 행위를 하여야 하고 ④ 과세관청이 위 견해표명에 반하는 처분을 함으로써 납세자의 이익이 침해되는 결과가 초래되어야 한다.

그리고 과세관청의 공적인 견해표명은 원칙적으로 일정한 책임 있는 지위에 있는 세무공무원에 의하여 명시적 또는 묵시적으로 이루어짐을 요하나, 신의성실의 원칙 내지 금반언의 원칙은 합법성을 희생하여서라도 납세자의 신뢰를 보호함이 정의, 형평에 부합하는 것으로 인정되는 특별한 사정이 있는 경우에 적용되는 것으로서 납세자의 신뢰보호라는 점에 그 법리의 핵심적 요소가 있는 것이므로, 위 요건의 하나인 과세관청의 공적 견해표명이 있었는지 여부를 판단하는 데 있어 반드시 행정조직상의 형식적인 권한분장에 구애될 것은 아니고 담당자의 조직상 지위와 임무, 당해 언동을 하게 된 구체적인 경위 및 그에 대한 납세자의 신뢰가능성에 비추어 실질에 의하여 판단하여야 한다.

[2] 외교부 소속 전·현직 공무원을 회원으로 하는 비영리 사단법인인 갑 법인이 재외공무원 자녀들을 위한 기숙사 건물을 신축하면서, 갑 법인과 외무부장관이 과세관청과 내무부장관에게 취득세 등 지방세 면제 의견을 제출하자, 내무부장관이 '갑 법인이 학술연구단체와 장학단체이고 갑 법인이 직접 사용하기 위하여 취득하는 부동산이라면 취득세가 면제된다'고 회신하였고, 이에 과세관청은 약 19년 동안 갑 법인에 대하여 기숙사 건물 등 부동산과 관련한 취득세·재산세 등을 전혀 부과하지 않았는데, 그 후 과세관청이 위 부동산이 학술연구단체가 고유업무에 직접 사용하는 부동산에 해당하지 않는다는 등의 이유로 재산세 등의 부과처분을 한 사안에서, 과세관청과 내무부장관이 갑 법인에 '갑 법인이 재산세 등이 면제되는 학술연구단체·장학단체에 해당하고, 위 부동산이 갑 법인이 고유업무에 직접 사용하는 부동산에 해당하여 재산세 등이 과세되지 아니한다'는 공적 견해를 명시적 또는 묵시적으로 표명하였으며, 갑 법인은 고유업무에 사용하는 부동산에 대하여는 재산세 등이 면제된다는 과세관청과 내무부장관 등의 공적인 견해표명을 신뢰하여 위 부동산을 취득하여 사용해 왔고, 갑 법인이 위 견해표명을 신뢰한 데에 어떠한 귀책사유가 있다고 볼 수 없으므로, 위 처분은 신의성실의 원칙에 반하는 것으로서 위법하다고 본 원심판단을 수긍한 사례(대판 2019.1.17, 2018두42559).

🏛 **확인 OX**

01 신뢰보호의 원칙
행정청의 공적 견해표명이 있었는지의 여부를 판단하는 데 있어 반드시 행정조직상의 형식적인 권한분장에 구애될 것이 아니라 담당자의 조직상의 지위와 임무, 당해 언동을 하게 된 구체적인 경위 및 그에 대한 상대방의 신뢰가능성에 비추어 실질에 의하여 판단하여야 한다. 18. 서울시 7급 ( )

02 공적 견해표명
외교부 소속 전·현직 공무원을 회원으로 하는 비영리 사단법인인 甲 법인이 재외공무원 자녀들을 위한 기숙사 건물을 신축하면서, 甲 법인과 외무부장관이 과세관청과 내무부장관에게 취득세 등 지방세 면제 의견을 제출하자, 내무부장관이 '甲 법인이 학술연구단체와 장학단체이고 甲 법인이 직접 사용하기 위하여 취득하는 부동산이라면 취득세가 면제된다'고 회신한 것은 공적인 견해표명으로 볼 수 있다. 예상 ( )

정답 01 ○ 02 ○

[1] '대한민국과 동남아시아국가연합 회원국 정부 간의 포괄적 경제협력에 관한 기본협정하의 상품무역에 관한 협정'(이하 '한·아세안 FTA'라고 한다) 부속서 원산지 규정의 이행을 위한 절차적 사항을 담은 부록 '원산지 증명 운영절차' 제19조의 문언, 체계, 경위, 한·아세안 FTA 부속서를 비롯한 관련 법령의 직접운송에 관한 규정들의 취지와 목적 등을 모두 종합할 때, 위 조항은 한·아세안 FTA 부속서 3(원산지 규정) 제9조의 직접운송 규정을 원활히 실시·집행하기 위하여 관세당국에 제출할 증명서류에 관하여 일반적으로 신빙성을 높게 보는 대표적인 증빙서류들을 정하고 있는 것으로서, 이를 제출하기 어려운 사정이 있는 경우에는 다른 신빙성 있는 자료로 대체할 수 있다. 따라서 가호의 '수출 당사국에서 발행된 통과 선하증권'을 발급받기 어려운 사정이 있는 경우에는 같은 조 라호에 따라 다른 신빙성 있는 증명서류를 제출하여 직접운송 간주 요건의 충족을 증명할 수 있고, 단지 위 '통과 선하증권'이 제출되지 않았다는 형식적인 이유만으로 한·아세안 FTA 직접운송의 요건을 충족하지 못한다고 단정하여 협정세율 적용을 부인할 수는 없다.

[2] 조세법률관계에서 신의성실의 원칙이 적용되기 위한 과세관청의 공적인 견해 표명은 당해 언동을 하게 된 경위와 그에 대한 납세자의 신뢰가능성에 비추어 실질에 의하여 판단하여야 하나, 납세자가 구 자유무역협정의 이행을 위한 관세법의 특례에 관한 법률(2015.12.29. 법률 제13625호로 전부 개정되기 전의 것) 제10조에 따라 수입신고 시 또는 그 사후에 협정관세 적용을 신청하여 세관장이 형식적 심사만으로 수리한 것을 두고 그에 대해 과세하지 않겠다는 공적인 견해 표명이 있었다고 보기는 어렵다(대판 2019.2.14, 2017두63726).

🏛 확인 OX

01 공적 견해표명

납세자가 구 자유무역협정의 이행을 위한 관세법의 특례에 관한 법률 제10조에 따라 수입신고 시 또는 그 사후에 협정관세 적용을 신청하여 세관장이 형식적 심사만으로 수리한 것을 두고 그에 대해 과세하지 않겠다는 공적인 견해 표명이 있었다고 보기는 어렵다. 예상

( )

정답 01 ○

국가공무원법 제2조 제2항 제2호, 교육공무원법 제2조 제1항 제1호, 제3항, 제8조, 제26조 제1항, 제34조 제2항, 교육공무원임용령 제5조의2 제4항에 의하면, 일정한 자격을 갖추고 소정의 절차에 따라 대학의 장에 의하여 임용된 조교는 법정된 근무기간 동안 신분이 보장되는 교육공무원법상의 교육공무원 내지 국가공무원법상의 특정직공무원 지위가 부여되고, 근무관계는 사법상의 근로계약관계가 아닌 공법상 근무관계에 해당한다. 이와 같이 교육공무원 내지 특정직공무원의 신분을 부여받는 조교는 1년으로 법정된 근무기간이 만료하면 바로 지위를 상실하게 될 뿐만 아니라, 위 기간 만료 후에 다시 종전 지위를 취득하기 위해서는 임용주체의 의사결정에 기한 임명행위로써 공무원의 신분을 새롭게 부여받을 것을 요한다. 또한 조교에 대한 보수 등의 근무조건에 관하여는 교육공무원법 내지 국가공무원법과 그 위임에 따라 제정된 개별 법령이 적용됨으로써, 공무원인 조교의 근무관계에 관하여도 공무원의 '근무조건 법정주의'에 따라 기본적으로 법령에 의해 권리의무의 내용이 정해지고 있다. 이러한 사정들을 고려하면, 교육공무원 내지 특정직공무원의 신분보장을 받는 대신 근무기간이 1년으로 법정된 조교에 대하여는, '기간의 정함이 있는 근로계약을 체결한 근로자'에 대한 불합리한 차별을 시정하고 근로조건 보호를 강화함으로써 노동시장의 건전한 발전에 이바지하기 위한 목적에서 도입된 기간제 및 단시간근로자 보호 등에 관한 법률(이하 '기간제법'이라 한다)이 그대로 적용된다고 볼 수 없다. 특히 기간제법 제4조 제1항, 제2항은 사용자가 기간제근로자를 사용할 수 있는 기간의 허용가능한 범위를 정함과 동시에 일정 요건 하에 기간의 정함이 없는 근로계약을 체결한 근로자로 간주하는 규정으로서, 이를 국가와 공무원신분인 조교 간의 근무관계에 곧바로 적용하는 것은 임용주체의 임명행위에 의해 설정되는 공법상 근무관계의 성질은 물론, 조교의 근무기간이 1년으로 법정된 취지 등에도 반하는 것이어서 허용될 수 없다고 봄이 타당하다. 이는 국가 또는 지방자치단체의 기관에 대하여도 기간제법을 적용하도록 기간제법 제3조 제3항이 규정하고 있다거나, 공무원도 임금을 목적으로 근로를 제공하는 근로기준법상의 근로자라고 하여 달리 볼 것은 아니다(대판 2019.11.14, 2015두52531).

🏛 확인 OX

01 공법관계와 사법관계
일정한 자격을 갖추고 소정의 절차에 따라 국립대학의 장에 의하여 임용된 조교는 법정된 근무기간 동안 신분이 보장되는 교육공무원법상의 교육공무원 내지 국가공무원법상의 특정직공무원 지위가 부여되지만 그 근무관계는 사법상의 근로계약관계이다. 예상
(　　　)

02 공법관계와 사법관계
교육공무원 내지 특정직공무원의 신분보장을 받는 대신 근무기간이 1년으로 법정된 조교에 대하여는, '기간의 정함이 있는 근로계약을 체결한 근로자'에 대한 불합리한 차별을 시정하고 근로조건 보호를 강화함으로써 노동시장의 건전한 발전에 이바지하기 위한 목적에서 도입된 기간제 및 단시간근로자 보호 등에 관한 법률(기간제법)이 그대로 적용된다. 예상
(　　　)

정답 01 × 02 ×

[1] 독점규제 및 공정거래에 관한 법률(이하 '공정거래법'이라 한다)상 기업결합 제한 위반행위자에 대한 시정조치 및 이행강제금 부과 등에 관한 구 공정거래법(1999.2.5. 법률 제5813호로 개정되기 전의 것) 제17조 제3항, 공정거래법 제7조 제1항 제1호, 제16조 제1항 제7호, 제17조의3 제1항 제1호, 제2항, 독점규제 및 공정거래에 관한 법률 시행령 제23조의4 제1항, 제3항을 종합적·체계적으로 살펴보면, 공정거래법 제17조의3은 같은 법 제16조에 따른 시정조치를 그 정한 기간 내에 이행하지 아니하는 자에 대하여 이행강제금을 부과할 수 있는 근거 규정이고, 시정조치가 공정거래법 제16조 제1항 제7호에 따른 부작위 의무를 명하는 내용이더라도 마찬가지로 보아야 한다. 나아가 이러한 이행강제금이 부과되기 전에 시정조치를 이행하거나 부작위 의무를 명하는 시정조치 불이행을 중단한 경우 과거의 시정조치 불이행기간에 대하여 이행강제금을 부과할 수 있다고 봄이 타당하다.

[2] 회사합병이 있는 경우에는 피합병회사의 권리·의무는 사법상의 관계나 공법상의 관계를 불문하고 그의 성질상 이전을 허용하지 않는 것을 제외하고는 모두 합병으로 인하여 존속한 회사에 승계되는 것으로 보아야 한다(대판 2019.12.12, 2018두63563).

🏛 확인 OX

01 이행강제금
독점규제 및 공정거래에 관한 법률상 이행강제금이 부과되기 전에 시정조치를 이행하거나 부작위 의무를 명하는 시정조치 불이행을 중단한 경우 과거의 시정조치 불이행기간에 대하여 이행강제금을 부과할 수 없다. 예상　　　　　　　　　　　(　　)

02 공의무
회사합병이 있는 경우에는 피합병회사의 권리·의무는 사법상의 관계나 공법상의 관계를 불문하고 그의 성질상 이전을 허용하지 않는 것을 제외하고는 모두 합병으로 인하여 존속한 회사에 승계되는 것으로 보아야 한다. 예상　　　　　　　　(　　)

정답 01 × 02 ○

체육시설의 설치·이용에 관한 법률(이하 '체육시설법'이라 한다) 제27조는 영업주체의 변동에도 불구하고 사업의 인허가와 관련하여 형성된 공법상 관리체계를 유지시키고 체육시설업자와 이용관계를 맺은 다수 회원의 이익을 보호하는 데 입법 취지가 있다. 특히 체육시설법 제27조 제2항은 같은 조 제1항의 영업양도에는 해당하지 않더라도 제2항 각호에서 정하는 민사집행법에 따른 경매 등 절차에 따라 문화체육관광부령으로 정하는 체육시설업의 시설 기준에 따른 필수시설(이하 '체육필수시설'이라 한다)의 소유권이 이전되어 체육시설업의 영업 주체가 변경되는 때에도 제1항을 준용하려는 것이 그 입법 취지이다.

체육시설법 제11조 제1항, 제27조 제1항, 제2항, 체육시설의 설치·이용에 관한 법률 시행규칙 제8조 [별표 4] 등의 규정 내용과 체육시설법 제27조의 입법 취지 등에 비추어, 당초에는 어떠한 시설이 체육시설법 제27조 제2항에서 정한 체육필수시설에 해당하였지만, 이를 구성하던 일부 시설이 노후화되거나 철거되는 등으로 남은 시설로는 본래 용도에 따른 기능을 상실하여 이를 이용해서 종전 체육시설업을 영위할 수 없는 정도에 이르렀고 체육시설업의 영업 실질이 남아 있지 않게 된 경우에는 그 시설은 더는 체육시설법 제27조 제2항에서 정한 체육필수시설에 해당한다고 볼 수 없다. 이러한 시설이 민사집행법에 따른 경매 등 체육시설법 제27조 제2항 각호에서 정한 절차에 따라 매각된다고 하더라도 체육시설법 제27조 제2항은 적용되지 않으므로 그 시설을 매수한 사람은 기존 체육시설업자의 회원에 대한 권리·의무를 승계한다고 볼 수 없다(대판 2019.9.10, 2018다237473).

⚖ 확인 OX

01 공권·공의무의 승계

당초에는 어떠한 시설이 체육시설법 제27조 제2항에서 정한 체육필수시설에 해당하였지만, 이를 구성하던 일부 시설이 노후화되거나 철거되는 등으로 남은 시설로는 본래 용도에 따른 기능을 상실하여 이를 이용해서 종전 체육시설업을 영위할 수 없는 정도에 이르렀고 체육시설업의 영업 실질이 남아 있지 않게 된 경우에는 그 시설을 매수한 사람은 기존 체육시설업자의 회원에 대한 권리·의무를 승계한다고 볼 수 없다. 예상 ( )

정답 01 ○

[1] 폐기물관리법 제64조 제6호에서 정하고 있는 "거짓이나 그 밖의 부정한 방법으로 제25조 제3항에 따른 폐기물처리업 허가를 받은 자"란 폐기물처리업 허가를 신규 취득하는 과정에서 부정한 방법을 동원한 자만을 가리키는 것이지, 이미 허가를 받은 기존의 폐기물처리업을 양수하여 그 권리·의무의 승계를 신고하는 자까지 포함하는 것이라고 볼 수는 없다.

[2] 피고인이 갑 주식회사로부터 이미 허가받은 기존의 폐기물 종합재활용업을 양수하여 관할 시장에게 그 권리·의무의 승계를 신고하는 방법으로 거짓이나 그 밖의 부정한 방법으로 폐기물처리업 허가를 받았다고 하여 폐기물관리법 위반으로 기소된 사안에서, 피고인은 폐기물처리업 허가를 신규로 취득한 자가 아니라 이미 허가를 받은 기존의 폐기물처리업을 양수하여 그 권리·의무의 승계를 신고한 자에 불과하여 폐기물관리법 제64조 제6호 위반죄로 처벌할 수 없다는 이유로, 이와 달리 폐기물관리법 제25조 제3항의 폐기물처리업 허가를 받은 자에 그 권리·의무를 승계한 양수인도 포함된다고 보아 유죄를 인정한 원심의 판단에 폐기물관리법 제64조 제6호의 해석에 관한 법리를 오해한 잘못이 있다고 한 사례(대판 2019.8.14, 2019도3653).

🗑 **확인 OX**

01 공권·공의무의 승계
폐기물관리법 제64조 제6호에서 정하고 있는 '거짓이나 그 밖의 부정한 방법으로 제25조 제3항에 따른 폐기물처리업 허가를 받은 자'란 폐기물처리업 허가를 신규 취득하는 과정에서 부정한 방법을 동원한 자를 포함하여 이미 허가를 받은 기존의 폐기물처리업을 양수하여 그 권리·의무의 승계를 신고하는 자까지 포함하는 것으로 볼 수 있다. 예상   ( )

정답 01 ×

구 산업재해보상보험법(2018.6.12. 법률 제15665호로 개정되기 전의 것, 이하 '산재보험법'이라 한다) 제112조 제1항 제1호는 산재보험법에 따른 보험급여를 받을 권리는 3년간 행사하지 아니하면 시효로 소멸한다고 규정하고 있다. 소멸시효는 권리를 행사할 수 있는 때부터 진행하는바(산재보험법 제112조 제2항, 민법 제166조 제1항), 산재보험법에 따른 보험급여를 받을 권리의 소멸시효는 특별한 사정이 없는 한 재해근로자의 업무상 재해가 산재보험법령이 규정한 보험급여 지급요건에 해당하여 근로복지공단에 보험급여를 청구할 수 있는 때부터 진행한다.

산재보험법 제91조의3, 제91조의8에 따른 진폐보상연금의 경우 진폐근로자의 진폐병형, 심폐기능의 정도 등 진폐 장해상태가 산업재해보상보험법 시행령(이하 '산재보험법 시행령'이라 한다) 제83조의2 [별표 11의2], [별표 11의3]에서 정한 진폐장해등급 기준에 해당하게 된 때에 진폐장해등급에 따른 진폐보상연금을 지급하도록 규정하고 있다. 따라서 진폐보상연금 청구권의 소멸시효는 특별한 사정이 없는 한 진폐근로자의 진폐 장해상태가 산재보험법 시행령에서 정한 진폐장해등급 기준에 해당하게 된 때부터 진행한다(대판 2019.7.25, 2018두42634).

⚖ 확인 OX

01 소멸시효

소멸시효는 권리를 행사할 수 있는 때부터 진행하는바, 산재보험법에 따른 보험급여를 받을 권리의 소멸시효는 특별한 사정이 없는 한 재해근로자의 업무상 재해가 산재보험법령이 규정한 보험급여 지급요건에 해당하여 근로복지공단에 보험급여를 청구할 수 있는 때부터 진행한다. 예상　　　　　　　　　　　　　　（　　　）

정답 01 O

[1] 소멸시효 중단사유인 채무 승인은 시효이익을 받는 당사자인 채무자가 소멸시효 완성으로 채권을 상실하게 될 상대방 또는 그 대리인에 대하여 상대방의 권리 또는 자신의 채무가 있음을 알고 있다는 뜻을 표시함으로써 성립하며, 그 표시의 방법은 특별한 형식이 필요하지 않고 묵시적이든 명시적이든 상관없다. 또한 승인은 시효이익을 받는 채무자가 상대방의 권리 등의 존재를 인정하는 일방적 행위로서, 권리의 원인·내용이나 범위 등에 관한 구체적 사항을 확인하여야 하는 것은 아니고, 채무자가 권리 등의 법적 성질까지 알고 있거나 권리 등의 발생원인을 특정하여야 할 필요는 없다. 그리고 그와 같은 승인이 있는지는 문제가 되는 표현행위의 내용·동기와 경위, 당사자가 그 행위 등으로 달성하려고 하는 목적과 진정한 의도 등을 종합적으로 고찰하여 논리와 경험의 법칙, 그리고 사회 일반의 상식에 따라 객관적이고 합리적으로 이루어져야 한다.

[2] 산업재해보상보험법(이하 '산재보험법'이라 한다)은 산재보험법에 따른 보험급여를 받을 권리는 3년간 행사하지 않으면 시효로 말미암아 소멸하고(제112조 제1항 제1호), 산재보험법 제112조에 따른 소멸시효는 산재보험법 제36조 제2항에 따른 수급권자의 보험급여 청구로 중단된다(제113조)고 정하고 있다. 이러한 규정의 문언과 입법 취지, 산재보험법상 보험급여 청구의 성격 등에 비추어 보면, 산재보험법 제113조는 산재보험법 제36조 제2항에 따른 보험급여 청구를 민법상의 시효중단 사유와는 별도의 고유한 시효중단 사유로 정한 것으로 볼 수 있다.

산재보험법 제112조 제2항은 '산재보험법에서 정한 소멸시효에 관하여 산재보험법에 규정된 것 외에는 민법에 따른다.'고 정하고 있고, 민법 제178조 제1항은 '시효가 중단된 때에는 중단까지에 경과한 시효기간은 이를 산입하지 않고 중단사유가 종료한 때부터 새로이 진행한다.'고 정하고 있는데, 이 조항은 산재보험법에서 정한 소멸시효에도 적용된다.

시효중단제도의 취지에 비추어 볼 때 시효중단 사유인 보험급여 청구에 대한 근로복지공단의 결정이 있을 때까지는 청구의 효력이 계속된다고 보아야 한다. 따라서 보험급여 청구에 따른 시효중단은 근로복지공단의 결정이 있은 때 중단사유가 종료되어 새로이 3년의 시효기간이 진행된다.

[3] 산업재해보상보험법(이하 '산재보험법'이라 한다) 제111조는 "제103조 및 제106조에 따른 심사 청구 및 재심사 청구의 제기는 시효의 중단에 관하여 민법 제168조에 따른 재판상의 청구로 본다."라고 정하고 있다. 그리고 민법 제170조는 제1항에서 "재판상의 청구는 소송의 각하, 기각 또는 취하의 경우에는 시효중단의 효력이 없다."라고 정하고, 제2항에서 "전항의 경우에 6월 내에 재판상의 청구, 파산절차참가, 압류 또는 가압류, 가처분을 한 때에는 시효는 최초의 재판상의 청구로 인하여 중단된 것으로 본다."라고 정하고 있다.

그러나 산재보험법이 보험급여 청구에 대하여는 재판상의 청구로 본다는 규정을 두고 있지 않은 점, 보험급여 청구에 따라 발생한 시효중단의 효력이 보험급여 결정에 대한 임의적 불복절차인 심사 청구 등에 따라 소멸한다고 볼 근거가 없는 점을 고려하면, 산재보험법상 고유한 시효중단 사유인 보험급여 청구에 따른 시효중단의 효력은 심사 청구나 재심사 청구에 따른 시효중단의 효력과는 별개로 존속한다고 보아야 한다. 따라서 심사 청구 등이 기각된 다음 6개월 안에 다시 재판상의 청구가 없어 심사 청구 등에 따른 시효중단의 효력이 인정되지 않는다고 하더라도, 보험급여 청구에 따른 시효중단의 효력은 이와 별도로 인정될 수 있다(대판 2019.4.25, 2015두39897).

🏛 확인 OX

01 소멸시효

산재보험법상 고유한 시효중단 사유인 보험급여 청구에 따른 시효중단의 효력은 심사 청구나 재심사 청구에 따른 시효중단의 효력과는 별개로 존속한다고 보아야 한다. 따라서 심사 청구 등이 기각된 다음 6개월 안에 다시 재판상의 청구가 없어 심사 청구 등에 따른 시효중단의 효력이 인정되지 않는다고 하더라도, 보험급여 청구에 따른 시효중단의 효력은 이와 별도로 인정될 수 있다. 예상 (   )

정답 01 O

화물자동차 운수사업법은 유가보조금의 지급과 환수에 관한 규정을 두고 있다. 특별시장·광역시장·특별자치시장·특별자치도지사·시장 또는 군수(이하 '특별시장 등'이라 한다)는 운송사업자, 운송가맹사업자와 제40조 제1항에 따라 화물자동차 운송사업을 위탁받은 자(이하 '운송사업자 등'이라 한다)에게 유가보조금을 지급할 수 있다(제43조 제2항 참조). 국토교통부장관이나 특별시장 등은 거짓이나 부정한 방법으로 제43조 제2항의 보조금을 교부받은 운송사업자 등에게 보조금의 반환을 명하여야 한다(제44조 제3항 참조).

특별시장 등이 거짓이나 부정한 방법으로 화물자동차 유가보조금(이하 '부정수급액'이라 한다)을 교부받은 운송사업자 등으로부터 부정수급액을 반환받을 권리에 대해서는 지방재정법 제82조 제1항에서 정한 5년의 소멸시효가 적용된다. 그 소멸시효는 부정수급액을 지급한 때부터 진행하므로, 반환명령일을 기준으로 이미 5년의 소멸시효가 완성된 부정수급액에 대해서는 반환명령이 위법하다(대판 2019.10.17, 2019두33897).

🏛 확인 OX

01 소멸시효

특별시장 등이 거짓이나 부정한 방법으로 화물자동차 유가보조금을 교부받은 운송사업자 등으로부터 부정수급액을 반환받을 권리에 대해서는 지방재정법 제82조 제1항에서 정한 5년의 소멸시효가 적용되고, 그 소멸시효는 부정수급액을 지급한 때부터 진행하므로, 반환명령일을 기준으로 이미 5년의 소멸시효가 완성된 부정수급액에 대해서는 반환명령이 위법하다. 예상 ( )

정답 01 O

법률상 원인 없이 타인의 재산 또는 노무로 인하여 이익을 얻고 이로 인하여 타인에게 손해를 입힌 자는 그 이익을 반환하여야 한다(민법 제741조). 이러한 부당이득이 성립하기 위한 요건인 '이익'을 얻은 방법에는 제한이 없다. 가령 채무를 면하는 경우와 같이 어떠한 사실의 발생으로 당연히 발생하였을 손실을 보지 않는 것과 같은 재산의 소극적 증가도 이익에 해당한다. 그런데 국가나 지방자치단체가 어느 단체에게 시설의 관리 등을 위탁하여 이를 사용·수익하게 하고, 그 단체가 자신의 명의와 계산으로 제3자에게 재화 또는 용역을 공급하는 경우에는 국가나 지방자치단체가 아니라 거래당사자인 위 단체가 부가가치세 납세의무를 부담하는 것이다. 따라서 시설의 관리 등을 위탁받은 단체가 재화 또는 용역을 공급하고 부가가치세를 납부한 것은 자신이 거래당사자로서 부담하는 부가가치세법에 따른 조세채무를 이행한 것에 불과하므로, 그와 같은 사정만으로 위탁자인 국가나 지방자치단체가 법률상 원인 없이 채무를 면하는 등의 이익을 얻어 부당이득을 하였다고 볼 수 없다(대판 2019.1.17, 2016두60287).

🏛 확인 OX

01 공법상 부당이득
지방자치단체가 甲 단체에게 시설의 관리를 위탁하여 이를 사용·수익하게 하고, 그 단체가 자신의 명의와 계산으로 재화 또는 용역을 공급하고 부가가치세를 납부한 경우, 이는 지방자치단체가 최종적으로 부담하여야 할 의무가 있는 세액을 甲이 대신 납부한 것으로서 부당이득에 해당한다. 예상   (   )

02 공법상 부당이득
국가나 지방자치단체가 어느 단체에게 시설의 관리 등을 위탁하여 이를 사용·수익하게 하고, 그 단체가 자신의 명의와 계산으로 재화 또는 용역을 공급하고 부가가치세를 납부한 경우, 그러한 사정만으로 위탁자인 국가나 지방자치단체가 법률상 원인 없이 채무를 면하는 부당이득을 한 것은 아니다. 예상   (   )

정답 01 O 02 X 01 O

가설건축물 축조신고 불수리처분 취소 2017두75606 ★☆☆

2017.1.17. 개정 전 구 건축법은 가설건축물이 축조되는 지역과 용도에 따라 허가제와 신고제를 구분하면서, 가설건축물 신고와 관련하여서는 국토의 계획 및 이용에 관한 법률에 따른 개발행위허가 등 인·허가 의제 내지 협의에 관한 규정을 전혀 두고 있지 아니하다. 이러한 신고대상 가설건축물 규제 완화의 취지를 고려하면, 행정청은 특별한 사정이 없는 한 개발행위허가 기준에 부합하지 않는다는 점을 이유로 가설건축물 축조신고의 수리를 거부할 수는 없다(대판 2019.1.10, 2017두75606).

PART 2

2019년 행정법총론 주요 판례

🏛 **확인 OX**

01 행위요건적 신고
행정청은 특별한 사정이 없는 한 개발행위허가 기준에 부합하지 않는다는 점을 이유로 가설건축물 축조신고의 수리를 거부할 수는 없다. 예상 ( )

정답 O 10 ○

18 폐기물처리시설 설치비용 부담금부과처분 취소 2016두61051 ★★☆

[1] 국가의 법체계는 그 자체로 통일체를 이루고 있으므로 상·하규범 사이의 충돌은 최대한 배제하여야 하고, 또한 규범이 무효라고 선언될 경우에 생길 수 있는 법적 혼란과 불안정 및 새로운 규범이 제정될 때까지의 법적 공백 등으로 인한 폐해를 피하여야 할 필요성에 비추어 보면, 하위법령의 규정이 상위법령의 규정에 저촉되는지 여부가 명백하지 않은 경우에, 관련 법령의 내용과 입법 취지 및 연혁 등을 종합적으로 살펴 하위법령의 의미를 상위법령에 합치되는 것으로 해석하는 것이 가능한 경우라면, 하위법령이 상위법령에 위반된다는 이유로 쉽게 무효를 선언할 것은 아니다.

특정 사안과 관련하여 법령에서 조례에 위임을 한 경우 조례가 위임의 한계를 준수하였는지를 판단할 때는 당해 법령 규정의 입법 목적과 규정 내용, 규정의 체계, 다른 규정과의 관계 등을 종합적으로 살펴야 하고, 수권 규정에서 사용하고 있는 용어의 의미를 넘어 그 범위를 확장하거나 축소하여 위임 내용을 구체화하는 단계를 벗어나 새로운 입법을 하였는지 등도 아울러 고려하여야 한다.

[2] 시장이 구 폐기물처리시설 설치촉진 및 주변지역지원 등에 관한 법률(2013.8.13. 법률 제12077호로 개정되기 전의 것, 이하 '폐기물시설촉진법'이라 한다) 제6조 등에 따라 폐기물처리시설 설치비용에 해당하는 금액을 납부하기로 한 혁신도시 개발사업 시행자에게 '전주시 폐기물처리시설 설치비용 징수와 기금설치 및 운용에 관한 조례' 규정에 따라 폐기물처리시설 설치비용 산정의 기준이 되는 부지면적에 '관리동'과 '세차동 등 기타시설'의 면적을 포함시켜 부지매입비용을 산정한 폐기물처리시설 설치비용 부담금을 부과한 사안에서, 구 폐기물처리시설 설치촉진 및 주변지역지원 등에 관한 법률 시행령(2014.2.11. 대통령령 제25165호로 개정되기 전의 것) 제4조 제3항 등 관계 법령이 시설의 설치에 드는 비용의 산정기준에 관하여 상세한 규정을 두면서도 폐기물처리시설의 부지면적에 관하여는 아무런 규정을 두고 있지 않아 지방자치단체에는 장래 폐기물처리시설의 규모, 운영방식, 관리수요 등의 다양한 요소를 예측하여 그에 필요한 '관리동'과 '세차동 등 기타시설'의 규모를 정할 수 있는 재량이 부여된 것으로 보아야 하므로 조례에서 정한 폐기물처리시설 부지면적의 산정기준이 현저히 불합리하다는 등의 특별한 사정이 없는 한 조례 내용이 무효라고 볼 수는 없는 점, '관리동'과 '세차동 등 기타시설'은 폐기물처리시설 자체는 아니지만 폐기물처리시설의 원활한 관리·운영을 위하여 필요한 시설로서 환경보전과 국민 생활의 질적 향상에 이바지함을 목적으로 하는 폐기물시설촉진법의 입법 목적 달성에 기여하는 시설인 점 등을 종합하면, 위 조례 규정 중 '관리동', '세차동 등 기타시설'의 부지면적 산정에 관한 부분은 상위법령을 구체화한 것에 불과하고 상위법령의 위임의 한계를 벗어나 무효라고 볼 수 없음에도, 이와 달리 위 조례 규정이 법과 시행령의 위임범위를 벗어나 무효이고, 시장이 위 조례에 따라 '관리동', '세차동 등 기타시설'의 부지면적을 폐기물처리시설의 부지면적에 포함시켜 부지매입비용을 산정한 것은 위법하다고 본 원심판단에 법리를 오해한 잘못이 있다고 한 사례(대판 2019.7.10, 2016두61051).

📋 확인 OX

01 법규명령

하위법령의 규정이 상위법령의 규정에 저촉되는지 여부가 명백하지 않은 경우에, 관련 법령의 내용과 입법 취지 및 연혁 등을 종합적으로 살펴 하위법령의 의미를 상위법령에 합치되는 것으로 해석하는 것이 가능한 경우라면, 하위법령이 상위법령에 위반된다는 이유로 쉽게 무효를 선언할 것은 아니다. 예상 ( )

정답 이 ○

구 결혼중개업의 관리에 관한 법률(2017.3.21. 법률 제14700호로 개정되기 전의 것, 이하 '결혼중개업법'이라 한다) 제26조 제2항 제4호는 '제10조의2 제1항을 위반하여 신상정보를 제공하지 아니한 자는 3년 이하의 징역 또는 2천만 원 이하의 벌금에 처한다.'라고 규정하고, 제10조의2 제1항은 '국제결혼중개업자는 계약을 체결한 이용자와 결혼중개의 상대방으로부터 혼인경력, 건강상태, 직업, 범죄경력 등의 신상정보를 받아 각각 해당 국가 공증인의 인증을 받은 다음 신상정보(증빙서류 포함)를 상대방과 이용자에게 서면으로 제공하여야 한다.'라고 규정하며, 제10조의2 제4항은 "제1항에 따른 신상정보의 제공 시기 및 절차, 입증방법 등에 필요한 사항은 대통령령으로 정한다."라고 규정하고 있다. 그 위임에 따른 결혼중개업의 관리에 관한 법률 시행령(이하 '결혼중개업법 시행령'이라 한다) 제3조의2 제3항은 '국제결혼중개업자는 신상정보를 이용자와 상대방이 각각 이해할 수 있는 언어로 번역·제공한 후 이용자와 상대방이 모두 만남에 서면 동의한 경우에 만남을 주선하여야 한다.'라고 규정하여 국제결혼중개업자에게 '이용자와 상대방의 만남 이전'에 신상정보를 제공할 의무를 부과하고 있다.

위와 같은 결혼중개업법과 같은 법 시행령의 규정 내용과 체계에다가 국제결혼중개업자를 통한 국제결혼의 특수성과 실태 등을 관련 법리에 비추어 살펴보면, 결혼중개업법 제10조의2 제4항에 의하여 대통령령에 규정하도록 위임된 '신상정보의 제공 시기'는 적어도 이용자와 상대방의 만남 이전이 될 것임을 충분히 예측할 수 있으므로, 결혼중개업법 시행령 제3조의2 제3항이 결혼중개업법 제10조의2 제4항에서 위임한 범위를 일탈하여 위임입법의 한계를 벗어났다고 볼 수 없다(대판 2019.7.25, 2018도7989).

🏛 확인 OX

01 법규명령

구 결혼중개업법 제10조의2 제4항에 의하여 대통령령에 규정하도록 위임된 신상정보의 제공 시기는 적어도 이용자와 상대방의 만남 이전이 될 것임을 충분히 예측할 수 있으므로, 결혼중개업법 시행령 제3조의2 제3항의 국제결혼중개업자는 신상정보를 이용자와 상대방이 각각 이해할 수 있는 언어로 번역·제공한 후 이용자와 상대방이 모두 만남에 서면 동의한 경우에 만남을 주선하여야 한다는 규정은 결혼중개업법 제10조의2 제4항에서 위임한 범위를 일탈하여 위임입법의 한계를 벗어났다고 볼 수 없다. 예상 ( )

정답 10 ○

[1] 헌법 제117조 제1항은 지방자치단체에 포괄적인 자치권을 보장하고 있으므로, 자치사무와 관련한 조례에 대한 법률의 위임은 법규명령에 대한 법률의 위임과 같이 구체적으로 범위를 정하여서 할 엄격성이 반드시 요구되지는 않는다. 법률이 주민의 권리의무에 관한 사항에 관하여 구체적으로 범위를 정하지 않은 채 조례로 정하도록 포괄적으로 위임한 경우에도 지방자치단체는 법령에 위반되지 않는 범위 내에서 각 지역의 실정에 맞게 주민의 권리의무에 관한 사항을 조례로 제정할 수 있다.

[2] 주요도로와 주거 밀집지역 등으로부터 일정한 거리 내에 태양광발전시설의 입지를 제한함으로써 토지의 이용·개발을 제한하고 있는 청송군 도시계획 조례 제23조의2 제1항 제1호, 제2호의 법률상 위임근거가 있는지 문제 된 사안에서, 비록 국토의 계획 및 이용에 관한 법률(이하 '국토계획법'이라 한다)이 태양광발전시설 설치의 이격거리 기준에 관하여 조례로써 정하도록 명시적으로 위임하고 있지는 않으나, 조례에의 위임은 포괄 위임으로 충분한 점, 도시·군계획에 관한 사무의 자치사무로서의 성격, 국토계획법령의 다양한 규정들의 문언과 내용 등을 종합하면, 위 조례 조항은 국토계획법령이 위임한 사항을 구체화한 것이라고 한 사례.

[3] 특정 사안과 관련하여 법령에서 조례에 위임을 한 경우 조례가 위임의 한계를 준수하고 있는지를 판단할 때에는, 해당 법령 규정의 입법 목적과 규정 내용, 규정의 체계, 다른 규정과의 관계 등을 종합적으로 살펴야 하고, 위임 규정의 문언에서 의미를 명확하게 알 수 있는 용어를 사용하여 위임의 범위를 분명히 하고 있는데도 그 의미의 한계를 벗어났는지, 수권 규정에서 사용하고 있는 용어의 의미를 넘어 그 범위를 확장하거나 축소함으로써 위임 내용을 구체화하는 데에서 벗어나 새로운 입법을 한 것으로 볼 수 있는지 등도 아울러 고려해야 한다.

[4] 청송군 도시계획 조례 제23조의2 제1항 제1호, 제2호가 상위법령의 위임한계를 일탈하였는지 문제 된 사안에서, 위 조례 조항의 위임근거가 되는 국토의 계획 및 이용에 관한 법령 규정들의 문언과 내용, 체계, 입법 취지 및 지방자치단체가 개발행위에 관한 세부기준을 조례로 정할 때 형성의 여지가 보다 넓게 인정되어야 하는 점, 태양광발전시설이 가져올 수 있는 환경훼손의 문제점과 청송군의 지리·환경적 특성, 조례 조항에 따른 이격거리 기준을 적용하지 않는 예외사유를 인정하고 있는 점, 국토의 계획 및 이용에 관한 법령에서 개발행위허가기준의 대강과 한계만을 정하고 구체적인 세부기준은 각 지방자치단체가 지역의 특성, 주민 의견 등을 고려하여 지방자치단체의 실정에 맞게 정할 수 있도록 위임하고 있는 취지 등을 관련 법리에 비추어 살펴보면, 위 조례 조항이 '고속도로, 국도, 지방도, 군도, 면도 등 주요도로에서 1,000미터 내'와 '10호 이상 주거 밀집지역, 관광지, 공공시설 부지 경계로부터 500미터 내'의 태양광발전시설 입지를 제한하고 있다고 하여 국토의 계획 및 이용에 관한 법령에서 위임한 한계를 벗어난 것이라고 볼 수 없다고 한 사례(대판 2019.10.17, 2018두40744).

📖 확인 OX

01 법규명령

법률이 주민의 권리·의무에 관한 사항에 관하여 구체적으로 범위를 정하지 않은 채 조례로 정하도록 포괄적으로 위임한 경우에도 지방자치단체는 법령에 위반되지 않는 범위 내에서 주민의 권리·의무에 관한 사항을 조례로 제정할 수 있다. 18. 국회직 8급 (   )

O 10 目정

[1] 일반적으로 처분이 주체·내용·절차와 형식의 요건을 모두 갖추고 외부에 표시된 경우에는 처분의 존재가 인정된다. 행정의사가 외부에 표시되어 행정청이 자유롭게 취소·철회할 수 없는 구속을 받게 되는 시점에 처분이 성립하고, 그 성립 여부는 행정청이 행정의사를 공식적인 방법으로 외부에 표시하였는지를 기준으로 판단해야 한다.

[2] 병무청장이 법무부장관에게 '가수 갑이 공연을 위하여 국외여행허가를 받고 출국한 후 미국 시민권을 취득함으로써 사실상 병역의무를 면탈하였으므로 재외동포 자격으로 재입국하고자 하는 경우 국내에서 취업, 가수활동 등 영리활동을 할 수 없도록 하고, 불가능할 경우 입국 자체를 금지해 달라'고 요청함에 따라 법무부장관이 갑의 입국을 금지하는 결정을 하고, 그 정보를 내부전산망인 '출입국관리정보시스템'에 입력하였으나, 갑에게는 통보하지 않은 사안에서, 행정청이 행정의사를 외부에 표시하여 행정청이 자유롭게 취소·철회할 수 없는 구속을 받기 전에는 '처분'이 성립하지 않으므로 법무부장관이 출입국관리법 제11조 제1항 제3호 또는 제4호, 출입국관리법 시행령 제14조 제1항, 제2항에 따라 위 입국금지결정을 했다고 해서 '처분'이 성립한다고 볼 수는 없고, 위 입국금지결정은 법무부장관의 의사가 공식적인 방법으로 외부에 표시된 것이 아니라 단지 그 정보를 내부전산망인 '출입국관리정보시스템'에 입력하여 관리한 것에 지나지 않으므로, 위 입국금지결정은 항고소송의 대상이 될 수 있는 '처분'에 해당하지 않는데도, 위 입국금지결정이 처분에 해당하여 공정력과 불가쟁력이 있다고 본 원심판단에 법리를 오해한 잘못이 있다고 한 사례.

[3] 상급행정기관이 소속 공무원이나 하급행정기관에 대하여 업무처리지침이나 법령의 해석·적용 기준을 정해 주는 '행정규칙'은 일반적으로 행정조직 내부에서만 효력을 가질 뿐 대외적으로 국민이나 법원을 구속하는 효력이 없다. 처분이 행정규칙을 위반하였다고 해서 그러한 사정만으로 곧바로 위법하게 되는 것은 아니고, 처분이 행정규칙을 따른 것이라고 해서 적법성이 보장되는 것도 아니다. 처분이 적법한지는 행정규칙에 적합한지 여부가 아니라 상위 법령의 규정과 입법 목적 등에 적합한지 여부에 따라 판단해야 한다.

상급행정기관이 소속 공무원이나 하급행정기관에 하는 개별·구체적인 지시도 마찬가지이다. 상급행정기관의 지시는 일반적으로 행정조직 내부에서만 효력을 가질 뿐 대외적으로 국민이나 법원을 구속하는 효력이 없다. 대외적으로 처분 권한이 있는 처분청이 상급행정기관의 지시를 위반하는 처분을 하였다고 해서 그러한 사정만으로 처분이 곧바로 위법하게 되는 것은 아니고, 처분이 상급행정기관의 지시를 따른 것이라고 해서 적법성이 보장되는 것도 아니다. 처분이 적법한지는 상급행정기관의 지시를 따른 것인지 여부가 아니라, 헌법과 법률, 대외적으로 구속력 있는 법령의 규정과 입법 목적, 비례·평등원칙과 같은 법의 일반원칙에 적합한지 여부에 따라 판단해야 한다.

[4] 행정절차에 관한 일반법인 행정절차법은 제24조 제1항에서 "행정청이 처분을 할 때에는 다른 법령 등에 특별한 규정이 있는 경우를 제외하고는 문서로 하여야 하며, 전자문서로 하는 경우에는 당사자 등의 동의가 있어야 한다. 다만 신속히 처리할 필요가 있거나 사안이 경미한 경우에는 말 또는 그 밖의 방법으로 할 수 있다."라고 정하고 있다. 이 규정은 처분내용의 명확성을 확보하고 처분의 존부에 관한 다툼을 방지하여 처분상대방의 권익을 보호하기 위한 것이므로, 이를 위반한 처분은 하자가 중대·명백하여 무효이다.

[5] 행정절차법 제3조 제2항 제9호, 행정절차법 시행령 제2조 제2호 등 관련 규정들의 내용을 행정의 공정성, 투명성, 신뢰성을 확보하고 처분상대방의 권익보호를 목적으로 하는 행정절차법의 입법 목적에 비추어 보면, 행정절차법의 적용이 제외되는 '외국인의 출입국에 관한 사항'이란 해당 행정작용의 성질상 행정절차를 거치기 곤란하거나 거칠 필요가 없다고 인정되는 사항이나 행정절차에 준하는 절차를 거친 사항으로서 행정절차법 시행령으로 정하는 사항만을 가리킨다. '외국인의 출입국에 관한 사항'이라고 하여 행정절차를 거칠 필요가 당연히 부정되는 것은 아니다.

외국인의 사증발급 신청에 대한 거부처분은 당사자에게 의무를 부과하거나 적극적으로 권익을 제한하는 처분이 아니므로, 행정절차법 제21조 제1항에서 정한 '처분의 사전통지'와 제22조 제3항에서 정한 '의견제출 기회 부여'의 대상은 아니다. 그러나 사증발급 신청에 대한 거부처분이 성질상 행정절차법 제24조에서 정한 '처분서 작성·교부'를 할 필요가 없거나 곤란하다고 일률적으로 단정하기 어렵다. 또한 출입국관리법령에 사증발급 거부처분서 작성에 관한 규정을 따로 두고 있지 않으므로, 외국인의 사증발급 신청에 대한 거부처분을 하면서 행정절차법 제24조에 정한 절차를 따르지 않고 '행정절차에 준하는 절차'로 대체할 수도 없다.

[6] 출입국관리법 제7조 제1항, 제8조 제2항, 제3항, 제10조, 제10조의2, 제11조 제1항 제3호, 제4호, 출입국관리법 시행규칙 제9조의2 제2호, 재외동포의 출입국과 법적 지위에 관한 법률(이하 '재외동포법'이라 한다) 제5조 제1항, 제2항과 체계, 입법 연혁과 목적을 종합하면 다음과 같은 결론을 도출할 수 있다. 재외동포에 대한 사증발급은 행정청의 재량행위에 속하는 것으로서, 재외동포가 사증발급을 신청한 경우에 출입국관리법 시행령 [별표 1의2]에서 정한 재외동포체류자격의 요건을 갖추었다고 해서 무조건 사증을 발급해야 하는 것은 아니다. 재외동포에게 출입국관리법 제11조 제1항 각호에서 정한 입국금지사유 또는 재외동포법 제5조 제2항에서 정한 재외동포체류자격 부여 제외사유(예컨대 '대한민국 남자가 병역을 기피할 목적으로 외국국적을 취득하고 대한민국 국적을 상실하여 외국인이 된 경우')가 있어 그의 국내 체류를 허용하지 않음으로써 달성하고자 하는 공익이 그로 말미암아 발생하는 불이익보다 큰 경우에는 행정청이 재외동포체류자격의 사증을 발급하지 않을 재량을 가진다.

[7] 처분의 근거 법령이 행정청에 처분의 요건과 효과 판단에 일정한 재량을 부여하였는데도, 행정청이 자신에게 재량권이 없다고 오인한 나머지 처분으로 달성하려는 공익과 그로써 처분상대방이 입게 되는 불이익의 내용과 정도를 전혀 비교형량 하지 않은 채 처분을 하였다면, 이는 재량권 불행사로서 그 자체로 재량권 일탈·남용으로 해당 처분을 취소하여야 할 위법사유가 된다.

[8] 비례의 원칙은 법치국가 원리에서 당연히 파생되는 헌법상의 기본원리로서, 모든 국가작용에 적용된다. 행정목적을 달성하기 위한 수단은 목적달성에 유효·적절하고, 가능한 한 최소침해를 가져오는 것이어야 하며, 아울러 그 수단의 도입에 따른 침해가 의도하는 공익을 능가하여서는 안 된다.

[9] 처분상대방의 의무위반을 이유로 한 제재처분의 경우 의무위반 내용과 제재처분의 양정(量定) 사이에 엄밀하게는 아니더라도 어느 정도는 비례 관계가 있어야 한다. 제재처분이 의무위반의 내용에 비하여 과중하여 사회통념상 현저하게 타당성을 잃은 경우에는 재량권 일탈·남용에 해당하여 위법하다고 보아야 한다.

[10] 병무청장이 법무부장관에게 '가수 갑이 공연을 위하여 국외여행허가를 받고 출국한 후 미국 시민권을 취득함으로써 사실상 병역의무를 면탈하였다'는 이유로 입국 금지를 요청함에 따라 법무부장관이 갑의 입국금지결정을 하였는데, 갑이 재외공관의 장에게 재외동포(F-4) 체류자격의 사증발급을 신청하자 재외공관장이 처분이유를 기재한 사증발급 거부처분서를 작성해 주지 않은 채 갑의 아버지에게 전화로 사증발급이 불허되었다고 통보한 사안에서, 갑의 재외동포(F-4) 체류자격 사증발급 신청에 대하여 재외공관장이 6일 만에 한 사증발급 거부처분이 문서에 의한 처분 방식의 예외로 행정절차법 제24조 제1항 단서에서 정한 '신속히 처리할 필요가 있거나 사안이 경미한 경우'에 해당한다고 볼 수도 없으므로 사증발급 거부처분에는 행정절차법 제24조 제1항을 위반한 하자가 있음에도, 외국인의 사증발급 신청에 대한 거부처분이 성질상 행정절차를 거치기 곤란하거나 불필요하다고 인정되는 처분에 해당하여 행정절차법의 적용이 배제된다고 판단하고, 재외공관장이 자신에게 주어진 재량권을 전혀 행사하지 않고 오로지 13년 7개월 전에 입국금지결정이 있었다는 이유만으로 그에 구속되어 사증발급 거부처분을 한 것이 비례의 원칙에 반하는 것인지 판단했어야 함에도, 입국금지결정에 따라 사증발급 거부처분을 한 것이 적법하다고 본 원심판단에 법리를 오해한 잘못이 있다고 한 사례(대판 2019.7.11, 2017두38874).

🏛 확인 OX

01 행정행위의 요건

행정의사가 외부에 표시되어 행정청이 자유롭게 취소 · 철회할 수 없는 구속을 받게 되는 시점에 처분이 성립하고, 그 성립 여부는 행정청이 행정의사를 공식적인 방법으로 외부에 표시하였는지를 기준으로 판단해야 한다. 예상 ( )

02 소송요건(대상적격)

법무부장관의 입국금지결정이 그 의사가 공식적인 방법으로 외부에 표시된 것이 아니라 단지 그 정보를 내부 전산망인 출입국관리정보시스템에 입력하여 관리한 것에 지나지 않은 경우, 이는 항고소송의 대상에 해당되지 않는다. 20. 소방간부 ( )

03 행정규칙

상급행정기관이 하급행정기관에 대하여 업무처리지침이나 법령의 해석적용에 관한 기준을 정하여서 발하는 이른바 행정규칙은 일반적으로 행정조직 내부에서의 효력뿐만 아니라 대외적인 구속력도 가진다. 12. 서울시 9급, 11. 국가직 9급 ( )

04 행정규칙

상급행정기관의 지시는 일반적으로 행정조직 내부에서만 효력을 가질 뿐 대외적으로 국민이나 법원을 구속하는 효력이 없으므로 대외적 처분권한이 있는 처분청이 상급기관의 지시를 위반하는 처분을 하였다고 해서 처분이 곧바로 위법하게 되지는 않고, 헌법과 법률, 대외적으로 구속력 있는 법령의 규정과 입법 목적, 비례 · 평등원칙과 같은 법의 일반원칙에 적합한지 여부에 따라 판단해야 한다. 예상 ( )

05 행정절차법

'외국인의 출입국에 관한 사항'에 해당하면 행정절차법이 적용되지 아니한다. 예상 ( )

06 행정절차법

외국인의 사증발급 신청에 대한 거부처분은 행정절차법 제21조 제1항에서 정한 '처분의 사전통지'와 제22조 제3항에서 정한 '의견제출 기회 부여'의 대상이 된다. 예상 ( )

07 재량행위

재외동포에 대한 사증발급은 행정청의 재량행위에 속한다. 예상 ( )

08 재량하자의 유형

처분의 근거 법령이 행정청에 처분의 요건과 효과 판단에 일정한 재량을 부여하였는데도, 행정청이 처분으로 달성하려는 공익과 그로써 처분상대방이 입게 되는 불이익의 내용과 정도를 전혀 비교형량 하지 않은 채 처분을 하였다면, 그 자체로 재량권 일탈 · 남용으로 해당 처분을 취소하여야 할 위법사유가 된다. 예상 ( )

09 행정절차법

병무청장이 법무부장관에게 '가수 甲이 공연을 위하여 국외여행허가를 받고 출국한 후 미국 시민권을 취득함으로써 사실상 병역의무를 면탈하였다'는 이유로 입국 금지를 요청함에 따라 법무부장관이 甲의 입국금지결정을 하였는데, 甲이 재외공관의 장에게 재외동포(F-4) 체류자격의 사증발급을 신청하자 재외공관장이 처분이유를 기재한 사증발급 거부처분서를 작성해 주지 않은 채 甲의 아버지에게 전화로 사증발급이 불허되었다고 통보한 사안에서, 甲의 재외동포(F-4) 체류자격 사증발급 신청에 대하여 재외공관장이 6일 만에 한 사증발급 거부처분이 문서에 의한 처분 방식의 예외로 행정절차법 제24조 제1항 단서에서 정한 '신속히 처리할 필요가 있거나 사안이 경미한 경우'에 해당한다고 볼 수도 없으므로 사증발급 거부처분에는 행정절차법 제24조 제1항(처분서 작성 · 교부)을 위반한 하자가 있다. 예상 ( )

정답 01 ○ 02 ○ 03 × 04 ○ 05 ○ 06 × 07 × 08 ○ 09 ○

[1] 남녀고용평등과 일·가정 양립 지원에 관한 법률(이하 '남녀고용평등법'이라 한다) 제11조 제1항, 근로기준법 제6조에서 말하는 '남녀의 차별'은 합리적인 이유 없이 남성 또는 여성이라는 이유만으로 부당하게 차별대우하는 것을 의미한다. 사업주나 사용자가 근로자를 합리적인 이유 없이 성별을 이유로 부당하게 차별대우를 하도록 정한 규정은, 규정의 형식을 불문하고 강행규정인 남녀고용평등법 제11조 제1항과 근로기준법 제6조에 위반되어 무효라고 보아야 한다.

[2] 국가나 국가기관 또는 국가조직의 일부는 기본권의 수범자로서 국민의 기본권을 보호하고 실현해야 할 책임과 의무를 지니고 있는 점, 공무원도 임금을 목적으로 근로를 제공하는 근로기준법상의 근로자인 점 등을 고려하면, 공무원 관련 법률에 특별한 규정이 없는 한, 고용관계에서 양성평등을 규정한 남녀고용평등과 일·가정 양립 지원에 관한 법률 제11조 제1항과 근로기준법 제6조는 국가기관과 공무원 간의 공법상 근무관계에도 적용된다.

[3] 여성 근로자들이 전부 또는 다수를 차지하는 분야의 정년을 다른 분야의 정년보다 낮게 정한 것이 여성에 대한 불합리한 차별에 해당하는지는, 헌법 제11조 제1항에서 규정한 평등의 원칙 외에도 헌법 제32조 제4항에서 규정한 '여성근로에 대한 부당한 차별 금지'라는 헌법적 가치를 염두에 두고, 해당 분야 근로자의 근로 내용, 그들이 갖추어야 하는 능력, 근로시간, 해당 분야에서 특별한 복무규율이 필요한지 여부나 인력수급사정 등 여러 사정들을 종합적으로 고려하여 판단하여야 한다.

[4] 상급행정기관이 소속 공무원이나 하급행정기관에 대하여 세부적인 업무처리절차나 법령의 해석·적용 기준을 정해 주는 '행정규칙'은 상위법령의 구체적 위임이 있지 않는 한 행정조직 내부에서만 효력을 가질 뿐 대외적으로 국민이나 법원을 구속하는 효력이 없다. 다만 행정규칙이 이를 정한 행정기관의 재량에 속하는 사항에 관한 것인 때에는 그 규정 내용이 객관적 합리성을 결여하였다는 등의 특별한 사정이 없는 한 법원은 이를 존중하는 것이 바람직하다.

그러나 행정규칙의 내용이 상위법령에 반하는 것이라면 법치국가원리에서 파생되는 법질서의 통일성과 모순금지 원칙에 따라 그것은 법질서상 당연무효이고, 행정내부적 효력도 인정될 수 없다. 이러한 경우 법원은 해당 행정규칙이 법질서상 부존재하는 것으로 취급하여 행정기관이 한 조치의 당부를 상위법령의 규정과 입법 목적 등에 따라서 판단하여야 한다(대판 2019.10.31, 2013두20011).

🏛 확인 OX

01 공법관계
공무원 관련 법률에 특별한 규정이 없는 한, 고용관계에서 양성평등을 규정한 남녀고용평등과 일·가정 양립 지원에 관한 법률 제11조 제1항과 근로기준법 제6조는 국가기관과 공무원 간의 공법상 근무관계에는 적용되지 아니한다. 예상 ( )

정답 0ㅣ ×

[1] 직장어린이집 시설설치비 지원에 관한 고용보험법 제26조, 고용보험법 시행령 제38조 제5항, 구 직장어린이집 설치·운영 규정(2013.12.26. 고용노동부예규 제63호로 개정되기 전의 것, 이하 같다) 제20조 제1항 제1호, 제2호, 제23조 제1항, 제24조 제1항, 제25조 제1항의 내용과 체계, 입법 목적 등을 종합하여 보면, 고용보험법상 직장어린이집과 같은 고용촉진 시설에 관한 지원은 일과 육아를 병행해야 하는 근로자를 고용하고 있는 사업장의 사업주에게 직장어린이집 설치비용을 직접 지원하여 일·가정 양립, 피보험자 등의 고용안정·고용촉진 및 사업주의 인력 확보를 지원하기 위한 것이므로, 구 직장어린이집 설치·운영 규정 자체에서 특별히 달리 취급하고 있는 '산업단지형 공동 직장어린이집'의 경우가 아닌 한, 사업주단체로서 직장어린이집 시설설치비를 지원받으려면 사업주단체에 속한 모든 사업주가 고용보험에 가입한 사업장의 사업주이어야 하고, 고용보험의 피보험자인 근로자를 고용하지 않은 사업장의 사업주는 원칙적으로 시설설치비를 지원받는 사업주단체에 속할 자격이 없다고 봄이 타당하다.

[2] 구 고용보험법(2008.12.31. 법률 제9315호로 개정되고 2015.1.20. 법률 제13041호로 개정되기 전의 것) 제35조 제1항은 부정수급자에 대한 제재의 정도를 강화하기 위하여 '부정수급자에게 대통령령으로 정하는 바에 따라 그 지원을 제한하거나 부정수급액을 반환하도록 명할 수 있다'고 규정하고, 그 위임에 따른 구 고용보험법 시행령(2013.12.24. 대통령령 제25022호로 개정되기 전의 것) 제56조 제1항은 '이미 지급받은 부정수급액에 대해서는 반환을 명하여야 한다'고 규정하고 있다. 위 규정은 실업의 예방, 고용의 촉진 및 근로자의 직업능력의 개발과 향상 등과 같은 고용보험법 목적과 취지 및 내용 등을 감안할 때 부정행위가 있은 경우 반환명령을 반드시 하도록 할 것인지 여부에 대하여도 대통령령에 위임하고 있다고 봄이 타당하다.

[3] 제재적 행정처분이 재량권의 범위를 일탈하였거나 남용하였는지는, 처분사유인 위반행위의 내용과 위반의 정도, 처분에 의하여 달성하려는 공익상의 필요와 개인이 입게 될 불이익 및 이에 따르는 여러 사정 등을 객관적으로 심리하여 공익침해의 정도와 처분으로 인하여 개인이 입게 될 불이익을 비교·교량하여 판단하여야 한다. 이러한 <u>제재적 행정처분의 기준이 부령 형식으로 규정되어 있더라도 그것은 행정청 내부의 사무처리준칙을 규정한 것에 지나지 않아 대외적으로 국민이나 법원을 기속하는 효력이 없다. 따라서 그 처분의 적법 여부는 처분기준만이 아니라 관계 법령의 규정 내용과 취지에 따라 판단하여야 한다. 그러므로 처분기준에 부합한다 하여 곧바로 처분이 적법한 것이라고 할 수는 없지만, 처분기준이 그 자체로 헌법 또는 법률에 합치되지 않거나 그 기준을 적용한 결과가 처분사유인 위반행위의 내용 및 관계 법령의 규정과 취지에 비추어 현저히 부당하다고 인정할 만한 합리적인 이유가 없는 한, 섣불리 그 기준에 따른 처분이 재량권의 범위를 일탈하였다거나 재량권을 남용한 것으로 판단해서는 안 된다.</u>

[4] 판결서의 이유에는 주문이 정당하다는 것을 인정할 수 있을 정도로 당사자의 주장, 그 밖의 공격·방법에 관한 판단을 표시하면 되고, 당사자의 모든 주장이나 공격·방어방법에 관하여 판단할 필요가 없다. 따라서 법원의 판결에 당사자가 주장한 사항에 대한 구체적·직접적인 판단이 표시되어 있지 않더라도 판결 이유의 전반적인 취지에 비추어 주장을 인용하거나 배척하였음을 알 수 있는 정도라면 판단누락이라고 할 수 없다. 설령 실제로 판단을 하지 않은 부분이 있더라도 주장이 배척될 것임이 분명한 때에는 판결 결과에 영향이 없어 판단누락의 잘못을 이유로 파기할 필요가 없다(대판 2019.9.26, 2017두48406).

🏛 확인 OX

01 부령인 시행규칙

제재적 처분기준이 부령의 형식으로 규정되어 있는 경우, 그 처분기준에 따른 제재적 행정처분이 현저히 부당하다고 인정할 만한 합리적인 이유가 없는 한 섣불리 그 처분이 재량권의 범위를 일탈하였거나 재량권을 남용한 것이라고 판단해서는 안 된다. 16. 국가직 7급

( )

정답 O 01 O

[1] 약관의 규제에 관한 법률 제3조 제3항 전문은 "사업자는 약관에 정하여져 있는 중요한 내용을 고객이 이해할 수 있도록 설명하여야 한다."라고 정하여 사업자에게 약관의 중요한 내용에 대하여 구체적이고 상세한 설명의무를 부과하고 있고, 같은 조 제4항은 이러한 약관의 설명의무를 위반하여 계약을 체결한 때에는 약관의 내용을 계약의 내용으로 주장할 수 없도록 하고 있다. 설명의무의 대상이 되는 '중요한 내용'은 사회통념에 비추어 고객이 계약체결의 여부나 대가를 결정하는 데 직접적인 영향을 미칠 수 있는 사항을 말한다. 사업자에게 약관의 명시·설명의무를 요구하는 것은 어디까지나 고객이 알지 못하는 가운데 약관의 중요한 사항이 계약 내용으로 되어 고객이 예측하지 못한 불이익을 받게 되는 것을 피하고자 하는 데 근거가 있다. 따라서 약관에 정하여진 사항이라고 하더라도 거래상 일반적이고 공통된 것이어서 고객이 별도의 설명 없이도 충분히 예상할 수 있었던 사항이거나 이미 법령에 의하여 정하여진 것을 되풀이하거나 부연하는 정도에 불과한 사항이라면, 그러한 사항에 대하여서까지 사업자에게 설명의무가 있다고 할 수는 없다.

사업자의 설명의무를 면제하는 사유로서 '거래상 일반적이고 공통된 것'이라는 요건은 해당 약관 조항이 거래계에서 일반적으로 통용되고 있는지의 측면에서, '고객이 별도의 설명 없이도 충분히 예상할 수 있는 사항'인지는 소송 당사자인 특정 고객에 따라 개별적으로 예측가능성이 있었는지의 측면에서 각 판단되어야 한다.

다음으로 약관에 정하여진 사항이 '이미 법령에 의하여 정하여진 것을 되풀이하거나 부연하는 정도에 불과한지'는 약관과 법령의 규정 내용, 법령의 형식 및 목적과 취지, 해당 약관이 고객에게 미치는 영향 등 여러 가지 사정을 종합적으로 고려하여 판단하여야 한다. 여기에서 말하는 '법령'은 일반적인 의미에서의 법령, 즉 법률과 그 밖의 법규명령으로서의 대통령령, 총리령, 부령 등을 의미하고, 이와 달리 상급행정기관이 하급행정기관에 대하여 업무처리나 법령의 해석·적용에 관한 기준을 정하여 발하는 이른바 행정규칙은 일반적으로 행정조직 내부에서만 효력을 가질 뿐 대외적인 구속력을 갖는 것이 아니므로 이에 해당하지 않는다. 다만 행정규칙이라 하더라도, 법령의 규정이 특정 행정기관에 법령 내용의 구체적 사항을 정할 수 있는 권한을 부여함으로써 법령 내용을 보충하는 기능을 가지고, 그 내용이 해당 법령의 위임한계를 벗어나지 않아 법령과 결합하여 대외적 구속력이 있는 법규명령으로서의 효력을 가지는 등의 특별한 사정이 인정된다면, 달리 볼 수 있다.

그러나 대외적 구속력이 인정되지 않는 행정규칙으로서의 고시는, 약관이 포함된 계약의 일방 당사자인 고객에게 당연히 법률효과가 미친다고 할 수 없을 뿐만 아니라 고객이 별도의 설명 없이 내용을 예상할 수 있었다고 보기도 어려우므로, 약관 조항에서 고시의 내용을 되풀이하거나 부연하고 있다는 이유만으로 사업자의 설명의무가 면제된다고 할 수 없다.

[2] 행정 각부의 장이 정하는 특정 고시가 비록 법령에 근거를 둔 것이더라도 규정 내용이 법령의 위임 범위를 벗어난 것일 경우에는 법규명령으로서의 대외적 구속력을 인정할 여지는 없다. 그리고 특정 고시가 위임의 한계를 준수하고 있는지를 판단할 때에는, 당해 법률 규정의 입법 목적과 규정 내용, 규정의 체계, 다른 규정과의 관계 등을 종합적으로 살펴야 하고, 법률의 위임 규정 자체가 의미 내용을 정확하게 알 수 있는 용어를 사용하여 위임의 한계를 분명히 하고 있는데도 고시에서 문언적 의미의 한계를 벗어났다든지, 위임 규정에서 사용하고 있는 용어의 의미를 넘어 범위를 확장하거나 축소함으로써 위임 내용을 구체화하는 단계를 벗어나 새로운 입법을 한 것으로 평가할 수 있다면, 이는 위임의 한계를 일탈한 것으로서 허용되지 아니한다.

[3] 여신전문금융업법(이하 '법'이라고 한다) 제24조의2 제1항은 신용카드업자에 대하여 '소비자 보호 목적과 건전한 영업질서를 해칠 우려가 있는 행위(이하 '금지행위'라 한다)'의 금지를 명하는 한편 그러한 금지행위 중 하나로 '신용카드 상품에 관한 충분한 정보를 제공하지 아니하는 등으로 신용카드회원 등의 권익을 부당하게 침해하는 행위'를 제시하고 있다. 법 제24조의2 제2항은 시행령에 위임하는 것이 '금지행위의 세부적인 유형과 기준'임을 명시하고 있다. 구 여신전문금융업법 시행령(2012.10.9. 대통령령 제24136호로 개정되기 전의 것, 이하 '시행령'이라고 한다) 제7조의3의 규율 내용 및 재위임 취지 역시 분명하다. 시행령 제7조의3은, 법 제24조의2 제2항의 위임 취지에 부합되게,

신용카드회원 등의 권익을 부당하게 침해하는 행위의 여러 유형을 제시하였는데 그중 하나가 '신용카드 등의 이용 시 제공되는 추가적인 혜택(이하 '부가서비스'라 한다)을 부당하게 변경하는 행위'([별표 1의3] 제1호 (마)목)이다. 한편 시행령 제7조의3은 금융위원회가 시행령에서 규정된 금지행위 중 특정한 금지행위에 적용하기 위하여 필요하다고 인정할 경우 '시행령에 규정된 금지행위의 유형과 기준에 대한 세부적인 기준'을 정할 수 있다고 위임하였다. 이는 가령 '부가서비스를 부당하게 변경하는 행위'처럼 시행령에 규정된 금지행위가 '부당성'과 같은 추상적 개념으로 구성되어 있어서 그것이 의미하는 바가 여전히 분명하지 않을 경우엔 금융위원회 고시를 통하여 보다 실질적이고 세부적인 기준을 설정하는 방법으로 금지행위를 구체화할 필요성이 있기 때문으로 보인다.

구 여신전문금융업감독규정(2012.10.15. 금융위원회 고시 제2012-24호로 개정되기 전의 것) 제25조 제1항 제2호는, '부가서비스를 부당하게 변경하는 행위'에 해당하는지를 판단할 수 있는 보다 구체화된 기준과 요건 등을 제시하거나 위 기준 등에 근거한 금지행위의 유형화는 전혀 시도하지 않은 채, 신용카드업자가 부가서비스를 변경할 경우 일정 기간 동안 부가서비스를 유지해 왔고 6개월 이전에 변경 사유 등을 정해진 방법으로 고지하는 등의 절차만 준수한다면 부가서비스 변경이 신용카드회원 등의 권익을 부당하게 침해하는지에 대한 어떠한 고려도 없이 변경행위가 금지되지 않는 것으로 정하고 있다. 이는 법과 시행령의 위임 범위를 벗어난 고시규정을 통하여 '부가서비스를 부당하게 변경하는 행위'를 금지하고자 한 법과 시행령의 입법 취지를 본질적으로 변질시킨 것으로도 볼 수 있다. 결국 위 고시규정은 그 내용이 법과 시행령의 위임 범위를 벗어난 것으로서 법규명령으로서의 대외적 구속력을 인정할 수 없다(대판 2019.5.30, 2016다276177).

📖 **확인 OX**

01 법령보충적 행정규칙
행정 각부의 장이 정하는 특정 고시가 법령에 근거를 둔 것이라면 규정 내용이 법령의 위임 범위를 벗어난 것이라 하더라도 법규명령으로서의 대외적 구속력이 인정된다. 예상   (   )

정답 01 ×

---

[1] 구 지방공무원법(2012.12.11. 법률 제11531호로 개정되기 전의 것) 제44조 제4항, 제45조 제1항, 지방공무원 보수규정 제30조, 구 지방공무원수당 등에 관한 규정(2011.1.10. 대통령령 제22620호로 개정되기 전의 것) 제15조, 제16조, 제17조, 구 지방재정법(2011.8.4. 법률 제10991호로 개정되기 전의 것) 제36조 제1항, 지방공무원 복무규정 제5조의 규정 내용을 종합하면, 지방공무원의 수당은 법령에 의하여 정해지므로, 해당 법령에서 정한 시간외근무수당, 야간근무수당, 휴일근무수당 등의 초과근무수당이 예산에 계상된 이상 지방공무원 복무규정 제5조에서 말하는 현업공무원 등의 지방공무원은 근무명령에 의하여 실제로 초과근무한 시간에 해당하는 초과근무수당의 지급을 구할 수 있다. 이는 구 지방공무원수당 등에 관한 규정(2011.1.10. 대통령령 제22620호로 개정되기 전의 것) 제15조의 위임에 따라 구 지방공무원보수업무 등 처리지침(2010.1.22. 행정안전부 예규 제297호로 개정되기 전의 것)이 현업기관근무자 또는 교대근무자 등과 같이 업무성격상 초과근무가 제도화되어 있는 공무원인 현업대상자에 대하여 시간외근무수당의 월 지급시간을 '예산의 범위 내'로 정하도록 규정하고 있다거나, 구 지방공무원보수업무 등 처리지침을 근거로 지방자치단체가 예산의 편성지침에 의하여 실제 근무한 초과근로시간에 미달되도록 초과근무수당을 예산에 편성하였다고 하여 달리 볼 것이 아니다.

[2] 근로시간이란 근로자가 사용자의 지휘 · 감독을 받으면서 근로계약에 따른 근로를 제공하는 시간을 말하고, 휴게시간이란 근로시간 도중에 사용자의 지휘 · 감독으로부터 해방되어 근로자가 자유로이 이용할 수 있는 시간을 말한다. 따라서 근로자가 작업시간 도중에 실제로 작업에 종사하지 않은 대기시간이나 휴식 · 수면시간이라 하더라도 근로자에게 자유로운 이용이 보장된 것이 아니라 실질적으로 사용자의 지휘 · 감독을 받고 있는 시간이라면 근로시간에 포함된다고 보아야 한다. 근로계약에서 정한 휴식시간이나 수면시간이 근로시간에 속하는지 휴게시간에 속하는지는 특정 업종이나 업무의 종류에 따라 일률적으로 판단할 것이 아니다. 이는 근로계약의 내용이나 해당 사업장에 적용되는 취업규칙과 단체협약의 규정, 근로자가 제공하는 업무의 내용과 해당 사업장에서의 구체적 업무 방식, 휴게 중인 근로자에 대한 사용자의 간섭이나 감독 여부, 자유롭게 이용할 수 있는 휴게 장소의 구비 여부, 그 밖에 근로자의 실질적 휴식을 방해하거나 사용자의 지휘 · 감독을 인정할 만한 사정이 있는지와 그 정도 등 여러 사정을 종합하여 개별 사안에 따라 구체적으로 판단하여야 한다.

[3] 상급행정기관이 하급행정기관에 대하여 업무처리지침이나 법령의 해석적용에 관한 기준을 정하여 발하는 이른바 행정규칙은 일반적으로 행정조직 내부에서만 효력을 가질 뿐 대외적인 구속력을 갖는 것은 아니다. 하지만 법령의 규정이 특정 행정기관에 그 법령 내용의 구체적 사항을 정할 수 있는 권한을 부여하면서 그 권한 행사의 절차나 방법을 특정하고 있지 아니한 관계로 수임행정기관이 행정규칙의 형식으로 그 법령의 내용이 될 사항을 구체적으로 정하고 있다면 그와 같은 행정규칙은 위에서 본 행정규칙이 갖는 일반적 효력으로서가 아니라, 행정기관에 법령의 구체적 내용을 보충할 권한을 부여한 법령 규정의 효력에 의하여 그 내용을 보충하는 기능을 갖게 된다. 따라서 이와 같은 행정규칙은 해당 법령의 위임한계를 벗어나지 않는 한 그것들과 결합하여 대외적인 구속력이 있는 법규명령으로서의 효력을 가진다. 그리고 이러한 경우 특정 행정규칙이 위임의 한계를 준수하고 있는지는 해당 법령 규정의 목적과 규정 내용, 규정의 체계, 다른 규정과의 관계 등을 종합적으로 살펴 판단하여야 하는데, 해당 법령의 해석상 가능한 것을 명시한 것에 지나지 아니하거나 해당 법령 조항의 취지에 근거하여 이를 구체화하기 위한 것인 때에는 위임 범위를 벗어난 것으로 볼 수 없다(대판 2019.10.17, 2014두3020 · 2014두3037).

🏛 확인 OX

01 행정규칙 형식의 법규명령

법령의 규정이 특정 행정기관에 그 법령 내용의 구체적 사항을 정할 수 있는 권한을 부여하면서 그 권한 행사의 절차나 방법을 특정하고 있지 아니한 관계로 수임행정기관이 행정규칙의 형식으로 그 법령의 내용이 될 사항을 구체적으로 정하고 있다면 그와 같은 행정규칙은 행정기관에 법령의 구체적 내용을 보충할 권한을 부여한 법령 규정의 효력에 의하여 그 내용을 보충하는 기능을 갖게 되며 해당 법령의 위임한계를 벗어나지 않는 한 그것들과 결합하여 대외적인 구속력이 있는 법규명령으로서의 효력을 가진다. 예상 ( )

정답 O 10 ○

[1] 신용협동조합법 제83조 제1항, 제2항, 제84조 제1항 제1호, 제2호, 제42조, 제99조 제2항 제2호, 신용협동조합법 시행령 제16조의4 제1항, 금융위원회의 설치 등에 관한 법률(이하 '금융위원회법'이라 한다) 제17조 제2호, 제60조, 금융위원회 고시 '금융기관 검사 및 제재에 관한 규정' 제2조 제1항, 제2항, 제18조 제1항 제1호 (가)목, 제2항의 규정 체계와 내용, 입법 취지 등을 종합하면, 위 고시 제18조 제1항은 금융위원회법의 위임에 따라 법령의 내용이 될 사항을 구체적으로 정한 것으로서 금융위원회 법령의 위임 한계를 벗어나지 않으므로 그와 결합하여 대외적으로 구속력이 있는 법규명령의 효력을 가진다.

[2] 신용협동조합의 임직원이 고의로 중대한 위법행위를 하여 금융질서를 크게 문란시키거나 금융기관의 공신력을 크게 훼손하였다면 금융위원회의 설치 등에 관한 법률 제60조의 위임에 따라 금융위원회가 고시한 '금융기관 검사 및 제재에 관한 규정' 제18조 제1항 제1호 (가)목에서 정한 해임권고의 사유가 될 수 있다. 그가 퇴임이나 퇴직을 하였다가 다시 동일한 신용협동조합의 임원이 된 경우에도 신용협동조합법 제84조 제1항 제1호에서 정한 조치 요구의 대상이 된다고 보아야 한다. 왜냐하면 신용협동조합의 임직원이 고의로 중대한 위법행위를 저지른 후 다시 동일한 신용협동조합의 임원으로 취임한 경우 신용협동조합의 공신력을 크게 훼손할 수 있기 때문이다(대판 2019.5.30, 2018두52204).

🏛 **확인 OX**

01 행정규칙 형식의 법규명령

금융위원회 고시 '금융기관 검사 및 제재에 관한 규정'은 금융위원회법의 위임에 따라 법령의 내용이 될 사항을 구체적으로 정한 것으로서 금융위원회 법령의 위임 한계를 벗어나지 않으므로 그와 결합하여 대외적으로 구속력이 있는 법규명령의 효력을 가진다. 예상

(   )

정답 10 O

[1] 수도법 제70조, 제38조 제1항 단서, 울산광역시 수도급수 조례 제13조 제1항, 제12조 제1항, 제3항의 내용·취지와 함께 다음과 같은 사정을 고려하면, 수도시설 중 급수설비에 관한 공사의 비용(이하 '급수공사비'라 한다) 부담에 관하여 위 조례가 정액제를 도입한 것 자체가 법령의 취지에 반하거나 위임 범위를 벗어난 것이라고 볼 수는 없다. 따라서 수도사업자가 실제 공사비용이 아니라 합리적인 기준에 따라 고시가 정하는 정액공사비를 부과하는 것 역시 허용된다고 보아야 한다.

① 정액제를 채택할 경우 매번 급수공사를 할 때마다 공사비를 산정할 필요가 없고, 수요가별로 별개의 수도관을 부설함으로써 시설을 중복하여 비효율적으로 설치하는 문제를 해결할 수 있는 등 행정의 효율성을 제고할 수 있다.

② 급수공사비를 정액으로 함으로써 일반주택과 공동주택 사이 및 농어촌 지역과 도시 지역 사이의 급수공사비 부담에 관한 형평을 도모할 수 있고, 나아가 과다한 급수공사비 때문에 농어촌 지역 거주자 등이 급수공사 신청 자체를 할 수 없는 상황도 어느 정도 피할 수 있다. 이는 국가, 지방자치단체와 수도사업자가 모든 국민에 대한 수돗물의 보편적 공급에 기여해야 한다는 수도법 제2조 제6항의 취지에 부합한다.

③ 실공사비는 급수설비를 설치하고자 하는 지역이 기존의 배수관으로부터 얼마나 떨어져 있는지에 따라 큰 영향을 받는다. 급수공사비를 실비로 정할 경우 주택의 규모, 세대수 등이 비슷해도 위와 같은 우연한 사정에 따라 신청인이 부담할 공사비가 크게 달라지는 결과가 나올 수 있는데, 정액제를 채택하면 이러한 결과를 방지할 수 있다.

[2] 수도시설 중 급수설비에 관한 공사의 비용(이하 '급수공사비'라 한다) 부담에 관하여 정액제를 채택하는 경우 그에 따라 산정한 급수공사비가 실제 공사비와 편차가 발생하는 것은 불가피하다. 지방자치단체의 조례로 정액제를 도입하면 주민들은 그러한 편차를 원칙적으로 받아들여야 한다. 다만 정액 급수공사비 제도에서도 비용부담의 원칙에 부합하도록 가급적 관계 법령에서 정하고 있는 산정요소를 정확하게 반영하여 편차가 지나치게 크지 않도록 해야 한다. 따라서 시장이 정한 정액 급수공사비 고시가 개별 산정요소를 제대로 반영하지 않은 채 일률적으로 급수공사비를 정하여 비용부담의 원칙을 중대하게 침해하는 결과를 야기하는 경우 그러한 고시는 조례의 위임 취지에 반할 뿐 아니라 비례의 원칙에도 반하여 위법하다.

[3] 법원이 법률 하위의 법규명령, 규칙, 조례, 행정규칙 등(이하 '규정'이라 한다)이 위헌·위법인지를 심사하려면 그것이 '재판의 전제'가 되어야 한다. 여기에서 '재판의 전제'란 구체적 사건이 법원에 계속 중이어야 하고, 위헌·위법인지가 문제된 경우에는 규정의 특정 조항이 해당 소송사건의 재판에 적용되는 것이어야 하며, 그 조항이 위헌·위법인지에 따라 그 사건을 담당하는 법원이 다른 판단을 하게 되는 경우를 말한다. 따라서 법원이 구체적 규범통제를 통해 위헌·위법으로 선언할 심판대상은, 해당 규정의 전부가 불가분적으로 결합되어 있어 일부를 무효로 하는 경우 나머지 부분이 유지될 수 없는 결과를 가져오는 특별한 사정이 없는 한, 원칙적으로 해당 규정 중 재판의 전제성이 인정되는 조항에 한정된다(대판 2019.6.13, 2017두33985).

🏛 **확인 OX**

01 법원에 의한 행정입법 통제

법원이 구체적 규범통제를 통해 위헌·위법으로 선언할 심판대상은, 해당 규정의 전부가 불가분적으로 결합되어 있어 일부를 무효로 하는 경우 나머지 부분이 유지될 수 없는 결과를 가져오는 특별한 사정이 없는 한, 원칙적으로 해당 규정 중 재판의 전제성이 인정되는 조항에 한정된다. 예상   (   )

정답 이 10 ㅇ

도시공원 및 녹지 등에 관한 법률(이하 '공원녹지법'이라 한다) 제16조 제3항, 제4항, 제21조 제1항, 제21조의2 제1항, 제8항, 제12항의 내용과 취지, 공원녹지법령이 공원조성계획 입안 제안에 대한 심사기준 등에 대하여 특별한 규정을 두고 있지 않은 점, 쾌적한 도시환경을 조성하여 건전하고 문화적인 도시생활을 확보하고 공공의 복리를 증진시키는 데 이바지하기 위한 공원녹지법의 목적 등을 종합하여 볼 때, 행정청이 복수의 민간공원추진자로부터 자기의 비용과 책임으로 공원을 조성하는 내용의 공원조성계획 입안 제안을 받은 후 도시 · 군계획시설사업 시행자지정 및 협약체결 등을 위하여 순위를 정하여 그 제안을 받아들이거나 거부하는 행위 또는 특정 제안자를 우선협상자로 지정하는 행위는 재량행위로 보아야 한다.

그리고 공원조성계획 입안 제안을 받은 행정청이 제안의 수용 여부를 결정하는 데 필요한 심사기준 등을 정하고 그에 따라 우선협상자를 지정하는 것은 원칙적으로 도시공원의 설치 · 관리권자인 시장 등의 자율적인 정책 판단에 맡겨진 폭넓은 재량에 속하는 사항이므로, 그 설정된 기준이 객관적으로 합리적이지 않다거나 타당하지 않다고 볼 만한 특별한 사정이 없는 이상 행정청의 의사는 가능한 한 존중되어야 하고, 심사기준을 마련한 행정청의 심사기준에 대한 해석 역시 문언의 한계를 벗어나거나, 객관적 합리성을 결여하였다는 등의 특별한 사정이 없는 한 존중되어야 한다.

따라서 법원은 해당 심사기준의 해석에 관한 독자적인 결론을 도출하지 않은 채로 그 기준에 대한 행정청의 해석이 객관적인 합리성을 결여하여 재량권을 일탈 · 남용하였는지 여부만을 심사하여야 하고, 행정청의 심사기준에 대한 법원의 독자적인 해석을 근거로 그에 관한 행정청의 판단이 위법하다고 쉽사리 단정하여서는 아니 된다. 한편 이러한 재량권 일탈 · 남용에 관하여는 그 행정행위의 효력을 다투는 사람이 주장 · 증명책임을 부담한다(대판 2019.1.10, 2017두43319).

📖 확인 OX

01 기속행위와 재량행위
행정청이 복수의 민간공원추진자로부터 자기의 비용과 책임으로 공원을 조성하는 내용의 공원조성계획 입안 제안을 받은 후 도시 · 군계획시설사업 시행자지정 및 협약체결 등을 위하여 순위를 정하여 그 제안을 받아들이거나 거부하는 행위 또는 특정 제안자를 우선협상자로 지정하는 행위는 기속행위로 보아야 한다. 예상 ( )

02 기속행위와 재량행위
재량권 일탈 · 남용에 관하여는 그 행정행위의 효력을 다투는 사람이 주장 · 증명책임을 부담한다. 예상 ( )

정답 01 × 02 ○

PART 2

2019년 행정법총론 중요 판례

[1] 구 도로법(2015.1.28. 법률 제13086호로 개정되기 전의 것) 제61조 제1항에 의한 도로점용허가는 일반사용과 별도로 도로의 특정 부분에 대하여 특별사용권을 설정하는 설권행위이다. 도로관리청은 신청인의 적격성, 점용목적, 특별사용의 필요성 및 공익상의 영향 등을 참작하여 점용허가 여부 및 점용허가의 내용인 점용장소, 점용면적, 점용기간을 정할 수 있는 재량권을 갖는다.

[2] 도로점용허가는 도로의 일부에 대한 특정사용을 허가하는 것으로서 도로의 일반사용을 저해할 가능성이 있으므로 그 범위는 점용목적 달성에 필요한 한도로 제한되어야 한다. 도로관리청이 도로점용허가를 하면서 특별사용의 필요가 없는 부분을 점용장소 및 점용면적에 포함하는 것은 그 재량권 행사의 기초가 되는 사실인정에 잘못이 있는 경우에 해당하므로 그 도로점용허가 중 특별사용의 필요가 없는 부분은 위법하다.

이러한 경우 도로점용허가를 한 도로관리청은 위와 같은 흠이 있다는 이유로 유효하게 성립한 도로점용허가 중 특별사용의 필요가 없는 부분을 직권취소할 수 있음이 원칙이다. 다만 이 경우 행정청이 소급적 직권취소를 하려면 이를 취소하여야 할 공익상 필요와 그 취소로 당사자가 입을 기득권 및 신뢰보호와 법률생활 안정의 침해 등 불이익을 비교 교량한 후 공익상 필요가 당사자의 기득권 침해 등 불이익을 정당화할 수 있을 만큼 강한 경우여야 한다. 이에 따라 도로관리청이 도로점용허가 중 특별사용의 필요가 없는 부분을 소급적으로 직권취소하였다면, 도로관리청은 이미 징수한 점용료 중 취소된 부분의 점용면적에 해당하는 점용료를 반환하여야 한다.

[3] 행정청은 행정소송이 계속되고 있는 때에도 직권으로 그 처분을 변경할 수 있고, 행정소송법 제22조 제1항은 이를 전제로 처분변경으로 인한 소의 변경에 관하여 규정하고 있다. 점용료 부과처분에 취소사유에 해당하는 흠이 있는 경우 도로관리청으로서는 당초 처분 자체를 취소하고 흠을 보완하여 새로운 부과처분을 하거나, 흠 있는 부분에 해당하는 점용료를 감액하는 처분을 할 수 있다. 한편 흠 있는 행정행위의 치유는 원칙적으로 허용되지 않을 뿐 아니라, 흠의 치유는 성립 당시에 적법한 요건을 갖추지 못한 흠 있는 행정행위를 그대로 존속시키면서 사후에 그 흠의 원인이 된 적법 요건을 보완하는 경우를 말한다. 그런데 앞서 본 바와 같은 흠 있는 부분에 해당하는 점용료를 감액하는 처분은 당초 처분 자체를 일부 취소하는 변경처분에 해당하고, 그 실질은 종래의 위법한 부분을 제거하는 것으로서 흠의 치유와는 차이가 있다.

그러므로 이러한 변경처분은 흠의 치유와는 성격을 달리하는 것으로서, 변경처분 자체가 신뢰보호 원칙에 반한다는 등의 특별한 사정이 없는 한 점용료 부과처분에 대한 취소소송이 제기된 이후에도 허용될 수 있다. 이에 따라 특별사용의 필요가 없는 부분을 도로점용허가의 점용장소 및 점용면적으로 포함한 흠이 있고 그로 인하여 점용료 부과처분에도 흠이 있게 된 경우, 도로관리청으로서는 도로점용허가 중 특별사용의 필요가 없는 부분을 직권취소하면서 특별사용의 필요가 없는 점용장소 및 점용면적을 제외한 상태로 점용료를 재산정한 후 당초 처분을 취소하고 재산정한 점용료를 새롭게 부과하거나, 당초 처분을 취소하지 않고 당초 처분으로 부과된 점용료와 재산정된 점용료의 차액을 감액할 수도 있다.

[4] 구 도로법 시행령(2015.12.22. 대통령령 제26753호로 개정되기 전의 것) 제69조 제1항 [별표 3] 비고 제2항은 점용료 산정의 기준이 되는 토지가격은 도로점용 부분과 닿아 있는 토지의 개별공시지가로 하되, 도로점용 부분과 닿아 있는 토지가 2필지 이상인 경우에는 각 필지 가격의 산술평균가격으로 하도록 규정하고 있다. 여기서 인근 토지가 도로점용 부분과 닿아 있는지는 인근 토지와 도로점용 부분이 물리적으로 닿아 있는지를 기준으로 판단하여야 한다.

[5] 구 도로법(2015.1.28. 법률 제13086호로 개정되기 전의 것, 이하 같다) 제68조는 "도로관리청은 도로점용허가의 목적이 다음 각호의 어느 하나에 해당하면 대통령령으로 정하는 바에 따라 점용료를 감면할 수 있다."라고 규정하고 있다. 그 위임에 따른 구 도로법 시행령(2015.12.22. 대통령령 제26753호로 개정되기 전의 것) 제73조 제3항은 구 도로법 제68조에 열거된 감면 사유에 따른 감면비율을 규정하고 있다.

이러한 규정들의 문언, 내용 및 체계 등에 비추어 보면, 도로점용허가를 받은 자가 구 도로법 제68조의 감면사유에 해당하는 경우 도로관리청은 감면 여부에 관한 재량을 갖지만, 도로관리청이 감면사유로 규정된 것 이외의 사유를 들어 점용료를 감면하는 것은 원칙적으로 허용되지 않는다(대판 2019.1.17, 2016두56721·2016두56738).

🏛 확인 OX

01 형성적 행정행위

도로법상 도로점용허가는 특정인에게 일정한 내용의 공물사용권을 설정하는 설권행위로서 공물관리자가 신청인의 적격성, 사용목적 및 공익상의 영향 등을 참작하여 허가를 할 것인지의 여부를 결정하는 재량행위이다. 14. 국가직 7급　　　　　　　　　（　　）

02 직권취소와 쟁송취소

도로관리청이 도로점용허가를 하면서 특별사용의 필요가 없는 부분을 점용장소 및 점용면적에 포함하는 것은 그 재량권 행사의 기초가 되는 사실인정에 잘못이 있는 경우에 해당하므로 그 도로점용허가 중 특별사용의 필요가 없는 부분은 위법하며, 이와 같은 흠이 있다는 이유로 유효하게 성립한 도로점용허가 중 특별사용의 필요가 없는 부분을 직권취소할 수 있음이 원칙이다. 예상　　　　　（　　）

03 직권취소와 쟁송취소

점용료 부과처분에 취소사유에 해당하는 흠이 있는 경우 도로관리청으로서는 당초 처분 자체를 취소하고 흠을 보완하여 새로운 부과처분을 하거나, 흠 있는 부분에 해당하는 점용료를 감액하는 처분을 할 수 있다. 예상　　　　　　　　（　　）

04 기속행위와 재량행위

도로점용허가를 받은 자가 구 도로법 제68조의 감면사유에 해당하는 경우 도로관리청은 감면 여부에 관한 재량을 가지므로, 도로관리청이 감면사유로 규정된 것 이외의 사유를 들어 점용료를 감면하는 것도 원칙적으로 허용된다. 예상　　　　　　（　　）

정답 01 ○ 02 ○ 03 ○ 04 ×

[1] 공증사무는 국가 사무로서 공증인 인가·임명행위는 국가가 사인에게 특별한 권한을 수여하는 행위이다. 그런데 위와 같이 공증인법령은 공증인 선정에 관한 구체적인 심사기준이나 절차를 자세하게 규율하지 않은 채 법무부장관에게 맡겨두고 있다. 위와 같은 공증인법령의 내용과 체계, 입법 취지, 공증사무의 성격 등을 종합하면, 법무부장관에게는 각 지방검찰청 관할 구역의 면적, 인구, 공증업무의 수요, 주민들의 접근가능성 등을 고려하여 공증인의 정원을 정하고 임명공증인을 임명하거나 인가공증인을 인가할 수 있는 광범위한 재량이 주어져 있다고 보아야 한다.

[2] 행정절차법 제20조는 제1항에서 "행정청은 필요한 처분기준을 해당 처분의 성질에 비추어 되도록 구체적으로 정하여 공표하여야 한다. 처분기준을 변경하는 경우에도 또한 같다."라고 정하면서, 제2항에서 "제1항에 따른 처분기준을 공표하는 것이 해당 처분의 성질상 현저히 곤란하거나 공공의 안전 또는 복리를 현저히 해치는 것으로 인정될 만한 상당한 이유가 있는 경우에는 처분기준을 공표하지 아니할 수 있다."라고 정하고 있다.

이와 같이 행정청으로 하여금 처분기준을 구체적으로 정하여 공표하도록 한 것은 해당 처분이 가급적 미리 공표된 기준에 따라 이루어질 수 있도록 함으로써 해당 처분의 상대방으로 하여금 결과에 대한 예측가능성을 높이고 이를 통하여 행정의 공정성, 투명성, 신뢰성을 확보하며 행정청의 자의적인 권한행사를 방지하기 위한 것이다. 그러나 처분의 성질상 처분기준을 미리 공표하는 경우 행정목적을 달성할 수 없게 되거나 행정청에 일정한 범위 내에서 재량권을 부여함으로써 구체적인 사안에서 개별적인 사정을 고려하여 탄력적으로 처분이 이루어지도록 하는 것이 오히려 공공의 안전 또는 복리에 더 적합한 경우도 있다. 그러한 경우에는 행정절차법 제20조 제2항에 따라 처분기준을 따로 공표하지 않거나 개략적으로만 공표할 수도 있다.

[3] 행정절차법 제23조 제1항은 "행정청은 처분을 할 때에는 다음 각호의 어느 하나에 해당하는 경우를 제외하고는 당사자에게 그 근거와 이유를 제시하여야 한다."라고 정하고 있다. 이는 행정청의 자의적 결정을 배제하고 당사자로 하여금 행정구제절차에서 적절히 대처할 수 있도록 하는 데 그 취지가 있다. 따라서 처분서에 기재된 내용, 관계 법령과 해당 처분에 이르기까지 전체적인 과정 등을 종합적으로 고려하여, 처분 당시 당사자가 어떠한 근거와 이유로 처분이 이루어진 것인지를 충분히 알 수 있어서 그에 불복하여 행정구제절차로 나아가는 데 별다른 지장이 없었던 것으로 인정되는 경우에는 처분서에 처분의 근거와 이유가 구체적으로 명시되어 있지 않았더라도 이를 처분을 취소하여야 할 절차상 하자로 볼 수 없다.

[4] 행정절차법 제19조 제1항은 "행정청은 신청인의 편의를 위하여 처분의 처리기간을 종류별로 미리 정하여 공표하여야 한다."라고 정하고 있다. 민원 처리에 관한 법률 제17조 제1항은 "행정기관의 장은 법정민원을 신속히 처리하기 위하여 행정기관에 법정민원의 신청이 접수된 때부터 처리가 완료될 때까지 소요되는 처리기간을 법정민원의 종류별로 미리 정하여 공표하여야 한다."라고 정하고 있고, 민원 처리에 관한 법률 시행령(이하 '민원처리법 시행령'이라 한다) 제23조 제1항은 "행정기관의 장은 민원이 접수된 날부터 30일이 지났으나 처리가 완료되지 아니한 경우 또는 민원인의 명시적인 요청이 있는 경우에는 그 처리진행상황과 처리완료 예정일 등을 적은 문서를 민원인에게 교부하거나 정보통신망 또는 우편 등의 방법으로 통지하여야 한다."라고 정하고 있다.

처분이나 민원의 처리기간을 정하는 것은 신청에 따른 사무를 가능한 한 조속히 처리하도록 하기 위한 것이다. 처리기간에 관한 규정은 훈시규정에 불과할 뿐 강행규정이라고 볼 수 없다. 행정청이 처리기간이 지나 처분을 하였더라도 이를 처분을 취소할 절차상 하자로 볼 수 없다. 민원처리법 시행령 제23조에 따른 민원처리진행상황 통지도 민원인의 편의를 위한 부가적인 제도일 뿐, 그 통지를 하지 않았더라도 이를 처분을 취소할 절차상 하자로 볼 수 없다.

[5] 지역별 공증인의 정원은 '공증사무의 적절성과 공정성 확보'라는 공증인법의 입법 목적과 지역별 면적, 인구, 공증사무의 수요, 주민들의 편의 등과 같은 객관적인 사정을 고려하여 결정하여야 하고, 공증인이 되고자 하는 사람의 주관적 이익을 우선할 수는 없다(대판 2019.12.13, 2018두41907).

📖 확인 OX

01 기속행위와 재량행위
법무부장관에게는 각 지방검찰청 관할 구역의 면적, 인구, 공증업무의 수요, 주민들의 접근가능성 등을 고려하여 공증인의 정원을 정하고 임명공증인을 임명하거나 인가공증인을 인가할 수 있는 광범위한 재량이 주어져 있다고 보아야 한다. 예상   (   )

02 행정절차법의 내용
처분의 성질상 처분기준을 미리 공표하는 경우 행정목적을 달성할 수 없게 되거나 행정청에 일정한 범위 내에서 재량권을 부여함으로써 구체적인 사안에서 개별적인 사정을 고려하여 탄력적으로 처분이 이루어지도록 하는 것이 오히려 공공의 안전 또는 복리에 더 적합한 경우라 하더라도 행정절차법에 따라 처분기준을 따로 공표하여야 한다. 예상   (   )

03 행정절차법의 내용
처분 당시 당사자가 어떠한 근거와 이유로 처분이 이루어진 것인지 충분히 알 수 있어서 그에 불복하여 행정구제절차로 나아가는 데에 별다른 지장이 없었던 것으로 인정되는 경우에도 처분서에 처분의 근거와 이유가 구체적으로 명시되어 있지 않았다면, 그 처분은 위법한 것으로 된다. 16. 국회직 8급   (   )

04 행정절차법의 내용
처분이나 민원의 처리기간을 정하는 것은 신청에 따른 사무를 가능한 한 조속히 처리하도록 하기 위한 것으로 처리기간에 관한 규정은 훈시규정에 불과할 뿐 강행규정이라고 볼 수 없으므로 행정청이 처리기간이 지나 처분을 하였더라도 이를 처분을 취소할 절차상 하자로 볼 수 없다. 예상   (   )

정답 01 O 02 X 03 X 04 O

[1] 사업인정이란 공익사업을 토지 등을 수용 또는 사용할 사업으로 결정하는 것으로서 공익사업의 시행자에게 그 후 일정한 절차를 거칠 것을 조건으로 일정한 내용의 수용권을 설정하여 주는 형성행위이다. 그러므로 해당 사업이 외형상 토지 등을 수용 또는 사용할 수 있는 사업에 해당하더라도 사업인정기관으로서는 그 사업이 공용수용을 할 만한 공익성이 있는지 여부와 공익성이 있는 경우에도 그 사업의 내용과 방법에 관하여 사업인정에 관련된 자들의 이익을 공익과 사익 사이에서는 물론, 공익 상호 간 및 사익 상호 간에도 정당하게 비교·교량하여야 하고, 비교·교량은 비례의 원칙에 적합하도록 하여야 한다.

[2] 문화재보호법은 관할 행정청에 문화재 보호를 위하여 일정한 행위의 금지나 제한, 시설의 설치나 장애물의 제거, 문화재 보존에 필요한 긴급한 조치 등 수용권보다 덜 침익적인 방법을 선택할 권한도 부여하고 있기는 하다. 그러나 문화재란 인위적이거나 자연적으로 형성된 국가적·민족적 또는 세계적 유산으로서 역사적·예술적·학술적 또는 경관적 가치가 큰 것을 말하는데(문화재보호법 제2조 제1항), 문화재의 보존·관리 및 활용은 원형 유지를 기본원칙으로 한다(문화재보호법 제3조). 그리고 문화재는 한번 훼손되면 회복이 곤란한 경우가 많을 뿐 아니라, 회복이 가능하더라도 막대한 비용과 시간이 소요되는 특성이 있다.

이러한 문화재의 보존을 위한 사업인정 등 처분에 대하여 재량권 일탈·남용 여부를 심사할 때에는, 위와 같은 문화재보호법의 내용 및 취지, 문화재의 특성, 사업인정 등 처분으로 인한 국민의 재산권 침해 정도 등을 종합하여 신중하게 판단하여야 한다.

구체적으로는 ① 우리 헌법이 "국가는 전통문화의 계승·발전과 민족문화의 창달에 노력하여야 한다."라고 규정하여(제9조), 국가에 전통문화 계승 등을 위하여 노력할 의무를 부여하고 있는 점 ② 문화재보호법은 이러한 헌법 이념에 근거하여 문화재의 보존·관리를 위한 국가와 지방자치단체의 책무를 구체적으로 정하는 한편, 국민에게도 문화재의 보존·관리를 위하여 국가와 지방자치단체의 시책에 적극 협조하도록 규정하고 있는 점(제4조) ③ 행정청이 문화재의 역사적·예술적·학술적 또는 경관적 가치와 원형의 보존이라는 목표를 추구하기 위하여 문화재보호법 등 관계 법령이 정하는 바에 따라 내린 전문적·기술적 판단은 특별히 다른 사정이 없는 한 이를 최대한 존중할 필요가 있는 점 등을 고려하여야 한다.

[3] 문화재보호법 제83조 제1항은 "문화재청장이나 지방자치단체의 장은 문화재의 보존·관리를 위하여 필요하면 지정문화재나 그 보호구역에 있는 토지, 건물, 입목, 죽, 그 밖의 공작물을 공익사업을 위한 토지 등의 취득 및 보상에 관한 법률(이하 '토지보상법'이라 한다)에 따라 수용하거나 사용할 수 있다."라고 규정하고 있다.

한편 국가는 문화재의 보존·관리 및 활용을 위한 종합적인 시책을 수립·추진하여야 하고, 지방자치단체는 국가의 시책과 지역적 특색을 고려하여 문화재의 보존·관리 및 활용을 위한 시책을 수립·추진하여야 하며(문화재보호법 제4조), 문화재청장은 국가지정문화재 관리를 위하여 지방자치단체 등을 관리단체로 지정할 수 있고(문화재보호법 제34조), 지방자치단체의 장은 국가지정문화재와 역사문화환경 보존지역의 관리·보호를 위하여 필요하다고 인정하면 일정한 행위의 금지나 제한, 시설의 설치나 장애물의 제거, 문화재 보존에 필요한 긴급한 조치 등을 명할 수 있다(문화재보호법 제42조 제1항).

이와 같이 문화재보호법은 지방자치단체 또는 지방자치단체의 장에게 시·도지정문화재뿐 아니라 국가지정문화재에 대하여도 일정한 권한 또는 책무를 부여하고 있고, 문화재보호법에 해당 문화재의 지정권자만이 토지 등을 수용할 수 있다는 등의 제한을 두고 있지 않으므로, 국가지정문화재에 대하여 관리단체로 지정된 지방자치단체의 장은 문화재보호법 제83조 제1항 및 토지보상법에 따라 국가지정문화재나 그 보호구역에 있는 토지 등을 수용할 수 있다.

[4] 공익사업을 수행하여 공익을 실현할 의사나 능력이 없는 자에게 타인의 재산권을 공권력적·강제적으로 박탈할 수 있는 수용권을 설정하여 줄 수는 없으므로, 사업시행자에게 해당 공익사업을 수행할 의사와 능력이 있어야 한다는 것도 사업인정의 한 요건이라고 보아야 한다(대판 2019.2.28, 2017두71031).

🏛 확인 OX

01 토지보상법

사업인정이란 공익사업을 토지 등을 수용 또는 사용할 사업으로 결정하는 것으로서 공익사업의 시행자에게 그 후 일정한 절차를 거칠 것을 조건으로 일정한 내용의 수용권을 설정하여 주는 형성행위이다. 예상   (   )

02 토지보상법

해당 사업이 외형상 토지 등을 수용 또는 사용할 수 있는 사업에 해당하더라도 사업인정기관으로서는 그 사업이 공용수용을 할 만한 공익성이 있는지 여부와 공익성이 있는 경우에도 그 사업의 내용과 방법에 관하여 사업인정에 관련된 자들의 이익을 공익과 사익 사이에서는 물론, 공익 상호 간 및 사익 상호 간에도 정당하게 비교·교량하여야 한다. 예상   (   )

03 판단여지

문화재보호법은 지방자치단체 또는 지방자치단체의 장에게 시·도지정문화재뿐 아니라 국가지정문화재에 대하여도 일정한 권한 또는 책무를 부여하고 있고, 문화재보호법에 해당 문화재의 지정권자만이 토지 등을 수용할 수 있다는 등의 제한을 두고 있지 않으므로, 국가지정문화재에 대하여 관리단체로 지정된 지방자치단체의 장은 문화재보호법 제83조 제1항 및 토지보상법에 따라 국가지정문화재나 그 보호구역에 있는 토지 등을 수용할 수 있다. 예상   (   )

04 토지보상법

공익사업 시행자에게 해당 공익사업을 수행할 의사와 능력이 있어야 한다는 것까지 사업인정의 한 요건이라고 볼 수는 없다. 예상

(   )

정답 01 ○ 02 ○ 03 ○ 04 ×

[1] 폐기물관리법 제1조, 제25조 제1항, 제2항 제4호, 환경정책기본법 제12조 제1항, 제13조, 제3조 제1호의 내용과 체계, 입법 취지에 비추어 보면, 행정청은 사람의 건강이나 주변 환경에 영향을 미치는지 여부 등 생활환경과 자연환경에 미치는 영향을 두루 검토하여 폐기물처리사업계획서의 적합 여부를 판단할 수 있으며, 이에 관해서는 행정청에 광범위한 재량권이 인정된다.

따라서 법원이 적합 여부 결정과 관련한 행정청의 재량권 일탈·남용 여부를 심사할 때에는 해당 지역의 자연환경, 주민들의 생활환경 등 구체적 지역 상황, 상반되는 이익을 가진 이해관계자들 사이의 권익 균형과 환경권의 보호에 관한 각종 규정의 입법 취지 등을 종합하여 신중하게 판단하여야 한다. '자연환경·생활환경에 미치는 영향'과 같이 장래에 발생할 불확실한 상황과 파급효과에 대한 예측이 필요한 요건에 관한 행정청의 재량적 판단은 그 내용이 현저히 합리적이지 않다거나 상반되는 이익이나 가치를 대비해 볼 때 형평이나 비례의 원칙에 뚜렷하게 배치되는 등의 사정이 없는 한 폭넓게 존중될 필요가 있다.

[2] 행정청이 폐기물처리사업계획서 부적합 통보를 하면서 처분서에 불확정개념으로 규정된 법령상의 허가기준 등을 충족하지 못하였다는 취지만을 간략히 기재하였다면, 부적합 통보에 대한 취소소송절차에서 행정청은 그 처분을 하게 된 판단 근거나 자료 등을 제시하여 구체적 불허가사유를 분명히 하여야 한다. 이러한 경우 재량행위인 폐기물처리사업계획서 부적합 통보의 효력을 다투는 원고로서는 행정청이 제시한 구체적인 불허가사유에 관한 판단과 근거에 재량권 일탈·남용의 위법이 있음을 밝히기 위하여 소송절차에서 추가적인 주장을 하고 자료를 제출할 필요가 있다(대판 2019.12.24, 2019두45579).

---

[1] 구 농지개혁법(1994.12.22. 법률 제4817호 농지법 부칙 제2조 제1호로 폐지) 제5조는 정부가 자경하지 않는 자의 농지를 매수하여 취득한다고 정하고 있다. 이는 정부가 자경하는 농가 등에게 농지를 분배하기 위한 것이므로 농지를 분배하지 않기로 확정된 경우에는 농지가 원소유자에게 환원될 것이 매수 당시부터 예정되어 있었다고 볼 수 있다. 따라서 정부가 자경하지 않는 자의 농지를 매수하여 취득한 것은 나중에 그 농지가 분배되지 않을 것을 해제조건으로 한 것으로 보아야 한다.

[2] 구 농지개혁사업 정리에 관한 특별조치법(1968.3.13. 법률 제1993호로 제정·시행되고 1994.12.22. 법률 제4817호 농지법 부칙 제2조 제2호로 폐지, 이하 '구 특별조치법'이라 한다) 시행 당시 분배되지 않은 농지는 구 특별조치법 제2조 제1항에 따라 국유로 등기되거나 확인된 경작자에게 분배할 농지를 제외하고는 구 특별조치법 시행과 동시에 분배하지 않기로 확정되어 원소유자의 소유로 환원된다. 구 특별조치법 제2조 제1항에 따라 국유로 등기한 농지라고 하더라도 그 후 구 특별조치법 제2조 제3항에서 정한 1년의 기간 내에 구 특별조치법 제2조 제2항에 따라 분배된 농지를 제외한 그 밖의 농지는 구 특별조치법 제2조 제3항에서 정한 1년의 기간이 지남과 동시에 국가의 매수조치가 해제되어 원소유자의 소유로 환원된다.

[3] 국가가 구 농지개혁법(1994.12.22. 법률 제4817호 농지법 부칙 제2조 제1호로 폐지)에 따라 농지를 매수하였으나 분배하지 않아 원소유자의 소유로 환원된 경우에 국가는 이를 임의로 처분할 수 없고 원소유자에게 반환해야 한다. 만일 이러한 의무를 부담하는 국가의 담당공무원이 농지가 원소유자의 소유로 환원되었음을 제대로 확인하지 않은 채 제3자에게 농지를 처분한 다음 소유권보존등기를 하고 소유권이전등기를 해줌으로써 제3자의 등기부취득시효가 완성되어 원소유자에게 손해를 입혔다면, 이는 특별한 사정이 없는 한 국가배상법 제2조 제1항에서 정한 공무원의 고의 또는 과실에 의한 위법행위에 해당한다(대판 2019.10.31, 2016다243306).

🏛 확인 OX

01 부관

구 농지개혁법 제5조는 정부가 자경하지 않는 자의 농지를 매수하여 취득한다고 정하고 있는데 이는 정부가 자경하는 농가 등에게 농지를 분배하기 위한 것이므로 농지를 분배하지 않기로 확정된 경우에는 농지가 원소유자에게 환원될 것이 매수 당시부터 예정되어 있었다고 볼 수 있다. 따라서 정부가 자경하지 않는 자의 농지를 매수하여 취득한 것은 나중에 그 농지가 분배되지 않을 것을 정지조건으로 한 것으로 보아야 한다. 예상 ( )

02 손해배상책임(공무원의 고의 또는 과실)

국가가 구 농지개혁법에 따라 농지를 매수하였으나 분배하지 않아 원소유자의 소유로 환원된 경우에 국가의 담당공무원이 제대로 확인하지 않은 채 제3자에게 농지를 처분한 다음 소유권보존등기를 하고 소유권이전등기를 해줌으로써 제3자의 등기부취득시효가 완성되어 원소유자에게 손해를 입혔다면, 공무원의 고의 또는 과실에 의한 위법행위에 해당한다. 예상 ( )

정답 01 × 02 ○

[1] 어업에 관한 허가 또는 신고의 경우 그 유효기간이 경과하면 그 허가나 신고의 효력이 당연히 소멸하며, 재차 허가를 받거나 신고를 하더라도 허가나 신고의 기간만 갱신되어 종전의 어업허가나 신고의 효력 또는 성질이 계속된다고 볼 수 없고 새로운 허가 내지 신고로서의 효력이 발생한다. 이러한 법리는 수산업법상 어장이용개발계획에 따른 대체개발 등을 이유로 종전의 어업권을 포기하고 다른 어장에 대하여 새로운 어업권을 등록한 경우에도 마찬가지로 적용된다.

[2] 법률행위의 해석은 당사자가 그 표시행위에 부여한 객관적인 의미를 명백하게 확정하는 것이다. 계약문서에 나타난 당사자의 의사해석이 문제 되는 경우에는 문언의 내용, 약정이 이루어진 동기와 경위, 약정으로 달성하려는 목적, 당사자의 진정한 의사 등을 종합적으로 고찰하여 논리와 경험칙에 따라 합리적으로 해석하여야 한다.

[3] 원자력발전소 건설을 위한 전원개발사업 실시계획이 고시되기 전부터 어업권을 가지고 위 발전소 인근에서 어장을 운영하던 갑이 지방자치단체의 행정지도에 따라 수산업법상 어장이용개발계획에 따른 대체개발을 이유로 구 어업권을 포기하고 종전 어장에서 어장의 위치만 이동한 신 어업권을 취득하여 어업권원부에 등록하였고, 그 후 위 전원개발사업의 사업시행자인 을 주식회사가 산하 지역본부를 통해 갑을 포함하여 위 발전소 인근에서 어업에 종사하는 주민들로 구성된 어민피해보상대책위원회와 '예측 피해조사 보상기준일은 발전소 실시계획승인 고시일을 적용한다', '조사대상 어업은 보상기준일 현재 등록된 면허, 허가 및 신고어업으로 한다'는 등의 내용으로 발전소의 온배수 배출로 인한 어업피해조사 및 보상에 관한 합의를 한 다음 피해 예측조사를 실시하여 피해 어민들에게 보상대상 어업권에 대한 보상을 하였는데, 갑의 신 어업권에 대해서는 어업권원부 등록이 위 고시일 이후 이루어졌다는 이유로 이를 예측 피해보상 대상에서 제외한 사안에서, 갑의 구 어업권과 신 어업권 사이에 수산업법상 동일성이 인정되지는 않으나, 대체개발된 어업권이 보상대상에서 제외됨을 위 합의에 명시할 수 있었는데도 그렇게 하지 않은 점, 갑의 신 어업권을 포함하여 대체개발된 어업권이 위 합의에 따른 보상대상에 포함되지 않는다고 해석한다면 갑이 위 합의에 따른 피해 예측조사에 협조할 이유가 없었고 위 피해대책위원회도 위 합의를 체결하지 않았을 것인 점, 갑에게 신 어업권은 구 어업권을 대체하는 권리에 해당하는 점, 을 회사는 전원개발사업의 효율적인 수행을 위하여 관련 법령이 정한 손실보상요건을 완화해서라도 갑을 포함한 어민들에게 보상할 현실적 필요가 있었던 점, 갑의 신 어업권은 예측 피해조사 대상에 포함되었고 실제 예측 피해조사 결과에서도 신 어업권이 발전소가 배출하는 온배수의 피해구역에 포함되었던 점 등에 비추어 보면, 위 합의의 해석상 갑의 신 어업권이 보상대상에 포함된다고 봄이 타당한데도, 이와 달리 본 원심판단에는 법률행위의 해석에 관한 법리오해의 잘못이 있다고 한 사례(대판 2019.4.11, 2018다284400).

🏛 확인 OX

01 부관

어업에 관한 허가 또는 신고의 경우 그 유효기간이 경과하면 그 허가나 신고의 효력이 당연히 소멸하며, 재차 허가를 받거나 신고를 하더라도 허가나 신고의 기간만 갱신되어 종전의 어업허가나 신고의 효력 또는 성질이 계속된다고 볼 수 없고 새로운 허가 내지 신고로서의 효력이 발생한다. 예상 ( )

정답 01 ○

[1] 상대방 있는 행정처분은 특별한 규정이 없는 한 의사표시에 관한 일반법리에 따라 상대방에게 고지되어야 효력이 발생하고, 상대방 있는 행정처분이 상대방에게 고지되지 아니한 경우에는 상대방이 다른 경로를 통해 행정처분의 내용을 알게 되었다고 하더라도 행정처분의 효력이 발생한다고 볼 수 없다.

[2] 취소소송의 제소기간 기산점으로 행정소송법 제20조 제1항이 정한 '처분 등이 있음을 안 날'은 유효한 행정처분이 있음을 안 날을, 같은 조 제2항이 정한 '처분 등이 있은 날'은 그 행정처분의 효력이 발생한 날을 각 의미한다. 이러한 법리는 행정심판의 청구기간에 관해서도 마찬가지로 적용된다.

[3] 구 공무원연금법(2018.3.20. 법률 제15523호로 전부 개정되기 전의 것, 이하 같다) 제80조에 의하면, 급여에 관한 결정 등에 관하여 이의가 있는 자는 급여에 관한 결정 등이 있었던 날부터 180일, 그 사실을 안 날부터 90일 이내에 '공무원연금급여 재심위원회'에 심사를 청구할 수 있을 뿐이고(제1항, 제2항), 행정심판법에 따른 행정심판을 청구할 수는 없다(제4항).

이와 같은 공무원연금급여 재심위원회에 대한 심사청구 제도의 입법 취지와 심사청구기간, 행정심판법에 따른 일반행정심판의 적용 배제, 구 공무원연금법 제80조 제3항의 위임에 따라 구 공무원연금법 시행령(2018.9.18. 대통령령 제29181호로 전부 개정되기 전의 것) 제84조 내지 제95조의2에서 정한 공무원연금급여 재심위원회의 조직, 운영, 심사절차에 관한 사항 등을 종합하면, 구 공무원연금법상 공무원연금급여 재심위원회에 대한 심사청구 제도는 사안의 전문성과 특수성을 살리기 위하여 특히 필요하여 행정심판법에 따른 일반행정심판을 갈음하는 특별한 행정불복절차(행정심판법 제4조 제1항), 즉 특별행정심판에 해당한다(대판 2019.8.9, 2019두38656).

🏛 확인 OX

01 행정행위의 요건
상대방 있는 행정처분은 특별한 규정이 없는 한 의사표시에 관한 일반법리에 따라 상대방에게 고지되어야 효력이 발생하고, 상대방 있는 행정처분이 상대방에게 고지되지 아니한 경우라도 상대방이 다른 경로를 통해 행정처분의 내용을 알게 되었다면 행정처분의 효력이 발생한다고 볼 수 있다. 예상 (　　)

02 소송요건(제소기간)
취소소송의 제소기간 기산점으로 행정소송법 제20조 제1항이 정한 '처분 등이 있음을 안 날'은 유효한 행정처분이 있은 날을, 같은 조 제2항이 정한 '처분 등이 있은 날'은 그 행정처분의 효력이 발생한 날을 각 의미한다. 예상 (　　)

03 특별행정심판
구 공무원연금법상 공무원연금급여 재심위원회에 대한 심사청구 제도는 특별행정심판에 해당한다. 예상 (　　)

정답 01 × 02 × 03 ○

[1] 적법한 대표자 자격이 없는 비법인 사단의 대표자가 한 소송행위는 후에 대표자 자격을 적법하게 취득한 대표자가 소송행위를 추인하면 행위 시에 소급하여 효력을 가지게 되고, 이러한 추인은 상고심에서도 할 수 있다.

[2] 비법인 사단에 대하여 민법 제63조에 의하여 법원이 선임한 임시이사는 원칙적으로 정식이사와 동일한 권한을 가진다.

[3] 구 유통산업발전법(2012.6.1. 법률 제11461호로 개정되기 전의 것, 이하 '구 유통산업발전법'이라고 한다) 제8조 제1항, 제9조, 구 유통산업발전법 시행규칙(2012.10.5. 지식경제부령 제271호로 개정되기 전의 것) 제5조 제1항, 구 재래시장 및 상점가 육성을 위한 특별법(2007.12.27. 법률 제8803호로 개정되기 전의 것, 이하 '구 재래시장법'이라고 한다) 제67조 제1항, 구 재래시장 및 상점가 육성을 위한 특별법 시행규칙(2010.6.30. 지식경제부령 제135호로 개정되기 전의 것) 제14조 제1항, 제2항의 내용과 체계에 비추어 보면, 구 유통산업발전법에 따른 대규모점포의 개설등록 및 구 재래시장법에 따른 시장관리자 지정은 행정청이 실체적 요건에 관한 심사를 한 후 수리하여야 하는 이른바 '수리를 요하는 신고'로서 행정처분에 해당한다.

그러므로 이러한 행정처분에 당연무효에 이를 정도의 중대하고도 명백한 하자가 존재하거나 그 처분이 적법한 절차에 의하여 취소되지 않는 한 구 유통산업발전법에 따른 대규모점포개설자의 지위 및 구 재래시장법에 따른 시장관리자의 지위는 공정력을 가진 행정처분에 의하여 유효하게 유지된다고 봄이 타당하다.

[4] 구 유통산업발전법(2012.6.1. 법률 제11461호로 개정되기 전의 것, 이하 '구 유통산업발전법'이라고 한다) 제12조 제1항 제3호는 대규모점포개설자가 수행하는 업무로서 '그 밖에 대규모점포의 유지·관리를 위하여 필요한 업무'를 규정하고 있고, 제4항은 매장이 분양된 대규모점포에서는 제1항 각호의 업무 중 구분소유와 관련된 사항에 대하여는 집합건물의 소유 및 관리에 관한 법률에 따른다고 규정함으로써 대규모점포의 관리에 있어서 구분소유자와 입점상인 사이의 이해관계를 조절하고 있다. 여기서 대규모점포개설자 또는 대규모점포관리자의 업무에서 제외되는 '구분소유와 관련된 사항'이란 대규모점포의 유지·관리 업무 중 그 업무를 대규모점포개설자 또는 대규모점포관리자에게 허용하면 점포소유자들의 소유권 행사와 충돌되거나 구분소유자들의 소유권을 침해할 우려가 있는 사항이라고 해석되므로, 당해 대규모점포의 운영·관리를 위해 부과되는 관리비 징수는 대규모점포의 본래의 유지·관리를 위하여 필요한 업무에 속한다. 그리고 이러한 법리는 유통산업발전법이 2017.10.31. 법률 제14997호로 개정됨에 따라 대규모점포관리자의 입점상인에 대한 관리비 등 청구권에 관한 규정이 제12조의3에 신설되어 시행·적용되기 전까지의 사안에 대하여 그대로 적용된다고 봄이 타당하다.

그러나 위와 같이 대규모점포개설자 또는 대규모점포관리자에게 점포에 대한 관리비 징수권이 부여되더라도, 이는 대규모점포의 구분소유자들이나 그들로부터 임차하여 대규모점포의 매장을 운영하고 있는 상인들에 대해서만 행사할 수 있을 뿐, 관리단과 사이에 관리비 징수에 관한 약정이 체결되는 등 특별한 사정이 없는 한 대규모점포개설자 또는 대규모점포관리자가 관리단을 상대로 직접 관리비를 청구할 수는 없다. 관리단은 대규모점포의 구분소유자들이나 위 상인들과는 별개의 권리·의무 주체일 뿐 아니라, 대규모점포개설자 또는 대규모점포관리자가 관리단으로부터 직접 관리비를 징수할 수 있다거나 관리비 납부에 관하여 관리단을 수범자로 하는 아무런 근거 규정이 존재하지 않기 때문이다. 관련하여 2017.10.31. 법률 제14997호로 개정된 유통산업발전법 제12조의3 제1항은 "대규모점포 등 관리자는 대규모점포 등을 유지·관리하기 위한 관리비를 입점상인에게 청구·수령하고 그 금원을 관리할 수 있다."라고 규정하여 대규모점포 등 관리자가 입점상인에 대하여 관리비의 징수권이 있음을 명문화하면서도 관리단에 대하여는 어떠한 규정도 두고 있지 않다.

[5] 구 재래시장 및 상점가 육성을 위한 특별법(2007.12.27. 법률 제8803호로 개정되기 전의 것, 이하 '구 재래시장법'이라고 한다) 제67조 제1항, 제2항, 제65조 제1항, 제3항 전문, 제4항 제5호, 제5항의 내용과 체계에 비추어 보면, 상인회가 구 재래시장법 제67조 제1항 및 제2항 제1호에 따라 시장관리자로 지정될 경우 상업기반시설의 유지 및 관리, 화재의 예방, 청소 및 방범 활동 등의 업무를 수행함과 아울러, 회원인 상인들을 상대로 이러한 업무수행에 소요되는 경비를

부과·징수할 수 있고, 이는 상인회 외에 구 재래시장법 제67조 제2항 각호에 규정된 나머지 자들이 시장관리자로 지정될 경우에도 마찬가지라고 봄이 타당하다. 나아가 이와 같이 시장관리자에게 부여되는 경비의 부과·징수권은 구 유통산업발전법(2012.6.1. 법률 제11461호로 개정되기 전의 것)상의 대규모점포개설자 또는 대규모점포관리자의 경우와 마찬가지로 상인들에 대하여 행사할 수 있는 것이지, 이와는 별개 주체인 관리단에 대해서는 관리단이 시장관리자에게 직접 경비를 지급하기로 약정하는 등 특별한 사정이 없는 한 이를 행사할 수 없다고 보아야 한다. 이러한 법리는 구 재래시장법상의 규정들이 여러 차례의 개정과 법률명칭 변경을 거친 현행 전통시장 및 상점가 육성을 위한 특별법하에서도 실질적인 내용 변경 없이 유지되고 있는 이상, 현행법이 적용되는 사안에 대해서도 동일하게 적용된다(대판 2019.9.10, 2019다208953).

🏛 확인 OX

01 행정행위의 효력(공정력)

구 유통산업발전법에 따른 대규모점포의 개설등록 및 구 재래시장법에 따른 시장관리자 지정은 행정청이 실체적 요건에 관한 심사를 한 후 수리하여야 하는 이른바 '수리를 요하는 신고'로서 행정처분에 해당하므로 이러한 행정처분에 당연무효에 이를 정도의 중대하고도 명백한 하자가 존재하거나 그 처분이 적법한 절차에 의하여 취소되지 않는 한 대규모점포개설자 및 시장관리자의 지위는 공정력을 가진 행정처분에 의하여 유효하게 유지된다. 예상 　　　　　　　　　　　　　　　　　　　(　　)

정답 01 O

구 국세기본법(2016.12.20. 법률 제14382호로 개정되기 전의 것)은 제81조에서 심판청구에 관하여는 심사청구에 관한 제65조를 준용한다고 규정하고, 제80조 제1항, 제2항에서 심판청구에 대한 결정의 효력에 관하여 제81조에서 준용하는 제65조에 따른 결정은 관계 행정청을 기속하고, 심판청구에 대한 결정이 있으면 해당 행정청은 결정의 취지에 따라 즉시 필요한 처분을 하여야 한다고 규정하고 있으며, 제65조 제1항 제3호에서 심사청구가 이유 있다고 인정될 때에는 그 청구의 대상이 된 처분의 취소·경정 결정을 하거나 필요한 처분의 결정을 한다고 규정하고 있다. 과세처분에 관한 불복절차에서 불복사유가 옳다고 인정하고 이에 따라 필요한 처분을 하였을 경우에는 불복제도와 이에 따른 시정방법을 인정하고 있는 위 법 규정의 취지에 비추어 동일 사항에 관하여 특별한 사유 없이 이를 번복하고 다시 종전의 처분을 되풀이할 수는 없다(대판 2019.1.31, 2017두75873).

🏛 확인 OX

01 행정행위의 효력(불가변력)

과세처분에 관한 불복절차에서 불복사유가 옳다고 인정하고 이에 따라 필요한 처분을 하였을 경우에는 불복제도와 이에 따른 시정방법을 인정하고 있는 국세기본법 규정의 취지에 비추어 동일 사항에 관하여 특별한 사유 없이 이를 번복하고 다시 종전의 처분을 되풀이할 수는 없다. 예상 ( )

정답 01 O

[1] 과세처분이 당연무효라고 하기 위하여는 그 처분에 위법사유가 있다는 것만으로는 부족하고 그 하자가 법규의 중요한 부분을 위반한 중대한 것으로서 객관적으로 명백한 것이어야 하며, 하자가 중대하고 명백한지를 판별할 때에는 과세처분의 근거가 되는 법규의 목적·의미·기능 등을 목적론적으로 고찰함과 동시에 구체적 사안 자체의 특수성에 관하여도 합리적으로 고찰하여야 한다. 그리고 어느 법률관계나 사실관계에 대하여 어느 법령의 규정을 적용하여 과세처분을 한 경우에 그 법률관계나 사실관계에 대하여는 그 법령의 규정을 적용할 수 없다는 법리가 명백히 밝혀져서 해석에 다툼의 여지가 없음에도 과세관청이 그 법령의 규정을 적용하여 과세처분을 하였다면 그 하자는 중대하고도 명백하다고 할 것이나, 그 법률관계나 사실관계에 대하여 그 법령의 규정을 적용할 수 없다는 법리가 명백히 밝혀지지 아니하여 해석에 다툼의 여지가 있는 때에는 과세관청이 이를 잘못 해석하여 과세처분을 하였더라도 이는 과세요건사실을 오인한 것에 불과하여 그 하자가 명백하다고 할 수 없다.

[2] 과세관청이 법령 규정의 문언상 과세처분 요건의 의미가 분명함에도 합리적인 근거 없이 그 의미를 잘못 해석한 결과, 과세처분 요건이 충족되지 아니한 상태에서 해당 처분을 한 경우에는 법리가 명백히 밝혀지지 아니하여 그 해석에 다툼의 여지가 있다고 볼 수 없다.

[3] 갑 공사 소유의 토지는 재산세 과세기준일 현재 구 국토의 계획 및 이용에 관한 법률(2012.12.18. 법률 제11599호로 개정되기 전의 것, 이하 '구 국토계획법'이라 한다) 제2조 제13호, 같은 법 시행령 제4조 제1호에서 정한 공공시설인 항만, 녹지, 도로 등을 위한 토지로서 같은 법 제30조 및 제32조에 따라 도시관리계획의 결정 및 도시계획에 관한 지형도면의 고시가 된 토지에 해당하는데, 과세관청인 지방자치단체가 위 토지에 대하여 이미 사업이 완료된 토지라는 이유로 구 지방세특례제한법(2012.10.12. 법률 제11487호로 개정되기 전의 것) 제84조 제2항(이하 '감경조항'이라 한다)에 따른 경감을 하지 않고 재산세 등을 부과하자, 갑 공사가 재산세 등을 납부한 후 과세처분의 당연무효를 주장하면서 재산세 등 납부액 중 경감받지 못한 부분에 관한 부당이득반환을 구한 사안에서, 감경조항에 따라 '구 국토계획법 제2조 제13호에 따른 공공시설을 위한 토지일 것', '그 토지가 구 국토계획법 제30조 및 제32조에 따라 도시관리계획의 결정 및 도시관리계획에 관한 지형도면의 고시가 된 토지일 것'이라는 요건을 모두 갖추면 '재산세의 100분의 50'을 경감받을 수 있고 그 밖에 다른 부가적인 요건은 규정되어 있지 않은 점, 구 국토계획법 제32조에 따르면 도시관리계획에 관한 지형도면의 고시는 같은 법 제30조에 따라 도시관리계획이 결정·고시되면 이루어지는 것으로서 도시계획사업 자체가 폐지되지 않는 이상 추후 집행이 완료되더라도 실효되지 아니하므로 감경조항에서 정한 '지형도면의 고시가 된 토지'에는 지형도면의 고시 후 도시계획사업의 집행이 이루어지지 않은 토지는 물론 집행이 이루어진 토지도 모두 포함됨이 분명한 점 등을 종합하면 감경조항은 법문상 의미가 명확하여 해석에 다툼의 여지가 없으므로, 감경조항에서 정한 감경요건을 모두 갖추고 있는 갑 공사 소유의 토지에 대하여 감경조항을 적용하지 않은 재산세 등 부과처분은 그 하자가 중대하고 명백한데도, 감경조항의 해석에 다툼의 여지가 있음을 전제로 위 재산세 등 부과처분이 당연무효가 아니라고 본 원심판단에는 과세처분의 당연무효에 관한 법리오해의 잘못이 있다고 한 사례(대판 2019.4.23, 2018다287287).

🏛 **확인 OX**

01 행정행위의 하자
과세처분이 당연무효라고 하기 위하여는 그 처분에 위법사유가 있다는 것만으로는 부족하고 그 하자가 법규의 중요한 부분을 위반한 중대한 것으로서 객관적으로 명백한 것이어야 한다. 예상 ( )

02 행정행위의 하자
과세관청이 법령 규정의 문언상 과세처분 요건의 의미가 분명함에도 합리적인 근거 없이 그 의미를 잘못 해석한 결과, 과세처분 요건이 충족되지 아니한 상태에서 해당 처분을 한 경우에는 법리가 명백히 밝혀지지 아니하여 그 해석에 다툼의 여지가 있다고 볼 수 있다. 예상 ( )

정답 01 ○ 02 ×

[1] 과세처분이 당연무효라고 하기 위하여는 처분에 위법사유가 있다는 것만으로는 부족하고 하자가 법규의 중요한 부분을 위반한 중대한 것으로서 객관적으로 명백한 것이어야 하며, 하자가 중대하고 명백한지를 판별할 때에는 과세처분의 근거가 되는 법규의 목적·의미·기능 등을 목적론적으로 고찰함과 동시에 구체적 사안 자체의 특수성에 관하여도 합리적으로 고찰하여야 한다. 그리고 어느 법률관계나 사실관계에 대하여 어느 법령의 규정을 적용하여 과세처분을 한 경우에 그 법률관계나 사실관계에 대하여는 그 법령의 규정을 적용할 수 없다는 법리가 명백히 밝혀져서 해석에 다툼의 여지가 없음에도 과세관청이 그 법령의 규정을 적용하여 과세처분을 하였다면 하자는 중대하고도 명백하다고 할 것이나, 그 법률관계나 사실관계에 대하여 그 법령의 규정을 적용할 수 없다는 법리가 명백히 밝혀지지 아니하여 해석에 다툼의 여지가 있는 때에는 과세관청이 이를 잘못 해석하여 과세처분을 하였더라도 이는 과세요건사실을 오인한 것에 불과하여 하자가 명백하다고 할 수 없다.

[2] 구 소득세법(2012.1.1. 법률 제11146호로 개정되기 전의 것) 제4조 제1항은 거주자의 소득을 종합소득, 퇴직소득, 양도소득으로 구분하면서, 그중 종합소득을 '이자소득·배당소득·사업소득·근로소득·연금소득·기타소득을 합산한 소득'(제1호)으로 규정하고 있다. 당해 연도의 종합소득금액이 있는 거주자는 종합소득 과세표준을 다음 연도 5. 1. 부터 5. 31.까지 소정의 방식에 따라 납세지 관할 세무서장에게 신고하여야 한다(구 소득세법 제70조 제1항).
한편 구 국세기본법(2011.12.31. 법률 제11124호로 개정되기 전의 것) 제47조의2 제1항은 납세자가 법정신고기한 내에 세법에 따른 과세표준신고서를 제출하지 않은 경우 무신고가산세를 부과하도록 규정하고 있다.
이와 같은 관련 규정의 체계 및 문언 내용에 비추어 보면, 종합소득금액이 있는 거주자가 법정신고기한 내에 종합소득 과세표준을 관할 세무서장에게 신고한 경우에는 설령 종합소득의 구분과 금액을 잘못 신고하였다고 하더라도 이를 무신고로 볼 수는 없으므로, 그러한 거주자에 대하여 종합소득 과세표준에 대한 신고가 없었음을 전제로 하는 무신고가산세를 부과할 수는 없다고 봄이 타당하다.

[3] 갑이 병원의 실질적 소유자인 을과의 약정에 따라 병원장으로서 대가를 받고 근로를 제공한 근로자인데도 자신의 이름으로 병원의 사업자등록을 마친 후 사업소득에 대한 종합소득세 명목으로 과세관청에 종합소득세를 신고·납부하였는데, 과세관청이 근로소득에 대한 종합소득세 명목으로 갑에게 무신고가산세와 납부불성실가산세를 포함한 종합소득세를 경정·고지하는 처분을 한 사안에서, 갑이 병원에서 근로자로 근무하면서 근로소득을 얻었음에도 자신이 직접 병원을 운영하여 사업소득을 얻은 것처럼 법정신고기한 내에 종합소득 과세표준확정신고 및 납부계산서를 제출하였더라도, 이는 자신이 얻은 근로소득을 사업소득에 포함하여 종합소득 과세표준을 신고한 것으로 볼 수 있으므로, 갑이 종합소득 과세표준을 무신고하였음을 전제로 한 무신고가산세 부과처분은 위법하고, 또한 이러한 하자는 과세처분의 근거가 되는 법규의 목적·의미·기능 등을 목적론적으로 고찰해 볼 때 중대하고 객관적으로도 명백하므로, 무신고가산세 부과처분은 당연무효이고, 갑의 기납부세액 납부의 법률효과는 갑에게 귀속되고 실제사업자인 을이 갑 명의로 직접 납부행위를 하였다고 하여 달리 볼 수 없으며, 갑의 기납부세액이 갑의 체납세액을 초과하는 이상, 갑이 납부의무를 해태함으로써 얻은 금융이익이 있다고 볼 수 없다는 등의 사정에 비추어, 과세관청이 갑에게 갑의 체납세액에 대한 납부불성실가산세를 부과한 것은 납부의무 없는 자에 대한 처분으로 하자가 중대하고 객관적으로 명백하여 당연무효라고 한 사례(대판 2019.5.16, 2018두34848).

🏛 확인 OX

01 행정행위의 하자

하자 있는 행정처분이 당연무효가 되기 위하여는 그 하자가 법규의 중요한 부분을 위반한 중대한 것으로서 객관적으로 명백한 것이어야 하며 하자가 중대하고 명백한 것인지 여부를 판별함에 있어서는 구체적 사안 자체의 특수성은 고려함이 없이 법규의 목적, 의미, 기능 등을 목적론적으로 고찰함을 요한다. 15. 서울시 7급　　　　　　　　　　　　　　　　　　　　　　( )

02 행정행위의 하자

어느 법률관계나 사실관계에 대하여 어느 법령의 규정을 적용하여 과세처분을 한 경우에 그 법률관계나 사실관계에 대하여는 그 법령의 규정을 적용할 수 없다는 법리가 명백히 밝혀지지 아니하여 해석에 다툼의 여지가 있는 때 과세관청이 이를 잘못 해석하여 과세처분을 하였다면 그 하자는 중대하고도 명백하다고 할 것이다. 예상　　　　　　　　　　　　　　　　　　　　　　　　　( )

03 가산세

종합소득금액이 있는 거주자가 법정신고기한 내에 종합소득 과세표준을 관할 세무서장에게 신고한 경우에 종합소득의 구분과 금액을 잘못 신고하였다면 이를 무신고로 볼 수 있으므로, 그러한 거주자에 대하여 종합소득 과세표준에 대한 신고가 없었음을 전제로 하는 무신고가산세를 부과할 수 있다고 봄이 타당하다. 예상　　　　　　　　　　　　　　　　　　　　　　　　( )

정답 01 × 02 × 03 ×

[1] 어떤 행정처분을 위법하다고 판단하여 취소하는 판결이 확정되면 행정청은 취소판결의 기속력에 따라 그 판결에서 확인된 위법사유를 배제한 상태에서 다시 처분을 하거나 그 밖에 위법한 결과를 제거하는 조치를 할 의무가 있다(행정소송법 제30조). 그리고 행정처분이 불복기간의 경과로 인하여 확정될 경우 그 확정력은, 처분으로 인하여 법률상 이익을 침해받은 자가 해당 처분이나 재결의 효력을 더 이상 다툴 수 없다는 의미일 뿐, 더 나아가 판결에 있어서와 같은 기판력이 인정되는 것은 아니어서 처분의 기초가 된 사실관계나 법률적 판단이 확정되고 당사자들이나 법원이 이에 기속되어 모순되는 주장이나 판단을 할 수 없게 되는 것은 아니다.

[2] 지방자치법 제16조, 제17조 제1항, 제2항 제2호, 제17항의 내용과 체계에다가 주민소송 제도의 입법 취지와 법적 성질 등을 종합하면, 주민소송에서 다툼의 대상이 된 처분의 위법성은 행정소송법상 항고소송에서와 마찬가지로 헌법, 법률, 그 하위의 법규명령, 법의 일반원칙 등 객관적 법질서를 구성하는 모든 법규범에 위반되는지 여부를 기준으로 판단하여야 하는 것이지, 해당 처분으로 지방자치단체의 재정에 손실이 발생하였는지만을 기준으로 판단할 것은 아니다.

[3] 구 공유재산 및 물품 관리법(2010.2.4. 법률 제10006호로 개정되기 전의 것) 제1조, 제2조, 도로법 제1조 등 관련 규정들의 내용과 체계에다가 두 법률의 입법 목적 등을 종합하면, 공유재산 및 물품 관리법은 공유재산 및 물품의 취득, 관리ㆍ처분에 대한 사항 일반을 규율하는 일반법의 성격을 지니는 반면, 도로법은 일반 공중의 교통에 제공되는 시설이라는 도로의 기능적 특성을 고려하여 그 소유관계를 불문하고 특수한 공법적 규율을 하는 법률로서 도로가 공유재산에 해당하는 경우 공유재산 및 물품 관리법보다 우선적으로 적용되는 특별법에 해당한다.

[4] 구 도로법(2010.3.22. 법률 제10156호로 개정되기 전의 것) 제38조, 구 도로법 시행령(2012.11.27. 대통령령 제24205호로 개정되기 전의 것, 이하 같다) 제28조 제5항 각호, 그리고 도로점용허가의 대상이 되는 공작물 또는 시설의 구조기준을 정한 구 도로법 시행령 제28조 제1항 [별표 1의2]의 내용과 체계에다가 구 공유재산 및 물품 관리법(2010.2.4. 법률 제10006호로 개정되기 전의 것, 이하 '구 공유재산법'이라 한다)과 도로법의 관계 등을 종합하면, 도로법령은 구 공유재산법 제13조에 대한 특별 규정이므로, 도로의 점용에 관해서는 위 도로법령의 규정들이 우선적으로 적용되고 구 공유재산법 제13조는 적용되지 않는다.

[5] 갑 교회가 지구단위계획구역으로 지정되어 있던 토지 중 일부를 매수한 후 교회 건물을 신축하는 과정에서 을 구(구) 소유 국지도로 지하에 지하주차장 진입 통로를 건설하고 지하공간에 건축되는 예배당 시설 부지의 일부로 사용할 목적으로 을 구청장에게 위 도로 지하 부분에 대한 도로점용허가를 신청하였고, 을 구청장이 위 도로 중 일부 도로 지하 부분을 2010.4.9.부터 2019.12.31.까지 갑 교회가 점용할 수 있도록 하는 내용의 도로점용허가처분을 하자, 갑 교회가 위 도로 지하 부분을 포함한 신축 교회 건물 지하에 예배당 등의 시설을 설치한 사안에서, 예배당, 성가대실, 방송실과 같은 지하구조물 설치를 통한 지하의 점유는 원상회복이 쉽지 않을 뿐 아니라 유지ㆍ관리ㆍ안전에 상당한 위험과 책임이 수반되고, 이러한 형태의 점용을 허가하여 줄 경우 향후 유사한 내용의 도로점용허가신청을 거부하기 어려워져 도로의 지하 부분이 무분별하게 사용되어 공중안전에 대한 위해가 발생할 우려가 있으며, 위 도로 지하 부분이 교회 건물의 일부로 사실상 영구적ㆍ전속적으로 사용되게 됨으로써 도로 주변의 상황 변화에 탄력적ㆍ능동적으로 대처할 수 없게 된다는 등의 사정을 들어, 위 도로점용허가가 비례ㆍ형평의 원칙을 위반하였다고 본 원심판단을 수긍한 사례.

[6] 수익적 행정처분에 대한 취소권 등의 행사는 기득권의 침해를 정당화할 만한 중대한 공익상의 필요 또는 제3자의 이익보호의 필요가 있는 때에 한하여 허용될 수 있다는 법리는, 처분청이 수익적 행정처분을 직권으로 취소ㆍ철회하는 경우에 적용되는 법리일 뿐 쟁송취소의 경우에는 적용되지 않는다.

[7] 법치국가 원리의 한 표현인 명확성원칙은 모든 기본권제한 입법에 대하여 요구되나, 명확성원칙을 산술적으로 엄격히 관철하도록 요구하는 것은 입법기술상 불가능하거나 현저히 곤란하므로 입법기술상 추상적인 일반조항과 불확정개념의 사용은 불가피하다. 따라서 법문언에 어느 정도의 모호함이 내포되어 있다고 하더라도 법관의 보충적

인 가치판단을 통해서 법문언의 의미 내용을 확인할 수 있고 그러한 보충적 해석이 해석자의 개인적인 취향에 따라 좌우될 가능성이 없다면 명확성원칙에 반한다고 할 수 없다.

[8] 지방자치법 제17조 제1항 중 '재산의 취득·관리·처분에 관한 사항' 부분이 '재산의 취득·관리·처분'이라는 일반·추상적 용어를 사용하고 있더라도, '재산', '취득', '관리', '처분' 개념은 다수의 법률에서 널리 사용하는 용어이고, 특히 지방자치단체의 재산에 관한 사항을 규율하고 있는 지방자치법과 구 공유재산 및 물품 관리법(2010.2.4. 법률 제10006호로 개정되기 전의 것) 등 관련 법률의 조항들을 통해 의미를 파악하는 것이 가능하며, 어떤 '재산의 취득·관리·처분'에 관한 행위가 주민소송의 대상이 되는지는 결국 법원이 주민소송 제도의 입법 취지를 고려하여 구체적으로 심리하여 판단해야 할 영역이다.

나아가 대법원은 "도로 등 공물이나 공공용물을 특정 사인이 배타적으로 사용하도록 하는 점용허가가 도로 등의 본래 기능 및 목적과 무관하게 그 사용가치를 실현·활용하기 위한 것으로 평가되는 경우에는 주민소송의 대상이 되는 재산의 관리·처분에 해당한다고 보아야 한다."라고 판시하여 주민소송의 대상에 관하여 구체적인 판단 기준을 제시한 바 있다.

따라서 지방자치법 제17조 제1항 중 '재산의 취득·관리·처분에 관한 사항' 부분은 명확성원칙에 반하지 아니한다 (대판 2019.10.17, 2018두104).

🏛 확인 OX

01 판결의 효력(기속력)
어떤 행정처분을 위법하다고 판단하여 취소하는 판결이 확정되면 행정청은 취소판결의 기속력에 따라 그 판결에서 확인된 위법사유를 배제한 상태에서 다시 처분을 하거나 그 밖에 위법한 결과를 제거하는 조치를 할 의무가 있다. 예상 (   )

02 불가쟁력
행정처분이 불복기간의 경과로 인하여 확정될 경우 그 확정력은, 처분으로 인하여 법률상 이익을 침해받은 자가 해당 처분이나 재결의 효력을 더 이상 다툴 수 없게 됨으로 인해 처분의 기초가 된 사실관계나 법률적 판단이 확정되고 당사자들이나 법원이 이에 기속되어 모순되는 주장이나 판단을 할 수 없게 되는 것이다. 예상 (   )

03 주민소송
주민소송에서 다툼의 대상이 된 처분의 위법성은 행정소송법상 항고소송에서와 마찬가지로 헌법, 법률, 그 하위의 법규명령, 법의 일반원칙 등 객관적 법질서를 구성하는 모든 법규범에 위반되는지 여부를 기준으로 판단하여야 하는 것이지, 해당 처분으로 지방자치단체의 재정에 손실이 발생하였는지만을 기준으로 판단할 것은 아니다. 예상 (   )

04 주민소송
甲 교회가 도로 지하에 예배당 시설 등을 설치할 목적으로 신청한 도로점용허가에 대하여 乙 구청장이 허가처분을 한 것은 비례·형평의 원칙에 반하여 위법하다. 예상 (   )

05 행정행위의 취소와 철회
수익적 행정처분에 대한 취소권 등의 행사는 기득권의 침해를 정당화할 만한 중대한 공익상의 필요 또는 제3자의 이익보호의 필요가 있는 때에 한하여 허용될 수 있다는 법리는 쟁송취소의 경우에 적용되는 법리일 뿐 처분청이 수익적 행정처분을 직권으로 취소·철회하는 경우에는 적용되지 않는다. 예상 (   )

정답 01 ○ 02 ○ 03 × 04 ○ 05 ×

[1] 절차상 위법에 관하여

① 행정절차에 관한 일반법인 행정절차법은 제21조 제1항에서 행정청이 당사자에게 의무를 과하거나 권익을 제한하는 처분을 하는 경우에는 처분의 내용과 법적 근거 및 이에 대하여 의견을 제출할 수 있다는 뜻과 그 밖에 필요한 사항을 당사자 등에게 통지하도록 규정하고 있고, 제22조 제3항에서 행정청이 위와 같은 처분을 할 때 청문을 실시하거나 공청회를 개최하는 경우 외에는 당사자 등에게 의견제출의 기회를 주도록 규정하고 있다. 위 규정들은 헌법상 적법절차원칙에 따라 불이익 처분을 하기 전에 당사자 등에게 적절한 통지를 하여 의견이나 자료를 제출할 기회를 주기 위한 것이다. 그럼에도 행정청이 침해적 행정처분을 하면서 당사자에게 위와 같은 사전통지를 하거나 의견제출의 기회를 주지 아니하였다면 이를 하지 아니하여도 되는 예외적인 경우에 해당하지 아니하는 한 그 처분은 위법하여 취소를 면할 수 없다(대법원 2007.9.21. 선고 2006두20631 판결, 대법원 2018.3.13. 선고 2016두33339 판결 등 참조).

행정절차법 제22조 제4항, 제21조 제4항은 위 예외적인 경우에 관하여, '해당 처분의 성질상 의견청취가 현저히 곤란하거나 명백히 불필요하다고 인정될 만한 상당한 이유가 있는 경우' 등을 들고 있는데, 이에 해당하는지 여부는 해당 행정처분의 성질에 비추어 판단하여야 하며, 처분상대방이 이미 행정청에 위반사실을 시인하였다거나 처분의 사전통지 이전에 의견을 진술할 기회가 있었다는 사정을 고려하여 판단할 것은 아니다(대법원 2007.9.21. 선고 2006두20631 판결, 대법원 2016.10.27. 선고 2016두41811 판결 등 참조).

② 원심은 제1심판결 이유를 인용하여 피고가 원고를 명예전역수당 지급대상자로 선발하고 2013.2.8. 원고에 대하여 전역인사명령(전역일자: 2013.2.28.)을 하였다가, 공군참모총장이 2013.2.25.자로 원고에 대하여 '근신 3일'의 징계처분(그 후 '견책'으로 감경되었다)을 하자, 별도의 사전통지나 의견진술기회 부여 절차를 거치지 아니한 채 위 징계처분을 이유로 원고에 대한 명예전역수당 지급대상자 선발결정을 취소하는 처분(이하 '이 사건 취소처분'이라 한다)을 한 사실을 인정한 다음, 이 사건 취소처분은 명예전역수당 지급대상자의 지위를 박탈하는 내용이므로 권익을 제한하는 처분으로 성질상 행정절차를 거치기 곤란하거나 불필요하다고 인정되는 처분이라고 보기 어렵고, 원고가 별도의 징계절차에서 자신의 비위행위에 대한 해명기회를 가졌다는 사정만으로 이 사건 취소처분이 원고에게 사전통지를 하지 않거나 의견제출의 기회를 주지 아니하여도 되는 예외적인 경우에 해당한다고 볼 수도 없다는 점 등을 들어, 피고가 이 사건 취소처분을 하면서 원고에게 행정절차법에 따른 사전통지 및 의견제출의 기회를 부여하지 않은 점에서 행정절차법을 위반한 절차상 하자가 있어 위법하다고 판단하였다.

원심의 판단은 앞서 본 법리에 따른 것으로서, 거기에 상고이유 주장과 같이 행정절차법의 적용범위에 관한 법리를 오해하거나 필요한 심리를 다하지 아니하고 판단을 누락하는 등의 잘못이 없다.

[2] 재량권 일탈·남용에 관하여

행정행위를 한 처분청이 수익적 행정처분을 취소할 때에는 이를 취소하여야 할 공익상의 필요와 그 취소로 인하여 당사자가 입게 될 기득권과 신뢰보호 및 법률생활 안정의 침해 등 불이익을 비교·교량한 후 공익상 필요가 당사자가 입을 불이익을 정당화할 만큼 강한 경우에 한하여 취소할 수 있다(대법원 2006.5.25. 선고 2003두4669 판결, 대법원 2015.5.14. 선고 2014두43196 판결 등 참조).

원심은 이 사건 취소처분으로 달성하게 되는 공익상 필요가 원고가 입게 될 불이익을 정당화할 만큼 강하다고 볼 수 없어, 이 사건 취소처분이 재량권을 일탈·남용하여 위법하다고 판단하였다.

원심판결 이유를 기록과 위 법리에 비추어 살펴보면, 원심의 판단은 정당하고, 거기에 상고이유 주장과 같이 수익적 행정행위의 직권취소·철회, 재량권 일탈·남용 등에 관한 법리를 오해한 잘못이 없다.

[3] 결론

그러므로 상고를 기각하고, 상고비용은 패소자가 부담하도록 하여, 관여 대법관의 일치된 의견으로 주문과 같이 판결한다(대판 2019.5.30, 2014두40258).

🏛 확인 OX

01 행정절차

행정청이 침해적 행정처분을 하면서 당사자에게 사전통지를 하거나 의견제출의 기회를 주지 아니하였다면 이를 하지 아니하여도 되는 예외적인 경우에 해당하지 아니하는 한 그 처분은 당연무효가 됨이 원칙이다. 예상 (   )

02 처분을 함에 있어서 적용되는 행정절차

행정절차법에서 해당 처분의 성질상 의견청취가 현저히 곤란하거나 명백히 불필요하다고 인정될 만한 상당한 이유가 있는 경우에 해당하는지 여부는 해당 행정처분의 성질에 비추어 판단하여야 하며, 처분상대방이 이미 행정청에 위반사실을 시인하였다거나 처분의 사전통지 이전에 의견을 진술할 기회가 있었다는 사정을 고려하여 판단할 것은 아니다. 예상 (   )

03 행정절차

국방부장관이 甲을 명예전역수당 지급대상자로 선발하고 전역인사명령을 하였다가, 공군참모총장이 甲에 대하여 근신 3일의 징계처분을 하자, 별도의 사전통지나 의견진술기회 부여 절차를 거치지 아니한 채 甲에 대한 명예전역수당 지급대상자 선발결정을 취소한 처분은 절차상 하자가 있어 위법하다. 예상 (   )

04 취소권의 제한

행정행위를 한 처분청이 수익적 행정처분을 취소할 때에는 이를 취소하여야 할 공익상의 필요와 그 취소로 인하여 당사자가 입게 될 기득권과 신뢰보호 및 법률생활 안정의 침해 등 불이익을 비교·교량한 후 공익상 필요가 당사자가 입을 불이익을 정당화할 만큼 강한 경우에 한하여 취소할 수 있다. 예상 (   )

정답 01 × 02 ○ 03 ○ 04 ○

[1] 국세징수법 제9조 제1항은 "세무서장은 국세를 징수하려면 납세자에게 그 국세의 과세기간, 세목, 세액 및 그 산출근거, 납부기한과 납부장소를 적은 납세고지서를 발급하여야 한다."라고 규정하고 있다. 따라서 납세고지서에 해당 본세의 과세표준과 세액의 산출근거 등이 제대로 기재되지 않았다면 특별한 사정이 없는 한 그 징수처분은 위법하다. 그러나 납세고지서의 세율이 잘못 기재되었다고 하더라도 납세고지서에 기재된 문언 내용 등에 비추어 원천징수의무자 등 납세자가 세율이 명백히 잘못된 오기임을 알 수 있고 납세고지서에 기재된 다른 문언과 종합하여 정당한 세율에 따른 세액의 산출근거를 쉽게 알 수 있어 납세자의 불복 여부의 결정이나 불복신청에 지장을 초래하지 않을 정도라면, 납세고지서의 세율이 잘못 기재되었다는 사정만으로 그에 관한 징수처분을 위법하다고 볼 것은 아니다.

[2] 구 법인세법(2008.12.26. 법률 제9267호로 개정되기 전의 것, 이하 같다) 제93조 제11호 (나)목, 제98조 제1항, 구 법인세법 시행령(2010.12.30. 대통령령 제22577호로 개정되기 전의 것) 제132조 제10항의 문언, 원천징수제도의 취지와 목적 및 관련 규정의 체계 등을 종합하면, 재산권에 관한 매매계약에서 매수인이 외국법인인 매도인에게 국내에서 계약금을 지급하였다가 매매계약에서 정한 채무를 불이행함으로써 계약금을 위약금으로 하는 내용의 약정에 따라 계약금이 몰취된 경우, 매수인은 구 법인세법 제98조 제1항 제3호에 따라 외국법인의 국내원천소득인 위약금에 대한 법인세를 원천징수하여 납부할 의무가 있다고 보아야 한다. 그 이유는 다음과 같다.

① 구 법인세법 제98조 제1항과 제93조 제11호 (나)목은 국내에서 지급하는 위약금 또는 배상금을 외국법인의 국내원천소득으로 보고 이를 법인세 원천징수대상으로 삼고 있을 뿐 그 지급 방법에 대하여 아무런 제한을 두지 않고 있고, 위약금 또는 배상금을 지급하는 때에 법인세를 현실적으로 원천징수할 수 있는 경우로 원천징수대상 범위를 한정하고 있지도 않다. 따라서 구 법인세법 제98조 제1항에 규정된 '지급'에는 외국법인에 대한 위약금 또는 배상금의 현실 제공뿐만 아니라 국내에서 지급한 계약금이 위약금 또는 배상금으로 몰취된 경우 등도 포함된다고 봄이 타당하다.

② 계약 당사자들은 위약금 또는 배상금의 지급 방법에 관하여 사전에 자유로이 약정할 수 있고, 마찬가지로 일방 당사자가 상대방에 대하여 위약금 또는 배상금을 지급할 경우 발생할 수 있는 원천징수에 관하여도 사전에 자유로이 약정할 수 있다. 그럼에도 매도인인 외국법인에 지급된 계약금이 추후 위약금 또는 배상금으로 몰취된 경우 아무런 근거규정 없이 매수인에게 원천징수의무가 인정되지 않는다고 해석한다면 당사자들 간 약정에 따라 외국법인의 국내원천소득에 대한 법인세의 징수가 불가능해지는 불합리한 결과가 발생할 수 있다.

③ 계약금을 몰취당한 매수인으로서는 당사자 간 조세 부담에 관한 약정 등 다른 특별한 사정이 없는 한 국가에 원천징수세액을 납부한 다음 외국법인에 대하여 위약금으로 몰취된 계약금 중 법인세 원천징수 부분에 대한 구상권을 행사할 수 있다.

④ 한편 구 소득세법(2009.12.31. 법률 제9897호로 개정되기 전의 것, 이하 같다) 제127조 제1항 제5호 (나)목의 규정만으로 구 소득세법이 비거주자에게 지급된 계약금이 위약금으로 몰취된 경우 거주자의 원천징수의무를 면제하고 있다고 보기 어려울 뿐 아니라, 위 규정은 그와 같은 규정이 없는 구 법인세법이 적용되는 사건에 참고할 것이 아니다(대판 2019.7.4, 2017두38645).

📖 **확인 OX**

01 행정행위의 취소와 철회

납세고지서의 세율이 잘못 기재되었다면 납세고지서에 기재된 문언 내용 등에 비추어 원천징수의무자 등 납세자가 세율이 명백히 잘못된 오기임을 알 수 있고 납세고지서에 기재된 다른 문언과 종합하여 정당한 세율에 따른 세액의 산출근거를 쉽게 알 수 있어 납세자의 불복 여부의 결정이나 불복신청에 지장을 초래하지 않을 정도라 하더라도 그에 관한 징수처분은 위법하다. 예상 (   )

정답 01 ×

[1] 공인중개사법 제38조 제1항 제7호는 '업무정지기간 중에 중개업무를 하는 경우'를 중개사무소의 개설등록 취소사유로 규정하고 있다. 여기에서 말하는 중개업무란 중개대상물에 대하여 거래 당사자 간의 매매·교환·임대차 기타 권리의 득실·변경에 관한 행위를 알선하는 업무를 말한다(공인중개사법 제2조 제1호). 그러한 업무는 거래 당사자 쌍방의 의뢰를 받아 이루어지는 경우뿐만 아니라 거래 당사자 일방의 의뢰를 받아 이루어지는 경우도 포함한다. 한편 어떠한 행위가 '중개업무의 수행'에 해당하는지는 중개업자의 행위를 객관적으로 보아 사회통념상 거래의 알선·중개를 위한 행위라고 인정되는지에 따라 판단하여야 한다.

[2] 2개 이상의 행정처분이 연속적 또는 단계적으로 이루어지는 경우 선행처분과 후행처분이 서로 합하여 1개의 법률효과를 완성하는 때에는 선행치분에 하자가 있으면 그 하자는 후행처분에 승계된다. 이러한 경우에는 선행처분에 불가쟁력이 생겨 그 효력을 다툴 수 없게 되더라도 선행처분의 하자를 이유로 후행처분의 효력을 다툴 수 있다. 그러나 선행처분과 후행처분이 서로 독립하여 별개의 법률효과를 발생시키는 경우에는 선행처분에 불가쟁력이 생겨 그 효력을 다툴 수 없게 되면 선행처분의 하자가 중대하고 명백하여 선행처분이 당연무효인 경우를 제외하고는 특별한 사정이 없는 한 선행처분의 하자를 이유로 후행처분의 효력을 다툴 수 없는 것이 원칙이다. 다만 그 경우에도 선행처분의 불가쟁력이나 구속력이 그로 인하여 불이익을 입게 되는 자에게 수인한도를 넘는 가혹함을 가져오고, 그 결과가 당사자에게 예측가능한 것이 아니라면, 국민의 재판받을 권리를 보장하고 있는 헌법의 이념에 비추어 선행처분의 후행처분에 대한 구속력을 인정할 수 없다(대판 2019.1.31, 2017두40372).

📖 확인 OX

01 하자의 승계
하자의 승계는 통상 선행행위에 존재하는 취소사유에 해당하는 하자를 이유로 후행행위를 다투는 경우에 문제된다. 16. 사회복지직
( )

02 하자의 승계
원칙적으로 선·후의 행정행위가 결합하여 하나의 법적 효과를 완성하는지 여부를 기준으로 하자의 승계 여부를 결정한다. 16. 사회복지직
( )

03 하자의 승계
선행행위에 대하여 불가쟁력이 발생하지 않았거나 선행행위와 후행행위가 서로 독립하여 각각 별개의 법률효과를 목적으로 하는 때에는 원칙적으로 선행행위의 하자를 이유로 후행행위의 효력을 다툴 수 없다. 17. 지방직 9급
( )

04 하자의 승계
선행행위와 후행행위가 서로 독립하여 별개의 법률효과를 목적으로 하는 경우라도 선행행위의 불가쟁력이나 구속력이 그로 인하여 불이익을 입는 자에게 수인한도를 넘는 가혹함을 가져오고 그 결과가 예측 가능한 것이 아닌 때에는 하자의 승계를 인정할 수 있다.
17. 지방직 9급
( )

정답 01 ○ 02 ○ 03 × 04 ○

갑 주식회사가 고용노동부가 시행한 '청년취업인턴제' 사업에 실시기업으로 참여하여 고용노동부로부터 사업에 관한 업무를 위탁받은 을 주식회사와 청년인턴지원협약을 체결하고 인턴을 채용해 왔는데, 갑 회사는 30명의 인턴에 대하여 실제 약정 임금이 130만 원임에도 마치 150만 원을 지급한 것처럼 꾸며 을 회사로부터 1인당 150만 원의 50%인 75만 원의 청년인턴지원금을 청구하여 지급받았고, 이에 을 회사가 갑 회사를 상대로 지원금 반환을 구하는 소를 제기한 사안에서, 을 회사가 고용노동부의 '청년취업인턴제 시행지침' 또는 구 보조금 관리에 관한 법률(2016.1.28. 법률 제13931호로 개정되기 전의 것) 제33조의2 제1항 제1호에 따라 보조금수령자에 대하여 거짓 신청이나 그 밖의 부정한 방법으로 지급받은 보조금을 반환하도록 요구하는 의사표시는 우월한 지위에서 하는 공권력의 행사로서의 '반환명령'이 아니라, 대등한 당사자의 지위에서 계약에 근거하여 하는 의사표시라고 보아야 하며, 또한 을 회사의 갑 회사에 대한 협약에 따른 지원금 반환청구는 협약에서 정한 의무의 위반을 이유로 채무불이행 책임을 구하는 것에 불과하고, 채무의 존부 및 범위에 관한 다툼이 협약에 포함된 공법적 요소에 어떤 영향을 받는다고 볼 수도 없으므로 민사소송의 대상이라고 보아야 하는데, 협약에 따라 을 회사와 갑 회사 사이의 계약 내용으로 편입된 위 시행지침에 의하면, 실시기업이 지원금 지급신청을 하면서 임금을 부풀린 허위의 인턴약정서를 제출하는 행위는 '거짓 기타 부정한 방법으로 지원금을 신청하는 경우'에 해당하고, 운영기관이 실시기업으로부터 인턴약정서 등을 제출받아 심사하는 단계에서 거짓 기타 부정한 방법이 개입되었음을 확인한 경우에는 해당 신청에 대해서도 지원금을 일부라도 지급하지 않아야 하는바, 운영기관이 실시기업이 허위의 인턴약정서를 제출하였다는 사정을 미처 파악하지 못하고 해당 신청에 따른 지원금을 지급한 경우에는, 실시기업이 해당 신청으로 수령한 지원금액 전액이 거짓 기타 부정한 방법으로 지원받은 금액으로서 운영기관에 반환하여야 할 대상이라고 보아야 하므로, 갑 회사가 임금을 부풀린 허위의 인턴약정서 등을 제출하여 을 회사로부터 지급받은 지원금액 전부가 협약에 따라 을 회사에 반환하여야 할 대상이라고 한 사례(대판 2019.8.30, 2018다242451).

🏛 **확인 OX**

01 공법상 계약
고용노동부의 청년취업인턴제 시행지침 또는 구 보조금 관리에 관한 법률에 따라 보조금수령자에 대하여 거짓 신청이나 그 밖의 부정한 방법으로 지급받은 보조금을 반환하도록 요구하는 의사표시는 대등한 당사자의 지위에서 계약에 근거하여 하는 의사표시가 아니라 우월한 지위에서 하는 공권력의 행사로서의 반환명령이다. 예상   (   )

정답 01 ×

[1] 당사자 사이에 계약의 해석을 둘러싸고 이견이 있어 처분문서에 나타난 당사자의 의사해석이 문제 되는 경우에는 문언의 내용, 약정이 이루어진 동기와 경위, 약정으로 달성하려는 목적, 당사자의 진정한 의사 등을 종합적으로 고찰하여 논리와 경험의 법칙에 따라 합리적으로 해석하여야 한다. 이 경우 문언의 객관적인 의미가 명확하다면, 특별한 사정이 없는 한 문언대로 의사표시의 존재와 내용을 인정하여야 한다.

[2] 갑 지방자치단체가 을 주식회사 등 4개 회사로 구성된 공동수급체를 자원회수시설과 부대시설의 운영·유지관리 등을 위탁할 민간사업자로 선정하고 을 회사 등의 공동수급체와 위 시설에 관한 위·수탁 운영 협약을 체결하였는데, 민간위탁 사무감사를 실시한 결과 을 회사 등이 위 협약에 근거하여 노무비와 복지후생비 등 비정산비용 명목으로 지급받은 금액 중 집행되지 않은 금액에 대하여 회수하기로 하고 을 회사에 이를 납부하라고 통보하자, 을 회사 등이 이를 납부한 후 회수통보의 무효확인 등을 구하는 소송을 제기한 사안에서, 위 협약은 갑 지방자치단체가 사인인 을 회사 등에 위 시설의 운영을 위탁하고 그 위탁운영비용을 지급하는 것을 내용으로 하는 용역계약으로서 상호 대등한 입장에서 당사자의 합의에 따라 체결한 사법상 계약에 해당하고, 위 협약에 따르면 수탁자인 을 회사 등이 위탁운영비용 중 비정산비용 항목을 일부 집행하지 않았다고 하더라도, 위탁자인 갑 지방자치단체에 미집행액을 회수할 계약상 권리가 인정된다고 볼 수 없는 점, 인건비 등이 일부 집행되지 않았다는 사정만으로 을 회사 등이 협약상 의무를 불이행하였다고 볼 수는 없는 점, 을 회사 등이 갑 지방자치단체에 미집행액을 반환하여야 할 계약상 의무가 없으므로 결과적으로 을 회사 등이 미집행액을 계속 보유하고 자신들의 이윤으로 귀속시킬 수 있다고 해서 협약에서 정한 '운영비용의 목적 외 사용'에 해당한다고 볼 수도 없는 점 등을 종합하면, 갑 지방자치단체가 미집행액 회수를 위하여 을 회사 등으로부터 지급받은 돈이 부당이득에 해당하지 않는다고 본 원심판단에 법리를 오해한 잘못이 있다고 한 사례(대판 2019.10.17, 2018두60588).

🏛 **확인 OX**

01 공법상 계약

甲 지방자치단체가 乙 주식회사 등 4개 회사로 구성된 공동수급체를 자원회수시설과 부대시설의 운영·유지관리 등을 위탁할 민간사업자로 선정하고 乙 회사 등의 공동수급체와 위 시설에 관한 위·수탁 운영 협약을 체결하였는데, 이 협약은 상호 대등한 입장에서 당사자의 합의에 따라 체결한 사법상 계약에 해당한다. 예상 ( )

정답 01 ○

[1] 도시공원 및 녹지 등에 관한 법률상 공원조성계획은 공원의 구체적 조성에 관한 행정계획으로서 도시공원의 설치에 관한 도시관리계획이 결정되어 있음을 전제로 한다. 특히 도시공원의 부지(공간적 범위)는 도시관리계획 단계에서 결정되는 것이고, 공원조성계획은 이를 전제로 도시공원의 내용과 시설 배치 등을 구체적으로 정하기 위한 것이다(도시공원 및 녹지 등에 관한 법률 시행규칙 제8조 참조).

[2] 도시관리계획결정·고시와 그 도면에 특정 토지가 도시관리계획에 포함되지 않았음이 명백한데도 도시관리계획을 집행하기 위한 후속 계획이나 처분에서 그 토지가 도시관리계획에 포함된 것처럼 표시되어 있는 경우가 있다. 이것은 실질적으로 도시관리계획결정을 변경하는 것에 해당하여 구 국토의 계획 및 이용에 관한 법률(2009.2.6. 법률 제9442호로 개정되기 전의 것) 제30조 제5항에서 정한 도시관리계획 변경절차를 거치지 않는 한 당연무효이다(대판 2019.7.11, 2018두47783).

🏛 **확인 OX**

01 행정계획

도시관리계획결정·고시와 그 도면에 특정 토지가 도시관리계획에 포함되지 않았음이 명백한데도 도시관리계획을 집행하기 위한 후속 계획이나 처분에서 그 토지가 도시관리계획에 포함된 것처럼 표시되어 있는 경우 이것은 실질적으로 도시관리계획결정을 변경하는 것에 해당하여 도시관리계획 변경절차를 거치지 않는 한 당연무효이다. 예상   (   )

정답 01 ○

47 | 가격조정 명령처분 취소 2016두64975 ★★☆

[1] 교과용도서에 관한 규정 제33조 제2항의 문언 내용과 개정 연혁, 입법 취지 등에 비추어 보면, 위 조항에서 정한 '각호의 사유로 검정도서와 인정도서의 가격이 부당하게 결정될 우려가 있다'는 이유로 가격 조정 명령을 하기 위해서는, 해당 교과용 도서가 위 조항 각호의 사유에 해당함은 물론 그와 같은 사정 등으로 인하여 '가격이 부당하게 결정될 우려'가 있음이 별개로 인정되어야 한다. 이때 가격 조정 명령 대상 교과용 도서에 대하여 위 조항 각호의 사유가 인정된다고 하여, 곧바로 '그 교과용 도서의 가격이 부당하게 결정될 우려'가 추정되는 관계로 볼 수는 없다. 그 이유는 다음과 같다.

① 가격이 부당하게 결정될 우려가 있는지 여부는 검·인정도서 출판사의 과다한 이득과 이로 인한 수요자의 경제적 부담 증가 등을 종합적으로 고려하여 판단하여야 한다. 위 조항 각호가 정한 사유가 있다고 하여 항상 출판사가 과다한 이득을 얻는다거나 그로 인하여 수요자의 경제적 부담이 증가한다고 단정하기 어렵다.

② 위 조항 각호의 사유와 출판사가 실제로 결정한 가격 또는 희망하는 가격 사이의 상관관계가 명확하다고 보기 어렵다. 위 조항 각호의 사유가 있음에도 불구하고 출판사가 결정한 가격 또는 희망하는 가격 자체는 객관적으로 보아 부당한 가격이 아닐 수 있다.

[2] 행정청이 처분을 할 때에는 원칙적으로 당사자에게 그 근거와 이유를 제시하여야 한다(행정절차법 제23조 제1항). 이 경우 행정청은 처분의 원인이 되는 사실과 근거가 되는 법령 또는 자치법규의 내용을 구체적으로 명시하여야 한다(행정절차법 시행령 제14조의2).

다만 행정청의 자의적 결정을 배제하고 당사자로 하여금 행정구제절차에서 적절히 대처할 수 있도록 하는 처분의 근거 및 이유제시 제도의 취지에 비추어, 처분을 하면서 당사자가 그 근거를 알 수 있을 정도로 이유를 제시한 경우에는 처분의 근거와 이유를 구체적으로 명시하지 않았더라도 그로 말미암아 그 처분이 위법하다고 볼 수는 없다. 이때 '이유를 제시한 경우'는 처분서에 기재된 내용과 관계 법령 및 당해 처분에 이르기까지의 전체적인 과정 등을 종합적으로 고려하여, 처분 당시 당사자가 어떠한 근거와 이유로 처분이 이루어진 것인지를 충분히 알 수 있어서 그에 불복하여 행정구제절차로 나아가는 데 별다른 지장이 없었다고 인정되는 경우를 뜻한다(대판 2019.1.31, 2016두64975).

🏛 확인 OX

01 처분을 함에 있어 적용되는 행정절차
행정청의 자의적 결정을 배제하고 당사자로 하여금 행정구제절차에서 적절히 대처할 수 있도록 하는 처분의 근거 및 이유제시 제도의 취지에 비추어, 처분을 하면서 당사자가 그 근거를 알 수 있을 정도로 이유를 제시한 경우라 하더라도 처분의 근거와 이유를 구체적으로 명시하지 않았다면 그로 말미암아 그 처분이 위법하다고 볼 수 있다. 예상 ( )

02 처분을 함에 있어 적용되는 행정절차
처분과 더불어 이유를 제시한 경우, 처분서 내용과 관계 법령 및 당해 처분에 이르기까지의 과정 등을 종합 고려하여, 처분 당시 당사자가 어떠한 근거와 이유로 처분이 이루어진 것인지 충분히 알 수 있어서 불복구제절차로 나아가는 데 별다른 지장이 없었다고 인정된다면 처분의 근거와 이유를 더욱 구체적으로 명시할 수 있었다고 하여 그 처분을 위법하다고 볼 수는 없다. 예상 ( )

정답 01 × 02 ○

[1] 행정절차법 제15조 제1항, 제24조 제1항, 공무원임용령 제6조 제3항, 공무원 인사기록·통계 및 인사사무 처리 규정 제26조 제1항의 규정에 따르면, 명예전역 선발을 취소하는 처분은 당사자의 의사에 반하여 예정되어 있던 전역을 취소하고 명예전역수당의 지급 결정 역시 취소하는 것으로서 임용에 준하는 처분으로 볼 수 있으므로, 행정절차법 제24조 제1항에 따라 문서로 해야 한다.

[2] 군인사법 제53조의2 제1항, 제4항, 제6항, 군인 명예전역수당지급 규정 제6조, 제12조와 국방 인사관리 훈령 제96조 제2항 제3호, 제99조 제1항 제1호, 제2항의 문언, 체계와 취지 등을 종합하면, 감사기관과 수사기관에서 비위 조사나 수사 중임을 사유로 한 명예전역 선발취소 결정은 특별한 사정이 없는 한 아직 명예전역이나 전역을 하지 않은 상태에 있는 명예전역 대상자가 그 처분 대상임을 전제한다고 보는 것이 타당하다(대판 2019.5.30, 2016두49808).

🗑️ **확인 OX**

01 처분을 함에 있어 적용되는 행정절차
명예전역 선발을 취소하는 처분은 당사자의 의사에 반하여 예정되어 있던 전역을 취소하고 명예전역수당의 지급 결정 역시 취소하는 것이나 임용에 준하는 처분으로 볼 수는 없으므로, 행정절차법 제24조 제1항에 따라 문서로 해야 하는 것은 아니다. 예상 ( )

정답 01 ×

갑이 외교부장관에게 한·일 군사정보보호협정 및 한·일 상호군수지원협정과 관련하여 각종 회의자료 및 회의록 등의 정보에 대한 공개를 청구하였으나, 외교부장관이 공개 청구 정보 중 일부를 제외한 나머지 정보들에 대하여 비공개 결정을 한 사안에서, 위 정보는 구 공공기관의 정보공개에 관한 법률 제9조 제1항 제2호, 제5호에 정한 비공개대상정보에 해당하고, 공개가 가능한 부분과 공개가 불가능한 부분을 쉽게 분리하는 것이 불가능하여 같은 법 제14조에 따른 부분공개도 가능하지 않다고 본 원심판단이 정당하다(대판 2019.1.17, 2015두46512).

🏛 **확인 OX**

01 정보공개청구

한·일 군사정보보호협정 및 한·일 상호군수지원협정과 관련하여 각종 회의자료 및 회의록 등의 정보는 정보공개법상 공개가 가능한 부분과 공개가 불가능한 부분을 쉽게 분리하는 것이 불가능한 비공개정보에 해당하지 아니한다. 19. 서울시 7급 ( )

정답 01 ×

50 | 기타 이행강제금 부과처분 취소 2018두42955 ★★☆

[1] 농지법은 농지 처분명령에 대한 이행강제금 부과처분에 불복하는 자가 그 처분을 고지받은 날부터 30일 이내에 부과권자에게 이의를 제기할 수 있고, 이의를 받은 부과권자는 지체 없이 관할 법원에 그 사실을 통보하여야 하며, 그 통보를 받은 관할 법원은 비송사건절차법에 따른 과태료 재판에 준하여 재판을 하도록 정하고 있다(제62조 제1항, 제6항, 제7항). 따라서 농지법 제62조 제1항에 따른 이행강제금 부과처분에 불복하는 경우에는 비송사건절차법에 따른 재판절차가 적용되어야 하고, 행정소송법상 항고소송의 대상은 될 수 없다.

농지법 제62조 제6항, 제7항이 위와 같이 이행강제금 부과처분에 대한 불복절차를 분명하게 규정하고 있으므로, 이와 다른 불복절차를 허용할 수는 없다. 설령 관할청이 이행강제금 부과처분을 하면서 재결청에 행정심판을 청구하거나 관할 행정법원에 행정소송을 할 수 있다고 잘못 안내하거나 관할 행정심판위원회가 각하재결이 아닌 기각재결을 하면서 관할 법원에 행정소송을 할 수 있다고 잘못 안내하였다고 하더라도, 그러한 잘못된 안내로 행정법원의 항고소송 재판관할이 생긴다고 볼 수도 없다.

[2] 농지법 제2조 제1호는 농지에 관한 정의 규정인데, 원칙적 형태는 "전·답, 과수원, 그 밖에 법적 지목을 불문하고 실제로 농작물 경작지 또는 다년생식물 재배지로 이용되는 토지"이다[(가)목 전단]. 따라서 어떤 토지가 이 규정에서 말하는 '농지'인지는 공부상의 지목과 관계없이 토지의 사실상 현상에 따라 판단하여야 한다.

그런데 농지법은 농지전용허가 등을 받지 않고 농지를 전용하거나 다른 용도로 사용한 경우 관할청이 그 행위를 한 자에게 기간을 정하여 원상회복을 명할 수 있고, 그가 원상회복명령을 이행하지 않으면 관할청이 대집행으로 원상회복을 할 수 있도록 정함으로써(제42조 제1항, 제2항), 농지가 불법 전용된 경우에는 농지로 원상회복되어야 함을 분명히 하고 있다. 농지법상 '농지'였던 토지가 현실적으로 다른 용도로 이용되고 있더라도 그 토지가 농지전용허가 등을 받지 않고 불법 전용된 것이어서 농지로 원상회복되어야 하는 것이라면 그 변경 상태는 일시적인 것이고 여전히 '농지'에 해당한다(대판 2019.4.11, 2018두42955).

📖 확인 OX

01 이행강제금에 대한 불복

농지법에 따른 이행강제금 부과처분에 불복하는 경우에는 비송사건절차법에 따른 재판절차가 적용되어야 하나, 행정소송법상 항고소송의 대상도 될 수 있다. 예상　　　　　　　　　　　　　　　　　　　( )

02 이행강제금에 대한 불복

근거법상 비송사건절차법에 따라 재판하도록 정하고 있는 이행강제금 부과처분에 대해, 관할청이 이행강제금 부과처분을 하면서 재결청에 행정심판을 청구하거나 관할 행정법원에 행정소송을 할 수 있다고 잘못 안내하거나 관할 행정심판위원회가 각하재결이 아닌 기각재결을 하면서 관할 법원에 행정소송을 할 수 있다고 잘못 안내하였다면, 그러한 잘못된 안내로 행정법원의 항고소송 재판관할이 생기게 된다. 예상　　　　　　　　　　　　　　　　　　　( )

정답 01 × 02 ×

[1] 지방세법 및 지방세기본법, 지방세징수법의 개정 연혁에 따르면, 구 지방세기본법(2016.12.27. 법률 제14474호로 전부 개정되기 전의 것)은 물론 현행 지방세징수법하에서도, 지방세의 결손처분은 국세의 결손처분과 마찬가지로 더 이상 납세의무가 소멸하는 사유가 아니라 체납처분을 종료하는 의미만을 가지게 되었고, 결손처분의 취소 역시 국민의 권리와 의무에 영향을 미치는 행정처분이 아니라 과거에 종료되었던 체납처분 절차를 다시 시작한다는 행정절차로서의 의미만을 가지게 되었다고 할 것이다.

[2] 구 지방세법(1997.8.30. 법률 제5406호로 개정되기 전의 것) 제30조의2 제1호와 구 지방세법(2000.12.29. 법률 제6312호로 개정되기 전의 것) 제30조의3 제2항, 구 지방세기본법(2016.12.27. 법률 제14474호로 전부 개정되기 전의 것, 이하 '법'이라고 한다) 제66조 제1항, 제2항, 제96조 제2항, 구 지방세기본법 시행령(2017.3.27. 대통령령 제27958호로 전부 개정되기 전의 것, 이하 '시행령'이라고 한다) 제52조 내지 제54조, 제84조 제3항, 지방세징수법 제106조 제2항의 문언 및 체계, 개정 연혁과 취지를 종합하여 보면 법 제96조 제2항 본문 및 시행령 제84조 제3항은 지방세채권을 강제적으로 실현시키는 체납처분 절차에서 체납자의 권리 내지 재산상의 이익을 보호하기 위해 마련된 강행규정으로 보아야 한다. 따라서 지방자치단체의 장이 결손처분을 하였다가 체납처분의 일환으로 지방세의 교부청구를 하는 과정에서 법 제96조 제2항 본문 및 시행령 제84조 제3항을 위반하여 결손처분의 취소 및 그 통지에 관한 절차적 요건을 준수하지 않았다면, 강제집행 절차에서 적법한 배당요구가 이루어지지 아니한 경우와 마찬가지로, 해당 교부청구에 기해서는 이미 진행 중인 강제환가절차에서 배당을 받을 수 없다고 봄이 타당하다(대판 2019.8.9, 2018다272407).

🏛 **확인 OX**

01 체납처분

결손처분은 납세의무가 소멸하는 사유가 아니라 체납처분을 종료하는 의미만을 가지게 되었고, 결손처분의 취소 역시 국민의 권리와 의무에 영향을 미치는 행정처분이 아니라 과거에 종료되었던 체납처분 절차를 다시 시작한다는 행정절차로서의 의미만을 가지게 되었다고 할 것이다. 예상   (   )

정답 01 ○

국세징수법 제56조에 규정된 교부청구는 과세관청이 이미 진행 중인 강제환가절차에 가입하여 체납된 조세의 배당을 구하는 것으로서 강제집행에 있어서의 배당요구와 같은 성질의 것이므로, 해당 조세는 교부청구 당시 체납되어 있음을 요한다.

국세징수법 제56조, 제14조 제1항 제1호 내지 제6호의 문언과 체계, 교부청구 제도의 취지와 성격, 교부청구를 하여야 하는 사유 등을 종합하면, 납세자에게 국세징수법 제14조 제1항 제1호 내지 제6호의 사유가 발생하였고 납부고지가 된 국세의 납부기한도 도과하여 체납 상태에 있는 경우라면, 과세관청은 독촉장을 발급하거나 이미 발급한 독촉장에 기재된 납부기한의 도과를 기다릴 필요 없이 해당 국세에 대하여 교부청구를 할 수 있다고 보아야 한다(대판 2019.7.25, 2019다 206933).

🏛 확인 OX

01 체납처분

납세자에게 국세징수법 제14조 제1항 제1호 내지 제6호의 납기 전 징수 사유가 발생하였고 납부고지가 된 국세의 납부기한도 도과하여 체납 상태에 있는 경우라면, 과세관청은 독촉장을 발급하거나 이미 발급한 독촉장에 기재된 납부기한의 도과를 기다릴 필요 없이 해당 국세에 대하여 교부청구를 할 수 있다고 보아야 한다. 예상   (   )

정답 01 O

[1] 가산세는 세법에서 규정하는 의무의 성실한 이행을 확보하기 위하여 세법에 따라 산출한 본세액에 가산하여 징수하는 독립된 조세로서, 본세에 감면사유가 인정된다고 하여 가산세도 감면대상에 포함되는 것이 아니고, 반면에 그 의무를 이행하지 아니한 데 대한 정당한 사유가 있는 경우에는 본세 납세의무가 있더라도 가산세는 부과하지 않는다(국세기본법 제2조 제4호, 제47조, 제48조 등 참조).

가산세의 종류에 따라서는 본세 납세의무와 무관하게 별도의 협력의무 위반에 대한 제재로서 부과되는 가산세도 있으나, 가산세 부과의 근거가 되는 법률 규정에서 본세의 세액이 유효하게 확정되어 있을 것을 전제로 납세의무자가 법정기한까지 과세표준과 세액을 제대로 신고하거나 납부하지 않은 것을 요건으로 하는 무신고·과소신고·납부불성실 가산세 등은 신고·납부할 본세의 납세의무가 인정되지 아니하는 경우에 이를 따로 부과할 수 없다고 할 것이고, 이는 관세의 경우에도 마찬가지이다.

[2] 관세법 제106조 제1항 제1호는 수입신고가 수리된 물품이 계약 내용과 다르고 수입신고 당시의 성질이나 형태가 변경되지 아니한 경우 수입신고 수리일부터 1년 이내에 보세구역에 이를 반입하였다가 다시 수출한 때에는 그 관세를 환급하도록 규정하고 있고, 이러한 경우에는 구 부가가치세법 시행령(2013.6.28. 대통령령 제24683호로 전부 개정되기 전의 것) 제71조 제2항에 의하여 부가가치세도 지체 없이 환급하여야 한다. 이에 따라 품질, 규격, 수량 등이 원래의 계약된 명세와 일치하지 않은 수입물품은 법령에 정한 절차에 따라 수출자에게 되돌려 보내는 경우 그에 대한 관세와 부가가치세 납세의무가 없다.

[3] 관세법 제42조 제1항은 "부족한 관세액을 징수할 때"에 "해당 부족세액의 100분의 10"(제1호)과 "해당 부족세액"에 일정한 비율을 곱하여 산정한 금액(제2호)을 가산세로 정하고 있다. 위 각호의 규정에 따른 관세 가산세는 국세기본법의 무신고·과소신고·납부불성실 가산세와 마찬가지로 본세 납세의무가 최종적으로 존재하는 것을 전제로 하는 것으로서, 성질상 그 부과의 기초가 되는 "부족한 관세액"이 없는 이상 가산세 납세의무만 따로 인정될 수 없다(대판 2019.2.14, 2015두52616).

🏛 **확인 OX**

01 가산세
가산세는 세법상 의무의 성실한 이행을 확보하기 위하여 세법에 따라 산출한 본세액에 가산하여 징수하는 독립된 조세로서, 본세에 감면사유가 인정된다고 하여 가산세도 감면대상에 포함되는 것이 아니고, 반면에 그 의무를 이행하지 아니한 데 대한 정당한 사유가 있는 경우에는 본세 납세의무가 있더라도 가산세는 부과하지 않는다. 예상 ( )

02 가산세
신고·납부할 본세의 납세의무가 인정되지 아니하는 경우에 가산세 부과의 근거가 되는 법률 규정에서 본세의 세액이 유효하게 확정되어 있을 것을 전제로 납세의무자가 법정기한까지 과세표준과 세액을 제대로 신고하거나 납부하지 않은 것을 요건으로 하는 무신고·과소신고·납부불성실 가산세 등은 이를 따로 부과할 수 없다고 할 것이고, 이는 관세의 경우에도 마찬가지이다. 예상 ( )

정답 01 O 02 O

제5편 | 행정구제법 Ⅰ

54 손해배상(기) 2016다258148 ★★☆

수사과정에서 불법구금이나 고문을 당한 사람이 그에 이은 공판절차에서 유죄 확정판결을 받고 수사관들을 직권남용, 감금 등 혐의로 고소하였으나 검찰에서 '혐의 없음' 결정까지 받았다가 나중에 재심절차에서 범죄의 증명이 없는 때에 해당한다는 이유로 형사소송법 제325조 후단에 따라 무죄판결을 선고받은 경우, 이러한 무죄판결이 확정될 때까지는 국가를 상대로 불법구금이나 고문을 원인으로 한 손해배상청구를 할 것을 기대할 수 없는 장애사유가 있었다고 보아야 한다. 이처럼 불법구금이나 고문을 당하고 공판절차에서 유죄 확정판결을 받았으며 수사관들을 직권남용, 감금 등 혐의로 고소하였으나 '혐의 없음' 결정까지 받은 경우에는 재심절차에서 무죄판결이 확정될 때까지 국가배상책임을 청구할 것을 기대하기 어렵고, 채무자인 국가가 그 원인을 제공하였다고 볼 수 있기 때문이다(대판 2019.1.31, 2016다258148).

🏛 **확인 OX**

01 국가배상청구권의 시효

수사과정에서 불법구금이나 고문을 당한 사람이 그에 이은 공판절차에서 유죄 확정판결을 받고 수사관들을 직권남용, 감금 등 혐의로 고소하였으나 검찰에서 '혐의 없음' 결정까지 받았다가 나중에 재심절차에서 범죄의 증명이 없는 때에 해당한다는 이유로 형사소송법 제325조 후단에 따라 무죄판결을 선고받은 경우, 이러한 무죄판결이 확정될 때까지는 국가를 상대로 불법구금이나 고문을 원인으로 한 손해배상청구를 할 것을 기대할 수 없는 장애사유가 있었다고 보아야 한다. 예상 ( )

정답 01 ○

[1] 구 국가배상법(2005.7.13. 법률 제7584호로 개정되기 전의 것) 제2조 제1항은 '국가 또는 지방자치단체는 공무원이 그 직무를 집행함에 당하여 고의 또는 과실로 법령에 위반하여 타인에게 손해를 가한 때에는 손해를 배상하여야 한다.'고 규정하였는데, 그 '공무원'이란 국가공무원법이나 지방공무원법에 의하여 공무원으로서 신분을 가진 자에 국한하지 않고, 널리 공무를 위탁받아 실질적으로 공무에 종사하고 있는 일체의 자를 가리킨다(현행 국가배상법 제2조 제1항은 '공무를 위탁받은 사인'도 공무원에 해당한다고 명시하고 있다).

[2] 구 부동산소유권 이전등기 등에 관한 특별조치법(1992.11.30. 법률 제4502호, 실효, 이하 '구 특별조치법'이라 한다) 제7조 제1항, 제2항, 제10조 제2항, 제3항, 제11조, 구 부동산소유권 이전등기 등에 관한 특별조치법 시행령(1994.8.25. 대통령령 제14369호로 개정되기 전의 것) 제5조 내지 제9조, 제11조, 제12조 내지 제15조의 규정들을 종합하면, 구 특별조치법상 보증인은 공무를 위탁받아 실질적으로 공무를 수행한다고 보기는 어렵다. 보증인을 위촉하는 관청은 소정 요건을 갖춘 주민을 보증인으로 위촉하는 데 그치고 대장소관청은 보증서의 진위를 확인하기 위한 일련의 절차를 거쳐 확인서를 발급할 뿐 행정관청이 보증인의 직무수행을 지휘·감독할 수 있는 법령상 근거가 없으며, 보증인은 보증서를 작성할 의무를 일방적으로 부과받으면서도 어떠한 경제적 이익도 제공받지 못하는 반면 재량을 가지고 발급신청의 진위를 확인하며 그 내용에 관하여 행정관청으로부터 아무런 간섭을 받지 않기 때문이다(대판 2019.1.31, 2013다14217).

PART 2

2019년 행정법총론 최신 판례

🏛 확인 OX

01 공무원의 직무상 불법행위로 인한 손해배상책임
판례에 의하면 지방자치단체로부터 공무를 위탁받아 공무에 종사하는 사인은 국가배상법 제2조 소정의 공무원에 해당한다. 15. 서울시 7급
( )

02 공무원의 직무상 불법행위로 인한 손해배상책임
구 부동산소유권 이전등기 등에 관한 특별조치법상 보증인은 공무를 위탁받아 실질적으로 공무를 수행한다고 보기는 어렵다. 예상
( )

정답 01 ○ 02 ○

[1] 불법행위를 이유로 배상하여야 할 손해는 현실로 입은 확실한 손해에 한하므로, 불법행위로 인하여 피해자가 제3자에 대하여 채무를 부담하게 된 경우 채권자가 채무자에게 그 채무액 상당의 손해배상을 구하기 위해서는 채무의 부담이 현실적·확정적이어서 실제로 변제하여야 할 성질의 것이어야 하고, 현실적으로 손해가 발생하였는지는 사회통념에 비추어 객관적이고 합리적으로 판단하여야 한다.

[2] 갑이 소유하던 구분건물의 대지지분이 등기공무원의 과실로 실제 지분보다 많은 지분으로 등기부에 잘못 기재되어 있는 상태에서 을이 부동산임의경매절차를 통해 위 구분건물을 낙찰받아 소유권이전등기를 마친 다음 이를 다시 병 주식회사에 매도하여 병 회사 명의의 소유권이전등기가 이루어졌는데, 그 후 병 회사가 을에게 '구분건물의 대지지분이 등기부 기재와 다르므로 등기부 기재대로 부족지분을 취득하여 이전해 달라'는 취지의 내용증명을 보내자, 을이 등기공무원의 과실로 구분건물의 대지지분이 잘못 기재되는 바람에 실제 취득하지 못한 부족지분에 상응하는 만큼 매매대금을 과다 지급하는 손해를 입었다며 국가를 상대로 손해배상을 구한 사안에서, 국가 소속 등기공무원의 과실로 등기부에 대지지분이 잘못 기재되는 바람에 을이 실제로 취득하지 못한 부족지분에 상응하는 만큼 매매대금을 과다 지급하였지만, 이후 병 회사에 등기부 기재대로 대지지분이 존재하는 것을 전제로 구분건물을 매도하고 자신이 지급한 매수대금 이상의 매매대금을 수령한 이상, 최종매수인인 병 회사가 국가의 불법행위로 매매대금이 초과 지급된 현실적인 손해를 입었다고 보아야 하고, 중간매도인인 을은 병 회사로부터 담보책임을 추궁당해 손해배상금을 지급하였거나 병 회사에 대하여 손해배상의 지급을 명하는 판결을 받는 등으로 병 회사에 대해 현실적·확정적으로 실제 변제하여야 할 성질의 채무를 부담하는 등 특별한 사정이 없는 한 위와 같이 매매대금을 과다 지급하였다거나 병 회사로부터 부족지분의 이전을 요구받았다는 사정만으로 현실적으로 손해를 입었다고 볼 수 없는데도, 이와 달리 보아 국가의 손해배상책임을 인정한 원심판단에 법리오해의 잘못이 있다고 한 사례(대판 2019.8.14, 2016다217833).

🏛 확인 OX

01 공무원의 직무상 불법행위로 인한 손해배상책임(타인에게 손해 발생)
불법행위를 이유로 배상하여야 할 손해는 현실로 입은 확실한 손해에 한한다. 예상 ( )

02 공무원의 직무상 불법행위로 인한 손해배상책임(타인에게 손해 발생)
甲 소유 구분건물의 대지지분이 등기공무원의 과실로 실제보다 많게 등기부에 잘못 기재된 상태에서 乙이 부동산경매절차를 통해 이를 낙찰받아 소유권이전등기를 마친 다음 다시 丙 회사에 매도하여 소유권이전등기가 이루어진 경우, 대지지분이 잘못 기재되는 바람에 실제 취득하지 못한 부족지분에 상응하는 매매대금을 과다 지급하는 손해, 즉 현실적인 손해를 입은 것은 최종매수인인 丙 회사이고 중간매도인 乙은 특별한 사정이 없는 한 현실적인 손해를 입지 않았으므로 乙은 국가에 대해 손해배상책임을 청구할 수 없다. 예상 ( )

정답 01 O 02 O

[1] 국가배상법 제2조 제1항 단서는 "군인·군무원·경찰공무원 또는 향토예비군대원이 전투·훈련 등 직무 집행과 관련하여 전사·순직하거나 공상을 입은 경우에 본인이나 그 유족이 다른 법령에 따라 재해보상금·유족연금·상이연금 등의 보상을 지급받을 수 있을 때에는 이 법 및 민법에 따른 손해배상을 청구할 수 없다."라고 규정하고 있다. 업무용 자동차종합보험계약의 보험약관 중 일부인 관용자동차 특별약관에서는 "군인, 군무원, 경찰공무원 또는 향토예비군대원이 전투, 훈련 등 직무 집행과 관련하여 전사, 순직 또는 공상을 입은 경우, 이들에 대하여 대인배상Ⅰ 및 대인배상Ⅱ에 대하여는 보상하지 않는다."라고 규정하고 있다(이하 '관용차 면책약관'이라고 한다). 관용차 면책약관은 위 국가배상법 규정에 따라 군인 등의 피해자가 국가 또는 지방자치단체에 대하여 손해배상을 청구할 수 없는 경우에 국가 또는 지방자치단체를 피보험자로 하여 보험자에 대하여도 그 보상을 청구할 수 없도록 하는 데에 취지가 있다. 위 국가배상법 규정의 내용이나 관용차 면책약관의 취지 등을 고려하면, 관용차 면책약관은 군인 등의 피해자가 다른 법령에 의하여 보상을 지급받을 수 있어 국가나 지방자치단체가 국가배상법 제2조 제1항 단서에 의해 손해배상책임을 부담하지 않는 경우에 한하여 적용된다고 봄이 타당하다.

[2] 구 공무원연금법(2018.3.20. 법률 제15523호로 전부 개정되기 전의 것, 이하 '구 공무원연금법'이라고 한다)에 따라 각종 급여를 지급하는 제도는 공무원의 생활안정과 복리향상에 이바지하기 위한 것이라는 점에서 국가배상법 제2조 제1항 단서에 따라 손해배상금을 지급하는 제도와 그 취지 및 목적을 달리하므로, 경찰공무원인 피해자가 구 공무원연금법의 규정에 따라 공무상 요양비를 지급받는 것은 국가배상법 제2조 제1항 단서에서 정한 '다른 법령의 규정'에 따라 보상을 지급받는 것에 해당하지 않는다. 다만 경찰공무원인 피해자가 구 공무원연금법에 따라 공무상 요양비를 지급받은 후 추가로 국가배상법에 따라 치료비의 지급을 구하는 경우나 반대로 국가배상법에 따라 치료비를 지급받은 후 추가로 구 공무원연금법에 따라 공무상 요양비의 지급을 구하는 경우, 공무상 요양비와 치료비는 실제 치료에 소요된 비용에 대하여 지급되는 것으로서 같은 종류의 급여라고 할 것이므로, 치료비나 공무상 요양비가 추가로 지급될 때 구 공무원연금법 제33조 등을 근거로 먼저 지급된 공무상 요양비나 치료비 상당액이 공제될 수 있을 뿐이다. 한편 군인연금법과 구 공무원연금법은 취지나 목적에서 유사한 면이 있으나, 별도의 규정체계를 통해 서로 다른 적용대상을 규율하고 있는 만큼 서로 상이한 내용들로 규정되어 있기도 하므로, 군인연금법이 국가배상법 제2조 제1항 단서에서 정한 '다른 법령'에 해당한다고 하여, 구 공무원연금법도 군인연금법과 동일하게 취급되어야 하는 것은 아니다.

[3] 국가유공자 등 예우 및 지원에 관한 법률(이하 '국가유공자법'이라고 한다)은 국가배상법 제2조 제1항 단서의 '다른 법령'에 해당할 수 있다. 다만 국가유공자법은 군인, 경찰공무원 등이 국민의 생명·재산 보호와 직접적인 관련이 있는 직무수행 중 상이(상이)를 입고 전역하거나 퇴직하는 경우 그 상이 정도가 국가보훈처장이 실시하는 신체검사에서 상이등급으로 판정된 사람을 공상군경으로 정하고(제4조 제1항 제6호) 이러한 공상군경에게 각종 급여가 지급되도록 규정하고 있다. 이에 의하면, 국민의 생명·재산 보호와 직접적인 관련이 있는 직무수행 중 상이를 입은 군인 등이 전역하거나 퇴직하지 않은 경우에는 그 상이의 정도가 위 상이등급에 해당하는지 여부와 상관없이 객관적으로 공상군경의 요건을 갖추지 못하여 국가유공자법에 따른 보상을 지급받을 수 없으므로, '다른 법령에 따라 재해보상금 등의 보상을 지급받을 수 있을 때'의 요건을 갖추지 못하여 업무용 자동차종합보험계약의 관용차 면책약관도 적용될 수 없다. 이는 국민의 생명·재산 보호와 직접적인 관련이 없는 직무수행 중 상이를 입은 군인 등이 전역하거나 퇴직하지 않은 경우에도 마찬가지이다(대판 2019.5.30, 2017다16174).

🏛 확인 OX

01 이중배상금지

경찰공무원인 피해자가 구 공무원연금법의 규정에 따라 공무상 요양비를 지급받는 것은 국가배상법 제2조 제1항 단서에서 정한 '다른 법령의 규정'에 따라 보상을 지급받는 것에 해당한다. 예상 ( )

정답 01 ×

[1] 공익사업을 위한 토지 등의 취득 및 보상에 관한 법률 제68조 제3항은 손실보상액의 산정기준 등에 관하여 필요한 사항은 국토교통부령으로 정한다고 규정하고 있다. 그 위임에 따른 공익사업을 위한 토지 등의 취득 및 보상에 관한 법률 시행규칙 제23조는 "공법상 제한을 받는 토지에 대하여는 제한받는 상태대로 평가한다. 다만 그 공법상 제한이 당해 공익사업의 시행을 직접 목적으로 하여 가하여진 경우에는 제한이 없는 상태를 상정하여 평가한다."(제1항), "당해 공익사업의 시행을 직접 목적으로 하여 용도지역 또는 용도지구 등이 변경된 토지에 대하여는 변경되기 전의 용도지역 또는 용도지구 등을 기준으로 평가한다."(제2항)라고 규정하고 있다.

따라서 공법상 제한을 받는 토지에 대한 보상액을 산정할 때에 해당 공법상 제한이 구 도시계획법(2002.2.4. 법률 제6655호 국토의 계획 및 이용에 관한 법률 부칙 제2조로 폐지)에 따른 용도지역·지구·구역의 지정 또는 변경과 같이 그 자체로 제한목적이 달성되는 일반적 계획제한으로서 구체적 도시계획사업과 직접 관련되지 아니한 경우에는 그러한 제한을 받는 상태 그대로 평가하여야 하고, 도로·공원 등 특정 도시계획시설의 설치를 위한 계획결정과 같이 구체적 사업이 따르는 개별적 계획제한이거나 일반적 계획제한에 해당하는 용도지역·지구·구역의 지정 또는 변경에 따른 제한이더라도 그 용도지역·지구·구역의 지정 또는 변경이 특정 공익사업의 시행을 위한 것일 때에는 당해 공익사업의 시행을 직접 목적으로 하는 제한으로 보아 위 제한을 받지 아니하는 상태를 상정하여 평가하여야 한다.

[2] 자연공원법은 자연공원의 지정·보전 및 관리에 관한 사항을 규정함으로써 자연생태계와 자연 및 문화경관 등을 보전하고 지속가능한 이용을 도모함을 목적으로 하며(제1조), 자연공원법에 의해 자연공원으로 지정되면 그 공원구역에서 건축행위, 경관을 해치거나 자연공원의 보전·관리에 지장을 줄 우려가 있는 건축물의 용도변경, 광물의 채굴, 개간이나 토지의 형질변경, 물건을 쌓아 두는 행위, 야생동물을 잡거나 가축을 놓아먹이는 행위, 나무를 베거나 야생식물을 채취하는 행위 등을 제한함으로써(제23조) 공원구역을 보전·관리하는 효과가 즉시 발생한다. 공원관리청은 자연공원 지정 후 공원용도지구계획과 공원시설계획이 포함된 '공원계획'을 결정·고시하여야 하고(제12조 내지 제17조), 이 공원계획에 연계하여 10년마다 공원별 공원보전·관리계획을 수립하여야 하지만(제17조의3), 공원시설을 설치·조성하는 내용의 공원사업(제2조 제9호)을 반드시 시행하여야 하는 것은 아니다. 공원관리청이 공원시설을 설치·조성하고자 하는 경우에는 자연공원 지정이나 공원용도지구 지정과는 별도로 '공원시설계획'을 수립하여 결정·고시한 다음, '공원사업 시행계획'을 결정·고시하여야 하고(제19조 제2항), 그 공원사업에 포함되는 토지와 정착물을 수용하여야 한다(제22조).

이와 같은 자연공원법의 입법 목적, 관련 규정들의 내용과 체계를 종합하면, 자연공원법에 의한 '자연공원 지정' 및 '공원용도지구계획에 따른 용도지구 지정'은, 그와 동시에 구체적인 공원시설을 설치·조성하는 내용의 '공원시설계획'이 이루어졌다는 특별한 사정이 없는 한, 그 이후에 별도의 '공원시설계획'에 의하여 시행 여부가 결정되는 구체적인 공원사업의 시행을 직접 목적으로 한 것이 아니므로 공익사업을 위한 토지 등의 취득 및 보상에 관한 법률 시행규칙 제23조 제1항 본문에서 정한 '일반적 계획제한'에 해당한다(대판 2019.9.25, 2019두34982).

🏛 **확인 OX**

01 손실보상의 내용
공법상 제한이 구 도시계획법에 따른 용도지역·지구·구역의 지정 또는 변경과 같이 그 자체로 제한목적이 달성되는 일반적 계획제한으로서 구체적 도시계획사업과 직접 관련되지 아니한 경우에는 그러한 제한을 받는 상태 그대로 평가하여야 한다. 예상 ( )

02 손실보상의 내용
공법상 제한이 도로·공원 등 특정 도시계획시설의 설치를 위한 계획결정과 같이 구체적 사업이 따르는 개별적 계획제한이거나 일반적 계획제한에 해당하는 용도지역·지구·구역의 지정 또는 변경에 따른 제한이더라도 그 용도지역·지구·구역의 지정 또는 변경이 특정 공익사업의 시행을 위한 것일 때에는 당해 공익사업의 시행을 직접 목적으로 하는 제한으로 보아 그 제한을 받지 아니하는 상태를 상정하여 평가하여야 한다. 예상 ( )

정답 01 ○ 02 ○

[1] 공익사업을 위한 토지 등의 취득 및 보상에 관한 법률상 보상 대상이 되는 '기타 토지에 정착한 물건에 대한 소유권 그 밖의 권리를 가진 관계인'에는 수거·철거권 등 실질적 처분권을 가진 자도 포함된다.

[2] 사업시행자가 사업시행에 방해가 되는 지장물에 관하여 공익사업을 위한 토지 등의 취득 및 보상에 관한 법률 제75조 제1항 단서 제2호에 따라 이전에 소요되는 실제 비용에 못 미치는 물건의 가격으로 보상한 경우, 사업시행자가 당해 물건을 취득하는 제3호와 달리 수용의 절차를 거치지 아니한 이상 사업시행자가 그 보상만으로 당해 물건의 소유권까지 취득한다고 보기는 어렵겠으나, 다른 한편으로 사업시행자는 그 지장물의 소유자가 같은 법 시행규칙 제33조 제4항 단서에 따라 스스로의 비용으로 철거하겠다고 하는 등의 특별한 사정이 없는 한 지장물의 소유자에 대하여 그 철거 및 토지의 인도를 요구할 수 없고 자신의 비용으로 직접 이를 제거할 수 있을 뿐이며, 이러한 경우 지장물의 소유자로서도 사업시행에 방해가 되지 않는 상당한 기한 내에 위 시행규칙 제33조 제4항 단서에 따라 스스로 위 지장물 또는 그 구성부분을 이전해 가지 않은 이상 사업시행자의 지장물 제거와 그 과정에서 발생하는 물건의 가치 상실을 수인하여야 할 지위에 있다고 봄이 상당하다. 그리고 사업시행자는 사업시행구역 내 위치한 지장물에 대하여 스스로의 비용으로 이를 제거할 수 있는 권한과 부담을 동시에 갖게 된다.

[3] 철도건설사업 시행인 갑 공단이 을 소유의 건물 등 지장물에 관하여 중앙토지수용위원회의 수용재결에 따라 건물 등의 가격 및 이전보상금을 공탁한 다음 을이 공탁금을 출급하자 위 건물의 일부를 철거하였고, 을은 위 건물 중 철거되지 않은 나머지 부분을 계속 사용하고 있었는데, 그 후 병 재개발정비사업조합이 위 건물을 다시 수용하면서 수용보상금 중 위 건물 등에 관한 설치이전비용 상당액을 병 조합과 을 사이에 성립한 조정에 따라 피공탁자를 갑 공단 또는 을로 하여 채권자불확지 공탁을 한 사안에서, 갑 공단은 수용재결에 따라 위 건물에 관한 이전보상금을 지급함으로써 위 건물을 철거·제거할 권한을 가지게 되었으므로 공익사업을 위한 토지 등의 취득 및 보상에 관한 법률상 보상 대상이 되는 '기타 토지에 정착한 물건에 대한 소유권 그 밖의 권리를 가진 관계인'에 해당하고, 을은 갑 공단으로부터 공익사업의 시행을 위하여 지장물 가격보상을 받음으로써 사업시행자인 갑 공단의 위 건물 철거·제거를 수인할 지위에 있을 뿐이므로, 병 조합에 대한 지장물 보상청구권은 을이 아니라 위 건물에 대한 가격보상 완료 후 이를 인도받아 철거할 권리를 보유한 갑 공단에 귀속된다고 보아야 하는데도, 위 건물의 소유권이 을에게 있다는 이유만으로 공탁금출급청구권이 을에게 귀속된다고 본 원심판단에는 법리오해의 잘못이 있다고 한 사례(대판 2019.4.11, 2018다277419).

🏛 확인 OX

01 손실보상의 내용
공익사업을 위한 토지 등의 취득 및 보상에 관한 법률상 보상 대상이 되는 '기타 토지에 정착한 물건에 대한 소유권 그 밖의 권리를 가진 관계인'에는 수거·철거권 등 실질적 처분권을 가진 자는 포함되지 아니한다. 예상 ( )

02 손실보상의 내용
사업시행자가 사업시행에 방해가 되는 지장물에 관하여 공익사업을 위한 토지 등의 취득 및 보상에 관한 법률 제75조 제1항 단서 제2호에 따라 이전에 소요되는 실제 비용에 못 미치는 물건의 가격으로 보상한 경우라 하더라도, 사업시행자는 그 보상으로 당해 물건의 소유권까지 취득한다고 볼 수 있다. 예상 ( )

정답 01 × 02 ×

[1] 이주대책대상자와 공익사업의 시행자 사이에 체결된 택지에 관한 특별공급계약에서 구 공익사업을 위한 토지 등의 취득 및 보상에 관한 법률(2007.10.17. 법률 제8665호로 개정되기 전의 것, 이하 '구 토지보상법'이라 한다) 제78조 제4항에 규정된 생활기본시설 설치비용을 분양대금에 포함시킴으로써 이주대책대상자가 생활기본시설 설치비용까지 사업시행자에게 지급하게 되었다면, 특별공급계약 중 생활기본시설 설치비용을 분양대금에 포함시킨 부분은 강행법규인 구 토지보상법 제78조 제4항에 위배되어 무효이다.

[2] 공익사업의 시행자가 택지조성원가에서 일정한 금액을 할인하여 이주자택지의 분양대금을 정한 경우에는 분양대금이 '택지조성원가에서 생활기본시설 설치비용을 공제한 금액'을 초과하는지 등 그 상호관계를 통하여 분양대금에 생활기본시설 설치비용이 포함되었는지와 포함된 범위를 판단하여야 한다. 이때 구 공익사업을 위한 토지 등의 취득 및 보상에 관한 법률(2007.10.17. 법률 제8665호로 개정되기 전의 것, 이하 '구 토지보상법'이라 한다) 제78조 제4항은 사업시행자가 이주대책대상자에게 생활기본시설 설치비용을 전가하는 것만을 금지할 뿐 적극적으로 이주대책대상자에게 부담시킬 수 있는 비용이나 그로부터 받을 수 있는 분양대금의 내역에 관하여는 규정하지 아니하고 있으므로, 사업시행자가 실제 이주자택지의 분양대금 결정의 기초로 삼았던 택지조성원가 가운데 생활기본시설 설치비용에 해당하는 항목을 가려내어 이를 빼내는 방식으로 '택지조성원가에서 생활기본시설 설치비용을 공제한 금액'을 산정하여야 하고, 이와 달리 이주대책대상자에게 부담시킬 수 있는 택지조성원가를 새롭게 산정하여 이를 기초로 할 것은 아니다.

그리고 이주자택지의 분양대금 결정의 기초로 삼은 택지조성원가를 산정할 때 도시지원시설을 제외할 것인지 또는 도시지원시설 감보면적을 유상공급면적에서 제외할 것인지에 관하여 다투는 것도 이러한 택지조성원가 산정의 정당성을 다투는 것에 불과하기 때문에 이주대책대상자에 대한 생활기본시설 설치비용의 전가 여부와는 관련성이 있다고 할 수 없고, 이로 인하여 사업시행자가 구 토지보상법 제78조 제4항을 위반하게 된다고 볼 수도 없다. 따라서 이주자택지의 분양대금에 포함된 생활기본시설 설치비용 상당의 부당이득액을 산정함에 있어서는 사업시행자가 이주자택지 분양대금 결정의 기초로 삼은 택지조성원가를 산정할 때 실제 적용한 총사업면적과 사업비, 유상공급면적을 그대로 기준으로 삼아야 한다.

[3] 공익사업의 시행자가 이주대책대상자에게 생활기본시설로서 제공하여야 하는 도로에는 길이나 폭에 불구하고 구 주택법(2009.2.3. 법률 제9405호로 개정되기 전의 것) 제2조 제8호에서 정하고 있는 간선시설에 해당하는 도로, 즉 주택단지 안의 도로를 해당 주택단지 밖에 있는 동종의 도로에 연결시키는 도로가 포함됨은 물론, 사업시행자가 공익사업지구 안에 설치하는 도로로서 해당 사업지구 안의 주택단지 등의 입구와 사업지구 밖에 있는 도로를 연결하는 기능을 담당하는 도로도 특별한 사정이 없는 한 사업지구 내 주택단지 등의 기능 달성 및 전체 주민들의 통행을 위한 필수적인 시설로서 이에 포함된다.

[4] 한국토지공사가 시행한 택지개발사업의 사업부지 중 기존 도로 부분과 수도 부분을 포함한 국공유지가 한국토지공사에게 무상으로 귀속된 경우, 생활기본시설 용지비의 산정 방식이 문제 된 사안에서, 한국토지공사가 이주대책대상자들에게 반환하여야 할 부당이득액은 이주자택지의 분양대금에 포함된 생활기본시설에 관한 비용 상당액이므로, 그 구성요소의 하나인 생활기본시설 용지비는 분양대금 산정의 기초가 된 총용지비에 포함된 전체 토지의 면적에 대한 생활기본시설이 차지하는 면적의 비율에 총용지비를 곱하는 방식으로 산출하여야 하고, 사업부지 중 한국토지공사에게 무상귀속된 부분이 있을 경우에는 무상귀속 부분의 면적도 생활기본시설의 용지비 산정에 포함시켜야 하는데도, 무상귀속부지 중 전체 공공시설 설치면적에 대한 생활기본시설 설치면적의 비율에 해당하는 면적을 제외하고 생활기본시설의 용지비를 산정한 원심판단에 법리오해의 잘못이 있다고 한 사례(대판 2019.3.28, 2015다49804).

🏛 확인 OX

01 손실보상의 내용(생활보상)

이주대책대상자와 공익사업의 시행자 사이에 체결된 택지에 관한 특별공급계약에서 생활기본시설 설치비용을 분양대금에 포함시킴으로써 이주대책대상자가 생활기본시설 설치비용까지 사업시행자에게 지급하게 되었다면, 특별공급계약 중 생활기본시설 설치비용을 분양대금에 포함시킨 부분은 강행법규인 구 토지보상법 제78조 제4항에 위배되어 무효이다. 예상 　　　　　　　　(　)

02 손실보상의 내용(생활보상)

공익사업의 시행자가 이주대책대상자에게 생활기본시설로서 제공하여야 하는 도로에는 사업시행자가 공익사업지구 안에 설치하는 도로로서 해당 사업지구 안의 주택단지 등의 입구와 사업지구 밖에 있는 도로를 연결하는 기능을 담당하는 도로는 특별한 사정이 없는 한 사업지구 내 주택단지 등의 기능 달성 및 전체 주민들의 통행을 위한 필수적인 시설로서 이에 포함된다. 예상 　　　　　　　　(　)

03 손실보상의 내용(생활보상)

공익사업의 시행자가 이주대책대상자에게 생활기본시설로서 제공하여야 하는 도로에는 길이나 폭에 불구하고 구 주택법에서 정하고 있는 간선시설에 해당하는 도로, 즉 주택단지 안의 도로를 해당 주택단지 밖에 있는 동종의 도로에 연결시키는 도로가 포함된다. 예상

　　　　　　　　　　　　　　　　　　　　　　　　　　　　　　　　　　　　(　)

정답 01 ○ 02 ○ 03 ○

[1] 구 공익사업을 위한 토지 등의 취득 및 보상에 관한 법률(2007.10.17. 법률 제8665호로 개정되기 전의 것, 이하 '구 토지보상법'이라 한다) 제78조 제1항은 "사업시행자는 공익사업의 시행으로 인하여 주거용 건축물을 제공함에 따라 생활의 근거를 상실하게 되는 자(이하 '이주대책대상자'라 한다)를 위하여 대통령령이 정하는 바에 따라 이주대책을 수립·실시하거나 이주정착금을 지급하여야 한다."라고 규정하고, 같은 조 제4항 본문은 "이주대책의 내용에는 이주정착지에 대한 도로·급수시설·배수시설 그 밖의 공공시설 등 당해 지역조건에 따른 생활기본시설이 포함되어야 하며, 이에 필요한 비용은 사업시행자의 부담으로 한다."라고 규정하고 있다. 그리고 구 토지보상법 제2조 제2호는 "공익사업이라 함은 제4조 각호의 1에 해당하는 사업을 말한다."라고 정의하고 있고, 제4조는 제1호 내지 제6호에서 국방·군사에 관한 사업 등 구체적인 공익사업의 종류나 내용을 열거한 다음, 제7호에서 "그 밖에 다른 법률에 의하여 토지 등을 수용 또는 사용할 수 있는 사업"이라고 규정하고 있다. 위와 같은 각 규정의 내용을 종합하면, 이주대책대상자에 해당하기 위해서는 구 토지보상법 제4조 각호의 어느 하나에 해당하는 공익사업의 시행으로 인하여 주거용 건축물을 제공함에 따라 생활의 근거를 상실하게 되어야 한다.

[2] 갑 지방자치단체가 시범아파트를 철거한 부지를 기존의 근린공원에 추가로 편입시키는 내용의 '근린공원 조성사업'을 추진함에 따라 도시계획시설사업의 실시계획이 인가·고시되었고, 을 등이 소유한 각 시범아파트 호실이 수용대상으로 정해지자 갑 지방자치단체가 을 등과 공공용지 협의취득계약을 체결하여 해당 호실에 관한 소유권을 취득한 사안에서, 도시계획시설사업 실시계획의 인가에 따른 고시가 있으면 도시계획시설사업의 시행자는 사업에 필요한 토지 등을 수용 및 사용할 수 있게 되고, 을 등이 각 아파트 호실을 제공한 계기가 된 '근린공원 조성사업' 역시 구 국토의 계획 및 이용에 관한 법률(2007.1.26. 법률 제8283호로 개정되기 전의 것)에 따라 사업시행자에게 수용권한이 부여된 도시계획시설사업으로 추진되었으므로, 이는 적어도 구 공익사업을 위한 토지 등의 취득 및 보상에 관한 법률(2007.10.17. 법률 제8665호로 개정되기 전의 것) 제4조 제7호의 공익사업, 즉 '그 밖에 다른 법률에 의하여 토지 등을 수용 또는 사용할 수 있는 사업'에 포함된다고 볼 여지가 많은데도, 이와 달리 본 원심판단에 법리오해 등의 잘못이 있다고 한 사례(대판 2019.7.25, 2017다278668).

🏛 확인 OX

01 손실보상의 내용
토지보상법상 이주대책대상자에 해당하기 위해서는 구 토지보상법 제4조 각호의 어느 하나에 해당하는 공익사업의 시행으로 인하여 주거용 건축물을 제공함에 따라 생활의 근거를 상실하게 되어야 한다. 예상 ( )

02 손실보상의 내용(생활보상)
甲 지방자치단체가 시범아파트를 철거한 부지를 기존의 근린공원에 추가로 편입시키는 내용의 근린공원 조성사업은 공익사업에 포함된다고 볼 여지가 많다. 예상 ( )

정답 01 ○ 02 ○

[1] 공익사업을 위한 토지 등의 취득 및 보상에 관한 법률(이하 '토지보상법'이라 한다) 제26조, 제28조, 제30조, 제34조, 제50조, 제61조, 제83조 내지 제85조의 규정 내용 및 입법 취지 등을 종합하면, 공익사업으로 농업의 손실을 입게 된 자가 사업시행자로부터 토지보상법 제77조 제2항에 따라 농업손실에 대한 보상을 받기 위해서는 토지보상법 제34조, 제50조 등에 규정된 재결절차를 거친 다음 그 재결에 대하여 불복이 있는 때에 비로소 토지보상법 제83조 내지 제85조에 따라 권리구제를 받을 수 있을 뿐, 이러한 재결절차를 거치지 않은 채 곧바로 사업시행자를 상대로 손실보상을 청구하는 것은 허용되지 않는다.

[2] 공익사업을 위한 토지 등의 취득 및 보상에 관한 법률 제28조, 제30조에 따르면, 편입토지 보상, 지장물 보상, 영업·농업 보상에 관해서는 사업시행자만이 재결을 신청할 수 있고 토지소유지와 관계인은 사업시행자에게 재결신청을 청구하도록 규정하고 있으므로, 토지소유자나 관계인의 재결신청 청구에도 사업시행자가 재결신청을 하지 않을 때 토지소유자나 관계인은 사업시행자를 상대로 거부처분 취소소송 또는 부작위 위법확인소송의 방법으로 다투어야 한다. 구체적인 사안에서 토지소유자나 관계인의 재결신청 청구가 적법하여 사업시행자가 재결신청을 할 의무가 있는지는 본안에서 사업시행자의 거부처분이나 부작위가 적법한가를 판단하는 단계에서 고려할 요소이지, 소송요건 심사단계에서 고려할 요소가 아니다.

[3] 한국수자원공사법에 따르면, 한국수자원공사는 수자원을 종합적으로 개발·관리하여 생활용수 등의 공급을 원활하게 하고 수질을 개선함으로써 국민생활의 향상과 공공복리의 증진에 이바지함을 목적으로 설립된 공법인으로서(제1조, 제2조), 사업을 수행하기 위하여 필요한 경우에는 공익사업을 위한 토지 등의 취득 및 보상에 관한 법률(이하 '토지보상법'이라 한다) 제3조에 따른 토지 등을 수용 또는 사용할 수 있고, 토지 등의 수용 또는 사용에 관하여 한국수자원공사법에 특별한 규정이 있는 경우 외에는 토지보상법을 적용한다(제24조 제1항, 제7항). 한국수자원공사법 제10조에 따른 실시계획의 승인·고시가 있으면 토지보상법 제20조 제1항 및 제22조에 따른 사업인정 및 사업인정의 고시가 있은 것으로 보고, 이 경우 재결신청은 토지보상법 제23조 제1항 및 제28조 제1항에도 불구하고 실시계획을 승인할 때 정한 사업의 시행기간 내에 하여야 한다(제24조 제2항).

위와 같은 관련 규정들의 내용과 체계, 입법 취지 등을 종합하면, 한국수자원공사가 한국수자원공사법에 따른 사업을 수행하기 위하여 토지 등을 수용 또는 사용하고자 하는 경우에 재결신청은 실시계획을 승인할 때 정한 사업의 시행기간 내에 하여야 하므로, 토지소유자나 관계인이 토지보상법 제30조에 의하여 한국수자원공사에 하는 재결신청의 청구도 위 사업시행기간 내에 하여야 한다(대판 2019.8.29, 2018두57865).

🏛 **확인 OX**

01 손실보상의 방법과 불복절차

공익사업으로 농업손실을 입게 된 자가 사업시행자로부터 토지보상법에 따라 보상을 받기 위해서는 동법에 규정된 재결절차를 거친 다음 그에 대하여 불복이 있는 때에 토지보상법 제83조 내지 제85조(이의신청, 행정소송)에 따라 권리구제를 받을 수도 있고, 이러한 재결절차를 거치지 않고 곧바로 사업시행자를 상대로 손실보상을 청구할 수도 있다. 예상   (   )

02 손실보상의 방법과 불복절차

토지소유자나 관계인의 재결신청 청구에도 사업시행자가 재결신청을 하지 않을 때 토지소유자나 관계인은 사업시행자를 상대로 거부처분 취소소송 또는 부작위 위법확인소송의 방법으로 다투어야 한다. 예상   (   )

정답 01 × 02 ○

[1] 모든 국민의 재산권은 보장되고, 공공필요에 의한 재산권의 수용 등에 대하여는 정당한 보상을 지급하여야 하는 것이 헌법의 대원칙이고(헌법 제23조), 법률도 그런 취지에서 공익사업의 시행 결과 공익사업의 시행이 공익사업시행지구 밖에 미치는 간접손실 등에 대한 보상의 기준 등에 관하여 상세한 규정을 마련해 두거나 하위법령에 세부사항을 정하도록 위임하고 있다.

이러한 공익사업시행지구 밖의 영업손실은 공익사업의 시행과 동시에 발생하는 경우도 있지만, 공익사업에 따른 공공시설의 설치공사 또는 설치된 공공시설의 가동·운영으로 발생하는 경우도 있어 그 발생원인과 발생시점이 다양하므로, 공익사업시행지구 밖의 영업자가 발생한 영업상 손실의 내용을 구체적으로 특정하여 주장하지 않으면 사업시행자로서는 영업손실보상금 지급의무의 존부와 범위를 구체적으로 알기 어려운 특성이 있다. 공익사업을 위한 토지 등의 취득 및 보상에 관한 법률 제79조 제2항에 따른 손실보상의 기한을 공사완료일부터 1년 이내로 제한하면서도 영업자의 청구에 따라 보상이 이루어지도록 규정한 것[공익사업을 위한 토지 등의 취득 및 보상에 관한 법률 시행규칙(이하 '시행규칙'이라 한다) 제64조 제1항]이나 손실보상의 요건으로서 공익사업시행지구 밖에서 발생하는 영업손실의 발생원인에 관하여 별다른 제한 없이 '그 밖의 부득이한 사유'라는 추상적인 일반조항을 규정한 것(시행규칙 제64조 제1항 제2호)은 간접손실로서 영업손실의 이러한 특성을 고려한 결과이다.

위와 같은 공익사업시행지구 밖 영업손실보상의 특성과 헌법이 정한 '정당한 보상의 원칙'에 비추어 보면, 공익사업 시행지구 밖 영업손실보상의 요건인 '공익사업의 시행으로 인한 그 밖의 부득이한 사유로 일정 기간 동안 휴업이 불가피한 경우'란 공익사업의 시행 또는 시행 당시 발생한 사유로 휴업이 불가피한 경우만을 의미하는 것이 아니라 공익사업의 시행 결과, 즉 그 공익사업의 시행으로 설치되는 시설의 형태·구조·사용 등에 기인하여 휴업이 불가 피한 경우도 포함된다고 해석함이 타당하다.

[2] 공익사업을 위한 토지 등의 취득 및 보상에 관한 법률(이하 '토지보상법'이라 한다) 제79조 제2항(그 밖의 토지에 관한 비용보상 등)에 따른 손실보상과 환경정책기본법 제44조 제1항(환경오염의 피해에 대한 무과실책임)에 따른 손해배상은 근거 규정과 요건·효과를 달리하는 것으로서, 각 요건이 충족되면 성립하는 별개의 청구권이다. 다만 손실보상청구권에는 이미 '손해 전보'라는 요소가 포함되어 있어 실질적으로 같은 내용의 손해에 관하여 양자의 청구권을 동시에 행사할 수 있다고 본다면 이중배상의 문제가 발생하므로, 실질적으로 같은 내용의 손해에 관하여 양자의 청구권이 동시에 성립하더라도 영업자는 어느 하나만을 선택적으로 행사할 수 있을 뿐이고, 양자의 청구권을 동시에 행사할 수는 없다. 또한 '해당 사업의 공사완료일로부터 1년'이라는 손실보상 청구기간(토지보상법 제79조 제5항, 제73조 제2항)이 도과하여 손실보상청구권을 더 이상 행사할 수 없는 경우에도 손해배상의 요건이 충족되는 이상 여전히 손해배상청구는 가능하다.

[3] 공익사업을 위한 토지 등의 취득 및 보상에 관한 법률(이하 '토지보상법'이라 한다) 제26조, 제28조, 제30조, 제34조, 제50조, 제61조, 제79조, 제80조, 제83조 내지 제85조의 규정 내용과 입법 취지 등을 종합하면, 공익사업으로 인하여 공익사업시행지구 밖에서 영업을 휴업하는 자가 사업시행자로부터 공익사업을 위한 토지 등의 취득 및 보상에 관한 법률 시행규칙 제47조 제1항에 따라 영업손실에 대한 보상을 받기 위해서는, 토지보상법 제34조, 제50조 등에 규정된 재결절차를 거친 다음 그 재결에 대하여 불복이 있는 때에 비로소 토지보상법 제83조 내지 제85조에 따라 권리구제를 받을 수 있을 뿐이다. 이러한 재결절차를 거치지 않은 채 곧바로 사업시행자를 상대로 손실보상을 청구하는 것은 허용되지 않는다.

[4] 어떤 보상항목이 공익사업을 위한 토지 등의 취득 및 보상에 관한 법령상 손실보상대상에 해당함에도 관할 토지수용위원회가 사실을 오인하거나 법리를 오해함으로써 손실보상대상에 해당하지 않는다고 잘못된 내용의 재결을 한 경우에는, 피보상자는 관할 토지수용위원회를 상대로 그 재결에 대한 취소소송을 제기할 것이 아니라, 사업시행자를 상대로 공익사업을 위한 토지 등의 취득 및 보상에 관한 법률 제85조 제2항에 따른 보상금증감소송을 제기하여야 한다(대판 2019.11.28, 2018두227).

📕 확인 OX

01 손실보상의 내용(간접손실보상)

공익사업시행지구 밖 영업손실보상의 요건인 공익사업의 시행으로 인한 그 밖의 부득이한 사유로 일정 기간 동안 휴업이 불가피한 경우란 공익사업의 시행 또는 시행 당시 발생한 사유로 휴업이 불가피한 경우만을 의미하며 공익사업의 시행으로 설치되는 시설의 형태 · 구조 · 사용 등에 기인하여 휴업이 불가피한 경우는 포함되지 않는다. 예상 ( )

02 손실보상의 내용(간접손실보상)

공익사업을 위한 토지 등의 취득 및 보상에 관한 법률 제79조 제2항(그 밖의 토지에 관한 비용보상 등)에 따른 손실보상과 환경정책 기본법 제44조 제1항(환경오염의 피해에 대한 무과실책임)에 따른 손해배상은 근거 규정과 요건 · 효과를 달리하는 것으로서, 각 요건이 충족되면 성립하는 별개의 청구권이다. 예상 ( )

03 손실보상의 내용(간접손실보상)

공익사업으로 인하여 공익사업시행지구 밖에서 영업을 휴업하는 자가 사업시행자로부터 공익사업을 위한 토지 등의 취득 및 보상에 관한 법률 시행규칙 제47조 제1항에 따라 영업손실에 대한 보상을 받기 위해서는 재결절차를 거치지 않고 곧바로 사업시행자를 상대로 손실보상을 청구할 수 있다. 예상 ( )

04 손실보상의 불복절차

어떤 보상항목이 토지보상법령상 손실보상대상에 해당함에도 관할 토지수용위원회가 해당하지 않는다고 잘못된 내용의 재결을 한 경우, 피보상자는 관할 토지수용위원회를 상대로 그 재결에 대한 취소소송을 제기하여야 하고, 사업시행자를 상대로 토지보상법상 보상금증감소송을 제기할 것은 아니다. 예상 ( )

정답 01 × 02 ○ 03 × 04 ×

[1] 공익사업을 위한 토지 등의 취득 및 보상에 관한 법령이 재결을 서면으로 하도록 하고, '사용할 토지의 구역, 사용의 방법과 기간'을 재결사항의 하나로 규정한 취지는, 재결에 의하여 설정되는 사용권의 내용을 구체적으로 특정함으로써 재결 내용의 명확성을 확보하고 재결로 인하여 제한받는 권리의 구체적인 내용이나 범위 등에 관한 다툼을 방지하기 위한 것이다. 따라서 관할 토지수용위원회가 토지에 관하여 사용재결을 하는 경우에는 재결서에 사용할 토지의 위치와 면적, 권리자, 손실보상액, 사용 개시일 외에도 사용방법, 사용기간을 구체적으로 특정하여야 한다.

[2] 지방토지수용위원회가 갑 소유의 토지 중 일부는 수용하고 일부는 사용하는 재결을 하면서 재결서에는 수용대상 토지 외에 사용대상 토지에 관해서도 '수용'한다고만 기재한 사안에서, 사용대상 토지에 관하여는 공익사업을 위한 토지 등의 취득 및 보상에 관한 법률(이하 '토지보상법'이라 한다)에 따라 사업시행자에게 사용권을 부여함으로써 송전선의 선하부지로 사용할 수 있도록 하기 위한 절차가 진행되어 온 점, 재결서의 주문과 이유에는 재결에 의하여 지방토지수용위원회에 설정하여 주고자 하는 사용권이 '구분지상권'이라거나 사용권이 설정될 토지의 구역 및 사용방법, 사용기간 등을 특정할 수 있는 내용이 전혀 기재되어 있지 않아 재결서만으로는 토지소유자인 갑이 자신의 토지 중 어느 부분에 어떠한 내용의 사용제한을 언제까지 받아야 하는지를 특정할 수 없고, 재결로 인하여 토지소유자인 갑이 제한받는 권리의 구체적인 내용이나 범위 등을 알 수 없어 이에 관한 다툼을 방지하기도 어려운 점 등을 종합하면, 위 재결 중 사용대상 토지에 관한 부분은 토지보상법 제50조 제1항에서 정한 사용재결의 기재사항에 관한 요건을 갖추지 못한 흠이 있음에도 사용재결로서 적법하다고 본 원심판단에 법리를 오해한 잘못이 있다고 한 사례(대판 2019.6.13, 2018두42641).

🏛 확인 OX

01 토지수용위원회의 수용재결
관할 토지수용위원회가 토지에 관하여 사용재결을 하는 경우에는 재결서에 사용할 토지의 위치와 면적, 권리자, 손실보상액, 사용 개시일 외에도 사용방법, 사용기간을 구체적으로 특정하여야 한다. 예상 ( )

02 토지수용위원회의 수용재결
지방토지수용위원회가 甲 소유의 토지 중 일부는 '수용'하고 일부는 '사용'하는 재결을 하면서 재결서에는 수용대상 토지 외에 사용대상 토지에 관해서도 '수용'한다고만 기재한 경우, 사용은 수용에 포함된다고 볼 수 있으므로 위 재결 중 '사용'대상 토지에 관한 부분도 사용재결로서 유효하게 된다. 예상 ( )

정답 01 ○ 02 × ×

[1] 감염병의 예방 및 관리에 관한 법률(이하 '감염병예방법'이라 한다) 제71조에 의한 예방접종 피해에 대한 국가의 보상책임은 무과실책임이지만, 질병, 장애 또는 사망(이하 '장애 등'이라 한다)이 예방접종으로 발생하였다는 점이 인정되어야 한다.

여기서 예방접종과 장애 등 사이의 인과관계는 반드시 의학적·자연과학적으로 명백히 증명되어야 하는 것은 아니고, 간접적 사실관계 등 제반 사정을 고려할 때 인과관계가 있다고 추단되는 경우에는 증명이 있다고 보아야 한다. 인과관계를 추단하기 위해서는 특별한 사정이 없는 한 예방접종과 장애 등의 발생 사이에 시간적 밀접성이 있고, 피해자가 입은 장애 등이 예방접종으로부터 발생하였다고 추론하는 것이 의학이론이나 경험칙상 불가능하지 않으며, 장애 등이 원인불명이거나 예방접종이 아닌 다른 원인에 의해 발생한 것이 아니라는 정도의 증명이 있으면 족하다.

그러나 이러한 정도에 이르지 못한 채 예방접종 후 면역력이 약해질 수 있다는 막연한 추측을 근거로 현대의학상 예방접종에 내재하는 위험이 현실화된 것으로 볼 수 없는 경우까지 곧바로 인과관계를 추단할 수는 없다. 특히 피해자가 해당 장애 등과 관련한 다른 위험인자를 보유하고 있다거나, 해당 예방접종이 오랜 기간 널리 시행되었음에도 해당 장애 등에 대한 보고 내지 신고 또는 그 인과관계에 관한 조사·연구 등이 없다면, 인과관계 유무를 판단할 때 이를 고려할 수 있다.

[2] 취소소송은 다른 법률에 특별한 규정이 없는 한 처분 등을 행한 행정청을 피고로 한다(행정소송법 제13조 제1항). 여기서 '행정청'이란 국가 또는 공공단체의 기관으로서 국가나 공공단체의 의견을 결정하여 외부에 표시할 수 있는 권한, 즉 처분 권한을 가진 기관을 말한다.

[3] 감염병의 예방 및 관리에 관한 법률에 따르면, 국가는 일정한 예방접종을 받은 사람이 그 예방접종으로 질병에 걸리거나 장애인이 되거나 사망하였을 때에는 대통령령으로 정하는 기준과 절차에 따라 보상을 하여야 하고(제71조), 법에 따른 보건복지부장관의 권한은 대통령령으로 정하는 바에 따라 일부를 질병관리본부장에게 위임할 수 있다(제76조 제1항).

그 위임에 따른 구 감염병의 예방 및 관리에 관한 법률 시행령(2015.1.6. 대통령령 제26024호로 개정되기 전의 것)에 따르면, 보건복지부장관은 예방접종피해보상 전문위원회의 의견을 들어 보상 여부를 결정하고(제31조 제3항), 보상을 하기로 결정한 사람에게 보상 기준에 따른 보상금을 지급하며(제31조 제4항), 이러한 예방접종피해보상 업무에 관한 보건복지부장관의 권한은 질병관리본부장에게 위임되어 있다(제32조 제1항 제20호).

위 규정에 따르면 법령상 보상금 지급에 대한 처분 권한은, 국가사무인 예방접종피해보상에 관한 보건복지부장관의 위임을 받아 보상금 지급 여부를 결정하고, 보상금을 지급함으로써 대외적으로 보상금 지급 여부에 관한 의사를 표시할 수 있는 질병관리본부장에게 있다.

[4] 행정소송법 제20조 제1항에 따르면, 취소소송은 처분 등이 있음을 안 날부터 90일 이내에 제기하여야 하는데, 행정심판청구를 할 수 있는 경우에 행정심판청구가 있은 때의 기간은 재결서 정본을 송달받은 날부터 기산한다. 이처럼 취소소송의 제소기간을 제한함으로써 처분 등을 둘러싼 법률관계의 안정과 신속한 확정을 도모하려는 입법 취지에 비추어 볼 때, 여기서 말하는 '행정심판'은 행정심판법에 따른 일반행정심판과 이에 대한 특례로서 다른 법률에서 사안의 전문성과 특수성을 살리기 위하여 특히 필요하여 일반행정심판을 갈음하는 특별한 행정불복절차를 정한 경우의 특별행정심판(행정심판법 제4조)을 뜻한다.

[5] 수익적 행정행위 신청에 대한 거부처분은 당사자의 신청에 대하여 관할 행정청이 거절하는 의사를 대외적으로 명백히 표시함으로써 성립되고, 거부처분이 있은 후 당사자가 다시 신청을 한 경우에는 신청의 제목 여하에 불구하고 그 내용이 새로운 신청을 하는 취지라면 관할 행정청이 이를 다시 거절하는 것은 새로운 거부처분으로 봄이 원칙이다(대판 2019.4.3, 2017두52764).

🏛 확인 OX

01 희생보상청구권

감염병의 예방 및 관리에 관한 법률 제71조에 의한 예방접종 피해에 대한 국가의 보상책임은 과실책임이고, 질병, 장애 또는 사망이 예방접종으로 발생하였다는 점이 인정되어야 한다. 예상　　　　　　　　　　　　　　　　　　　　　　　　　　　　　　（　　）

02 소송요건(피고적격)

행정청이란 처분 권한, 즉 국가 또는 공공단체의 기관으로서 국가나 공공단체의 의견을 결정하여 외부에 표시할 수 있는 권한을 가진 기관을 말한다. 예상　　　　　　　　　　　　　　　　　　　　　　　　　　　　　　（　　）

03 소송요건(피고적격)

감염병예방법령상 보상금 지급에 대한 처분 권한은 국가사무인 예방접종피해보상에 관한 보건복지부장관의 위임을 받아 보상금 급 여부를 결정하고 보상금을 지급함으로써 대외적으로 보상금 지급 여부에 관한 의사를 표시할 수 있는 질병관리본부장에게 있다. 예상　　　　　　　　　　　　　　　　　　　　　　　　　　　　　　（　　）

04 특별행정심판

행정소송법 제20조 제1항에서 말하는 행정심판은 행정심판법에 따른 일반행정심판과 이에 대한 특례로서 다른 법률에서 사안의 전문성과 특수성을 살리기 위하여 특히 필요하여 일반행정심판을 갈음하는 특별한 행정불복절차를 정한 경우의 특별행정심판을 뜻한다. 예상　　　　　　　　　　　　　　　　　　　　　　　　　　　　　　（　　）

05 소송요건(대상적격)

판례에 의할 때 거부처분 이후 동일한 내용의 새로운 신청에 대한 반복된 거부행위는 처분에 해당하지 않는다. 10. 세무사　（　　）

정답 01 × 02 ○ 03 ○ 04 ○ 05 ×

66 | 사업장 직권탈퇴 및 가입자 자격상실처분 취소청구의 소 2016두41729 ★★☆

[1] 항고소송의 대상이 되는 행정처분이란 행정청의 공법상 행위로서 특정사항에 대하여 법규에 의한 권리의 설정 또는 의무의 부담을 명하며 기타 법률상 효과를 발생하게 하는 등 국민의 구체적 권리의무에 직접적 변동을 초래하는 행위를 말하고, 행정청 내부에서의 행위나 알선, 권유, 사실상의 통지 등과 같이 상대방 또는 기타 관계자들의 법률상 지위에 직접적인 법률적 변동을 일으키지 아니하는 행위는 항고소송의 대상이 될 수 없다.

[2] 국민건강보험공단이 갑 등에게 '직장가입자 자격상실 및 자격변동 안내' 통보 및 '사업장 직권탈퇴에 따른 가입자 자격상실 안내' 통보를 한 사안에서, 국민건강보험 직장가입자 또는 지역가입자 자격 변동은 법령이 정하는 사유가 생기면 별도 처분 등의 개입 없이 사유가 발생한 날부터 변동의 효력이 당연히 발생하므로, 국민건강보험공단이 갑 등에 대하여 가입자 자격이 변동되었다는 취지의 '직장가입자 자격상실 및 자격변동 안내' 통보를 하였거나, 그로 인하여 사업장이 국민건강보험법상의 적용대상사업장에서 제외되었다는 취지의 '사업장 직권탈퇴에 따른 가입자 자격상실 안내' 통보를 하였더라도, 이는 갑 등의 가입자 자격의 변동 여부 및 시기를 확인하는 의미에서 한 사실상 통지행위에 불과할 뿐, 위 각 통보에 의하여 가입자 자격이 변동되는 효력이 발생한다고 볼 수 없고, 또한 위 각 통보로 갑 등에게 지역가입자로서의 건강보험료를 납부하여야 하는 의무가 발생함으로써 갑 등의 권리의무에 직접적 변동을 초래하는 것도 아니라는 이유로, 위 각 통보의 처분성이 인정되지 않는다고 보아 그 취소를 구하는 갑 등의 소를 모두 각하한 원심판단이 정당하다고 한 사례(대판 2019.2.14, 2016두41729).

📖 확인 OX

01 소송요건(대상적격)
행정청 내부에서의 행위나 알선, 권유, 사실상의 통지 등과 같이 상대방 또는 기타 관계자들의 법률상 지위에 직접적인 법률적 변동을 일으키지 아니하는 행위는 항고소송의 대상이 될 수 없다. 예상 (   )

02 소송요건(대상적격)
국민건강보험공단이 甲 등에게 직장가입자 자격상실 및 자격변동 안내 통보 및 사업장 직권탈퇴에 따른 가입자 자격상실 안내 통보를 한 사안에서 이는 甲 등의 가입자 자격의 변동 여부 및 시기를 확인하는 의미에서 한 사실상 통지행위에 불과할 뿐이며 처분성이 인정되지 않는다. 예상 (   )

정답 01 ○ 02 ○

[1] 조달청장이 '중소기업제품 구매촉진 및 판로지원에 관한 법률 제8조의2 제1항에 해당하는 자는 입찰 참여를 제한하고, 계약체결 후 해당 기업으로 확인될 경우 계약해지 및 기 배정한 물량을 회수한다'는 내용의 레미콘 연간 단가계약을 위한 입찰공고를 하고 입찰에 참가하여 낙찰받은 갑 주식회사 등과 레미콘 연간 단가계약을 각 체결하였는데, 갑 회사 등으로부터 중소기업청장이 발행한 참여제한 문구가 기재된 중소기업 확인서를 제출받고 갑 회사 등에 '중소기업자 간 경쟁입찰 참여제한 대상기업에 해당하는 경우 물량 배정을 중지하겠다'는 내용의 통보를 한 사안에서, 중소기업제품 구매촉진 및 판로지원에 관한 법률 제6조 제1항, 제7조 제1항, 구 중소기업제품 구매촉진 및 판로지원에 관한 법률(2014.3.18. 법률 제12499호로 개정되기 전의 것, 이하 '구 판로지원법'이라 한다) 제8조의2 제1항 제2호, 중소기업제품 구매촉진 및 판로지원에 관한 법률 시행령 제9조의3 제2호 (다)목의 규정 체계 및 내용, 입찰공고 및 '물품구매계약 추가 특수조건'의 내용과 구 판로지원법 제8조의2 제1항은 조달청장과 같은 '공공기관의 장'이 경쟁입찰 참여제한 처분의 주체임을 명시하고 있고, 조달청장은 갑 회사 등이 대기업과 지배 또는 종속의 관계에 있다고 최종적으로 판단하여, 위 법률 조항에 의한 집행행위로서 통보를 한 점, 갑 회사 등은 위 통보로 구 판로지원법 제8조의2 제1항, 같은 법 시행령 제9조의3에 따라 중소기업자 간 경쟁입찰에 참여할 수 있는 자격을 획득할 때까지 물량 배정을 받을 수 없게 되고 이는 갑 회사 등의 권리ㆍ의무에 직접적인 영향을 미치는 법적 불이익에 해당하는 점 등을 종합하면, 위 통보가 중소기업청장의 확인처분과 구 판로지원법 제8조의2 제1항 등에 근거한 후속 집행행위로서 상대방인 갑 회사 등의 권리ㆍ의무에도 직접 영향을 미치므로, 행정청인 조달청장이 행하는 구체적 사실에 관한 법 집행으로서의 공권력의 행사이고 따라서 항고소송의 대상이 된다고 한 사례.

[2] 행정처분의 취소를 구하는 소는 그 처분에 의하여 발생한 위법상태를 배제하여 원상으로 회복시키고 그 처분으로 침해되거나 방해받은 권리와 이익을 보호ㆍ구제하고자 하는 소송이므로, 비록 처분을 취소하더라도 원상회복이 불가능한 경우에는 처분의 취소를 구할 이익이 없는 것이 원칙이다. 그러나 원상회복이 불가능하게 보이는 경우라 하더라도, 동일한 소송 당사자 사이에서 그 행정처분과 동일한 사유로 위법한 처분이 반복될 위험성이 있어 행정처분의 위법성 확인 내지 불분명한 법률문제에 대한 해명이 필요하다고 판단되는 경우 등에는 행정의 적법성 확보와 그에 대한 사법통제, 국민의 권리구제 확대 등의 측면에서 여전히 그 처분의 취소를 구할 이익이 있다.

[3] '대기업이 중소기업에 그 중소기업의 발행주식총수 또는 출자총액을 초과하는 금액에 해당하는 자산을 대여한 경우'에 해당하는 대기업과 중소기업의 관계를 구 중소기업제품 구매촉진 및 판로지원에 관한 법률(2014.3.18. 법률 제12499호로 개정되기 전의 것) 제8조의2 제1항 제2호에서 중소기업자 간 경쟁입찰 참여를 제한하는 '대통령령으로 정하는 지배 또는 종속의 관계'에 있는 것으로 규정한 중소기업제품 구매촉진 및 판로지원에 관한 법률 시행령 제9조의3 제2호 (다)목이 영업의 자유와 평등권을 침해하여 위헌인지가 문제 된 사안에서, 위 시행령 조항은 대기업이 중소기업에 그 중소기업의 발행주식총수 또는 출자총액을 초과하는 금액에 해당하는 자산을 대여하는 편법 수단을 통해 대기업과 유사한 경쟁력을 가진 중소기업이 중소기업자 간 경쟁입찰 시장에 진입하는 것을 차단하여 중소기업자 간 경쟁입찰의 공정한 경쟁을 보장하고자 도입되었고, 위와 같은 입법 목적을 달성하기 위한 적정한 수단 중 하나가 될 수 있으며, 영업의 자유 등 기본권을 보다 덜 침해하는 다른 수단이 명백히 존재한다고 보이지도 않아 기본권 침해의 최소성 요건을 갖추었으므로 갑 회사 등의 영업의 자유를 침해하여 위헌ㆍ무효라고 볼 수 없고, 위 시행령 조항이 '대기업으로부터 발행주식총수 또는 출자총액을 초과하는 금액에 해당하는 자산을 대여받은 중소기업'을 '대기업으로부터 자산을 대여받지 않았거나 대기업으로부터 발행주식총수 또는 출자총액을 초과하지 않는 금액에 해당하는 자산을 대여받은 중소기업'과 달리 취급하는 데에는 합리적인 이유가 있으므로, 갑 회사 등의 평등권을 자의적으로 침해한다고 볼 수 없음에도 이와 달리 본 원심판단에 법리를 오해한 잘못이 있다고 한 사례(대판 2019.5.10, 2015두46987).

확인 OX

01 소송요건(대상적격)
조달청장이 입찰공고를 하고 입찰에 참가하여 낙찰받은 甲 주식회사 등과 레미콘 연간 단가계약을 각 체결하였는데, 甲 회사 등으로부터 중소기업청장이 발행한 참여제한 문구가 기재된 중소기업 확인서를 제출받고 甲 회사 등에 중소기업자 간 경쟁입찰 참여제한 대상기업에 해당하는 경우 물량 배정을 중지하겠다는 내용의 통보를 한 것은 행정처분에 해당한다. 예상 (   )

02 소송요건(소의 이익)
행정처분의 취소를 구하는 소는 그 처분에 의하여 발생한 위법상태를 배제하여 원상으로 회복시키고 그 처분으로 침해되거나 방해받은 권리와 이익을 보호·구제하고자 하는 소송이므로, 비록 처분을 취소하더라도 원상회복이 불가능한 경우에는 처분의 취소를 구할 이익이 없는 것이 원칙이다. 예상 (   )

정답 01 ○ 02 ○

[1] 병무청장이 병역법 제81조의2 제1항에 따라 병역의무 기피자의 인적사항 등을 인터넷 홈페이지에 게시하는 등의 방법으로 공개한 경우 병무청장의 공개결정을 항고소송의 대상이 되는 행정처분으로 보아야 한다. 그 구체적인 이유는 다음과 같다.

① 병무청장이 하는 병역의무 기피자의 인적사항 등 공개는, 특정인을 병역의무 기피자로 판단하여 그 사실을 일반 대중에게 공표함으로써 그의 명예를 훼손하고 그에게 수치심을 느끼게 하여 병역의무 이행을 간접적으로 강제하려는 조치로서 병역법에 근거하여 이루어지는 공권력의 행사에 해당한다.

② 병무청장이 하는 병역의무 기피자의 인적사항 등 공개조치에는 특정인을 병역의무 기피자로 판단하여 그에게 불이익을 가한다는 행정결정이 전제되어 있고, 공개라는 사실행위는 행정결정의 집행행위라고 보아야 한다. 병무청장이 그러한 행정결정을 공개 대상자에게 미리 통보하지 않은 것이 적절한지는 본안에서 해당 처분이 적법한가를 판단하는 단계에서 고려할 요소이며, 병무청장이 그러한 행정결정을 공개 대상자에게 미리 통보하지 않았다거나 처분서를 작성·교부하지 않았다는 점만으로 항고소송의 대상적격을 부정하여서는 아니 된다.

③ 병무청 인터넷 홈페이지에 공개 대상자의 인적사항 등이 게시되는 경우 그의 명예가 훼손되므로, 공개 대상자는 자신에 대한 공개결정이 병역법령에서 정한 요건과 절차를 준수한 것인지를 다툴 법률상 이익이 있다. 병무청장이 인터넷 홈페이지 등에 게시하는 사실행위를 함으로써 공개 대상자의 인적사항 등이 이미 공개되었더라도, 재판에서 병무청장의 공개결정이 위법함이 확인되어 취소판결이 선고되는 경우, 병무청장은 취소판결의 기속력에 따라 위법한 결과를 제거하는 조치를 할 의무가 있으므로 공개 대상자의 실효적 권리구제를 위해 병무청장의 공개결정을 행정처분으로 인정할 필요성이 있다. 만약 병무청장의 공개결정을 항고소송의 대상이 되는 처분으로 보지 않는다면 국가배상청구 외에는 침해된 권리 또는 법률상 이익을 구제받을 적절한 방법이 없다.

④ 관할 지방병무청장의 공개 대상자 결정의 경우 상대방에게 통보하는 등 외부에 표시하는 절차가 관계 법령에 규정되어 있지 않아, 행정실무상으로도 상대방에게 통보되지 않는 경우가 많다. 또한 관할 지방병무청장이 위원회의 심의를 거쳐 공개 대상자를 1차로 결정하기는 하지만, 병무청장에게 최종적으로 공개 여부를 결정할 권한이 있으므로, 관할 지방병무청장의 공개 대상자 결정은 병무청장의 최종적인 결정에 앞서 이루어지는 행정기관 내부의 중간적 결정에 불과하다. 가까운 시일 내에 최종적인 결정과 외부적인 표시가 예정된 상황에서, 외부에 표시되지 않은 행정기관 내부의 결정을 항고소송의 대상인 처분으로 보아야 할 필요성은 크지 않다. 관할 지방병무청장이 1차로 공개 대상자 결정을 하고, 그에 따라 병무청장이 같은 내용으로 최종적 공개결정을 하였다면, 공개 대상자는 병무청장의 최종적 공개결정만을 다투는 것으로 충분하고, 관할 지방병무청장의 공개 대상자 결정을 별도로 다툴 소의 이익은 없어진다.

[2] 행정처분의 무효확인 또는 취소를 구하는 소가 제소 당시에는 소의 이익이 있어 적법하였더라도, 소송 계속 중 처분청이 다툼의 대상이 되는 행정처분을 직권으로 취소하면 그 처분은 효력을 상실하여 더 이상 존재하지 않는 것이므로, 존재하지 않는 그 처분을 대상으로 한 항고소송은 원칙적으로 소의 이익이 소멸하여 부적법하다.

다만 처분청의 직권취소에도 불구하고 완전한 원상회복이 이루어지지 않아 무효확인 또는 취소로써 회복할 수 있는 다른 권리나 이익이 남아 있거나 또는 동일한 소송 당사자 사이에서 그 행정처분과 동일한 사유로 위법한 처분이 반복될 위험성이 있어 행정처분의 위법성 확인 내지 불분명한 법률문제에 대한 해명이 필요한 경우 행정의 적법성 확보와 그에 대한 사법통제, 국민의 권리구제의 확대 등의 측면에서 예외적으로 그 처분의 취소를 구할 소의 이익을 인정할 수 있을 뿐이다(대판 2019.6.27, 2018두49130).

01 소송요건(대상적격)

병무청장이 병역법 제81조의2 제1항에 따라 병역의무 기피자의 인적사항 등을 인터넷 홈페이지에 게시하는 등의 방법으로 공개한 경우 병무청장의 공개결정은 항고소송의 대상이 되는 행정처분이 아니다. 예상   (   )

02 소송요건(원고적격)

병무청 인터넷 홈페이지에 공개 대상자의 인적사항 등이 게시되는 경우 그의 명예가 훼손되므로, 공개 대상자는 자신에 대한 공개결정이 병역법령에서 정한 요건과 절차를 준수한 것인지를 다툴 법률상 이익이 있다. 예상   (   )

03 소송요건(대상적격)

관할 지방병무청장이 1차로 공개 대상자 결정을 하고, 그에 따라 병무청장이 같은 내용으로 최종적 공개결정을 하였다면, 공개 대상자는 병무청장의 최종적 공개결정만을 다투는 것으로 충분하고, 관할 지방병무청장의 공개 대상자 결정을 별도로 다툴 소의 이익은 없어진다. 예상   (   )

정답 01 × 02 ○ 03 ○

[1] 공익사업을 위한 토지 등의 취득 및 보상에 관한 법률 제20조 제1항, 제22조 제3항은 사업시행자가 토지 등을 수용하거나 사용하려면 국토교통부장관의 사업인정을 받아야 하고, 사업인정은 고시한 날부터 효력이 발생한다고 규정하고 있다. 이러한 사업인정은 수용권을 설정해 주는 행정처분으로서, 이에 따라 수용할 목적물의 범위가 확정되고, 수용권자가 목적물에 대한 현재 및 장래의 권리자에게 대항할 수 있는 공법상 권한이 생긴다.

[2] 산업입지 및 개발에 관한 법률(이하 '산업입지법'이라 한다)도 산업단지지정권자가 "수용·사용할 토지·건축물 또는 그 밖의 물건이나 권리가 있는 경우에는 그 세부 목록"이 포함된 산업단지개발계획을 수립하여 산업단지를 지정·고시한 때에는 공익사업을 위한 토지 등의 취득 및 보상에 관한 법률(이하 '토지보상법'이라 한다)상 사업인정 및 그 고시가 있는 것으로 본다고 규정함으로써, 산업단지 지정에 따른 사업인정을 통해 수용 및 손실보상의 대상이 되는 목적물의 범위를 구체적으로 확정한 다음 이를 고시하고 관계 서류를 일반인이 열람할 수 있도록 함으로써 토지소유자 및 관계인이 산업단지개발사업의 시행과 그로 인해 산업단지 예정지 안에 있는 물건이나 권리를 해당 공익사업의 시행을 위하여 수용당하거나 사업예정지 밖으로 이전하여야 한다는 점을 알 수 있도록 하고 있다.

따라서 산업입지법에 따른 산업단지개발사업의 경우에도 토지보상법에 의한 공익사업의 경우와 마찬가지로 토지보상법에 의한 사업인정고시일로 의제되는 산업단지 지정 고시일을 토지소유자 및 관계인에 대한 손실보상 여부 판단의 기준시점으로 보아야 한다.

[3] 토지이용규제 기본법의 입법 취지에 비추어 보면, 토지이용규제법 제3조, 제8조는 개별 법령에 따른 '지역·지구 등' 지정과 관련하여 개별 법령에 지형도면 작성·고시절차가 규정되어 있지 않은 경우에도 관계 행정청으로 하여금 기본법인 토지이용규제법 제8조에 따라 지형도면을 작성하여 고시할 의무를 부과하기 위하이지, 이미 개별 법령에서 '지역·지구 등'의 지정과 관련하여 지형도면을 작성하여 고시하는 절차를 완비해 놓은 경우에 대해서까지 토지이용규제법 제8조에서 정한 '지역·지구 등' 지정의 효력발생시기나 지형도면 작성·고시방법을 따르도록 하려는 것은 아니다. 따라서 이미 개별 법령에서 '지역·지구 등'의 지정과 관련하여 지형도면을 작성하여 고시하는 절차를 완비해 놓은 경우에는 '지역·지구 등' 지정의 효력발생시기나 지형도면 작성·고시방법은 개별 법령의 규정에 따라 판단하여야 한다.

산업입지 및 개발에 관한 법률(이하 '산업입지법'이라 한다)은 산업단지와 관련하여 지형도면을 작성하여 고시하도록 하면서도, 이를 산업단지지정권자가 산업단지 지정·고시를 하는 때가 아니라 그 후 사업시행자의 산업단지개발실시계획을 승인·고시하는 때에 하도록 규정하고 있다. 이는 입법자가 산업단지개발사업의 특수성을 고려하여 지형도면의 작성·고시 시점을 특별히 정한 것이므로, 산업단지 지정의 효력은 산업입지법 제7조의4에 따라 산업단지 지정 고시를 한 때에 발생한다고 보아야 하며, 토지이용규제법 제8조 제3항에 따라 실시계획 승인 고시를 하면서 지형도면을 고시한 때에 비로소 발생한다고 볼 것은 아니다.

손실보상의 대상인지 여부는 토지소유자와 관계인, 일반인이 특정한 지역에서 공익사업이 시행되리라는 점을 알았을 때를 기준으로 판단하여야 하는데, 산업입지법에 따른 산업단지개발사업의 경우 "수용·사용할 토지·건축물 또는 그 밖의 물건이나 권리가 있는 경우에는 그 세부 목록"이 포함된 산업단지개발계획을 수립하여 산업단지를 지정·고시한 때에 토지소유자와 관계인, 일반인이 특정한 지역에서 해당 산업단지개발사업이 시행되리라는 점을 알게 되므로 산업단지 지정 고시일을 손실보상 여부 판단의 기준시점으로 보아야 하고, 그 후 실시계획 승인 고시를 하면서 지형도면을 고시한 때를 기준으로 판단하여서는 아니 된다(대판 2019.12.12, 2019두47629).

📖 확인 OX

01 소송요건(대상적격)
공익사업을 위한 토지 등의 취득 및 보상에 관한 법률상 사업시행자가 토지 등을 수용하거나 사용하려면 국토교통부장관의 사업인정을 받아야 하는데, 이러한 사업인정은 수용권을 설정해 주는 행정처분으로 볼 수 있다. 예상 ( )

정답 이 10 O

[1] 행정처분에 대한 취소소송에서 원고적격은 해당 처분의 상대방인지 여부가 아니라 그 취소를 구할 법률상 이익이 있는지 여부에 따라 결정된다. 여기에서 말하는 법률상 이익이란 해당 처분의 근거 법률로 보호되는 직접적이고 구체적인 이익을 가리키고, 간접적이거나 사실적·경제적 이해관계를 가지는 데 불과한 경우는 포함되지 않는다.

[2] 신문을 발행하려는 자는 신문의 명칭('제호'라는 용어를 사용하기도 한다) 등을 주사무소 소재지를 관할하는 시·도지사(이하 '등록관청'이라 한다)에게 등록하여야 하고, 등록을 하지 않고 신문을 발행한 자에게는 2천만 원 이하의 과태료가 부과된다[신문 등의 진흥에 관한 법률(이하 '신문법'이라 한다) 제9조 제1항, 제39조 제1항 제1호]. 따라서 등록관청이 하는 신문의 등록은 신문을 적법하게 발행할 수 있도록 하는 행정처분에 해당한다.

[3] 신문법상 신문 등록의 법적 성격, 동일 명칭 이중등록 금지의 내용과 취지 등을 종합하면, 신문의 등록은 단순히 명칭 등을 공적 장부에 등재하여 일반에 공시하는 것에 그치는 것이 아니라 신문사업자에게 등록한 특정 명칭으로 신문을 발행할 수 있도록 하는 것이고, 이처럼 신문법상 등록에 따라 인정되는 신문사업자의 지위는 사법상 권리인 '특정 명칭의 사용권' 자체와는 구별된다.

[4] 이미 등록된 신문의 사업자(이하 '기존사업자'라 한다)가 새로운 신문사업자(이하 '신규사업자'라 한다)와 체결한 '명칭 사용 허락에 관한 약정'의 무효, 취소 또는 해지를 주장하거나 허락기간의 종료를 주장하고 신규사업자가 이를 다툼으로써 기존사업자와 신규사업자 모두 적법하게 등록한 동일한 명칭으로 신문을 발행하려고 하는 상황이 발생할 수 있다. 신문법은 이처럼 동일한 명칭의 신문이 이중으로 등록되어 두 명 이상의 신문사업자가 신문을 발행하려고 하는 경우 이중등록의 효력 또는 이중으로 등록한 신규사업자에 대한 행정 조치에 관하여 직접적인 규정을 두고 있지 않다.

그러나 위와 같이 기존사업자와 신규사업자 사이에 명칭 사용 허락과 관련하여 민사상 분쟁이 있는 경우에는 이를 이유로 등록관청이 신규사업자의 신문 등록을 직권으로 취소·철회할 수는 없고, 그 다툼에 관한 법원의 판단을 기다려 그에 따라 등록취소 또는 변경등록 등의 행정 조치를 할 수 있을 뿐이며, 법원의 판단이 있기 전까지 신규사업자의 신문법상 지위는 존속한다고 보아야 한다.

[5] 갑 주식회사로부터 '제주일보' 명칭 사용을 허락받아 신문법에 따라 등록관청인 도지사에게 신문의 명칭 등을 등록하고 제주일보를 발행하고 있던 을 주식회사가, 병 주식회사가 갑 회사의 사업을 양수하였음을 원인으로 하여 사업자 지위승계신고 및 그에 따른 발행인·편집인 등의 등록사항 변경을 신청한 데 대하여 도지사가 이를 수리하고 변경등록을 하자, 사업자 지위승계신고 수리와 신문사업변경등록에 대한 무효확인 또는 취소를 구하는 소를 제기한 사안에서, 신문사업자의 지위는 신문법상 등록에 따라 보호되는 직접적·구체적인 이익으로 사법상 '특정 명칭의 사용권'과 구별되고, 갑 회사와 을 회사 사이에 신문의 명칭 사용 허락과 관련하여 민사상 분쟁이 있더라도 법원의 판단이 있기 전까지 을 회사의 신문법상 지위는 존재하기 때문에, 위 처분은 을 회사가 '제주일보' 명칭으로 신문을 발행할 수 있는 신문법상 지위를 불안정하게 만드는 것이므로, 을 회사에는 무효확인 또는 취소를 구할 법률상 이익이 인정된다는 이유로, 이와 달리 사법상 권리를 상실하면 신문법상 지위도 당연히 소멸한다는 전제에서 을 회사의 원고적격을 부정한 원심판단에 법리를 오해한 잘못이 있다고 한 사례(대판 2019.8.30, 2018두47189).

🏛 **확인 OX**

01 소송요건(원고적격)
행정처분에 대한 취소소송에서 원고적격은 그 취소를 구할 법률상 이익이 있는지 여부가 아니라 해당 처분의 상대방인지 여부에 따라 결정된다. 예상　　　　　　　　　　　　　　　　　　　　　　　　(　　)

02 소송요건(소의 이익)
등록관청이 하는 신문의 등록은 신문을 적법하게 발행할 수 있도록 하는 행정처분에 해당한다. 예상　　(　　)

03 소송요건(소의 이익)
이미 등록된 신문의 사업자와 새로운 신문사업자 사이에 명칭 사용 허락과 관련하여 민사상 분쟁이 있는 경우에는 이를 이유로 등록관청이 신규사업자의 신문 등록을 직권으로 취소·철회할 수 있다. 예상　　　　　　　(　　)

정답 01 × 02 ○ 03 ×

행정소송법상 취소소송은 처분 등이 있음을 안 날부터 90일 이내에 제기하여야 하고, 처분 등이 있은 날부터 1년을 경과하면 제기하지 못한다(행정소송법 제20조 제1항, 제2항). 그리고 청구취지를 변경하여 구 소가 취하되고 새로운 소가 제기된 것으로 변경되었을 때에 새로운 소에 대한 제소기간의 준수 등은 원칙적으로 소의 변경이 있은 때를 기준으로 하여야 한다.

그러나 선행 처분에 대하여 제소기간 내에 취소소송이 적법하게 제기되어 계속 중에 행정청이 선행 처분서 문언에 일부 오기가 있어 이를 정정할 수 있음에도 선행 처분을 직권으로 취소하고 실질적으로 동일한 내용의 후행 처분을 함으로써 선행 처분과 후행 처분 사이에 밀접한 관련성이 있고 선행 처분에 존재한다고 주장되는 위법사유가 후행 처분에도 마찬가지로 존재할 수 있는 관계인 경우에는 후행 처분의 취소를 구하는 소변경의 제소기간 준수 여부는 따로 따질 필요가 없다(대판 2019.7.4, 2018두58431).

🏛 확인 OX

01 소송요건(제소기간)
청구취지를 변경하여 종전의 소가 취하되고 새로운 소가 제기된 것으로 변경되었다면 새로운 소에 대한 제소기간 준수 여부는 원칙적으로 소의 변경이 있은 때를 기준으로 한다. 17. 지방직 9급 ( )

02 소송요건(제소기간)
선행 처분에 대해 제소기간 내에 취소소송이 제기되어 계속 중에 행정청이 선행 처분서 문언에 일부 오기가 있어 이를 정정할 수 있음에도 선행 처분을 직권으로 취소하고 실질적으로 동일한 내용의 후행 처분을 함으로써 선행 처분과 후행 처분 사이에 밀접한 관련성이 있고 선행 처분에 존재한다고 주장되는 위법사유가 후행 처분에도 마찬가지로 존재할 수 있는 관계인 경우에는 후행 처분의 취소를 구하는 소변경의 제소기간 준수 여부는 따로 따질 필요가 없다. 예상 ( )

정답 01 O 02 O

[1] 구 과징금부과 세부기준 등에 관한 고시(2016.12.30. 공정거래위원회 고시 제2016-22호로 개정되기 전의 것) Ⅳ. 4. 가. (1), (2)항은 2차 조정을 거쳐 부과과징금을 산정할 때 2차 조정된 산정기준의 조정사유와 감경률 등 조정기준에 대하여 규정하고 있을 뿐, 부과과징금 산정 단계에서 각 조정사유에 따른 감경률을 전부 합산하여 적용하여야 하는지, 일부 감경률을 단계적으로 적용할 수 있는지 등을 구체적으로 정하고 있지 않다. 이는 과징금의 제재적 효과 실현, 합리적인 감경률의 적용, 감경률의 남용 방지 필요성 등 과징금제도와 감경제도의 입법 취지 및 공익 목적을 종합적으로 고려하여 기준을 설정할 필요가 있는 사항이고, 관계 법령과 과징금 고시의 관련 규정의 문언에서 곧바로 일의적인 기준이 도출되지는 않는다.

이러한 사정에 더하여, 감경 여부 및 감경률 등을 정하는 것은 공정거래위원회의 재량에 속하고 또한 공정거래위원회가 이에 관한 내부 사무처리준칙을 어떻게 정할 것인지에 대하여도 재량을 갖고 있는 점을 아울러 참작하면, 부과과징금 결정단계의 조정사유별 감경률 적용방식에 관하여 구체적인 규정이 없는 상태에서, 공정거래위원회가 과징금 부과처분을 하면서 적용한 기준이 과징금제도와 감경제도의 입법 취지에 반하지 아니하고 불합리하거나 자의적이지 아니하며, 나아가 그러한 기준을 적용한 과징금 부과처분에 과징금 부과의 기초가 되는 사실을 오인하였거나 비례·평등원칙에 위배되는 등의 사유가 없다면, 그 과징금 부과처분에 재량권을 일탈·남용한 위법이 있다고 보기 어렵다.

[2] 행정처분의 위법 여부는 행정처분이 있을 때의 법령과 사실 상태를 기준으로 판단하여야 하며, 법원은 행정처분 당시 행정청이 알고 있었던 자료뿐만 아니라 사실심 변론종결 당시까지 제출된 모든 자료를 종합하여 처분 당시 존재하였던 객관적 사실을 확정하고 그 사실에 기초하여 처분의 위법 여부를 판단할 수 있다. 행정청으로부터 행정처분을 받았으나 나중에 그 행정처분이 행정쟁송절차에서 취소되었다면, 그 행정처분은 처분 시에 소급하여 효력을 잃게 된다.

구 과징금부과 세부기준 등에 관한 고시(2014.5.30. 공정거래위원회 고시 제2014-7호로 개정되기 전의 것, 이하 '구 과징금 고시'라 한다) Ⅳ. 2. 나. (2)항은 과거 시정조치의 횟수 산정 시 시정조치의 무효 또는 취소판결이 확정된 건을 제외하도록 규정하고 있다. 공정거래위원회가 과징금 산정 시 위반 횟수 가중의 근거로 삼은 위반행위에 대한 시정조치가 그 후 '위반행위 자체가 존재하지 않는다는 이유로 취소판결이 확정된 경우' 과징금 부과처분의 상대방은 결과적으로 처분 당시 객관적으로 존재하지 않는 위반행위로 과징금이 가중되므로, 그 처분은 비례·평등원칙 및 책임주의 원칙에 위배될 여지가 있다.

다만 공정거래위원회는 독점규제 및 공정거래에 관한 법령상의 과징금 상한의 범위 내에서 과징금 부과 여부 및 과징금 액수를 정할 재량을 가지고 있다. 또한 재량준칙인 '구 과징금 고시' Ⅳ. 2. 나. (1)항은 위반 횟수와 벌점 누산점수에 따른 과징금 가중비율의 상한만을 규정하고 있다. 따라서 법 위반행위 자체가 존재하지 않아 위반행위에 대한 시정조치에 대하여 취소판결이 확정된 경우에 위반 횟수 가중을 위한 횟수 산정에서 제외하더라도, 그 사유가 과징금 부과처분에 영향을 미치지 아니하여 처분의 정당성이 인정되는 경우에는 그 처분을 위법하다고 할 수 없다(대판 2019.7.25, 2017두55077).

🏛 확인 OX

01 취소소송에서 위법 판단의 기준시점
행정소송에서 행정처분의 위법 여부는 처분 후 법령의 개폐나 사실상태의 변동에 의하여 영향을 받는다. 13. 경행특채 ( )

정답 01 ×

PART 2

2019년 행정법총론 주요 판례

[1] 독점규제 및 공정거래에 관한 법률(이하 '법'이라 한다) 제3조의2 제1항 제5호 전단은 시장지배적 사업자의 지위 남용행위로 '부당하게 경쟁사업자를 배제하기 위하여 거래하는 행위'를 규정하고, 독점규제 및 공정거래에 관한 법률 시행령 제5조 제5항 제2호는 그 행위의 하나로 '부당하게 거래상대방이 경쟁사업자와 거래하지 아니할 것을 조건으로 그 거래상대방과 거래하는 경우'를 들고 있다.

여기서 '경쟁사업자와 거래하지 아니할 조건'은, 시장지배적 사업자에 의하여 일방적 · 강제적으로 부과된 경우에 한하지 않고 거래상대방과의 합의에 의하여 설정된 경우도 포함된다. 또한 '경쟁사업자와 거래하지 아니할 것을 조건으로 거래하는 행위'는 그 조건의 이행 자체가 법적으로 강제되는 경우만으로 한정되지는 않고, 그 조건 준수에 사실상의 강제력 내지 구속력이 부여되어 있는 경우도 포함된다. 따라서 실질적으로 거래상대방이 조건을 따르지 않고 다른 선택을 하기 어려운 경우 역시 여기에서 당연히 배제된다고 볼 수는 없다. 그 이유는 다음과 같다.

먼저 법령 문언이 조건 준수에 법적 · 계약적 구속력이 부여되는 경우만을 전제한다고 보기는 어렵다. 나아가 당연히 배타조건부 거래행위의 형식적 요건에 해당된다고 널리 인정되는 이른바 '전속적 거래계약'처럼 경쟁사업자와 거래하지 않기로 하는 구속적 약정이 체결된 경우와, 단순히 경쟁사업자와 거래하지 아니하면 일정한 이익이 제공되고 반대로 거래하면 일정한 불이익이 주어지는 경우 사이에는 경쟁사업자와 거래하지 않도록 강제되는 이익의 제공이 어느 시점에, 어느 정도로 이루어지는지에 따른 차이가 있을 뿐이고, 그와 같은 강제력이 실현되도록 하는 데에 이미 제공되었거나 제공될 이익이나 불이익이 결정적으로 기여하게 된다는 점에서는 실질적인 차이가 없다.

그러므로 여기에 더하여 경쟁제한적 효과를 중심으로 시장지배적 지위 남용행위를 규제하려는 법의 입법 목적까지 아울러 고려하면, 결국 조건의 준수에 계약에 의한 법적 강제력 내지 구속력이 부과되는지에 따라 배타조건부 거래행위의 성립요건을 달리 보는 것은 타당하지 않다. 따라서 경쟁사업자와 거래하지 않을 것을 내용으로 하는 조건의 준수에 이익이 제공됨으로써 사실상의 강제력 내지 구속력이 있게 되는 경우라고 하여 '경쟁사업자와 거래하지 아니할 것을 조건으로 거래하는 행위'에 형식적으로 해당되지 않는다고 볼 수는 없다.

[2] 관련지역시장은 일반적으로 서로 경쟁관계에 있는 사업자들이 위치한 지리적 범위를 말하는 것으로서, 구체적으로는 다른 모든 지역에서의 가격은 일정하나 특정 지역에서만 상당 기간 어느 정도 의미 있는 가격 인상 또는 가격 인하가 이루어질 경우 그 지역의 대표적 구매자 또는 판매자가 이에 대응하여 구매 또는 판매를 전환할 수 있는 지역 전체를 의미한다. 그 시장의 범위는 거래에 관련된 상품의 가격과 특성 및 판매자의 생산량, 사업능력, 운송비용, 구매자의 구매지역 전환가능성에 대한 인식 및 그와 관련한 구매자들의 구매지역 전환행태, 판매자의 구매지역 전환가능성에 대한 인식 및 그와 관련한 경영 의사결정 행태, 시간적 · 경제적 · 법적 측면에서의 구매지역 전환의 용이성 등을 종합적으로 고려하여 판단하여야 한다. 그 외에 기술발전의 속도, 관련 상품의 생산을 위하여 필요한 다른 상품 및 관련 상품을 기초로 생산되는 다른 상품에 관한 시장의 상황 등도 함께 고려하여야 한다.

[3] 법 제3조의2 제1항 제5호 전단의 '경쟁사업자를 배제하기 위하여 거래한 행위'의 부당성은 독과점적 시장에서의 경쟁촉진이라는 입법 목적에 맞추어 해석하여야 하므로, 시장지배적 사업자가 시장에서의 독점을 유지 · 강화할 의도나 목적, 즉 시장에서의 자유로운 경쟁을 제한함으로써 인위적으로 시장질서에 영향을 가하려는 의도나 목적을 갖고, 객관적으로도 그러한 경쟁제한의 효과가 생길 만한 우려가 있는 행위로 평가할 수 있는 행위를 하였을 때에 부당성을 인정할 수 있다. 이를 위해서는 그 행위가 상품의 가격상승, 산출량 감소, 혁신 저해, 유력한 경쟁사업자의 수의 감소, 다양성 감소 등과 같은 경쟁제한의 효과가 생길 만한 우려가 있는 행위로서 그에 대한 의도와 목적이 있었다는 점이 증명되어야 한다. 그 행위로 인하여 현실적으로 위와 같은 효과가 나타났음이 증명된 경우에는 그 행위 당시에 경쟁제한을 초래할 우려가 있었고 또한 그에 대한 의도나 목적이 있었음을 사실상 추정할 수 있지만, 그렇지 않은 경우에는 행위의 경위 및 동기, 행위의 태양, 관련시장의 특성 또는 유사품 및 인접시장의 존재 여부, 관련시장에서의 가격 및 산출량의 변화 여부, 혁신 저해 및 다양성 감소 여부 등 여러 사정을 종합적으로 고려하여 그 행위가 경쟁제한의 효과가 생길 만한 우려가 있는 행위로서 그에 대한 의도나 목적이 있었는지를 판단하여야 한다. 다만 시장지배적 지위 남용행위로서의 배타조건부 거래행위는 거래상대방이 경쟁사업자와 거래하지 아니할 것을 조건으로 거래상대방과

거래하는 경우이므로, 통상 그러한 행위 자체에 경쟁을 제한하려는 목적이 포함되어 있다고 볼 수 있는 경우가 많다. 여기에서 배타조건부 거래행위가 부당한지를 앞서 든 부당성 판단 기준에 비추어 구체적으로 판단할 때에는, 배타조건부 거래행위로 인하여 대체적 물품구입처 또는 유통경로가 봉쇄·제한되거나 경쟁사업자 상품으로의 구매전환이 봉쇄·제한되는 정도를 중심으로, 그 행위에 사용된 수단의 내용과 조건, 배타조건을 준수하지 않고 구매를 전환할 경우에 구매자가 입게 될 불이익이나 그가 잃게 될 기회비용의 내용과 정도, 행위자의 시장에서의 지위, 배타조건부 거래행위의 대상이 되는 상대방의 수와 시장점유율, 배타조건부 거래행위의 실시 기간 및 대상이 되는 상품 또는 용역의 특성, 배타조건부 거래행위의 의도 및 목적과 아울러 소비자 선택권이 제한되는 정도, 관련 거래의 내용, 거래 당시의 상황 등 제반 사정을 종합적으로 고려하여야 한다.

[4] 다양한 형태의 조건부 리베이트 제공행위를 배타조건부 거래행위로 의율하여 그 부당성을 판단할 때에는, 리베이트의 양면적 성격과 배타조건부 거래행위의 부당성 판단 기준을 염두에 두고, 리베이트의 지급구조, 배타조건의 준수에 따라 거래상대방이 얻게 되는 리베이트의 내용과 정도, 구매전환 시에 거래상대방이 감수해야 할 불이익의 내용과 정도, 거래상대방이 구매전환이 가능한지를 고려하였는지 및 그 내용, 리베이트 제공 무렵 경쟁사업자들의 동향, 경쟁사업자의 시장진입 시도 여부, 리베이트 제공조건 제시에 대한 거래상대방의 반응, 거래상대방이 리베이트가 제공된 상품 내지 용역에 관하여 시장지배적 사업자에 대한 잠재적 경쟁자가 될 수 있는지, 배타조건부 거래행위로 인하여 발생할 수도 있는 비용 절감 효과 등이 최종소비자들에게 미치는 영향 등을 아울러 고려하여야 한다. 조건부 리베이트 제공행위로 인한 부정적 효과와 그러한 행위가 반드시 소비자 후생증대에 기여하지는 않는 점, 장기간의 배타조건부 거래계약을 체결함으로써 부당한 배타조건부 거래행위에 해당하게 되는 경우에도 계약체결을 위하여 반대급부로 제공된 이익이 비용 이하에 해당하는지 여부를 반드시 고려해야 한다고 볼 수는 없는 점과의 균형 등을 고려하면, 이른바 '약탈 가격 설정(predation)'과 비교하여 그 폐해가 발생하는 구조와 맥락이 전혀 다른 조건부 리베이트 제공행위를 그와 마찬가지로 보아 약탈 가격 설정에 적용되는 부당성 판단 기준을 그대로 적용할 수는 없다. 따라서 이러한 부당성 인정의 전제조건으로, 리베이트 제공이 실질적으로 비용 이하의 가격으로 판매한 경우에 해당하여야 한다는 점이나 시장지배적 사업자와 동등한 효율성을 가진 가상의 경쟁사업자 또는 실제 경쟁사업자들이 리베이트 제공에 대하여 가격 및 비용 측면에서 대처하는 데 지장이 없었다는 점 등에 관하여 회계적·경제적 분석(이하 '경제분석'이라 한다) 등을 통한 공정거래위원회의 증명이 필수적으로 요구되는 것은 아니다. 한편 사업자는 조건부 리베이트 제공행위의 사실상 구속력이나 부당성 증명을 위하여 위와 같은 경제분석을 사용하여 그 결정의 신뢰성을 높이는 것은 권장될 수 있다. 나아가 통상의 경우 사업자는 경제분석의 기초가 되는 원가 자료나 비용 관련 자료, 리베이트의 설계방식과 목적·의도와 관련한 자료 등은 보유하고 있으므로, 경제분석의 정확성이나 경제분석에 사용된 기초자료의 신뢰성·정확성과 관련한 모호함이나 의심이 있는 상황에서는, 사업자가 그 기초자료나 분석방법 등의 신빙성을 증명함으로써 조건부 리베이트 제공행위의 사실상의 구속력이나 부당성에 관한 공정거래위원회의 일응의 합리적 증명을 탄핵할 수는 있다.

[5] 공정거래위원회가 위반행위에 대한 과징금을 부과하면서 여러 개의 위반행위에 대하여 외형상 하나의 과징금 납부명령을 하였으나 여러 개의 위반행위 중 일부의 위반행위에 대한 과징금 부과만이 위법하고 소송상 그 일부의 위반행위를 기초로 한 과징금액을 산정할 수 있는 자료가 있는 경우에는, 하나의 과징금 납부명령일지라도 그 일부의 위반행위에 대한 과징금액에 해당하는 부분만을 취소하여야 한다(대판 2019.1.31, 2013두14726).

🏛 **확인 OX**

01 취소소송에서 위법 판단의 기준시점

독점규제 및 공정거래에 관한 법률을 위반한 수 개의 행위에 대하여 공정거래위원회가 하나의 과징금부과처분을 하였으나 수 개의 위반행위 중 일부의 위반행위에 대한 과징금부과만이 위법하고, 그 일부의 위반행위를 기초로 한 과징금액을 산정할 수 있는 자료가 있는 경우에도 법원은 과징금부과처분 전부를 취소하여야 한다. 19. 서울시 9급　　　　　(　)

정답 01 ×

[1] 행정처분의 근거 법률에 의하여 보호되는 직접적이고 구체적인 이익이 있는 경우에는 행정소송법 제35조에 규정된 '무효 등 확인을 구할 법률상 이익'이 있다고 보아야 한다. 이와 별도로 무효 등 확인소송의 보충성이 요구되는 것은 아니므로 행정처분의 유·무효를 전제로 한 이행소송 등과 같은 직접적인 구제수단이 있는지 여부를 따질 필요가 없다.

[2] 구 군인사법(1989.3.22. 법률 제4085호로 개정되기 전의 것, 이하 '구 군인사법'이라 한다) 제10조 제2항 제5호는 금고 이상의 형을 받고 집행유예 중에 있거나 그 집행유예기간이 종료된 날부터 2년이 지나지 않은 자가 장교·준사관 및 하사관으로 임용될 수 없도록 정하고 있다. 임용 당시 구 군인사법 제10조 제2항 제5호에 따른 임용결격사유가 있는데도 장교·준사관 또는 하사관으로 임용된 경우 그러한 임용행위는 당연무효가 된다.

[3] 구 소년법(1988.12.31. 법률 제4057호로 전부 개정되기 전의 것)은 20세 미만인 자를 대상으로 하여(제2조), 소년으로 범한 죄에 의하여 형의 선고를 받은 자가 집행을 종료하거나 집행의 면제를 받은 때에는 자격에 관한 법령의 적용에서는 장래에 향하여 형의 선고를 받지 않은 것으로 본다고 정하고 있었다(제60조). 그런데 구 소년법이 1988.12.31. 법률 제4057호로 전부 개정되면서 제60조가 그 내용을 그대로 유지한 채 제67조로 이전되었고, 헌법재판소는 2018.1.25. 구 소년법(1988.12.31. 법률 제4057호로 전부 개정되고, 2018.9.18. 법률 제15757호로 개정되기 전의 것) 제67조에 대하여 집행유예를 선고받은 경우에 대해서는 이와 같은 특례조항을 두지 않은 것이 평등원칙에 위반된다는 이유로 헌법불합치 결정을 하였다.

2018.9.18. 법률 제15757호로 개정된 소년법(이하 '소년법'이라 한다)은 제67조 제1항 제2호로 '소년이었을 때 범한 죄에 의하여 형의 선고유예나 집행유예를 선고받은 경우, 자격에 관한 법령을 적용할 때 장래에 향하여 형의 선고를 받지 않은 것으로 본다.'는 규정을 신설하였다. 아울러 소년법 부칙(2018.9.18.) 제2조는 "제67조의 개정규정은 이 법 시행 전 소년이었을 때 범한 죄에 의하여 형의 집행유예나 선고유예를 받은 사람에게도 적용한다."라고 정하여 개정된 소년법 제67조 제1항 제2호를 소급하여 적용하도록 하고 있다.

따라서 과거 소년이었을 때 죄를 범하여 형의 집행유예를 선고받은 사람이 장교·준사관 또는 하사관으로 임용된 경우에는, 구 군인사법 제10조 제2항 제5호에도 불구하고 소년법 제67조 제1항 제2호와 부칙 제2조에 따라 그 임용이 유효하게 된다.

[4] 가족관계등록제도는 국민의 출생·혼인·사망 등 가족관계의 발생 및 변동사항을 가족관계의 등록 등에 관한 법률(이하 '가족관계등록법'이라 한다)이 정한 절차에 따라서 가족관계등록부에 등록하여 공시·공증하는 제도이다(제1조, 제9조). 따라서 가족관계등록부는 그 기재가 적법하게 되었고 기재사항이 진실에 부합한다는 추정을 받는다.

그런데 가족관계등록부에 기재되어 있는 출생연월일이 착오 등으로 잘못 기재되었다고 인정되는 경우에 이해관계인은 사건 본인의 등록기준지를 관할하는 가정법원의 허가를 받아 가족관계등록부의 정정을 신청하여 잘못 기재된 출생연월일을 바로잡을 수 있다(가족관계등록법 제104조). 가족관계등록법이 정한 정정절차를 거쳐서 가족관계등록부의 출생연월일이 정정된 경우 그 의미는 생년월일의 잘못을 바로잡은 것으로, 사건 본인의 생년월일이 문제되는 법령을 적용할 때 이 점을 고려하여 판단하여야 한다.

소년법이 소년이었을 때 범한 죄로 형의 집행유예를 선고받은 경우 자격에 관한 법률을 적용할 때 장래에 향하여 선고를 받지 않은 것으로 보는 취지는 인격의 형성 도중에 있어 개선가능성이 풍부하고 심신의 발육에 따른 특수한 정신적 동요상태에 있는 소년의 시기에 범한 죄로 장래를 포기하거나 재기의 기회를 잃지 않도록 하기 위한 것이다. 따라서 소년법 제67조에서 정하고 있는 '소년이었을 때 범한 죄'인지는 실제 생년월일을 기준으로 판단하여야 하고, 형의 집행유예 등 선고 이후에 가족관계등록부의 출생연월일이 실제 생년월일에 따라 정정되었다면 그와 같이 정정된 출생연월일을 기준으로 소년이었을 때 범한 죄인지 여부를 판단하여야 한다(대판 2019.2.14, 2017두62587).

📋 확인 OX

01 무효등확인소송
무효확인소송은 즉시확정의 이익이 있는 경우에만 보충적으로 허용된다는 것이 판례의 입장이다. 15. 교육행정직 9급 (   )

02 무효등확인소송
대법원은 종래 무효확인소송에서 요구해 왔던 보충성을 더 이상 요구하지 않는 것으로 판례태도를 변경하였다. 18. 교육행정직 9급
(   )

03 행정행위의 하자
임용 당시 구 군인사법 제10조 제2항 제5호에 따른 임용결격사유가 있는데도 장교·준사관 또는 하사관으로 임용된 경우 그러한 임용행위가 당연무효로 되는 것은 아니다. 예상 (   )

04 행정행위의 하자
과거 소년이었을 때 죄를 범하여 형의 집행유예를 선고받은 사람이 장교·준사관 또는 하사관으로 임용된 경우에는, 구 군인사법 제10조 제2항 제5호에도 불구하고 소년법 제67조 제1항 제2호와 부칙 제2조에 따라 그 임용이 유효하게 된다. 예상 (   )

정답 01 ○ 02 × 03 ○ 04 ×

[1] 갑 광역자치단체가 을 유한회사와 '관계 법령 등의 변경으로 사업의 수익성에 중대한 영향을 미치는 경우 협약당사자 간의 협의를 통해 통행료를 조정하고(제22조 제2항), 통행료 조정사유가 발생하였으나 실제로 통행료 조정이 이루어지지 못한 경우 보조금을 증감할 수 있다(제11조 제3항)'는 내용의 터널 민간투자사업 실시협약을 체결하였는데, 2002년에 법인세법이 개정되어 법인세율이 인하되자 갑 자치단체가 법인세율 인하 효과를 반영하여 산정한 재정지원금액을 지급한 사안에서, 민간투자사업의 실시협약에서 사업시행자의 투자수익률을 '세후 수익률'로 약정하는 것은, 사업시행자가 시설의 운영성과를 결산하여 납부하여야 할 법인세액을 일종의 비용으로 인식하여 만약 법인세율 변경으로 법인세액에 증감이 발생하면 이를 상쇄하기 위하여 통행료를 조정하는 등의 방법으로 당초 약정한 '세후 수익률'을 달성할 수 있도록 협약당사자들이 상호 협력하기로 약정한 것인 점, 위 실시협약 제11조 제3항 규정에서 정한 통행료의 조정을 대신하는 보조금인 재정지원금의 증감은 법인세율 변경에 따른 경제적 효과를 상쇄하기 위한 조치이므로 양자 사이에는 대략적으로라도 경제적 등가관계가 성립하여야 하는데, 갑 자치단체가 법인세율 인하 효과를 반영하여 산정한 재정지원금액이 법인세율 인하 효과를 반영하지 않은 채 산정한 재정지원금액보다 매년 약 13~27억 원 정도 적다는 것은 법인세율 인하에 따른 경제적 효과를 매년 약 13~27억 원에 달하는 것으로 평가하였음을 의미하는 점 등을 종합하면, 법인세법 개정에 따른 법인세율 인하가 실시협약에서 정한 '관계 법령 등의 변경'에 해당하고 '사업의 수익성에 중대한 영향을 미치는 경우'에 해당한다고 본 원심판단을 수긍한 사례.

[2] 민간투자사업 실시협약을 체결한 당사자가 공법상 당사자소송에 의하여 그 실시협약에 따른 재정지원금의 지급을 구하는 경우에, 수소법원은 단순히 주무관청이 재정지원금액을 산정한 절차 등에 위법이 있는지 여부를 심사하는데 그쳐서는 아니 되고, 실시협약에 따른 적정한 재정지원금액이 얼마인지를 구체적으로 심리·판단하여야 한다(대판 2019.1.31, 2017두46455).

🏛 확인 OX

01 당사자소송
민간투자사업 실시협약을 체결한 당사자가 공법상 당사자소송에 의하여 그 실시협약에 따른 재정지원금의 지급을 구하는 경우에, 수소법원은 단순히 주무관청이 재정지원금액을 산정한 절차 등에 위법이 있는지 여부를 심사하는 데 그쳐서는 아니 되고, 실시협약에 따른 적정한 재정지원금액이 얼마인지를 구체적으로 심리·판단하여야 한다. 예상   (   )

정답 01 ○

[1] '국토의 계획 및 이용에 관한 법률'(이하 '국토계획법'이라 한다) 제130조 제1항, 제3항은, 도시·군계획시설사업의 시행자는 도시·군계획 등에 관한 기초조사, 도시·군계획시설사업에 관한 조사·측량 또는 시행 등을 하기 위하여 필요하면 타인의 토지를 재료적치장 또는 임시통로로 일시 사용할 수 있고, 이에 따라 타인의 토지를 일시 사용하려는 자는 토지의 소유자·점유자 또는 관리인(이하 '소유자 등'이라 한다)의 동의를 받아야 한다고 규정하고 있다.

국토계획법 제130조의 체계와 내용, 입법 목적과 함께 공익사업의 성격을 종합하면, 도시·군계획시설사업의 사업시행자가 사업구역에 인접한 특정 토지를 재료적치장 또는 임시통로 용도로 한시적으로 이용할 필요가 있는 경우, 사업시행자는 위 규정에 따라 해당 토지 소유자 등의 동의를 받아야 하고, 토지 소유자 등은 이를 거부할 정당한 사유가 없는 한 사업시행자의 '일시 사용'을 수인하고 동의할 의무가 있다. 한편 국토계획법 제96조에 따라 공익사업을 위한 토지 등의 취득 및 보상에 관한 법률 제62조가 준용되는 수용·사용의 경우와 달리, 국토계획법 제130조에 따른 일시 사용의 경우에는 사전보상 원칙이 적용되지 않는다고 보아야 하므로, 그 손실보상금에 관한 다툼이 있다는 사정은 토지 소유자 등이 일시 사용에 대한 동의를 거부할 정당한 사유가 될 수 없다.

[2] 국토의 계획 및 이용에 관한 법률 제130조 제3항에서 정한 토지의 소유자·점유자 또는 관리인(이하 '소유자 등'이라 한다)이 사업시행자의 일시 사용에 대하여 정당한 사유 없이 동의를 거부하는 경우, 사업시행자는 해당 토지의 소유자 등을 상대로 동의의 의사표시를 구하는 소를 제기할 수 있다. 이와 같은 토지의 일시 사용에 대한 동의의 의사표시를 할 의무는 '국토의 계획 및 이용에 관한 법률'에서 특별히 인정한 공법상의 의무이므로, 그 의무의 존부를 다투는 소송은 '공법상의 법률관계에 관한 소송으로서 그 법률관계의 한쪽 당사자를 피고로 하는 소송', 즉 행정소송법 제3조 제2호에서 규정한 당사자소송이라고 보아야 한다.

행정소송법 제39조는, "당사자소송은 국가·공공단체 그 밖의 권리주체를 피고로 한다."라고 규정하고 있다. 이것은 당사자소송의 경우 항고소송과 달리 '행정청'이 아닌 '권리주체'에게 피고적격이 있음을 규정하는 것일 뿐, 피고적격이 인정되는 권리주체를 행정주체로 한정한다는 취지가 아니므로, 이 규정을 들어 사인을 피고로 하는 당사자소송을 제기할 수 없다고 볼 것은 아니다.

그리고 당사자소송에 대하여는 행정소송법 제8조 제2항에 따라 민사집행법상 가처분에 관한 규정이 준용되므로, 사업시행자는 민사집행법 제300조 제2항에 따라 현저한 손해를 피하기 위해 필요한 경우 '임시의 지위를 정하기 위한 가처분'을 통하여 공익사업을 신속하고 원활하게 수행할 수 있다(대판 2019.9.9, 2016다262550).

📖 확인 OX

01 당사자소송
국토의 계획 및 이용에 관한 법률상 토지의 소유자·점유자 또는 관리인이 사업시행자의 토지의 일시 사용에 대한 동의의 의사표시를 할 의무의 존부를 다투는 소송은 당사자소송이라고 보아야 한다. 예상 ( )

02 당사자소송
행정소송법은 당사자소송은 국가·공공단체 그 밖의 권리주체를 피고로 한다라고 규정하고 있는데, 이것은 당사자소송의 경우 항고소송과 달리 행정청이 아닌 권리주체에게 피고적격이 있음을 규정하는 것으로 피고적격이 인정되는 권리주체를 행정주체로 한정한다는 취지이다. 예상 ( )

03 당사자소송
당사자소송에 대하여는 행정소송법에 따라 민사집행법상 가처분에 관한 규정이 준용된다. 예상 ( )

정답 01 ○ 02 × 03 ○

[1] 구 군인연금법(2013.3.22. 법률 제11632호로 개정되기 전의 것, 이하 '법'이라 한다)상 유족연금에 관한 제26조 제1항 제3호, 제3조 제1항 제4호, 제12조, 제29조 제1항, 제2항, 제8조 제1항의 내용과 체계에, 유족에게 적절한 급여를 지급함으로써 유족의 생활 안정과 복리 향상에 기여함을 목적으로 하는 유족연금 제도의 입법 취지를 종합하면, <u>군인의 사망으로 인한 유족연금수급권은 선순위 유족이 '군인이 사망한 날로부터 5년 내'에 유족연금을 청구하여 국방부장관의 지급결정을 받아 구체적인 유족연금수급권(기본권)이 발생한 경우, 그에 따라 다달이 발생하는 월별 수급권(지분권)이 소멸시효에 걸릴 수 있을 뿐, 구체적인 유족연금수급권은 독립적으로 법 제8조 제1항에서 정한 소멸시효의 적용 대상이 되지 아니한다.</u> 이는 선순위 유족에게 유족연금수급권의 상실사유가 발생하여 동순위 또는 차순위 유족에게 구체적인 유족연금수급권이 법 제29조 제2항 규정에 따라 이전되는 경우에도 마찬가지라고 보아야 한다.

[2] <u>선순위 유족이 유족연금수급권을 상실함에 따라 동순위 또는 차순위 유족이 상실 시점에서 유족연금수급권을 법률상 이전받더라도 동순위 또는 차순위 유족은 구 군인연금법 시행령(2010.11.2. 대통령령 제22467호로 개정되기 전의 것) 제56조에서 정한 바에 따라 국방부장관에게 '유족연금수급권 이전 청구서'를 제출하여 심사·판단받는 절차를 거쳐야 비로소 유족연금을 수령할 수 있게 된다.</u> 이에 관한 국방부장관의 결정은 선순위 유족의 수급권 상실로 청구인에게 유족연금수급권 이전이라는 법률효과가 발생하였는지를 '확인'하는 행정행위에 해당하고, 이는 월별 유족연금액 지급이라는 후속 집행행위의 기초가 되므로, '행정청이 행하는 구체적 사실에 관한 법 집행으로서의 공권력의 행사 또는 그 거부'(행정소송법 제2조 제1항 제1호)로서 항고소송의 대상인 처분에 해당한다고 보아야 한다. 그러므로 만약 국방부장관이 거부결정을 하는 경우 그 거부결정을 대상으로 항고소송을 제기하는 방식으로 불복하여야 하고, 청구인이 정당한 유족연금수급권자라는 국방부장관의 심사·확인 결정 없이 곧바로 국가를 상대로 한 당사자소송으로 그 권리의 확인이나 유족연금의 지급을 소구할 수는 없다.

[3] 구 군인연금법(2013.3.22. 법률 제11632호로 개정되기 전의 것, 이하 '법'이라 한다) 제8조 제1항은 '급여를 받을 권리'는 '그 급여의 사유가 발생한 날'로부터 5년간 이를 행사하지 아니할 때에는 시효로 인하여 소멸한다고 규정하고 있고, 이는 군인연금법상 급여를 받을 모든 권리에 대하여 적용되는 것이므로, ① 군인의 공무상 사망으로 선순위 유족이 법 제26조 제1항 제3호 규정에 따라 곧바로 취득하는 추상적 유족연금청구권뿐 아니라 ② 구 군인연금법 시행령(2010.11.2. 대통령령 제22467호로 개정되기 전의 것) 제53조에 따른 유족연금 최초 청구를 하여 국방부장관의 지급결정을 거쳐 구체적 유족연금수급권을 취득한 선순위 유족이 망인의 공무상 사망일 다음 달부터 갖게 되는 월별 수급권이나 ③ 선순위 유족에게 법 제29조 제1항 각호에서 정한 사유가 발생하여 구체적 유족연금수급권을 상실함에 따라 법 제29조 제2항 규정에 의하여 곧바로 구체적 유족연금수급권을 취득한 동순위 또는 차순위 유족이 갖게 되는 월별 수급권에 대하여도 5년의 소멸시효 기간이 적용된다. 따라서 법 제8조 제1항에서 소멸시효의 기산점으로 규정한 '급여의 사유가 발생한 날'이란, 추상적 유족연금청구권의 경우에는 '급여를 받을 권리가 발생한 원인이 되는 사실이 발생한 날'을, 월별 수급권의 경우에는 '매달 연금지급일'을 의미한다.

[4] 선순위 유족에게 구 군인연금법(2013.3.22. 법률 제11632호로 개정되기 전의 것, 이하 '법'이라 한다) 제29조 제1항 각호에서 정한 사유가 발생하여 구체적 유족연금수급권을 상실함에 따라 동순위 또는 차순위 유족이 법 제29조 제2항 규정에 의하여 곧바로 구체적 유족연금수급권을 취득한 경우 그로부터 발생하는 월별 수급권은 매 연금지급일(매달 25일)부터 5년간 이를 행사하지 아니한 때에는 각 시효가 완성되어 소멸하게 되며, 국방부장관에게 구 군인연금법 시행령(2010.11.2. 대통령령 제22467호로 개정되기 전의 것) 제56조에 따라 유족연금수급권 이전 청구를 한 경우에는 이미 발생한 월별 수급권에 관하여 권리를 행사한다는 취지를 객관적으로 표명한 것이므로, 그 이전 청구 시부터 거꾸로 계산하여 5년 이내의 월별 수급권은 소멸시효의 진행이 중단되어 지급받을 수 있다(대판 2019.12.27, 2018두46780).

🏛 확인 OX

01 소멸시효
군인의 사망으로 인한 유족연금수급권은 선순위 유족이 '군인이 사망한 날로부터 5년 내'에 유족연금을 청구하여 국방부장관의 지급 결정을 받아 구체적인 유족연금수급권(기본권)이 발생한 경우, 그에 따라 다달이 발생하는 월별 수급권(지분권)이 소멸시효에 걸릴 수 있을 뿐, 구체적인 유족연금수급권은 독립적으로 구 군인연금법 제8조 제1항에서 정한 소멸시효의 적용 대상이 되지 아니한다. 예상

(　　)

02 소송요건(대상적격)
선순위 유족이 유족연금수급권을 상실함에 따라 동순위 또는 차순위 유족이 상실 시점에서 유족연금수급권을 법률상 이전받더라도 동순위 또는 차순위 유족은 구 군인연금법 시행령에서 정한 바에 따라 국방부장관에게 유족연금수급권 이전 청구서를 제출하여 심사·판단받는 절차를 거쳐야 비로소 유족연금을 수령할 수 있게 되며 이에 관한 국방부장관의 결정은 '확인'적 행정행위로서 항고소송의 대상이 되는 처분이다. 예상

(　　)

03 당사자소송
선순위 유족이 유족연금수급권을 상실함에 따라 동순위 또는 차순위 유족이 유족연금수급권 이전 청구를 하였고 이에 대해 국방부장관이 거부결정을 하는 경우 곧바로 국가를 상대로 한 당사자소송으로 그 권리의 확인이나 유족연금의 지급을 소구할 수 있다. 예상

(　　)

정답 01 ○ 02 ○ 03 ×

PART 3

2018년
행정법총론 중요 판례

제1편 행정법통론

제2편 일반행정작용법

제3편 행정절차, 개인정보 보호와 행정정보공개

제4편 행정의 실효성 확보수단

제5편 행정구제법 Ⅰ

제6편 행정구제법 Ⅱ

01 물포발포행위 등 위헌확인 2015헌마476 ★★☆

[1] 집회나 시위 해산을 위한 살수차 사용은 집회의 자유 및 신체의 자유에 대한 중대한 제한을 초래하므로 살수차 사용요건이나 기준은 법률에 근거를 두어야 하고, 살수차와 같은 위해성 경찰장비는 본래의 사용방법에 따라 지정된 용도로 사용되어야 하며 다른 용도나 방법으로 사용하기 위해서는 반드시 법령에 근거가 있어야 한다. 혼합살수방법은 법령에 열거되지 않은 새로운 위해성 경찰장비에 해당하고 이 사건 지침에 혼합살수의 근거 규정을 둘 수 있도록 위임하고 있는 법령이 없으므로, 이 사건 지침은 법률유보원칙에 위배되고 이 사건 지침만을 근거로 한 이 사건 혼합살수행위 역시 법률유보원칙에 위배된다. 따라서 이 사건 혼합살수행위는 청구인들의 신체의 자유와 집회의 자유를 침해한다.

[2] 청구인들의 기본권 침해 상황은 이 사건 지침으로 인한 것이 아니라 행정기관의 구체적인 집행행위인 혼합살수행위로 인하여 발생한 것이므로, 이 사건 지침으로 인한 기본권 침해의 직접성을 인정할 수 없다(헌재 2018.5.31, 2015헌마476).

🏛 **확인 OX**

01 법률유보원칙

집회나 시위 해산을 위한 살수차 사용은 집회의 자유 및 신체의 자유에 대한 중대한 제한을 초래하므로 살수차 사용요건이나 기준은 법률에 근거를 두어야 한다. 단, 살수차와 같은 위해성 경찰장비라 하더라도 다른 용도나 방법으로 사용하기 위해서는 반드시 법령에 근거가 있어야 하는 것은 아니다. 예상   (   )

정답 OI ×

02 입찰참가자격제한처분 취소 2016두57984 ★★☆

[1] 제재적 행정처분이 재량권의 범위를 일탈하였거나 남용하였는지 여부는 처분사유인 위반행위의 내용과 위반의 정도, 처분에 의하여 달성하려는 공익상의 필요와 개인이 입게 될 불이익 및 이에 따르는 제반 사정 등을 객관적으로 심리하여 공익침해의 정도와 처분으로 인하여 개인이 입게 될 불이익을 비교·교량하여 판단하여야 한다.

이러한 제재적 행정처분의 기준이 부령 형식으로 규정되어 있더라도 그것은 행정청 내부의 사무처리준칙을 규정한 것에 지나지 않아 대외적으로 국민이나 법원을 기속하는 효력이 없다. 따라서 그 처분의 적법 여부는 처분기준만이 아니라 관계 법령의 규정 내용과 취지에 따라 판단하여야 한다. 그러므로 처분기준에 부합한다고 하여 곧바로 처분이 적법한 것이라고 할 수는 없지만, 처분기준이 그 자체로 헌법 또는 법률에 합치되지 않거나 그 기준을 적용한 결과가 처분사유인 위반행위의 내용 및 관계 법령의 규정과 취지에 비추어 현저히 부당하다고 인정할 만한 합리적인 이유가 없는 한, 섣불리 그 기준에 따른 처분이 재량권의 범위를 일탈하였다거나 재량권을 남용한 것으로 판단해서는 안 된다.

[2] 특별사면은 사면권자의 고도의 정치적·정책적 판단에 따른 시혜적인 조치이고, 특별사면 진행 여부 및 그 적용 범위는 사전에 예상하기 곤란할 뿐 아니라, 처분청에 처분상대방이 특별사면 대상이 되도록 신속하게 절차를 진행할 의무까지 인정된다고 보기도 어렵다. 따라서 처분이 지연되지 않았다면 특별사면 대상이 될 수 있었다는 사정만으로 입찰참가자격 제한처분이 위법하다고 볼 수는 없다. 다만 법원으로서는 처분이 지연된 경우, 지연된 처분에 따른 사면 대상 제외 이외에 처분상대방이 입게 된 특별한 불이익이 있는지, 그 밖의 감경사유는 없는지, 처분상대방에 대한 제재의 필요성, 처분상대방이 처분 지연으로 인하여 특별사면의 혜택을 누리게 되지 못한 점이 처분 양정에 고려되었는지, 처분 결과가 비례와 형평에 반하는지 등을 종합적으로 고려하여 입찰참가자격 제한처분에 관한 재량권 일탈·남용이 인정되는지를 판단할 수 있을 따름이나(대판 2018.5.15, 2016두57984).

🏛 확인 OX

01 재량준칙이 부령에 규정된 경우
제재적 행정처분의 기준이 부령 형식으로 규정되어 있더라도 그것이 행정청 내부의 사무처리준칙을 규정한 것에 지나지 않다고 볼 수는 없고, 대외적으로 국민이나 법원을 기속하는 효력이 있다. 예상 ( )

02 재량준칙이 부령에 규정된 경우
제재적 처분기준이 부령의 형식으로 규정되어 있는 경우, 그 처분기준에 따른 제재적 행정처분이 현저히 부당하다고 인정할 만한 합리적인 이유가 없는 한 섣불리 그 처분이 재량권의 범위를 일탈하였거나 재량권을 남용한 것이라고 판단해서는 안 된다. 16. 국가직 7급
( )

03 특별사면
대통령의 특별사면은 통치행위이다. 16. 교육행정직 9급 ( )

정답 01 × 02 ○ 03 ○

[1] 정신건강증진 및 정신질환자 복지서비스 지원에 관한 법률 제19조 제1항은 "정신의료기관의 개설은 의료법에 따른다. 이 경우 의료법 제36조에도 불구하고 정신의료기관의 시설 · 장비의 기준과 의료인 등 종사자의 수 · 자격에 관하여 필요한 사항은 정신의료기관의 규모 등을 고려하여 보건복지부령으로 따로 정한다."라고 규정하고 있다. 위 후단 규정의 위임에 따라, 같은 법 시행규칙 [별표 3], [별표 4]는 정신의료기관에 관하여 시설 · 장비의 기준과 의료인 등 종사자의 수 · 자격 기준을 구체적으로 규정하고 있다.

한편 의료법은 의료기관의 개설 주체가 의원 · 치과의원 · 한의원 또는 조산원을 개설하려고 하는 경우에는 시장 · 군수 · 구청장에게 신고하도록 규정하고 있지만(제33조 제3항), 종합병원 · 병원 · 치과병원 · 한방병원 또는 요양병원을 개설하려고 하는 경우에는 시 · 도지사의 허가를 받도록 규정하고 있다(제33조 제4항). 이와 같이 의료법이 의료기관의 종류에 따라 허가제와 신고제를 구분하여 규정하고 있는 취지는, 신고 대상인 의원급 의료기관 개설의 경우 행정청이 법령에서 정하고 있는 요건 이외의 사유를 들어 신고 수리를 반려하는 것을 원칙적으로 배제함으로써 개설 주체가 신속하게 해당 의료기관을 개설할 수 있도록 하기 위함이다.

앞서 본 관련 법령의 내용과 이러한 신고제의 취지를 종합하면, 정신과의원을 개설하려는 자가 법령에 규정되어 있는 요건을 갖추어 개설신고를 한 때에, 행정청은 원칙적으로 이를 수리하여 신고필증을 교부하여야 하고, 법령에서 정한 요건 이외의 사유를 들어 의원급 의료기관 개설신고의 수리를 거부할 수는 없다.

[2] 헌법상 평등원칙은 본질적으로 같은 것을 자의적으로 다르게 취급함을 금지하는 것으로서, 일체의 차별적 대우를 부정하는 절대적 평등을 뜻하는 것이 아니라 입법을 하고 법을 적용할 때에 합리적인 근거가 없는 차별을 하여서는 아니 된다는 상대적 평등을 뜻하므로, 합리적 근거가 있는 차별 또는 불평등은 평등의 원칙에 반하지 아니한다. 또한 헌법상 기본권 보호의무란 기본권적 법익을 기본권 주체인 사인에 의한 위법한 침해 또는 침해의 위험으로부터 보호하여야 하는 국가의 의무를 말하며, 주로 사인인 제3자에 의한 개인의 생명이나 신체의 훼손에서 문제 되는 것이다.

이러한 법리에 비추어 살펴보면, 관련 법령이 정신병원 등의 개설에 관하여는 허가제로, 정신과의원 개설에 관하여는 신고제로 각 규정하고 있는 것은 각 의료기관의 개설 목적 및 규모 등 차이를 반영한 합리적 차별로서 평등의 원칙에 반한다고 볼 수 없다. 또한 신고제 규정으로 사인인 제3자에 의한 개인의 생명이나 신체 훼손의 위험성이 증가한다고 할 수 없어 기본권 보호의무에 위반된다고 볼 수도 없다(대판 2018.10.25, 2018두44302).

🏛 확인 OX

01 자기완결적 신고
의료법이 의료기관의 종류에 따라 허가제와 신고제를 구분하여 규정하고 있는 취지는, 신고 대상인 의원급 의료기관 개설의 경우 행정청이 법령에서 정하고 있는 요건 이외의 사유를 들어 신고 수리를 반려하는 것을 원칙적으로 배제함으로써 개설 주체가 신속하게 해당 의료기관을 개설할 수 있도록 하기 위함이다. 예상 ( )

02 자기완결적 신고
의료법에 따라 정신과의원을 개설하려는 자가 법령에 규정되어 있는 요건을 갖추어 개설신고를 한 경우라도 관할 시장 · 군수 · 구청장은 법령에서 정한 요건 이외의 사유를 들어 의원급 의료기관 개설신고의 수리를 거부할 수 있다. 19. 지방직 7급 ( )

03 평등원칙의 위반 여부
정신병원 등의 개설에 관하여는 허가제로, 정신과의원 개설에 관하여는 신고제로 각 규정하고 있는 것은 각 의료기관의 개설 목적 및 규모 등 차이를 반영한 합리적 차별로서 평등의 원칙에 반한다고 볼 수 없다. 예상 ( )

정답 01 ○ 02 × 03 ○

갑 주식회사가 조달청장과 우수조달물품으로 지정된 고정식 연결의자를 수요기관인 지방자치단체에 납품하는 내용의 물품구매계약을 체결한 후 각 지방자치단체에 지정된 우수조달물품보다 품질이 뛰어난 프리미엄급 의자를 납품하였는데, 조달청장이 갑 회사가 수요기관에 납품한 의자가 우수조달물품이 아닌 일반제품이라는 이유로 3개월간 입찰참가자격을 제한하는 처분을 한 사안에서, 위 물품구매계약은 갑 회사와 조달청장이 당사자이고 수요기관인 지방자치단체들이 계약상 수익자인 제3자를 위한 계약인데, 제3자인 지방자치단체들이 계약 내용을 임의로 변경할 수 없으므로, 갑 회사가 임의로 위 계약에서 정한 제품과 다른 제품을 납품한 행위 자체가 계약위반에 해당하는 점, 갑 회사가 수의계약이 가능한 제품으로 계약을 체결한 후에 수의계약이 불가능한 제품을 대신 수요기관에 납품한 것은 그 자체로 국가를 당사자로 하는 계약에 관한 법률의 취지에 반하는 것으로 부당하거나 부정한 행위로 평가할 수 있는 점, 결과적으로 같은 제품을 생산하는 다른 중소기업자들의 납품 기회를 박탈하였다는 점에서 보면 갑 회사가 납품한 제품이 물품구매계약에서 정한 제품보다 효용성이 크다거나 고가·고급 사양의 제품이라는 이유만으로 갑 회사의 계약위반 행위가 정당화되지 않는 점 등을 종합하면, 원심이 위 처분에 처분사유가 인정되지 않는다고 판단한 부분은 수긍하기 어려우나 위 처분이 비례원칙 등을 위반하여 재량권을 일탈·남용하였으므로 결과적으로 위법하다고 판단한 원심의 결론은 정당하다고 한 사례(대판 2018.11.29, 2018두49390).

📖 확인 OX

01 비례의 원칙의 위반 여부

甲 주식회사가 조달청장과 우수조달물품으로 지정된 고정식 연결의자를 수요기관인 지방자치단체에 납품하는 내용의 물품구매계약을 체결한 후 각 지방자치단체에 지정된 우수조달물품보다 품질이 뛰어난 프리미엄급 의자를 납품하였는데, 조달청장이 甲 회사가 수요기관에 납품한 의자가 우수조달물품이 아닌 일반제품이라는 이유로 3개월간 입찰참가자격을 제한하는 처분을 한 것은 비례의 원칙에 반하지 않는다. 예상

( )

정답 01 ×

[1] 운전면허를 받은 사람이 음주운전을 한 경우에 운전면허의 취소 여부는 행정청의 재량행위이나, 음주운전으로 인한 교통사고의 증가와 그 결과의 참혹성 등에 비추어 보면 음주운전으로 인한 교통사고를 방지할 공익상의 필요는 더욱 중시되어야 하고, 운전면허의 취소에서는 일반의 수익적 행정행위의 취소와는 달리 취소로 인하여 입게 될 당사자의 불이익보다는 이를 방지하여야 하는 일반예방적 측면이 더욱 강조되어야 한다.

[2] 갑이 혈중알코올농도 0.140%의 주취상태로 배기량 125cc 이륜자동차를 운전하였다는 이유로 관할 지방경찰청장이 갑의 자동차운전면허[제1종 대형, 제1종 보통, 제1종 특수(대형견인·구난), 제2종 소형]를 취소하는 처분을 한 사안에서, 갑에 대하여 제1종 대형, 제1종 보통, 제1종 특수(대형견인·구난) 운전면허를 취소하지 않는다면, 갑이 각 운전면허로 배기량 125cc 이하 이륜자동차를 계속 운전할 수 있어 실질적으로는 아무런 불이익을 받지 않게 되는 점, 갑의 혈중알코올농도는 0.140%로서 도로교통법령에서 정하고 있는 운전면허 취소처분 기준인 0.100%를 훨씬 초과하고 있고 갑에 대하여 특별히 감경해야 할 만한 사정을 찾아볼 수 없는 점, 갑이 음주상태에서 운전을 하지 않으면 안 되는 부득이한 사정이 있었다고 보이지 않는 점, 처분에 의하여 달성하려는 행정목적 등에 비추어 볼 때, 처분이 사회통념상 현저하게 타당성을 잃어 재량권을 남용하거나 한계를 일탈한 것이라고 단정하기에 충분하지 않음에도, 이와 달리 위 처분 중 제1종 대형, 제1종 보통, 제1종 특수(대형견인·구난) 운전면허를 취소한 부분에 재량권을 일탈·남용한 위법이 있다고 본 원심판단에 재량권 일탈·남용에 관한 법리 등을 오해한 위법이 있다고 한 사례(대판 2018.2.28, 2017두67476).

📋 확인 OX

01 기속행위와 재량행위
운전면허를 받은 사람이 음주운전을 한 경우에 운전면허의 취소 여부는 행정청의 재량행위이다. 예상 ( )

02 부당결부금지의 원칙
甲이 혈중알코올농도 0.140%의 주취상태로 배기량 125cc 이륜자동차를 운전하였다는 이유로 관할 지방경찰청장이 甲의 자동차운전면허[제1종 대형, 제종 보통, 제1종 특수(대형견인·구난), 제2종 소형]를 취소하는 처분을 한 사안에서, 위 처분 중 제1종 대형, 제1종 보통, 제1종 특수(대형견인·구난) 운전면허를 취소한 부분은 재량권을 일탈·남용한 위법이 있다. 예상 ( )

정답 01 ○ 02 ×

[1] 사법인인 학교법인과 학생의 재학관계는 사법상 계약에 따른 법률관계에 해당한다. 지방자치단체가 학교법인이 설립한 사립중학교에 의무교육대상자에 대한 교육을 위탁한 때에 그 학교법인과 해당 사립중학교에 재학 중인 학생의 재학관계도 기본적으로 마찬가지이다.

[2] 학교법인은 학생과의 재학계약에서 다음과 같은 내용의 안전배려의무를 부담한다. 즉 학교법인은 학생의 생명, 신체, 건강 등의 안전을 확보하기 위하여 교육장소의 물적 환경을 정비하여야 하고, 학생이 교육을 받는 과정에서 위험 발생의 우려가 있을 때에는 미리 위험을 제거할 수단을 마련하는 등 합리적 조치를 하여야 한다.

학교법인이 안전배려의무를 위반하여 학생의 생명, 신체, 건강 등을 침해하여 손해를 입힌 때에는 불완전이행으로서 채무불이행으로 인한 손해배상책임을 부담한다. 구체적으로 손해배상책임을 인정하기 위해서는, 문제가 된 사고와 재학계약에 따른 교육활동 사이에 직접 또는 간접적으로 관련성이 인정되어야 하고, 학교법인이 설립한 학교의 학교장이나 교사가 사고를 교육활동에서 통상 발생할 수 있다고 예견하였거나 예견할 수 있었음에도 사고 위험을 미리 제거하기 위하여 필요한 조치를 다하지 못하였다고 평가할 수 있어야 한다. 이러한 예견가능성은 교육활동의 때와 장소, 교육활동의 종류와 성질, 당해 사고와 관련된 교육활동 참여자들의 분별능력과 성행, 피해 학생과의 관계 기타 여러 사정을 고려하여 판단하여야 한다.

특히 운동부 학생은 활발한 신체활동이 예정되어 있어서 학생의 생명, 신체, 건강 등의 안전을 위태롭게 할 위험이 발생할 가능성이 높다고 할 수 있다. 이 점을 유념하여 운동부 학생을 지도하는 교사는 운동부 학생의 건강 상태에 대해 자세히 점검하고 이상 여부를 확인하여야 하고, 점검 결과에 따라 학생의 실력 수준과 건강 상태에 따라 위험을 예방하거나 제거할 수 있는 수단을 마련해 두어야 하며, 훈련상황을 자세히 관찰하면서 혹시 있을지 모르는 위험한 상황에 대하여 적절한 조치를 할 수 있는 준비를 하여야 하고, 사고가 발생한 때에는 피해 발생을 최소화하기 위하여 신속하고 적절한 조치를 하여야 한다.

[3] 갑 학교법인이 운영하는 중학교의 유도부 소속 학생인 을이 훈련으로 상당히 지친 상태에서 충분한 휴식을 취하지 못한 채 기량 차이가 나는 병을 상대로 업어치기 기술을 시도하다가 균형을 잃고 넘어져서 상해를 입은 사안에서, 을이 위와 같은 상태에서 병을 상대로 업어치기 기술을 시도할 경우 을과 병이 균형을 잃고 함께 넘어져 을이 상해를 입을 가능성이 다분히 있었으며 유도부 지도교사들은 이러한 위험성을 충분히 예견할 수 있었으므로, 유도부 지도교사들은 을이 충분한 휴식을 취하여 체력과 집중력을 회복한 상태에서 자유연습에 임하도록 하고, 체력과 기량에서 차이가 나는 학생들끼리 자유연습을 할 때에는 상급자가 최대한으로 하급자를 배려하도록 하여야 하며, 적절한 통제가 가능할 정도로 자유연습 인원을 제한하여 학생들의 동작을 관찰하고 필요한 조치를 즉시 취할 주의의무가 있는데, 유도부 지도교사들이 이러한 주의의무를 게을리한 과실로 을이 상해를 입었으므로, 갑 학교법인은 을에게 안전배려의무 위반으로 인한 채무불이행책임을 부담한다고 본 원심판단을 수긍한 사례(대판 2018.12.28, 2016다33196).

📖 확인 OX

01 공법관계와 사법관계

사법인인 학교법인과 학생의 재학관계는 사법상 법률관계이나, 지방자치단체가 사립중학교에 의무교육대상자에 대한 교육을 위탁한 때에 그 학교법인과 재학생과의 관계는 공법상 법률관계가 된다. 예상　　　　　　　　　　(　　　)

정답 01 ×

PART 3

2018년 행정법총론 중요 판례

[1] 공기업·준정부기관이 법령 또는 계약에 근거하여 선택적으로 입찰참가자격 제한 조치를 할 수 있는 경우, 계약상대방에 대한 입찰참가자격 제한 조치가 법령에 근거한 행정처분인지 아니면 계약에 근거한 권리행사인지는 원칙적으로 의사표시의 해석 문제이다. 이때에는 공기업·준정부기관이 계약상대방에게 통지한 문서의 내용과 해당 조치에 이르기까지의 과정을 객관적·종합적으로 고찰하여 판단하여야 한다. 그럼에도 불구하고 공기업·준정부기관이 법령에 근거를 둔 행정처분으로서의 입찰참가자격 제한 조치를 한 것인지 아니면 계약에 근거한 권리행사로서의 입찰참가자격 제한 조치를 한 것인지가 여전히 불분명한 경우에는, 그에 대한 불복방법 선택에 중대한 이해관계를 가지는 그 조치 상대방의 인식가능성 내지 예측가능성을 중요하게 고려하여 규범적으로 이를 확정함이 타당하다.

[2] 공공기관의 운영에 관한 법률 제39조 제2항은, 공기업·준정부기관이 공정한 경쟁이나 계약의 적정한 이행을 해칠 것이 명백하다고 판단되는 행위를 한 부정당업자를 향후 일정 기간 입찰에서 배제하는 조항으로서, 공적 계약의 보호라는 일반예방적 목적을 달성함과 아울러 해당 부정당업자를 제재하기 위한 규정이다. 따라서 위 조항이 적용되는 부정당행위는 공기업·준정부기관을 상대로 하는 행위에 한정되는 것으로 해석함이 타당하다(대판 2018.10.25, 2016두33537).

🏛 확인 OX

01 소송요건(대상적격)
공기업·준정부기관이 법령 또는 계약에 근거하여 선택적으로 입찰참가자격 제한 조치를 할 수 있는 경우, 계약상대방에 대한 입찰참가자격 제한 조치가 법령에 근거한 행정처분인지 아니면 계약에 근거한 권리행사인지는 원칙적으로 의사표시의 해석 문제이다. 예상　　　　　　　　　　　　　　（　　）

02 공법관계와 사법관계
공기업·준정부기관이 법령에 근거를 둔 행정처분으로서의 입찰참가자격 제한 조치를 한 것인지 아니면 계약에 근거한 권리행사로서의 입찰참가자격 제한 조치를 한 것인지가 여전히 불분명한 경우에는, 그에 대한 불복방법 선택에 중대한 이해관계를 가지는 그 조치 상대방의 인식가능성 내지 예측가능성을 중요하게 고려하여 규범적으로 이를 확정함이 타당하다. 예상　　　　　　（　　）

03 소송요건(대상적격)
공공기관의 운영에 관한 법률 제39조 제2항은, 공기업·준정부기관이 공정한 경쟁이나 계약의 적정한 이행을 해칠 것이 명백하다고 판단되는 행위를 한 부정당업자를 향후 일정 기간 입찰에서 배제하는 조항인데, 위 조항이 적용되는 부정당행위는 공기업·준정부기관을 상대로 하는 행위에 한정되지 아니하고 기타공공기관을 상대로 하는 행위까지 포함하는 것으로 해석하여야 한다. 예상　（　　）

정답 01 ○ 02 ○ 03 ×

[1] 일반적으로 면허나 인허가 등의 수익적 행정처분의 근거가 되는 법률이 해당 업자들 사이의 과당경쟁으로 인한 경영의 불합리를 방지하는 것도 목적으로 하고 있는 경우, 다른 업자에 대한 면허나 인허가 등의 수익적 행정처분에 대하여 미리 같은 종류의 면허나 인허가 등의 수익적 행정처분을 받아 영업을 하고 있는 기존의 업자는 경업자에 대하여 이루어진 면허나 인허가 등 행정처분의 상대방이 아니라 하더라도 당해 행정처분의 취소를 구할 당사자적격이 있다.

[2] 한정면허를 받은 시외버스운송사업자라고 하더라도 다 같이 운행계통을 정하고 여객을 운송하는 노선여객자동차운송사업을 한다는 점에서 일반면허를 받은 시외버스운송사업자와 본질적인 차이가 없으므로, 일반면허를 받은 시외버스운송사업자에 대한 사업계획변경 인가처분으로 인하여 기존에 한정면허를 받은 시외버스운송사업자의 노선 및 운행계통과 일반면허를 받은 시외버스운송사업자의 그것이 일부 중복되게 되고 기존업자의 수익감소가 예상된다면, 기존의 한정면허를 받은 시외버스운송사업자와 일반면허를 받은 시외버스운송사업자는 경업관계에 있는 것으로 보는 것이 타당하고, 따라서 기존의 한정면허를 받은 시외버스운송사업자는 일반면허 시외버스운송사업자에 대한 사업계획변경인가처분의 취소를 구할 법률상의 이익이 있다.

[3] 구 여객자동차 운수사업법(2013.8.6. 법률 제12020호로 개정되기 전의 것) 제3조, 제4조, 제10조, 제75조, 구 여객자동차 운수사업법 시행령(2014.7.28. 대통령령 제25525호로 개정되기 전의 것) 제3조, 제37조, 구 여객자동차 운수사업법 시행규칙(2013.11.7. 국토교통부령 제35호로 개정되기 전의 것) 제8조 제5항 등 관계 법령의 규정을 종합하면, 시외버스운송사업은 고속형, 직행형, 일반형 등으로 구분되는데, 고속형 시외버스운송사업과 직행형 시외버스운송사업은 사용버스의 종류, 운행거리, 운행구간, 중간정차 여부 등에 의하여 구분된다. 나아가 고속형 시외버스운송사업의 면허에 관한 권한과 운행시간·영업소·정류소 및 운송부대시설의 변경을 넘는 사업계획변경인가에 관한 권한은 국토해양부장관에게 유보되어 있는 반면, 고속형 시외버스운송사업을 제외한 나머지 시외버스운송사업의 면허 및 사업계획변경인가에 관한 권한은 모두 시·도지사에게 위임되어 있다.

따라서 개별 시·도지사가 관할 지역의 운송업체에 대하여 직행형 시외버스운송사업의 면허를 부여한 후 사실상 고속형 시외버스운송사업에 해당하는 운송사업을 할 수 있도록 사업계획변경을 인가하는 것은 시·도지사의 권한을 넘은 위법한 처분에 해당한다.

또한 이러한 위법한 인가처분이 존속하게 된 결과, 사실상 고속형 시외버스운송사업을 하고 있게 된 직행형 시외버스운송사업자에 대하여 그러한 위법상태의 일부라도 유지하는 내용의 새로운 사업계획변경을 재차 인가하는 시·도지사의 처분은 원칙적으로 권한을 넘는 위법한 처분으로 봄이 타당하다. 그 이유는, 시·도지사에 의하여 권한 없이 발령되었으나 당연무효로 보기는 어려운 위법한 수익적 처분에 대하여 직권 취소가 제한되거나 쟁송취소가 이루어지지 못함으로써 그 처분이 단순히 유지되는 것은 불가피한 것이지만, 시·도지사가 이에 그치지 않고 더 나아가 이러한 변경인가 처분을 하는 것은, 당초부터 처분권한이 없던 시·도지사가 위법한 종전 처분이 유지되고 있음을 기화로 그 내용을 적극적으로 바꾸어 새로운 위법상태를 형성하는 것이기 때문이다. 나아가 이러한 변경인가 처분은 전체적 관점에서 각 노선별 교통수요 등을 예측하여 이루어지는 것이어서 내용상 불가분적으로 연결되어 있다고 볼 수 있으므로, 이는 전체적으로 위법하다고 볼 수 있다(대판 2018.4.26, 2015두53824).

체육시설의 설치 및 이용에 관한 법률(이하 '체육시설법'이라 한다) 제27조 제1항은 "체육시설업자가 사망하거나 그 영업을 양도한 때 또는 법인인 체육시설업자가 합병한 때에는 그 상속인, 영업을 양수한 자 또는 합병 후 존속하는 법인이나 합병에 따라 설립되는 법인은 그 체육시설업의 등록 또는 신고에 따른 권리·의무(제17조에 따라 회원을 모집한 경우에는 그 체육시설업자와 회원 간에 약정한 사항을 포함한다)를 승계한다."라고 정하고 있다. 그리고 같은 조 제2항은 "다음 각호의 어느 하나에 해당하는 절차에 따라 문화체육관광부령으로 정하는 체육시설업의 시설 기준에 따른 필수시설을 인수한 자에게는 제1항을 준용한다."라고 정하면서, 제1호로 "민사집행법에 따른 경매", 제2호로 "채무자 회생 및 파산에 관한 법률(이하 '채무자회생법'이라 한다)에 의한 환가", 제3호로 "국세징수법·관세법 또는 지방세징수법에 따른 압류 재산이 매각"을 열기하고 그다음 항목인 제4호에서 "그 밖에 제1호부터 제3호까지의 규정에 준하는 절차"를 명시하고 있다.

이처럼 체육시설법 제27조 제1항은 상속과 합병 외에 영업양도의 경우에도 체육시설업의 등록 또는 신고에 따른 권리·의무를 승계한다고 정하고, 제2항은 경매를 비롯하여 이와 유사한 절차로 체육시설업의 시설 기준에 따른 필수시설(이하 '체육필수시설'이라 한다)을 인수한 자에 대해서도 제1항을 준용하고 있다. 위와 같은 방법으로 체육시설업자의 영업이나 체육필수시설이 타인에게 이전된 경우 영업양수인 또는 체육필수시설의 인수인 등은 체육시설업과 관련하여 형성된 공법상의 권리·의무뿐만 아니라 체육시설업자와 회원 간의 사법상 약정에 따른 권리·의무도 승계한다.

체육시설업자가 담보 목적으로 체육필수시설을 신탁법에 따라 담보신탁을 하였다가 채무를 갚지 못하여 체육필수시설이 공개경쟁입찰방식에 의한 매각(이하 '공매'라 한다) 절차에 따라 처분되거나 공매 절차에서 정해진 공매 조건에 따라 수의계약으로 처분되는 경우가 있다. 이와 같이 체육필수시설에 관한 담보신탁계약이 체결된 다음 그 계약에서 정한 공매나 수의계약으로 체육필수시설이 일괄하여 이전되는 경우에 회원에 대한 권리·의무도 승계되는지 여부가 문제이다.

이러한 경우에도 체육시설법 제27조의 문언과 체계, 입법 연혁과 그 목적, 담보신탁의 실질적인 기능 등에 비추어 체육필수시설의 인수인은 체육시설업자와 회원 간에 약정한 사항을 포함하여 그 체육시설업의 등록 또는 신고에 따른 권리·의무를 승계한다고 보아야 한다(대판 2018.10.18, 2016다220143 전합).

🏛 확인 OX

01 공권·공의무의 승계

체육필수시설에 관한 담보신탁계약이 체결된 다음 그 계약에서 정한 공매나 수의계약으로 체육필수시설이 일괄하여 이전되는 경우에 체육필수시설의 인수인은 체육시설업자와 회원 간에 약정한 사항을 포함하여 그 체육시설업의 등록 또는 신고에 따른 권리·의무를 승계한다고 볼 수 없다. 예상 ( )

정답 01 ×

체육시설의 설치 및 이용에 관한 법률(이하 '체육시설법'이라 한다) 제27조 제1항은 체육시설업자의 상속과 합병 외에 영업양도의 경우에도 체육시설업의 등록 또는 신고에 따른 권리·의무를 승계한다고 정하고, 제2항은 경매를 비롯하여 이와 유사한 절차로 체육시설업의 시설 기준에 따른 필수시설(이하 '체육필수시설'이라 한다)을 인수한 자에 대해서도 제1항을 준용하고 있다. 위와 같은 방법으로 체육시설업자의 영업이나 체육필수시설이 타인에게 이전된 경우 영업양수인 또는 체육필수시설의 인수인 등은 체육시설업과 관련하여 형성된 공법상의 권리·의무뿐만 아니라 체육시설업자와 회원 간의 사법상 약정에 따른 권리·의무도 승계한다.

체육시설업자가 담보 목적으로 체육필수시설을 신탁법에 따라 담보신탁을 하였다가 채무를 갚지 못하여 체육필수시설이 공개경쟁입찰방식에 의한 매각(이하 '공매'라 한다) 절차에 따라 처분되거나 공매 절차에서 정해진 공매 조건에 따라 수의계약으로 처분되는 경우가 있다. 이와 같이 체육필수시설에 관한 담보신탁계약이 체결된 다음 그 계약에서 정한 공매나 수의계약으로 체육필수시설이 일괄하여 이전되는 경우에도 체육시설법 제27조의 문언과 체계, 입법 연혁과 목적, 담보신탁의 실질적인 기능 등에 비추어 체육필수시설의 인수인은 체육시설업자와 회원 간에 약정한 사항을 포함하여 체육시설업의 등록 또는 신고에 따른 권리·의무를 승계한다고 보아야 한다.

체육시설법 제27조 제3항은 "제12조에 따른 사업계획 승인의 승계에 관하여는 제1항과 제2항을 준용한다."라고 정하고 있다. 이는 체육시설업의 승계에 관한 제27조 제1항과 제2항의 요건과 효과를 사업계획 승인의 승계에 준용하기 위한 것이다. 그중 제2항을 준용하는 부분은, 민사집행법에 따른 경매절차 등에 의한 체육필수시설의 인수인이 기존의 사업계획 승인권자로부터 사업계획 승인권을 양도받는 등 사업계획 승인의 승계만을 위한 별도의 원인이 없더라도, 체육필수시설의 인수만으로 사업계획 승인을 승계함으로써 기존의 사업계획 승인에 기초하여 모집된 회원과의 약정을 포함하여 승인에 따른 권리·의무를 승계하는 것으로 해석하여야 한다.

담보신탁을 근거로 한 공매 절차는 체육시설법 제27조 제2항 제4호에서 정하는 "그 밖에 제1호부터 제3호까지의 규정에 준하는 절차"에 해당한다. 따라서 담보신탁을 근거로 한 공매 절차를 통한 체육필수시설의 인수인은 체육필수시설의 인수만으로 기존 체육시설업자에 대한 사업계획 승인을 승계함으로써 기존 체육시설업자와 회원 간에 체결된 사법상의 약정을 포함하여 그 승인에 따른 권리·의무를 승계한다고 보아야 한다(대판 2018.11.15, 2016두45158).

🏛 **확인 OX**

01 공권·공의무의 승계

체육필수시설에 관한 담보신탁계약이 체결된 다음 그 계약에서 정한 공매나 수의계약으로 체육필수시설이 일괄하여 이전되는 경우에는 체육필수시설의 인수인은 체육시설업자와 회원 간에 약정한 사항을 포함하여 체육시설업의 등록 또는 신고에 따른 권리·의무를 승계하지 않는다. 예상   (   )

정답 10 × ×

[1] 구 가축분뇨의 관리 및 이용에 관한 법률(2014.3.24. 법률 제12516호로 개정되기 전의 것, 이하 '구 가축분뇨법'이라 한다)은 배출시설을 설치하고자 하는 자는 배출시설의 규모에 따라 시장·군수·구청장의 허가를 받거나 시장·군수·구청장에게 신고하여야 하고(제11조 제1항, 제3항), 제11조에 따라 배출시설에 대한 설치허가 등을 받거나 신고 등을 한 자(이하 '시설설치자'라 한다)가 배출시설·처리시설(이하 '배출시설 등'이라 한다)을 양도하는 경우에는 양수인이 종전 시설설치자의 지위를 승계한다고 규정하고 있다(제14조).

현행 가축분뇨의 관리 및 이용에 관한 법률(제14조 제3항)과 달리 배출시설 등의 양도를 시장·군수·구청장에게 신고하지 않고 양도 그 자체만으로 시설설치자의 지위 승계가 이루어지도록 정한 구 가축분뇨법의 위와 같은 규정 및 배출시설 등에 대한 설치허가의 내물적 성실 능에 비추어 보면, 배출시설 등의 양수인은 종전 시설설치자로부터 배출시설 등의 점유·관리를 이전받음으로써 시설설치자의 지위를 승계받은 것이 되고, 이후 매매계약 등 양도의 원인행위가 해제되었더라도 해제에 따른 원상회복을 하지 아니한 채 여전히 배출시설 등을 점유·관리하고 있다면 승계받은 시설설치자의 지위를 계속 유지한다.

[2] 피고인이 가축사육시설인 농장에 관하여 배출시설 설치허가를 받은 시설설치자 갑으로부터 을을 거쳐 농장을 순차로 양수하여 실질적으로 관리하면서 이를 적정하게 관리하지 않은 업무상 과실로 가축분뇨를 공공수역에 유입되게 하여 구 가축분뇨의 관리 및 이용에 관한 법률(2014.3.24. 법률 제12516호로 개정되기 전의 것, 이하 '구 가축분뇨법'이라 한다) 위반으로 기소된 사안에서, 피고인이 을과의 매매계약에 기하여 농장을 양수함으로써 구 가축분뇨법 제14조에 따라 시설설치자의 지위를 승계한 다음 위반행위 당시에도 농장을 점유·관리하고 있었으므로, 설령 그 전에 농장에 관한 매매계약이 해제되었더라도 피고인이 구 가축분뇨법 제50조 제5호에서 정한 행위 주체로서 시설설치자의 지위에 있었다고 보는 데 아무런 영향이 없다는 이유로, 피고인이 시설설치자로서 구 가축분뇨법 제50조 제5호의 적용대상에 해당한다고 본 원심판단을 수긍한 사례(대판 2018.1.24, 2015도18284).

📖 확인 OX

01 공권·공의무의 승계

가축분뇨법상 배출시설 등의 양수인은 종전 시설설치자로부터 배출시설 등의 점유·관리를 이전받음으로써 시설설치자의 지위를 승계받은 것이 되고, 이후 매매계약 등 양도의 원인행위가 해제되었더라도 해제에 따른 원상회복을 하지 아니한 채 여전히 배출시설 등을 점유·관리하고 있다면 승계받은 시설설치자의 지위를 계속 유지한다. 예상 ( )

정답 01 O

[1] [다수의견] 상명하복에 의한 지휘통솔체계의 확립이 필수적인 군의 특수성에 비추어 군인은 상관의 명령에 복종하여야 한다. 구 군인복무규율(2009.9.29. 대통령령 제21750호로 개정되기 전의 것) 제23조 제1항은 그와 같은 취지를 규정하고 있다. 군인이 일반적인 복종의무가 있는 상관의 지시나 명령에 대하여 재판청구권을 행사하는 경우에는 재판청구권이 군인의 복종의무와 외견상 충돌하는 모습으로 나타날 수 있다.

그러나 상관의 지시나 명령 그 자체를 따르지 않는 행위와 상관의 지시나 명령은 준수하면서도 그것이 위법·위헌이라는 이유로 재판청구권을 행사하는 행위는 구별되어야 한다. 법원이나 헌법재판소에 법적 판단을 청구하는 것 자체로는 상관의 지시나 명령에 직접 위반되는 결과가 초래되지 않으며, 재판절차가 개시되더라도 종국적으로는 사법적 판단에 따라 위법·위헌 여부가 판가름 나므로 재판청구권 행사가 곧바로 군에 대한 심각한 위해나 혼란을 야기한다고 상정하기도 어렵다. 상관의 지시나 명령을 준수하는 이상 그에 대하여 소를 제기하거나 헌법소원을 청구하였다는 사실만으로 상관의 지시나 명령을 따르지 않겠다는 의사를 표명한 것으로 간주할 수도 없다. 종래 군인이 상관의 지시나 명령에 대하여 사법심사를 청구하는 행위를 무조건 하극상이나 항명으로 여겨 극도의 거부감을 보이는 태도 역시 모든 국가권력에 대하여 사법심사를 허용하는 법치국가의 원리에 반하는 것으로 마땅히 배격되어야 한다.

따라서 군인이 상관의 지시나 명령에 대하여 재판청구권을 행사하는 경우에 그것이 위법·위헌인 지시와 명령을 시정하려는 데 목적이 있을 뿐, 군 내부의 상명하복관계를 파괴하고 명령불복종 수단으로서 재판청구권의 외형만을 빌리거나 그 밖에 다른 불순한 의도가 있지 않다면, 정당한 기본권의 행사이므로 군인의 복종의무를 위반하였다고 볼 수 없다.

[2] [다수의견] 구 군인사법(2011.5.24. 법률 제10703호로 개정되기 전의 것)의 위임에 따라 제정된 구 군인복무규율(2009.9.29. 대통령령 제21750호로 개정되기 전의 것, 이하 '구 군인복무규율'이라 한다) 제24조와 제25조는 건의와 고충심사에 관하여 규정하고 있다. 위 조항들은 군에 유익하거나 정당한 의견이 있는 경우 부하는 지휘계통에 따라 상관에게 건의할 수 있고(구 군인복무규율 제24조 제1항), 부당한 대우를 받거나 현저히 불편 또는 불리한 상태에 있다고 판단될 경우 지휘계통에 따라 상담, 건의 또는 고충심사를 청구할 수 있다(구 군인복무규율 제25조 제1항)는 내용이므로, 이를 군인에게 건의나 고충심사를 청구하여야 할 의무를 부과한 조항이라고 해석하는 것은 문언의 통상적인 의미를 벗어난다. 나아가 관련 법령의 문언과 체계에 비추어 보면, 건의 제도의 취지는 위법 또는 오류의 의심이 있는 명령을 받은 부하가 명령 이행 전에 상관에게 명령권자의 과오나 오류에 대하여 자신의 의견을 제시할 수 있도록 함으로써 명령의 적법성과 타당성을 확보하고자 하는 것일 뿐 그것이 군인의 재판청구권 행사에 앞서 반드시 거쳐야 하는 군 내 사전절차로서의 의미를 갖는다고 보기 어렵다.

[3] [다수의견] 구 군인복무규율(2009.9.29. 대통령령 제21750호로 개정되기 전의 것, 이하 '구 군인복무규율'이라 한다) 제13조 제1항은 "군인은 군무 외의 일을 위한 집단행위를 하여서는 아니 된다."라고 규정하고 있다. 여기에서 '군무 외의 일을 위한 집단행위'란 군인으로서 군복무에 관한 기강을 저해하거나 기타 본분에 배치되는 등 군무의 본질을 해치는 특정 목적을 위한 다수인의 행위를 말한다.

법령에 군인의 기본권 행사에 해당하는 행위를 금지하거나 제한하는 규정이 없는 이상, 그러한 행위가 군인으로서 군복무에 관한 기강을 저해하거나 기타 본분에 배치되는 등 군무의 본질을 해치는 특정 목적이 있다고 하기 위해서는 권리행사로서의 실질을 부인하고 이를 규범위반행위로 보기에 충분한 구체적·객관적 사정이 인정되어야 한다. 즉 군인으로서 허용된 권리행사를 함부로 집단행위에 해당하는 것이라고 단정하여서는 아니 된다(대판 2018.3.22, 2012두26401).

01 특별행정법관계

군인이 상관의 지시나 명령에 대하여 재판청구권을 행사하는 경우에 그것이 위법·위헌인 지시와 명령을 시정하려는 데 목적이 있다 하더라도 상명하복에 의한 지휘통솔체계의 확립이 필수적인 군의 특수성에 비추어 군인의 일반적인 군인의 복종의무를 위반하였다고 볼 수 있다. 예상

( )

02 특별행정법관계

구 군인사법의 위임에 따라 제정된 구 군인복무규율상 건의와 고충심사제도는 군인의 재판청구권 행사에 앞서 반드시 거쳐야 하는 군 내 사전절차로서의 의미를 갖는다. 예상

( )

정답 01 × 02 ×

[1] 사관생도는 군 장교를 배출하기 위하여 국가가 모든 재정을 부담하는 특수교육기관인 육군3사관학교의 구성원으로서, 학교에 입학한 날에 육군 사관생도의 병적에 편입하고 준사관에 준하는 대우를 받는 특수한 신분관계에 있다 (육군3사관학교 설치법 시행령 제3조). 따라서 그 존립 목적을 달성하기 위하여 필요한 한도 내에서 일반 국민보다 상대적으로 기본권이 더 제한될 수 있으나, 그러한 경우에도 법률유보원칙, 과잉금지원칙 등 기본권 제한의 헌법상 원칙들을 지켜야 한다.

[2] 육군3사관학교 설치법 및 시행령, 그 위임에 따른 육군3사관학교 학칙 및 사관생도 행정예규 등에서 육군3사관학교의 설치 목적과 교육 목표를 달성하기 위하여 사관생도가 준수하여야 할 사항을 정하고 이를 위반한 행위에 대하여는 징계를 규정할 수 있고 이러한 규율은 가능한 한 존중되어야 한다.

[3] 육군3사관학교 사관생도인 갑이 4회에 걸쳐 학교 밖에서 음주를 하여 '사관생도 행정예규'(이하 2015.5.19. 개정되기 전의 것을 '구 예규', 2016.3.3. 개정되기 전의 것을 '예규'라 한다) 제12조(이하 '금주조항'이라 한다)에서 정한 품위유지의무를 위반하였다는 이유로 육군3사관학교장이 교육운영위원회의 의결에 따라 갑에게 퇴학처분을 한 사안에서, 첫째 사관학교의 설치 목적과 교육 목표를 달성하기 위하여 사관학교는 사관생도에게 교내 음주 행위, 교육·훈련 및 공무 수행 중의 음주 행위, 사적 활동이더라도 신분을 나타내는 생도 복장을 착용한 상태에서 음주하는 행위, 생도 복장을 착용하지 않은 상태에서 사적 활동을 하는 때에도 이로 인하여 사회적 물의를 일으킴으로써 품위를 손상한 경우 등에는 이러한 행위들을 금지하거나 제한할 필요가 있으나 여기에 그치지 않고 나아가 사관생도의 모든 사적 생활에서까지 예외 없이 금주의무를 이행할 것을 요구하는 것은 사관생도의 일반적 행동자유권은 물론 사생활의 비밀과 자유를 지나치게 제한하는 것이고, 둘째 구 예규 및 예규 제12조에서 사관생도의 모든 사적 생활에서까지 예외 없이 금주의무를 이행할 것을 요구하면서 제61조에서 사관생도의 음주가 교육 및 훈련 중에 이루어졌는지 여부나 음주량, 음주 장소, 음주 행위에 이르게 된 경위 등을 묻지 않고 일률적으로 2회 위반 시 원칙으로 퇴학 조치하도록 정한 것은 사관학교가 금주제도를 시행하는 취지에 비추어 보더라도 사관생도의 기본권을 지나치게 침해하는 것이므로, 위 금주조항은 사관생도의 일반적 행동자유권, 사생활의 비밀과 자유 등 기본권을 과도하게 제한하는 것으로서 무효인데도 위 금주조항을 적용하여 내린 퇴학처분이 적법하다고 본 원심판결에 법리를 오해한 잘못이 있다고 한 사례(대판 2018.8.30, 2016두60591).

📋 확인 OX

01 특별권력관계
사관생도는 특수한 신분관계에 있으므로 그 존립 목적을 달성하기 위하여 필요한 한도 내에서 일반 국민보다 상대적으로 기본권이 더 제한될 수 있기 때문에 사관생도의 음주가 교육 및 훈련 중에 이루어졌는지 여부나 음주량, 음주 장소, 음주 행위에 이르게 된 경위 등을 묻지 않고 일률적으로 2회 위반 시 원칙으로 퇴학 조치하도록 정한 것은 정당하다. 예상 (　　)

02 특별권력관계
구 사관생도 행정예규 제12조에서 사관생도의 모든 사적 생활에서까지 예외 없이 금주의무를 이행할 것을 요구하면서 제61조에서 사관생도의 음주가 교육 및 훈련 중에 이루어졌는지 여부나 음주량, 음주 장소, 음주 행위에 이르게 된 경위 등을 묻지 않고 일률적으로 2회 위반 시 원칙으로 퇴학 조치하도록 정한 것은 기본권을 과도하게 제한하는 것으로서 무효이다. 예상 (　　)

정답 01 × 02 ○

[1] 구 건축법(2014.1.14. 법률 제12246호로 개정되기 전의 것) 제2조 제1호, 구 건축법 시행령(2013.11.20. 대통령령 제24874호로 개정되기 전의 것) 제3조 제2항 제5호에 따르면, 건축행정청은 하나 이상의 필지의 일부를 하나의 대지로 삼아 건축공사를 완료한 후 사용승인을 신청할 때까지 토지분할절차를 완료할 것을 조건으로 건축허가를 할 수 있다(이하 '토지분할 조건부 건축허가'라고 한다).

이와 같은 토지분할 조건부 건축허가는, 건축허가 신청에 앞서 토지분할절차를 완료하도록 하는 대신, 건축허가 신청인의 편의를 위해 건축허가에 따라 우선 건축공사를 완료한 후 사용승인을 신청할 때까지 토지분할절차를 완료할 것을 허용하는 취지이다. 행정청이 객관적으로 처분상대방이 이행할 가능성이 없는 조건을 붙여 행정처분을 하는 것은 법치행정의 원칙상 허용될 수 없으므로, 건축행정청은 신청인의 건축계획상 하나의 대지로 삼으려고 하는 '하나 이상의 필지의 일부'가 관계 법령상 토지분할이 가능한 경우인지를 심사하여 토지분할이 관계 법령상 제한에 해당되어 명백히 불가능하다고 판단되는 경우에는 토지분할 조건부 건축허가를 거부하여야 한다. 다만 예외적으로 토지분할이 재량행위인 개발행위허가의 대상이 되는 경우, 개발행위에 해당하는 토지분할을 허가할지에 관한 처분권한은 개발행위허가 행정청에 있고, 토지분할 허가 가능성에 관한 건축행정청의 판단이 개발행위허가 행정청의 판단과 다를 여지도 있으므로, 건축행정청은 자신의 심사 결과 토지분할에 대한 개발행위허가를 받기 어렵다고 판단되는 경우에는 개발행위허가 행정청의 전문적인 판단을 먼저 받아보라는 의미에서 건축허가 신청인이 먼저 토지분할절차를 거쳐야 한다는 이유로 토지분할 조건부 건축허가를 거부할 수는 있다. 그러나 이러한 사유가 아니라면 건축행정청은 건축허가신청이 건축법 등 관계 법령에서 정하는 어떠한 제한에 해당되지 않는 이상 같은 법령에서 정하는 건축허가를 하여야 하고, 중대한 공익상의 필요가 없음에도 요건을 갖춘 자에 대한 허가를 관계 법령에서 정하는 제한사유 이외의 사유를 들어 거부할 수는 없다.

[2] 구 측량·수로조사 및 지적에 관한 법률(2014.6.3. 법률 제12738호 공간정보의 구축 및 관리 등에 관한 법률로 개정되기 전의 것) 제79조 제1항 및 그 위임에 따른 구 측량·수로조사 및 지적에 관한 법률 시행령(2014.1.17. 대통령령 제25104호로 개정되기 전의 것) 제65조 제1항, 구 건축법(2014.1.14. 법률 제12246호로 개정되기 전의 것) 제57조, 국토의 계획 및 이용에 관한 법률(이하 '국토계획법'이라 한다) 제56조 제1항 제4호 및 그 위임에 따른 국토의 계획 및 이용에 관한 법률 시행령 제51조 제1항 제5호의 체계와 내용을 종합하면, 지적소관청은 토지분할신청이 건축법령이나 국토계획법령 등 관계 법령에서 정하는 어떠한 제한에 해당되지 않는 이상 신청내용에 따라 토지분할 등록을 하여야 하고, 관계 법령에서 정하는 제한사유 이외의 사유를 들어 거부할 수는 없다(대판 2018.6.28, 2015두47737).

📖 확인 OX

01 사인의 공법행위로서의 신청과 신고

관할행정청은 토지분할이 관계법령상 제한에 해당되어 명백히 불가능하다고 판단되는 경우에는 토지분할 조건부 건축허가를 거부하여야 한다. 19. 국회직 8급 ( )

정답 01. ○

[1] 구 노인장기요양보험법(2015.12.29. 법률 제13647호로 개정되기 전의 것) 제36조 제1항은, 장기요양기관의 장은 폐업하거나 휴업하고자 하는 경우 폐업이나 휴업 예정일 전 30일까지 특별자치시장·특별자치도지사·시장·군수·구청장에게 신고하여야 한다고 규정하고 있다. 한편 구 노인복지법(2015.12.29. 법률 제13646호로 개정되기 전의 것) 제40조 제1항은, 제35조 제2항의 규정에 의하여 노인의료복지시설을 설치한 자가 그 설치신고사항 중 보건복지부령이 정하는 사항을 변경하거나 그 시설을 폐지 또는 휴지하고자 할 때에는, 대통령령이 정하는 바에 의하여 시장·군수·구청장에게 미리 신고하여야 한다고 규정하고 있다.

이러한 장기요양기관의 폐업신고와 노인의료복지시설의 폐지신고는, 행정청이 관계 법령이 규정한 요건에 맞는지를 심사한 후 수리하는 이른바 '수리를 필요로 하는 신고'에 해당한다. 그러나 행정청이 그 신고를 수리하였다고 하더라도, 신고서 위조 등의 사유가 있어 신고행위 자체가 효력이 없다면, 그 수리행위는 유효한 대상이 없는 것으로서, 수리행위 자체에 중대·명백한 하자가 있는지를 따질 것도 없이 당연히 무효이다(대법원 2005.12.23. 선고 2005두3554 판결 참조).

[2] 원심판결 이유와 적법하게 채택된 증거에 의하면 다음과 같은 사실을 알 수 있다.

① 원고는 2009.1.8. 장기요양기관이자 노인의료복지시설인 ○○실버센터의 설립신고를 마쳤다.

② 소외인은 2013.12.12. 원고 명의를 위조하여 피고에게 '대표자 변경에 의한 노인의료복지시설 폐지 및 장기요양기관 폐업신고(이하 '이 사건 각 신고'라 한다)'를 하였고, 피고는 2013.12.19. 이 사건 각 신고를 수리하였다.

③ 소외인은 2017.7.14. 원고 명의의 노인의료복지시설 폐지신고서 및 장기요양기관 폐업신고서를 위조하여 부천시청 공무원에게 행사하였다는 범죄사실로 벌금 200만 원을 선고받았고, 위 판결은 그 무렵 그대로 확정되었다.

이러한 사실관계를 앞서 본 관련 규정과 법리에 비추어 보면, 위조된 신고서에 의한 이 사건 각 신고는 그 효력이 없고, 피고의 신고 수리행위 역시 당연무효이다.

[3] 그런데도 원심은, 신고행위의 유·무효 여부와 관계없이 수리행위 자체에 중대·명백한 하자가 있어야만 당연무효가 된다는 잘못된 전제하에, 이 사건 각 신고를 수리한 처분이 당연무효가 아니라고 판단하였다. 이러한 원심의 판단에는 신고행위의 하자와 그에 따른 수리처분의 효력에 관한 법리를 오해하여 판결에 영향을 미친 위법이 있다.

[4] 그러므로 나머지 상고이유에 대한 판단을 생략한 채 원심판결을 파기하고, 사건을 다시 심리·판단하도록 원심법원에 환송하기로 하여, 관여 대법관의 일치된 의견으로 주문과 같이 판결한다(대판 2018.6.12, 2018두33593).

🏛 **확인 OX**

01 행위요건적 신고
장기요양기관의 폐업신고와 노인의료복지시설의 폐지신고는, 행정청이 관계 법령이 규정한 요건에 맞는지를 심사한 후 수리하는 이른바 수리를 필요로 하는 신고에 해당하고, 행정청이 그 신고를 수리하였다면, 신고서 위조 등의 사유가 있어 신고행위 자체가 효력이 없더라도 그 수리행위가 당연히 무효로 되는 것은 아니다. 예상   (   )

× 10 吊ヱ

[1] 가설건축물은 건축법상 '건축물'이 아니므로 건축허가나 건축신고 없이 설치할 수 있는 것이 원칙이지만 일정한 가설건축물에 대하여는 건축물에 준하여 위험을 통제하여야 할 필요가 있으므로 신고 대상으로 규율하고 있다. 이러한 신고제도의 취지에 비추어 보면, 가설건축물 존치기간을 연장하려는 건축주 등이 법령에 규정되어 있는 제반 서류와 요건을 갖추어 행정청에 연장신고를 한 때에는 행정청은 원칙적으로 이를 수리하여 신고필증을 교부하여야 하고, 법령에서 정한 요건 이외의 사유를 들어 수리를 거부할 수는 없다. 따라서 행정청으로서는 법령에서 요구하고 있지도 아니한 '대지사용승낙서' 등의 서류가 제출되지 아니하였거나, 대지소유권자의 사용승낙이 없다는 등의 사유를 들어 가설건축물 존치기간 연장신고의 수리를 거부하여서는 아니 된다.

[2] 건축법상의 이행강제금은 시정명령의 불이행이라는 과거의 위반행위에 대한 제재가 아니라, 의무자에게 시정명령을 받은 의무의 이행을 명하고 그 이행기간 안에 의무를 이행하지 않으면 이행강제금이 부과된다는 사실을 고지함으로써 의무자에게 심리적 압박을 주어 의무의 이행을 간접적으로 강제하는 행정상의 간접강제 수단에 해당한다. 이러한 이행강제금의 본질상 시정명령을 받은 의무자가 이행강제금이 부과되기 전에 그 의무를 이행한 경우에는 비록 시정명령에서 정한 기간을 지나서 이행한 경우라도 이행강제금을 부과할 수 없다.

나아가 시정명령을 받은 의무자가 그 시정명령의 취지에 부합하는 의무를 이행하기 위한 정당한 방법으로 행정청에 신청 또는 신고를 하였으나 행정청이 위법하게 이를 거부 또는 반려함으로써 결국 그 처분이 취소되기에 이르렀다면, 특별한 사정이 없는 한 그 시정명령의 불이행을 이유로 이행강제금을 부과할 수는 없다고 보는 것이 위와 같은 이행강제금 제도의 취지에 부합한다(대판 2018.1.25, 2015두35116).

🗂 확인 OX

01 행위요건적 신고
가설건축물 존치기간을 연장하려는 건축주 등이 법령에 규정되어 있는 제반 서류와 요건을 갖추어 행정청에 연장신고를 하였더라도 행정청은 대지소유권자의 사용승낙이 없다는 등의 사유가 있다면 가설건축물 존치기간 연장신고의 수리를 거부할 수 있다. 예상 ( )

02 이행강제금
이행강제금은 심리적 압박을 통하여 간접적으로 의무이행을 확보하는 수단인 행정벌과는 달리 의무이행의 강제를 직접적인 목적으로 하므로 강학상 직접강제에 해당한다. 19. 국가직 9급 ( )

03 이행강제금
이행강제금은 과거의 의무불이행에 대한 제재의 기능을 지니고 있으므로, 이행강제금이 부과되기 전에 의무를 이행한 경우에도 시정명령에서 정한 기간을 지나서 이행한 경우라면 이행강제금을 부과할 수 있다. 19. 지방직·교육행정직 9급 ( )

04 이행강제금
건축법상 이행강제금은 행정상의 간접강제 수단에 해당하므로, 시정명령을 받은 의무자가 이행강제금이 부과되기 전에 그 의무를 이행한 경우에는 비록 시정명령에서 정한 기간을 지나서 이행한 경우라도 이행강제금을 부과할 수 없다. 19. 지방직 7급 ( )

05 이행강제금
시정명령을 받은 의무자가 그 의무를 이행하기 위한 정당한 방법으로 행정청에 신청 또는 신고를 하였으나 행정청이 위법하게 이를 거부 또는 반려함으로써 그 처분이 취소된 경우, 시정명령의 불이행을 이유로 이행강제금을 부과할 수 없다. 예상 ( )

정답 01 × 02 × 03 × 04 ○ 05 ○

[1] 관계 법령들 사이에 모순·충돌이 있는 것처럼 보일 때 그러한 모순·충돌을 해소하는 법령해석을 제시하는 것은 법령에 관한 최종적인 해석권한을 부여받은 대법원의 고유한 임무이다.

만일 학원의 설립·운영 및 과외교습에 관한 법률 시행령(이하 '학원법 시행령'이라 한다) 제3조의3 제1항 [별표 2] '학원의 교습과정' 중 평생직업교육학원의 교습과정에 속하는 댄스에 관하여 '체육시설의 설치·이용에 관한 법률에 따른 무도학원업 제외'라는 단서 규정(이하 '학원법 시행령 댄스학원의 범위 단서 규정'이라 한다)의 의미를 국제표준무도를 교습하는 댄스학원을 체육시설의 설치·이용에 관한 법률(이하 '체육시설법'이라 한다)상 무도학원업으로 신고할 수 있는 경우에는 학원의 설립·운영 및 과외교습에 관한 법률(이하 '학원법'이라 한다)의 적용을 배제하는 규정이라고 해석하게 되면, 체육시설법 시행령 제6조 [별표 2] 제7호의 '학원의 설립·운영 및 과외교습에 관한 법률에 따른 학원은 제외'라는 단서 규정(이하 '체육시설법 시행령 무도학원업의 범위 단서 규정'이라 한다)의 의미도 국제표준무도를 교습하는 댄스학원을 학원법상 평생직업교육학원으로 등록할 수 있는 경우에는 체육시설법의 적용을 배제하는 규정이라고 해석하여야 하고, 이렇게 해석할 경우 국제표준무도를 교습하는 댄스학원을 두 법령 중 어느 하나에 따라 등록하거나 신고하는 것이 모두 불가능해지는 결과에 도달하게 된다. 이러한 결과는 댄스학원을 개설·운영하려는 사람의 직업의 자유나 영업의 자유 등 기본권을 부당하게 제한하거나 침해하는 것이므로 허용될 수 없다. 특히 신고 없이 체육시설법상 체육시설을 설치·운영하는 행위(체육시설법 제38조 제2항 제1호)와 등록 없이 학원법상 학원을 설립·운영하는 행위(학원법 제22조 제1항 제1호)가 형사처벌대상으로 규정되어 있는 점을 고려하면 더욱 그러하다. 따라서 이러한 해석은 헌법상 직업의 자유나 법률의 위임 취지에 배치되므로 채택할 수 없다.

국가의 법체계는 그 자체로 통일체를 이루고 있으므로 상·하규범 사이의 충돌은 최대한 배제하여야 하고, 또한 규범이 무효라고 선언될 경우에 생길 수 있는 법적 혼란과 불안정 및 새로운 규범이 제정될 때까지의 법적 공백 등으로 인한 폐해를 피하여야 할 필요성에 비추어 보면, 하위법령의 규정이 상위법령의 규정에 저촉되는지 여부가 명백하지 아니한 경우에, 관련 법령의 내용과 입법 취지 및 연혁 등을 종합적으로 살펴 하위법령의 의미를 상위법령에 합치되는 것으로 해석하는 것이 가능한 경우라면, 하위법령이 상위법령에 위반된다는 이유로 쉽게 무효를 선언할 것은 아니다. 마찬가지 이유에서, 어느 하나가 적용우위에 있지 않은 서로 다른 영역의 규범들 사이에서 일견 모순·충돌이 발생하는 것처럼 보이는 경우에도 상호 조화롭게 해석하는 것이 가능하다면 양자의 모순·충돌을 이유로 쉽게 어느 일방 또는 쌍방의 무효를 선언할 것은 아니다.

앞서 본 바와 같은 부당한 해석 결과를 방지하는 한편, 두 시행령 단서 규정의 형식과 연혁 등을 고려하여 그 의미를 상호 조화롭게 이해하려면, '체육시설법 시행령 무도학원업의 범위 단서 규정'은 성인을 대상으로 국제표준무도를 교습하는 학원이 학원법상 학원의 요건을 갖추어 등록을 마친 경우에는 체육시설법이 별도로 적용되지 않는다는 점을 확인적으로 규정한 것이고, 나아가 '학원법 시행령 댄스학원의 범위 단서 규정'도 성인을 대상으로 국제표준무도를 교습하는 학원이 체육시설법상 무도학원업의 요건을 갖추어 신고를 마친 경우에는 학원법이 별도로 적용되지 않는다는 점을 확인적으로 규정한 것으로 해석함이 타당하다.

[2] 따라서 <u>국제표준무도를 교습하는 학원을 설립·운영하려는 자가 체육시설법상 무도학원업으로 신고하거나 또는 학원법상 평생직업교육학원으로 등록하려고 할 때에, 관할 행정청은 그 학원이 소관 법령에 따른 신고 또는 등록의 요건을 갖춘 이상 신고 또는 등록의 수리를 거부할 수 없다고 보아야 한다</u>(대판 2018.6.21, 2015두48655).

🏛 **확인 OX**

01 사인의 공법행위로서의 신고

국제표준무도를 교습하는 학원을 설립·운영하려는 자가 체육시설법상 무도학원업으로 신고하거나 또는 학원법상 평생직업교육학원으로 등록하려고 할 때에, 관할 행정청은 그 학원이 소관 법령에 따른 신고 또는 등록의 요건을 갖춘 이상 신고 또는 등록의 수리를 거부할 수 없다. 예상 ( )

정답 O | O

---

[1] '무용'이나 '댄스스포츠'를 교습하는 학원이 학원의 설립·운영 및 과외교습에 관한 법률(이하 '학원법'이라 한다)에서 규율하는 학원에 해당함은 분명하다. 초·중등교육법 제23조에 따른 학교교육과정에 포함되어 있는 '무용'이나 '댄스스포츠'를 교습하는 학원은 학원법상 학교교과교습학원으로서 예능 분야 내 예능 계열에서 무용을 교습하는 학원에 해당한다. 학교교과교습학원 외에 평생교육이나 직업교육을 목적으로 '무용'이나 '댄스스포츠'를 교습하는 학원은 학원법상 기예 분야 내 기예 계열의 평생직업교육학원에 해당한다.

학원의 설립·운영 및 과외교습에 관한 법률 시행령 제3조의3 제1항 [별표 2] 학원의 종류별 교습과정 중 평생직업교육학원의 교습과정에 속하는 댄스에 관하여 '체육시설의 설치·이용에 관한 법률에 따른 무도학원업 제외'라는 단서 규정은 그 규정의 체계와 위치를 고려하면, 댄스를 교습하는 평생직업교육학원의 범위만을 제한하고 있을 뿐이고 무용을 교습하는 학교교과교습학원의 범위는 제한하지 않고 있다고 볼 수 있다. 따라서 국제표준무도를 교습하는 학원을 설립·운영하려는 자가 학원법상 학교교과교습학원으로 등록하려고 할 때에, 관할 행정청은 그 학원이 학원법에 따른 학교교과교습학원의 등록 요건을 갖춘 이상 등록의 수리를 거부할 수 없다고 보아야 한다.

[2] 건축물 용도 규정을 비롯한 관련 규정의 내용, 체계, 취지를 고려하면 건축법이 무도학원을 다른 학원과 별도로 위락시설로 분류하는 취지는 무도학원이 선량한 풍속을 해칠 우려가 크다는 점을 중요하게 고려하고 있는 것으로 볼 수 있다. 따라서 건축법상 위락시설의 일종인 무도학원은 원칙적으로 유료로 무도(춤)의 교습이 이루어지는 시설을 지칭한다고 볼 수 있다. 다만 교습 대상과 내용, 교습 시설의 설립·운영에 대한 관련 법령의 규정 내용과 취지, 풍속 관련 법령의 규제 대상 등을 종합적으로 살펴볼 때 선량한 풍속을 해칠 우려가 없다고 인정되는 경우에는 예외적으로 건축법상 위락시설의 일종인 무도학원에 해당하지 않는다고 봄이 타당하다.

학원의 설립·운영 및 과외교습에 관한 법률(이하 '학원법'이라 한다) 제5조는 학원설립·운영자에게 학원의 교육환경을 깨끗하게 유지·관리할 의무를 부과하고, 동일한 건축물 안에서 '학교교과교습학원'과 유해업소[원칙적으로 구 학교보건법(2016.2.3. 법률 제13946호로 개정되기 전의 것, 이하 같다)에 정한 학교환경위생 정화구역에서 금지되는 행위를 하거나 시설을 갖춘 영업소를 말한다]의 혼재를 금지하거나 제한하고 있다. 또한 학원법에 의한 학원은 풍속영업의 규제에 관한 법률, 청소년 보호법, 구 학교보건법 등 풍속 관련 법령의 규제 대상에서 제외되어 있다. 이러한 관계 법령의 규정 내용과 체계를 종합하면, 학원법상 학교교과교습학원에서는 초·중등교육법에 따른 학교교육과정에 포함되어 있거나 그 밖에 선량한 풍속을 침해할 우려가 없는 댄스 과목만을 교습할 수 있고, 학원법상 학원에서는 청소년을 대상으로 선량한 풍속을 해칠 우려가 있는 댄스 과목을 교습할 수 없다고 보아야 한다. 따라서 적어도 학원법상 학교교과교습학원의 등록 요건에 해당하면 건축법상 위락시설의 일종인 무도학원에는 해당하지 않는다(대판 2018.6.28, 2013두15774).

🏛 확인 OX

01 사인의 공법행위로서의 신고
국제표준무도를 교습하는 학원을 설립·운영하려는 자가 학원법상 학교교과교습학원으로 등록하려고 할 때에, 관할 행정청은 그 학원이 학원법에 따른 학교교과교습학원의 등록 요건을 갖춘 이상 등록의 수리를 거부할 수 없다고 보아야 한다. 예상 ( )

O 10 답정

19 감면신청 기각처분 취소 2016두45783 ★★☆

[1] 독점규제 및 공정거래에 관한 법률(이하 '공정거래법'이라 한다) 제22조의2 제1항 제1호, 제4항, 독점규제 및 공정거래에 관한 법률 시행령 제35조 제1항 제1호의 문언과 내용에 의하면, '공정거래위원회가 조사를 시작하기 전에 자진신고한 자로서 부당한 공동행위임을 증명하는 데 필요한 증거를 단독으로 제공한 최초의 자'가 자진신고자 면제의 대상이 되기 위해서는 '부당한 공동행위와 관련된 사실을 모두 진술하고, 관련 자료를 제출하는 등 조사가 끝날 때까지 성실하게 협조하였을 것'이라는 요건 등을 충족하여야 한다.

이처럼 공정거래법령이 자진신고자 감면제도를 둔 취지와 목적은 부당한 공동행위에 참여한 사업자가 자발적으로 부당한 공동행위 사실을 신고하거나 조사에 협조하여 증거자료를 제공한 것에 대한 혜택을 부여함으로써 참여사업자들 사이에 신뢰를 약화시켜 부당한 공동행위를 중지·예방함과 동시에, 실제 집행단계에서는 공정거래위원회로 하여금 부당공동행위를 보다 쉽게 적발하고 증거를 수집할 수 있도록 하여 은밀하게 이루어지는 부당공동행위에 대한 제재의 실효성을 확보하려는 데에 있다.

[2] 구 '부당한 공동행위 자진신고자 등에 대한 시정조치 등 감면제도 운영고시'(2016.4.15. 공정거래위원회 고시 제2016-3호로 개정되기 전의 것, 이하 '구 감면고시'라 한다) 제5조는 형식 및 내용에 비추어 재량권 행사의 기준으로 마련된 행정청 내부의 사무처리준칙, 즉 재량준칙에 해당하고, 법령에 저촉되지 않는 범위 내에서 그에 필요한 합리적 기준을 정하는 것은 행정청의 재량에 속한다. 그런데 구 감면고시 제5조는 각호의 사유를 종합하여 '성실 협조' 여부를 판단하도록 규정하고 있을 뿐, 각호가 정한 사유에 대한 판단 기준이나 어떠한 사유를 중하게 고려할 것인지, 자진신고자나 조사협조자(이하 통칭하여 '자진신고자'라 한다)가 제1호 내지 제4호가 정하는 적극적·긍정적인 고려요소를 모두 충족하였더라도 이와 동시에 제5호 또는 제6호가 정하는 소극적·부정적 고려요소 역시 인정되는 경우에 어떠한 방식으로 형량할 것인지 등을 구체적으로 정하고 있지 않다. 한편 심사보고서가 송부되기 전에 자진신고자가 공정거래위원회의 동의 없이 다른 사람에게 감면신청 사실을 누설하면, 이를 알게 된 담합 가담자들은 공정거래위원회의 조사에 대한 대응방안을 보다 쉽게 수립할 수 있게 되고, 경우에 따라 관련 증거를 은닉·변조하거나 자진신고 자체를 담합할 여지가 생기게 된다. 결국 감면신청 사실의 누설이 공정거래위원회의 실효적 조사에 대한 방해요인으로서 작용할 수 있게 되고, 그에 따라 담합 가담자 사이에 불신 구조를 형성함으로써 담합의 형성·유지를 어렵게 하려는 자진신고 제도의 도입 취지를 몰각시키는 결과를 가져올 수 있다.

이러한 사정에 더하여, 성실협조의무 위반으로 볼 수 있는 사정이 일부 인정될 때에도 종국적으로 성실협조의무 위반을 인정함으로써 자진신고자 지위를 부인할 것인지와 관련하여서는 공정거래위원회에 일정한 재량이 인정되는 점, 자진신고자 지위의 최종적 인정은 궁극적으로는 일련의 조사협조 과정에 대한 판단에 따라 이루어질 수밖에 없는 점, 감면제도 남용 방지의 필요성 등을 아울러 참작하면, 공정거래위원회는 자진신고자에게 구 감면고시 제5조 제1호 내지 제4호가 정한 적극적·긍정적 고려요소가 인정된다는 점과 제5호가 정한 소극적·부정적 고려요소가 인정되지 않는다는 점을 고려하면서도, 제6호가 정하는 감면신청 사실 누설행위가 존재한다는 사정을 중요한 고려요소로 보아, 자진신고자의 '성실협조의무' 위반을 인정할 수도 있다. 공정거래위원회의 그와 같은 평가에 합리성의 결여, 비례·평등 원칙 위반 등이 있거나, 평가의 전제가 되는 사실을 오인하는 등의 사유가 있는 것이 아니라면, 그에 따른 자진신고 감면불인정결정에 재량권 일탈·남용 등의 위법이 있다고 볼 수는 없다.

[3] 당사자가 변론종결 후 주장·증명을 하기 위하여 변론재개신청을 한 경우에, 변론재개신청을 한 당사자가 변론종결 전에 그에게 책임을 지우기 어려운 사정으로 주장·증명할 기회를 제대로 갖지 못하였고 그 주장·증명의 대상이 판결의 결과를 좌우할 수 있는 사실에 해당하는 경우 등과 같이, 당사자에게 변론을 재개하여 그 주장·증명을

제출할 기회를 주지 않은 채 패소의 판결을 하는 것이 행정소송법 제8조 제2항에서 준용하도록 규정하고 있는 민사소송법이 추구하는 절차적 정의에 반하는 경우가 아니라면 법원은 당사자의 변론재개신청을 받아들일지 여부를 재량으로 결정할 수 있다(대판 2018.7.26, 2016두45783).

📖 확인 OX

01 행정규칙

구 부당한 공동행위 자진신고자 등에 대한 시정조치 등 감면제도 운영고시 제5조는 형식 및 내용에 비추어 재량권 행사의 기준으로 마련된 행정청 내부의 사무처리준칙, 즉 재량준칙에 해당한다. 예상 (   )

02 기속행위와 재량행위

공정거래위원회는 부당공동행위에 대한 자진신고자가 위원회의 동의 없이 타인에게 감면신청 사실을 누설했다면 위원회의 감면고시에 규정된 '성실협조의무' 위반을 인정하여 자진신고자에 대한 과징금 감면을 인정하지 아니할 수 있고, 이 결정에 비례·평등원칙 위반이나 사실오인 등의 사유가 있는 것이 아니라면 재량권 일탈·남용의 위법을 인정할 수 없다. 예상 (   )

정답 01 O 02 O

[1] 행정처분이 법규성이 없는 내부지침 등의 규정에 위배된다고 하더라도 그 이유만으로 처분이 위법하게 되는 것은 아니고, 또 내부지침 등에서 정한 요건에 부합한다고 하여 반드시 그 처분이 적법한 것이라고 할 수도 없다. 처분의 적법 여부는 그러한 내부지침 등에서 정한 요건에 합치하는지 여부가 아니라 일반 국민에 대하여 구속력을 가지는 법률 등 법규성이 있는 관계 법령의 규정을 기준으로 판단하여야 한다.

[2] 초·중등교육법 제21조 제2항 [별표 2]는 중등학교 정교사(1급) 자격기준으로, 중등학교의 정교사(2급) 자격증을 가지고 교육대학원 또는 교육부장관이 지정하는 대학원 교육과에서 석사학위를 받은 사람으로서 1년 이상의 교육경력이 있는 사람(제1호) 등을 열거하고 있다. 여기서 '교육경력'이란 중·고등학교 등에서 교원으로서 전임으로 근무한 경력을 말한다(교원자격검정령 제8조 제1항 제1호).

한편 중·고등학교에는 원칙적으로 교장·교감·수석교사 및 교사를 '교원'으로 두고(초·중등교육법 제19조 제1항), 중·고등학교에 근무하는 교원은 교육공무원에 해당하며(교육공무원법 제2조 제1항 제1호, 제3항 제1호), 교육공무원법의 적용을 받는 교원에는 기간제 교원이 포함된다(교육공무원법 제10조의3 제1항).

이와 같은 관계 법령의 문언, 내용, 취지 등에 비추어 보면, 중등학교 정교사(1급) 자격은 초·중등교육법 제21조 제2항 [별표 2]에서 정한 자격기준을 갖춘 사람에 대하여 정규 교원과 기간제 교원을 구별하지 않고 부여한다는 취지로 해석함이 타당하다. 이렇게 새긴다고 하여 기간제 교원이 정규 교원과 같은 법적 지위를 누리게 되는 것도 아니고, 오로지 급여와 관련한 호봉산정에만 일부 영향이 있게 될 따름이다(대판 2018.6.15, 2015두40248).

🏛 **확인 OX**

01 행정규칙

행정처분이 법규성이 없는 내부지침 등의 규정에 위배된다고 하더라도 그 이유만으로 처분이 위법하게 되는 것은 아니고, 또 내부지침 등에서 정한 요건에 부합한다고 하여 반드시 그 처분이 적법한 것이라고 할 수도 없다. 19. 서울시 7급 ( )

정답 01 O

여객자동차 운수사업법령은 운송사업자의 휴업을 허용하면서도 구체적으로 휴업허가에 관한 기준을 정하지 않음으로써 행정청이 휴업하는 사업의 종류와 운행형태, 휴업예정기간, 휴업사유 등을 살펴 휴업의 필요성과 휴업을 허가하여서는 안 될 공익상 필요가 있는지 등을 종합적으로 고려하여 휴업허가 여부를 결정할 수 있도록 재량의 여지를 남겨 두고 있다. 그리고 구 여객자동차 운수사업법(2017.3.21. 법률 제14716호로 개정되기 전의 것)이 운송사업자의 휴업을 허용하는 한편 휴업 기간을 제한하고 있는 것은 여객자동차운송사업의 공공성을 고려하여 수송력이 지속적·안정적으로 공급될 수 있도록 함과 아울러 수송 수요에 탄력적으로 대응할 수 있도록 하기 위한 것이다.

이러한 경우 여객자동차운송사업이 적정하게 이루어질 수 있도록 해당 지역에서의 현재 및 장래의 수송 수요와 공급상항 등을 고려하여 휴입허가를 위하여 필요한 기준을 정하는 것도 역시 행정청의 재량에 속하는 것이므로 그에 관하여 내부적으로 설정한 기준이 객관적으로 합리적이 아니라거나 타당하지 않다고 볼 만한 다른 특별한 사정이 없는 이상 행정청의 의사는 가능한 한 존중하여야 한다. 그러나 설정된 기준이 그 자체로 객관적으로 합리적이지 않거나 타당하지 않음에도 행정청이 만연히 그에 따라 처분한 경우 또는 기준을 설정하였던 때와 처분 당시를 비교하여 수송 수요와 공급상황이 달라졌는지 등을 전혀 고려하지 않은 채 설정된 기준만을 기계적으로 적용함으로써 휴업을 허가할 것인지를 결정하기 위하여 마땅히 고려하여야 할 사항을 제대로 살피지 아니한 경우 등에까지 단지 행정청의 재량에 속하는 사항이라는 이유만으로 행정청의 의사를 존중하여야 하는 것은 아니며, 이러한 경우의 처분은 재량권을 남용하거나 그 범위를 일탈한 조치로서 위법하다(대판 2018.2.28, 2017두51501).

📖 확인 OX

01 기속행위와 재량행위
여객자동차운송사업이 적정하게 이루어질 수 있도록 해당 지역에서의 현재 및 장래의 수송 수요와 공급상황 등을 고려하여 휴업허가를 위하여 필요한 기준을 정하는 것도 역시 행정청의 재량에 속하는 것이다. 예상 ( )

정답 01 ○

[1] 독점규제 및 공정거래에 관한 법률 제22조, 제55조의3 제1항, 제5항, 구 독점규제 및 공정거래에 관한 법률 시행령 (2012.6.19. 대통령령 제23864호로 개정되기 전의 것) 제9조 제1항, 제61조 제1항의 문언과 내용에 따르면, 통상의 부당한 공동행위에서는 '관련매출액'에 100분의 10을 곱한 금액이 과징금의 상한이고 '관련매출액'이 과징금의 기본 산정기준이다. 다만 '입찰담합 및 이와 유사한 행위'의 경우에는 '계약금액'에 100분의 10을 곱한 금액이 과징금의 상한이며 위 '계약금액'이 과징금의 기본 산정기준이다. 이는 입찰담합을 하여 낙찰을 받고 계약을 체결한 사업자뿐만 아니라 낙찰자 또는 낙찰예정자를 미리 정하는 담합에 참여하였으나 낙찰을 받지 못한 사업자에 대해서도 마찬가지로 적용된다.

[2] 부당한 공동행위로 인한 위반행위의 중대성 정도는 위반행위로 발생한 경쟁질서의 저해 정도, 시장에 미치는 영향과 그 파급효과, 관련 소비자와 사업자의 피해 정도, 부당이득의 취득 여부 등을 종합적으로 고려하여 결정하여야 한다.

[3] 독점규제 및 공정거래에 관한 법률(이하 '공정거래법'이라 한다) 제6조, 제22조 등 각 규정을 종합하면, 공정거래위원회는 공정거래법 위반행위에 대하여 과징금을 부과할 것인지 여부와 만일 과징금을 부과할 경우 공정거래법령이 정하고 있는 일정한 범위 안에서 과징금의 액수를 구체적으로 얼마로 정할 것인지에 관하여 재량을 가지고 있으므로, 공정거래위원회의 법 위반행위자에 대한 과징금 부과처분은 재량행위에 해당한다. 다만 이러한 재량을 행사하는 데 과징금 부과의 기초가 되는 사실을 오인하였거나 비례·평등의 원칙에 위배되는 등의 사유가 있다면 재량권 일탈·남용으로서 위법하다(대판 2018.4.24, 2016두40207).

📋 **확인 OX**

01 기속행위와 재량행위

독점규제 및 공정거래에 관한 법률 각 규정을 종합하면, 공정거래위원회는 공정거래법 위반행위에 대하여 과징금을 부과할 것인지 여부와 만일 과징금을 부과할 경우 공정거래법령이 정하고 있는 일정한 범위 안에서 과징금의 액수를 구체적으로 얼마로 정할 것인지에 관하여 재량을 가지고 있으므로, 공정거래위원회의 법 위반행위자에 대한 과징금 부과처분은 재량행위에 해당한다. 예상 (　　)

정답 01 ○

[1] 구 국적법(2017.12.19. 법률 제15249호로 개정되기 전의 것, 이하 같다) 제5조 각호와 같이 귀화는 요건이 항목별로 구분되어 구체적으로 규정되어 있다. 그리고 성질상 행정절차를 거치기 곤란하거나 거칠 필요가 없다고 인정되어 처분의 이유제시 등을 규정한 행정절차법이 적용되지 않는다(제3조 제2항 제9호). 귀화의 이러한 특수성을 고려하면, 귀화의 요건인 구 국적법 제5조 각호 사유 중 일부를 갖추지 못하였다는 이유로 행정청이 귀화신청을 받아들이지 않는 처분을 한 경우에 '그 각호 사유 중 일부를 갖추지 못하였다는 판단' 자체가 처분의 사유가 된다.

[2] 외국인 갑이 법무부장관에게 귀화신청을 하였으나 법무부장관이 심사를 거쳐 '품행 미단정'을 불허사유로 국적법상의 요건을 갖추지 못하였다며 신청을 받아들이지 않는 처분을 하였는데, 법무부장관이 갑을 '품행 미단정'이라고 판단한 이유에 대하여 제1심 변론설차에서 자동차관리법위반죄로 기소유예를 받은 전력 등을 고려하였다고 주장하였다가 원심 변론절차에서 불법 체류한 전력이 있다는 추가적인 사정까지 고려하였다고 주장한 사안에서, 법무부장관이 처분 당시 갑의 전력 등을 고려하여 갑이 구 국적법(2017.12.19. 법률 제15249호로 개정되기 전의 것, 이하 같다) 제5조 제3호의 '품행단정' 요건을 갖추지 못하였다고 판단하여 처분을 하였고, 그 처분서에 처분사유로 '품행 미단정'이라고 기재하였으므로, '품행 미단정'이라는 판단 결과를 위 처분의 처분사유로 보아야 하는데, 법무부장관이 원심에서 추가로 제시한 불법 체류 전력 등의 제반 사정은 불허가처분의 처분사유 자체가 아니라 그 근거가 되는 기초 사실 내지 평가요소에 지나지 않으므로, 법무부장관이 이러한 사정을 추가로 주장할 수 있다고 한 사례.

[3] 귀화신청인이 구 국적법(2017.12.19. 법률 제15249호로 개정되기 전의 것) 제5조 각호에서 정한 귀화요건을 갖추지 못한 경우 법무부장관은 귀화 허부에 관한 재량권을 행사할 여지 없이 귀화불허처분을 하여야 한다(대판 2018.12.13, 2016두31616).

🏛 확인 OX

01 행정절차법의 내용
귀화의 요건인 구 국적법 제5조 각호 사유 중 일부를 갖추지 못하였다는 이유로 행정청이 귀화신청을 받아들이지 않는 처분을 한 경우에 그 각호 사유 중 일부를 갖추지 못하였다는 판단 자체가 처분의 사유가 된다. 예상 (   )

02 처분사유의 추가 · 변경
외국인 甲이 법무부장관에게 귀화신청을 하였으나 법무부장관이 품행 미단정을 불허사유로 국적법상의 요건을 갖추지 못하였다며 신청을 받아들이지 않는 처분을 하였는데, 법무부장관이 甲을 품행 미단정이라고 판단한 이유에 대하여 제1심 변론절차에서 자동차관리법 위반죄로 기소유예를 받은 전력 등을 고려하였다고 주장한 후, 제2심 변론절차에서 불법 체류 전력 등의 제반사정을 추가로 주장할 수 있다. 19. 서울시 7급 (   )

03 기속행위와 재량행위
귀화신청인이 구 국적법 제5조 각호에서 정한 귀화요건을 갖추지 못한 경우라 하더라도 법무부장관은 법령의 내용과 그 입법취지, 연혁 등을 종합적으로 살펴서 귀화 허부에 관한 재량권을 행사할 수 있다. 예상 (   )

정답 01 ○ 02 ○ 03 × ◁

[1] ① 구 특허법(1990.1.13. 법률 제4207호로 전부 개정되기 전의 것) 제53조 제2항, 제3항(이하 두 조항을 '위임조항'이라 한다)의 위임에 따른 구 특허법 시행령(1990.8.28. 대통령령 제13078호로 전부 개정되기 전의 것, 이하 같다) 제9조의2 제1항 제1호는 특허권 존속기간 연장신청의 대상으로 제조품목허가를 받아야 하는 의약품 발명에 관하여 규정하고 있을 뿐, 수입품목허가를 받아야 하는 의약품의 발명에 관하여 명시적 규정을 두고 있지 않다.

② 특허권의 존속기간 연장제도의 취지를 감안해 보면, 제조품목허가를 받아야 하는 의약품과 수입품목허가를 받아야 하는 의약품은 모두 활성·안전성 등의 시험을 거쳐 허가 등을 받는 과정에서 그 특허발명을 실시하지 못한다는 점에서 차이가 없고, 위임조항은 허가 또는 등록을 위하여 필요한 활성·안전성 등의 시험에 장기간이 소요되는 경우에 특허권의 존속기간을 연장할 수 있다고 하고 있을 뿐, 수입품목허가를 받아야 하는 의약품을 존속기간 연장대상에서 제외하지 않고 있다.

구 특허법 시행령 제9조의2 제1항 제1호 시행 이후인 1995.1.1. 발효된 '세계무역기구 설립을 위한 마라케쉬 협정 부속서 1다 무역관련 지적재산권에 관한 협정'(이하 '지적재산권 협정'이라 한다) 제27조 제1항은 "발명지, 기술분야, 제품의 수입 또는 국내 생산 여부에 따른 차별 없이 특허가 허여되고 특허권이 향유된다."라고 규정하고 있는데, 구 특허법 시행령 제9조의2 제1항 제1호와 같이 수입품목허가를 받아야 하는 의약품에 대해 존속기간 연장을 일체 허용하지 않으면 제품의 수입 또는 국내 생산 여부에 따른 차별에 해당될 수 있다.

2000.6.23. 개정된 구 특허법 시행령(대통령령 제16852호로 개정된 것, 이하 '2000년 특허법 시행령'이라 한다)이 존속기간 연장등록의 대상에 의약품 수입품목허가를 받아야 하는 발명을 포함시킨 제7조 제1호에 관하여 소급적용을 금지하는 별도의 경과규정을 두고 있지 않아 지적재산권 협정 제27조 제1항의 발효 이전에 출원되어 수입품목허가를 받은 특허발명의 경우에도 위 시행령 시행일인 2000.7.1. 이후에 연장등록출원을 하면 연장대상에 포함시켰다.

③ 위임조항의 입법 취지 등에 위임조항 시행 이후 발효된 지적재산권 협정의 내용 및 2000년 특허법 시행령의 개정 내용 등을 종합하면, 위임조항에 의하여 존속기간을 연장할 수 있는 특허발명에는 제조품목허가뿐만 아니라 수입품목허가를 받아야 하는 의약품 발명도 포함되는 것으로 해석할 수 있고, 구 특허법 시행령 제9조의2 제1항 제1호가 의약품 수입품목허가에 관한 약사법 제34조 제1항을 규정하지 않은 것은 입법의 미비로 볼 수 있다.

[2] 행정행위가 재량성의 유무 및 범위와 관련하여 이른바 기속행위 내지 기속재량행위와 재량행위 내지 자유재량행위로 구분된다고 할 때, 그 구분은 당해 행위의 근거가 된 법규의 체재·형식과 문언, 당해 행위가 속하는 행정 분야의 주된 목적과 특성, 당해 행위 자체의 개별적 성질과 유형 등을 모두 고려하여 판단하여야 한다. 이렇게 구분되는 양자에 대한 사법심사는, 전자의 경우 그 법규에 대한 원칙적인 기속성으로 인하여 법원이 사실인정과 관련 법규의 해석·적용을 통하여 일정한 결론을 도출한 후 그 결론에 비추어 행정청이 한 판단의 적법 여부를 독자의 입장에서 판정하는 방식에 의하게 된다. 후자의 경우 행정청의 재량에 기한 공익판단의 여지를 감안하여 법원은 독자의 결론을 도출함이 없이 당해 행위에 재량권의 일탈·남용이 있는지 여부만을 심사하게 되고, 이러한 재량권의 일탈·남용 여부에 대한 심사는 사실오인, 비례·평등의 원칙 위배, 당해 행위의 목적 위반이나 동기의 부정 유무 등을 판단 대상으로 한다(대판 2018.10.4, 2014두37702).

▣ 확인 OX

01 기속·재량행위의 하자 판단

기속행위 내지 기속재량행위의 경우 행정청의 재량에 기한 공익판단의 여지를 감안하여 법원은 독자의 결론을 도출함이 없이 당해 행위에 재량권의 일탈·남용이 있는지 여부만을 심사하게 된다. 예상 ( )

정답 01 × ×

[1] 독점규제 및 공정거래에 관한 법령은 과징금 부과 한도 및 산정의 기초가 되는 독점규제 및 공정거래에 관한 법률(이하 '공정거래법'이라 한다) 제22조에서 정한 '매출액'을 '관련 상품이나 용역의 매출액 또는 이에 준하는 금액'인 '관련매출액'이라고 정하면서도, 입찰담합 및 이에 유사한 행위 유형에 대하여는 '계약금액'을 기준으로 삼고 있다. 공정거래법 제22조, 제55조의3 제1항, 제5항, 독점규제 및 공정거래에 관한 법률 시행령 제9조 제1항, 제61조 제1항 [별표 2] 제2호 (가)목 3 가)의 전반적인 체계, 내용, 취지·목적 및 연혁 등을 종합하면, 입찰담합의 특수성 등을 감안하여 '관련매출액'의 특수한 형태로 '계약금액'을 인정한 것일 뿐, '계약금액'을 공정거래법령이 정한 '관련매출액'의 본질적 성격과 무관한 전혀 별개의 개념으로 규정하는 취지라고 볼 수는 없다.

따라서 입찰담합에 관한 과징금의 기본 산정기준인 '계약금액'의 경우에도, 입찰담합에 기초하여 체결된 계약금액에 해당되어야 한다는 의미의 '관련성'이 있을 것이 요구된다. 이러한 관련성이 인정되지 않는 경우에는 그 계약금액을 과징금의 기본 산정기준으로 삼을 수 없다.

[2] 독점규제 및 공정거래에 관한 법률(이하 '공정거래법'이라 한다) 제55조의3 제1항 제1호에 의하면, 공정거래위원회는 '위반행위의 내용 및 정도' 등을 참작하여 과징금을 결정하여야 하고, 공정거래법 제55조의3 제5항의 위임에 따른 독점규제 및 공정거래에 관한 법률 시행령 제61조 제1항 [별표 2] 제2호 (다)목은 위반행위의 내용 및 정도 등 공정거래법 제55조의3 제1항 각호의 사항에 영향을 미치는 '위반사업자의 고의·과실, 위반행위의 성격과 사정' 등의 사유를 고려하여 공정거래위원회가 정하여 고시하는 기준에 따라 과징금을 조정하도록 규정하고 있다. 이에 근거한 구 과징금부과 세부기준 등에 관한 고시(2012.3.28. 공정거래위원회 고시 제2012-6호로 개정되기 전의 것) IV. 3. 나. (5)항은 '위반사업자의 이사 또는 그 이상에 해당하는 고위 임원(등기부 등재 여부를 불문한다)이 위반행위에 직접 관여한 경우'에는 100분의 10 이내 범위에서 과징금을 가중할 수 있다고 규정하고 있다.

그렇다면 공정거래위원회가 비등기 임원이 위반행위에 직접 관여한 경우라고 보아 위 고시 조항을 적용하여 과징금을 가중하였더라도, 비등기 임원의 실질적 지위가 일반 직원과 마찬가지라거나 관여행위가 단순히 위반행위에 관하여 보고를 받고도 이를 제지하지 않는 등 간접적으로 관여하는 차원에 그친다는 등의 특별한 사정이 있다면, 재량권 일탈·남용에 해당하여 위법하다고 볼 수 있다(대판 2018.11.15, 2016두49044).

PART 3

2018년 행정법총론 주요 판례

📕 확인 OX

01 재량행위에 대한 통제

공정거래위원회가 비등기 임원이 독점규제 및 공정거래에 관한 법률 위반행위에 직접 관여한 경우라고 보아 구 과징금부과 세부기준 등에 관한 고시 조항을 적용하여 과징금을 가중하였더라도, 비등기 임원의 실질적 지위가 일반 직원과 마찬가지라거나 관여행위가 단순히 위반행위에 관하여 보고를 받고도 이를 제지하지 않는 등 간접적으로 관여하는 차원에 그친다는 등의 특별한 사정이 있다면, 재량권 일탈·남용에 해당하여 위법하다고 볼 수 있다. 예상   (   )

정답 01 O

[1] 행정절차법은, 당사자가 청문의 통지가 있는 날부터 청문이 끝날 때까지 행정청에 해당 사안의 조사결과에 관한 문서와 그 밖에 해당 처분과 관련되는 문서의 열람 또는 복사를 '요청'할 수 있고, 행정청은 다른 법령에 따라 공개가 제한되는 경우를 제외하고는 그 요청을 거부할 수 없도록 규정하고 있다(제37조 제1항). 그런데 행정절차법 제3조, 행정절차법 시행령 제2조 제6호는 독점규제 및 공정거래에 관한 법률(이하 '공정거래법'이라 한다)에 대하여 행정절차법의 적용이 배제되도록 규정하고 있다. 그 취지는 공정거래법의 적용을 받는 당사자에게 행정절차법이 정한 것보다 더 약한 절차적 보장을 하려는 것이 아니라, 오히려 그 의결절차상 인정되는 절차적 보장의 정도가 일반 행정절차와 비교하여 더 강화되어 있기 때문이다. 공정거래위원회에 강학상 '준사법기관'으로서의 성격이 부여되어 있다는 전제하에 공정거래위원회의 의결을 다투는 소를 서울고등법원의 전속관할로 정하고 있는 취지 역시 같은 전제로 볼 수 있다. 공정거래법 제52조의2가 당사자에게 단순한 열람·복사 '요청권'이 아닌 열람·복사 '요구권'을 부여한 취지 역시 이와 마찬가지이다.

이처럼 공정거래법 규정에 의한 처분의 상대방에게 부여된 절차적 권리의 범위와 한계를 확정하려면 행정절차법이 당사자에게 부여한 절차적 권리의 범위와 한계 수준을 고려하여야 한다. 나아가 '당사자'에게 보장된 절차적 권리는 단순한 '이해관계인'이 보유하는 절차적 권리와 같을 수는 없다. 또한 단순히 조사가 개시되거나 진행 중인 경우에 당사자인 피심인의 절차적 권리와 비교하여, 공정거래위원회 전원회의나 소회의 등이 열리기를 전후하여 최종 의결에 이르기까지 피심인이 가지는 절차적 권리는 한층 더 보장되어야 한다. 따라서 공정거래위원회의 심의절차에서 특별한 사정이 없는 한 피심인에게 원칙적으로 관련 자료를 열람·등사하여 주어 실질적으로 그 방어권이 보장되도록 하여야 한다.

이러한 전제에서 공정거래법 제52조의2의 규정 취지를 헌법상 적법절차 원칙을 고려하여 체계적으로 살펴보면, 당사자인 피심인은 공정거래위원회에 대하여 공정거래법 규정에 의한 처분과 관련된 자료의 열람 또는 복사를 요구할 수 있고, 적어도 공정거래위원회의 심리·의결 과정에서는 다른 법령에 따라 공개가 제한되는 경우 등 특별한 사정이 없는 한 공정거래위원회가 피심인의 이러한 요구를 거부할 수 없음이 원칙이라고 새기는 것이 타당하다. 공정거래법 제55조의2는 이러한 전제에서 공정거래법 규정 위반사건의 처리절차 등에 관하여 필요한 사항을 공정거래위원회가 정하여 고시하도록 규정한 것으로 볼 수 있고, 이에 따라 그 내용 역시 이러한 한계 범위 내에서 설정되어야 한다.

[2] 독점규제 및 공정거래에 관한 법률(이하 '공정거래법'이라 한다) 제55조의2에 근거한 공정거래위원회 회의운영 및 사건절차 등에 관한 규칙(2012.11.28. 공정거래위원회 고시 제2012-71호, 이하 '절차규칙'이라 한다) 제29조 제1항, 제10항, 제12항, 제29조의2 제1항, 제2항의 문언과 내용에 따르면, 심사보고서 첨부자료의 송부 및 자료 열람 등을 규정하고 있는 취지는, 공정거래위원회의 시정조치 또는 과징금납부명령으로 말미암아 불측의 피해를 받을 수 있는 '당사자'로 하여금 공정거래위원회의 심의에 출석하여 심사관의 심사결과에 대하여 효과적으로 방어권을 행사하도록 보장함으로써 심사절차의 적정을 기함과 아울러 공정거래위원회로 하여금 적법한 심사절차를 거쳐 사실관계를 보다 구체적으로 파악하게 하여 신중하게 처분을 하게 하는 데 있다.

나아가 이러한 절차규칙 규정들을 공정거래법상 당사자에게 부여된 열람·복사 요구권의 내용과 한계에 비추어 살펴보면, 요구된 대상이 영업비밀, 사생활의 비밀 등 기타 법령 규정이 정한 비공개 자료에 해당하거나 자진신고와 관련된 자료로서 자진신고자 등의 신상 등 사적인 정보가 드러나는 부분 등에 관하여는, 첨부자료의 열람·복사 요구를 거부할 수도 있다. 다만 이 경우에도 일률적으로 거부할 수는 없고 첨부자료의 열람·복사를 거부함으로써 보호되는 이익과 그로 인하여 침해되는 피심인의 방어권의 내용과 정도를 비교·형량하여 신중하게 판단하여야 한다.

그러므로 피심인이 심의·의결절차에서의 방어권을 행사하기 위하여 필요한 심사보고서의 첨부자료 열람·복사를 신청하였으나, 공정거래위원회가 절차규칙 제29조 제12항에서 정한 거부 사유에 해당하지 않음에도 이에 응하지 아니하였다면, 공정거래위원회의 심의·의결의 절차적 정당성이 상실되므로, 공정거래위원회의 처분은 절차적 하자로 인하여 원칙적으로 취소되어야 한다.

다만 그 절차상 하자로 피심인의 방어권 행사에 실질적으로 지장이 초래되었다고 볼 수 없는 예외적인 경우에는, 공정거래위원회가 첨부자료의 제공 또는 열람·복사를 거절하였더라도 공정거래위원회의 심의·의결에 절차적 정당성이 상실되었다고 볼 수 없으므로 그 처분을 취소할 것은 아니다. 나아가 첨부자료의 제공 또는 열람·등사가 거절되는 등으로 인하여 피심인의 방어권이 실질적으로 침해되었는지는 공정거래위원회가 송부 내지 열람·복사를 거부한 자료의 내용, 범위, 정도, 자료의 내용과 처분요건 등과의 관련 정도, 거부의 경위와 거부 사유의 타당성, 심사보고서에 기재된 내용, 피심인이 심의·의결절차에서 의견을 진술하고 변명하는 등 방어의 기회를 충분히 가졌는지 등을 종합하여 판단하여야 한다.

[3] 독점규제 및 공정거래에 관한 법령(이하 '공정거래법령'이라 한다)은 과징금 부과 한도 및 그 산정의 기초가 되는 독점규제 및 공정거래에 관한 법률 제22조에서 정한 '매출액'을 '관련 상품이나 용역의 매출액 또는 이에 준하는 금액'인 '관련매출액'이라고 정하면서도, 입찰담합 및 이와 유사한 행위 유형에 대하여는 '계약금액'을 기준으로 삼고 있다. 다만 위와 같은 관계 법령의 전반적인 체계, 내용, 취지·목적 및 연혁 등을 종합해 보면, 이는 입찰담합의 특수성 등을 감안하여 '관련매출액'의 특수한 형태로 '계약금액'을 인정한 것일 뿐, '계약금액'을 공정거래법령이 정한 '매출액' 또는 '관련매출액'의 본질적 성격과 무관한 전혀 별개의 개념으로 규정하는 취지라고 볼 수는 없으므로, 입찰담합의 경우에도 그에 따라 체결된 계약상의 금액 중 일부가 매출액에 해당한다고 볼 수 없는 특별한 사정이 있는 경우에는 이를 과징금의 기본 산정기준인 '계약금액'에서 공제하여야 한다.

[4] 공정거래위원회가 비등기 임원이 위반행위에 직접 관여한 경우도 독점규제 및 공정거래에 관한 법률 시행령 [별표 2] 제2호 (다)목, 제3호에 근거한 구 과징금부과 세부기준 등에 관한 고시(2012.3.28. 공정거래위원회 고시 제2012-6호로 개정된 것) IV. 3. 나. (5)항의 적용대상이라고 보아 과징금을 가중하였더라도, 비등기 임원의 실질적 지위가 일반 직원과 마찬가지라는 등의 특별한 사정이 없는 한, 이를 두고 곧바로 재량권을 일탈·남용하여 위법하다고 볼 수는 없다(대판 2018.12.27, 2015두44028).

확인 OX

01 행정절차법
행정절차법 제3조가 독점규제 및 공정거래에 관한 법률에 대하여 행정절차법의 적용이 배제되도록 규정한 취지는 공정거래법의 적용을 받는 당사자에게 행정절차법이 정한 것보다 더 약한 절차적 보장을 하려는 것이 아니라, 오히려 그 의결절차상 인정되는 절차적 보장의 정도가 일반 행정절차와 비교하여 더 강화되어 있기 때문이다. 예상 (   )

02 행정절차법의 내용
공정거래법 규정에 의한 처분의 상대방에게 부여된 절차적 권리의 범위와 한계를 확정하려면 행정절차법이 당사자에게 부여한 절차적 권리의 범위와 한계 수준을 고려하여야 한다. 예상 (   )

03 행정행위의 하자
피심인이 심의·의결절차에서의 방어권을 행사하기 위하여 필요한 심사보고서의 첨부자료 열람·복사를 신청하였으나, 공정거래위원회가 절차규칙 제29조 제12항에서 정한 거부 사유에 해당하지 않음에도 이에 응하지 아니하였다면, 공정거래위원회의 심의·의결의 절차적 정당성이 상실되므로, 공정거래위원회의 처분은 무효이다. 예상 (   )

정답 01 ○ 02 ○ 03 ×

[1] 독점규제 및 공정거래에 관한 법률 제54조 제1항에 따르면, 위 법에 의한 공정거래위원회의 처분에 대하여 불복의 소를 제기하고자 할 때에는 처분의 통지를 받은 날 또는 이의신청에 대한 재결서의 정본을 송달받은 날부터 30일 이내에 소를 제기하여야 한다.

청구취지를 추가하는 경우, 청구취지가 추가된 때에 새로운 소를 제기한 것으로 보므로, 추가된 청구취지에 대한 제소기간 준수 등은 원칙적으로 청구취지의 추가·변경 신청이 있는 때를 기준으로 판단하여야 한다.

그러나 선행 처분의 취소를 구하는 소를 제기하였다가 이후 후행 처분의 취소를 구하는 청구취지를 추가한 경우에도, 선행 처분이 종국적 처분을 예정하고 있는 일종의 잠정적 처분으로서 후행 처분이 있을 경우 선행 처분은 후행 처분에 흡수되어 소멸되는 관계에 있고, 당초 선행 처분에 존재한다고 주장되는 위법사유가 후행 처분에도 마찬가지로 존재할 수 있는 관계여서 선행 처분의 취소를 구하는 소에 후행 처분의 취소를 구하는 취지도 포함되어 있다고 볼 수 있다면, 후행 처분의 취소를 구하는 소의 제소기간은 선행 처분의 취소를 구하는 최초의 소가 제기된 때를 기준으로 정하여야 한다.

[2] 독점규제 및 공정거래에 관한 법률(이하 '공정거래법'이라 한다) 제55조의3 제1항 1호에 따르면, 공정거래위원회는 '위반행위의 내용 및 정도' 등을 참작하여 과징금을 결정하여야 하고, 공정거래법 제55조의3 제5항의 위임에 따른 독점규제 및 공정거래에 관한 법률 시행령 제61조 제1항 [별표 2] 제2호 (다)목은 위반행위의 내용 및 정도 등 공정거래법 제55조의3 제1항 각호의 사항에 영향을 미치는 '위반사업자의 고의·과실, 위반행위의 성격과 사정' 등의 사유를 고려하여 공정거래위원회가 정하여 고시하는 기준에 따라 과징금을 조정하도록 규정하고 있다. 이에 근거한 구 과징금부과 세부기준 등에 관한 고시(2014.5.30. 공정거래위원회고시 제2014-7호로 개정되기 전의 것) IV. 3. 나. (5)항(이하 '고시 조항'이라 한다)은 '위반사업자의 이사 또는 그 이상에 해당하는 고위 임원(등기부 등재 여부를 불문한다)이 위반행위에 직접 관여한 경우'에는 100분의 10 이내 범위에서 과징금을 가중할 수 있다고 규정하고 있다.

이때 고위 임원의 관여 행위를 공정거래법령이 정한 과징금 산정의 참작 사유, 즉 위반행위의 내용과 정도에 영향을 미치는 '위반사업자의 고의, 위반행위의 성격과 사정'에 대한 평가를 달리 할 수 있는 사유에 해당한다고 보기 위해서는, 임원이 위반행위를 보고받고도 단순히 이를 제지하지 않는 등과 같이 간접적으로 관여하는 차원을 넘어서, 위반행위를 주도·계획하거나 이와 유사한 정도로 위반행위에 직접 관여하였다고 볼 수 있어야 한다.

따라서 공정거래위원회가 고위 임원이 위반행위에 '직접 관여'한 경우라고 보아 위 고시 조항을 적용하여 과징금을 가중하였으나, 관여행위가 단순히 위반행위에 관하여 보고를 받고도 이를 제지하지 않는 경우처럼 간접적으로 관여하는 데 그쳤다는 등의 특별한 사정이 있다면, 그와 같이 산정한 과징금부과처분은 재량권 일탈·남용에 해당하여 위법하다고 볼 수 있다(대판 2018.11.15, 2016두48737).

⬛ 확인 OX

01 소송요건(제소기간)
청구취지를 추가하는 경우 청구취지가 추가된 때에 새로운 소를 제기한 것으로 보므로, 추가된 청구취지에 대한 제소기간 준수 등은 원칙적으로 청구취지의 추가·변경 신청이 있는 때를 기준으로 판단하여야 한다. 예상 (　　)

02 소송요건(제소기간)
선행 처분의 취소를 구하는 소를 제기하였다가 이후 후행 처분의 취소를 구하는 청구취지를 추가한 경우에도, 후행 처분이 있을 경우 선행 처분은 후행 처분에 흡수되어 소멸되는 관계에 있고, 선행 처분의 취소를 구하는 소에 후행 처분의 취소를 구하는 취지도 포함되어 있다고 볼 수 있다면, 후행 처분의 취소를 구하는 소의 제소기간은 선행 처분의 취소를 구하는 최초의 소가 제기된 때를 기준으로 정하여야 한다. 예상 (　　)

정답 01 O 02 O

[1] 항고소송은 다른 법률에 특별한 규정이 없는 한 원칙적으로 소송의 대상인 행정처분을 외부적으로 행한 행정청을 피고로 하여야 하고(행정소송법 제13조 제1항 본문), 다만 대리기관이 대리관계를 표시하고 피대리행정청을 대리하여 행정처분을 한 때에는 피대리행정청이 피고로 되어야 한다.

[2] 농지법 제38조 제1항, 제4항, 제5항, 제7항, 구 농지법 시행령(2013.3.23. 대통령령 제24455호로 개정되기 전의 것) 제53조에 따르면, 농지전용허가·협의·신고절차를 거친 후 농지를 전용하려는 자는 농지전용허가·신고(다른 법률에 따라 농지전용허가·신고가 의제되는 경우 포함) 전까지 전용면적에 비례하여 산정된 농지보전부담금을 납부하여야 하고, 일단 농지보전부담금을 납부하였다가 허가가 취소되거나 허가를 받지 못한 경우, 사업계획이 변경된 경우, 그 밖에 이에 준하는 사유로 전용하려는 농지의 면적이 당초보다 줄어든 경우 등에는 그에 해당하는 농지보전부담금을 환급하여야 한다.

따라서 농지보전부담금을 부과하기 위해서는 전용하려는 토지가 농지법상 농지로서 농지전용허가·협의·신고절차의 대상이어야 하고, 농지보전부담금은 원칙적으로 농지전용허가·신고 전에 그에 따른 농지전용면적을 기준으로 산정·부과되어 납부까지 이루어져야 한다.

[3] 농지법 제2조 제1호 (가)목 전단은 "전·답, 과수원, 그 밖에 법적 지목을 불문하고 실제로 농작물 경작지 또는 다년생식물 재배지로 이용되는 토지"를 '농지'로 정의하고 있다. 한편 농지법 제42조 제1항, 제2항은 농지전용허가 등을 받지 아니하고 농지를 전용하거나 다른 용도로 사용한 경우 관할청이 그 행위를 한 자에게 기간을 정하여 원상회복을 명할 수 있고, 그가 원상회복명령을 이행하지 아니하면 관할청이 대집행으로 원상회복을 할 수 있도록 규정하여 농지가 불법 전용된 경우에는 농지로 원상회복되어야 함을 분명히 하고 있다.

따라서 어떤 토지가 농지법 제2조 제1호 (가)목 전단에서 정한 '농지'인지는 공부상의 지목과 관계없이 그 토지의 사실상 현상에 따라 판단하여야 하지만, 농지법상 '농지'였던 토지가 현실적으로 다른 용도로 이용되고 있더라도 그 토지가 농지전용허가 등을 받지 아니하고 불법 전용된 것이어서 농지로 원상회복되어야 하는 것이라면 그 변경 상태는 일시적인 것에 불과하고 여전히 농지법상 '농지'에 해당한다.

[4] 구 항공법(2002.2.4. 선고 제6655호로 개정되기 전의 것) 제96조 제1항, 제3항은 건설교통부장관이 공항개발사업의 실시계획을 수립하거나 이를 승인하고자 하는 때에는 제1항 각호의 규정에 의한 관계 법령상 적합한지 여부에 관하여 소관행정기관의 장과 미리 협의하여야 하고, 건설교통부장관이 공항개발사업의 실시계획을 수립하거나 이를 승인한 때에는 제1항 각호의 승인 등을 받은 것으로 본다고 규정하면서, 제1항 제9호에서 "농지법 제36조 규정에 의한 농지전용의 허가 또는 협의"를 규정하고 있다.

이러한 규정들의 문언, 내용, 형식에다가 인허가 의제 제도는 목적사업의 원활한 수행을 위해 창구를 단일화하여 행정절차를 간소화하는 데 입법 취지가 있고 목적사업이 관계 법령상 인허가의 실체적 요건을 충족하였는지에 관한 심사를 배제하려는 취지는 아닌 점 등을 아울러 고려하면, 공항개발사업 실시계획의 승인권자가 관계 행정청과 미리 협의한 사항에 한하여 그 승인처분을 할 때에 인허가 등이 의제된다고 보아야 한다(대판 2018.10.25, 2018두43095).

🏛 **확인 OX**

01 소송요건(피고적격)
권한의 임의대리(수권대리)의 경우, 대리기관이 대리관계를 표시하고 피대리행정청을 대리하여 행정처분을 한 때에는 피대리행정청이 항고소송의 피고로 되어야 한다. 16. 국가직 7급   (   )

02 인·허가 의제제도
구 항공법상 공항개발사업의 실시계획을 승인한 때에는 농지법상 농지전용허가를 받은 것으로 본다고 정하고 있는데, 이는 공항개발사업 실시계획의 승인권자가 관계 행정청과 미리 협의한 사항에 한하여 그 승인처분을 할 때에 인허가 등이 의제된다고 보아야 한다. 예상   (   )

정답 01 ○ 02 ○

[1] 구 주택법(2016.1.19. 법률 제13805호로 전부 개정되기 전의 것, 이하 '구 주택법'이라 한다) 제16조 제4항 제1호의 입법 취지는 주택건설사업주체가 해당 주택건설대지 전체의 소유권을 확보하지 못한 때에도 향후 구 주택법 제18조의2 등에 규정된 매도청구권 제도를 통하여 그 대지 전체의 소유권을 확보할 수 있게 되는 경우에는 사업계획승인을 받을 수 있게 함으로써 주택건설사업을 촉진하려는 데에 있다. 그리고 구 임대주택법(2015.8.28. 법률 제13499호 민간임대주택에 관한 특별법으로 전부 개정되기 전의 것, 이하 '구 임대주택법'이라 한다) 제14조 제1항에 규정된 공익사업 지정 제도의 입법 취지는 임대사업자에게 일정한 요건을 갖춘 경우 제한적으로 토지수용권을 부여함으로써 임대주택의 공급을 활성화하려는 데에 있다.

위 각 규정에 따르면, 구 주택법 제16조 제4항 제1호에 따라 사업계획승인을 받은 주택건설사업주체는 나머지 토지를 주택법상 매도청구권 제도를 통해 확보하여야 하는 반면, 구 임대주택법 제14조 제1항에 따라 공익사업 지정을 받은 임대사업자는 사업계획승인을 받은 후 나머지 토지를 수용의 방식으로 확보할 수 있다.

이러한 위 각 규정의 문언 및 내용, 입법 취지 등에 비추어 보면, 구 임대주택법 제14조 제1항에 따른 공익사업 지정을 받은 임대사업자가 구 주택법 제16조 제1항에 따른 사업계획승인을 받기 위하여 구 주택법 제16조 제4항 제1호의 요건까지 갖추어야 한다고 볼 수는 없다.

[2] 구 주택법은 "제16조에 따른 주택건설사업계획 또는 대지조성사업계획의 승인을 받아 주택과 그 부대시설 및 복리시설(복리시설)을 건설하거나 대지를 조성하는 데 사용되는 일단(일단)의 토지"를 '주택단지'라고 정의함으로써(제2조 제6호), 주택건설사업계획을 심사·판단하는 기초 단위를 '주택단지'로 규정하고 있다. 이러한 규정의 문언 및 내용과 공익사업 지정 제도의 입법 취지 등에 비추어 보면, 임대사업자가 하나의 사업지구 안에서 여러 주택단지를 동시에 건설하는 경우가 아닌 한, 구 임대주택법(2015.8.28. 법률 제13499호 민간임대주택에 관한 특별법으로 전부 개정되기 전의 것) 제14조 제1항의 '임대사업자가 임대주택을 건설하기 위한 사업대상 토지면적'이란 임대사업자가 주택법상 사업계획승인을 받아 건설하려는 '주택단지의 면적'을 의미한다고 보아야 한다.

[3] '주택단지 안의 도로 설치'와 '주택단지 밖의 진입도로 설치'는 법적 근거를 달리한다. 주택건설사업주체는 '주택단지 안'에 그 주택단지에 거주하는 주민들을 위한 부대시설로서 폭 7m 이상의 도로를 설치할 법령상 의무가 있고 이는 해당 주택건설사업계획의 내용에 포함되어야 한다(구 주택법) 제2조 제8호, 주택건설기준 등에 관한 규정 제26조]. 그러나 이와 달리 '주택단지 밖'에 대하여는, 주택건설사업주체가 기간도로나 진입도로(간선시설)를 설치할 법령상 의무는 없고[구 주택법 제23조 제1항 제1호, 제6항, 구 주택법 시행령(2016.8.11. 대통령령 제27444호로 전부 개정되기 전의 것) 제24조 [별표 2] 제1호 참조], 다만 주택건설사업계획승인을 받는 과정에서 해당 주택단지의 규모에 비례하여 간선시설로서 일정 폭 이상의 진입도로(당해 주택단지에 접하는 기간도로 포함)가 확보되어야 한다는 요건을 갖추기 위하여 주택건설사업주체의 비용 부담으로 '주택단지 밖'에 진입도로를 설치하여 행정청에 귀속시키는 경우가 있을 뿐이다(주택건설기준 등에 관한 규정 제25조, 제57조 등 참조). 따라서 주택건설사업주체가 '주택단지 밖'의 진입도로도 함께 설치하여 행정청에 귀속시키도록 하는 도시·군계획시설사업 시행자 지정 등이 있다고 하더라도, 그 '주택단지 밖의 진입도로 부지'가 구 임대주택법(2015.8.28. 법률 제13499호 민간임대주택에 관한 특별법으로 전부 개정되기 전의 것) 제14조 제1항에서 정한 '임대주택건설 사업대상 토지'에 포함된다고 볼 수 없다.

[4] 구 주택법 제17조 제1항에 따르면, 주택건설사업계획 승인권자가 관계 행정청의 장과 미리 협의한 사항에 한하여 승인처분을 할 때에 인허가 등이 의제될 뿐이고, 각호에 열거된 모든 인허가 등에 관하여 일괄하여 사전협의를 거칠 것을 주택건설사업계획 승인처분의 요건으로 규정하고 있지 않다. 따라서 인허가 의제 대상이 되는 처분에 어떤 하자가 있더라도, 그로써 해당 인허가 의제의 효과가 발생하지 않을 여지가 있게 될 뿐이고, 그러한 사정이 주택건설사업계획 승인처분 자체의 위법사유가 될 수는 없다. 또한 의제된 인허가는 통상적인 인허가와 동일한 효력을 가지므로, 적어도 '부분 인허가 의제'가 허용되는 경우에는 그 효력을 제거하기 위한 법적 수단으로 의제된 인허가의 취소나 철회가 허용될 수 있고, 이러한 직권 취소·철회가 가능한 이상 그 의제된 인허가에 대한 쟁송취소 역시 허용된다.

따라서 주택건설사업계획 승인처분에 따라 의제된 인허가가 위법함을 다투고자 하는 이해관계인은, 주택건설사업계획 승인처분의 취소를 구할 것이 아니라 의제된 인허가의 취소를 구하여야 하며, 의제된 인허가는 주택건설사업계획 승인처분과 별도로 항고소송의 대상이 되는 처분에 해당한다.

[5] 구 주택법 제17조 제1항에 인허가 의제 규정을 둔 입법 취지는, 주택건설사업을 시행하는 데 필요한 각종 인허가 사항과 관련하여 주택건설사업계획 승인권자로 그 창구를 단일화하고 절차를 간소화함으로써 각종 인허가에 드는 비용과 시간을 절감하여 주택의 건설·공급을 활성화하려는 데에 있다. 이러한 인허가 의제 규정의 입법 취지를 고려하면, 주택건설사업계획 승인권자가 구 주택법 제17조 제3항에 따라 도시·군관리계획 결정권자와 협의를 거쳐 관계 주택건설사업계획을 승인하면 같은 조 제1항 제5호에 따라 도시·군관리계획결정이 이루어진 것으로 의제되고, 이러한 협의 절차와 별도로 국토의 계획 및 이용에 관한 법률 제28조 등에서 정한 도시·군관리계획 입안을 위한 주민 의견청취 절차를 거칠 필요는 없다.

[6] 구 주택법 제17조 제1항의 인허가 의제 규정에는 인허가 의제가 가능한 공간적 범위를 제한하는 내용을 포함하고 있지 않으므로, 인허가 의제가 해당 주택건설 사업대상 토지(주택단지)에 국한하여 허용된다고 볼 수는 없다. 다만 주택건설사업을 시행하는 데 필요한 각종 인허가 절차를 간소화함으로써 주택의 건설·공급을 활성화하려는 인허가 의제 규정의 입법 취지를 고려할 때, 주택건설 사업구역 밖의 토지에 설치될 도시·군계획시설 등에 대하여 지구단위계획결정 등 인허가가 의제되려면, 그 시설 등이 해당 주택건설사업계획과 '실질적인 관련성'이 있어야 하고 주택건설사업의 시행을 위하여 '부수적으로 필요한' 것이어야 한다.

[7] 국토의 계획 및 이용에 관한 법률 제86조 제7항에 따르면, '국가 또는 지방자치단체'(제1호), '대통령령으로 정하는 공공기관'(제2호), '그 밖에 대통령령으로 정하는 자'(제3호)에 해당하지 아니하는 자가 도시·군계획시설사업의 시행자로 지정을 받으려면 도시·군계획시설사업의 대상인 토지(국공유지 제외)의 소유 면적 및 토지소유자 동의 비율에 관하여 대통령령으로 정하는 별도의 요건을 갖추어야 한다. 그 위임에 따라 국토의 계획 및 이용에 관한 법률 시행령 제96조 제4항 제3호는 법 제86조 제7항 제3호의 '그 밖에 대통령령으로 정하는 자' 중 하나로 "법 제65조의 규정에 의하여 공공시설을 관리할 관리청에 무상으로 귀속되는 공공시설을 설치하고자 하는 자"를 규정하고 있다. 따라서 이러한 사람에 대하여는 사인(私人)을 도시·군계획시설사업의 시행자로 지정하기 위한 별도의 소유 및 동의 요건이 요구되지 않는다(대판 2018.11.29, 2016두38792).

📖 확인 OX

01 인·허가 의제제도
어떠한 허가처분에 대하여 타법상의 인·허가가 의제된 경우, 의제된 인·허가는 통상적인 인·허가와 동일한 효력을 갖는 것은 아니므로 '부분 인·허가 의제'가 허용되는 경우에도 의제된 인·허가에 대한 쟁송취소는 허용되지 않는다. 20. 국가직 9급　　　　　(　　)

02 인·허가 의제제도
허가에 타법상의 인·허가가 의제되는 경우, 의제된 인·허가는 통상적인 인·허가와 동일한 효력을 가질 수 없으므로 부분 인·허가 의제가 허용되는 경우라도 그에 대한 쟁송취소는 허용될 수 없다. 19. 지방직 7급　　　　　(　　)

03 인·허가 의제제도
주택건설사업계획 승인처분에 따라 의제된 지구단위계획결정에 하자가 있음을 다투고자 하는 경우, 의제된 지구단위계획결정이 아니라 주택건설사업계획 승인처분을 항고소송의 대상으로 삼아야 한다. 19. 서울시 7급　　　　　(　　)

04 인·허가 의제제도
주택건설사업계획 승인권자가 구 주택법에 따라 도시·군관리계획 결정권자와 협의를 거쳐 관계 주택건설사업계획을 승인하면 도시·군관리계획결정이 이루어진 것으로 의제되지만, 이러한 협의 절차와 별도로 국토의 계획 및 이용에 관한 법률 제28조 등에서 정한 도시·군관리계획 입안을 위한 주민 의견청취 절차를 반드시 거쳐야 한다. 예상　　　　　(　　)

정답 01 × 02 × 03 × 04 ×

[1] 구 중소기업창업 지원법(2017.7.26. 법률 제14839호로 개정되기 전의 것, 이하 '중소기업창업법'이라 한다) 제35조 제1항, 제33조 제4항, 중소기업창업 지원법 시행령 제24조 제1항, 중소기업청장이 고시한 '창업사업계획의 승인에 관한 통합업무처리지침'(이하 '업무처리지침'이라 한다)의 내용, 체계 및 취지 등에 비추어 보면 다음과 같은 이유로 중소기업창업법에 따른 사업계획승인의 경우 의제된 인허가만 취소 내지 철회함으로써 사업계획에 대한 승인의 효력은 유지하면서 해당 의제된 인허가의 효력만을 소멸시킬 수 있다.

① 중소기업창업법 제35조 제1항의 인허가의제 조항은 창업자가 신속하게 공장을 설립하여 사업을 개시할 수 있도록 창구를 단일화하여 의제되는 인허가를 일괄 처리하는 데 입법 취지가 있다. 위 규정에 의하면 사업계획승인권자가 관계 행정기관의 장과 미리 협의한 사항에 한하여 승인 시에 그 인허가가 의제될 뿐이고, 해당 사업과 관련된 모든 인허가의제 사항에 관하여 일괄하여 사전 협의를 거쳐야 하는 것은 아니다. 업무처리지침 제15조 제1항은 협의가 이루어지지 않은 인허가사항을 제외하고 일부만을 승인할 수 있다고 규정함으로써 이러한 취지를 명확히 하고 있다.

② 그리고 사업계획을 승인할 때 의제되는 인허가 사항에 관한 제출서류, 절차 및 기준, 승인조건 부과에 관하여 해당 인허가 근거 법령을 적용하도록 하고 있으므로(업무처리지침 제5조 제1항, 제8조 제5항, 제16조), 인허가의제의 취지가 의제된 인허가 사항에 관한 개별법령상의 절차나 요건 심사를 배제하는 데 있다고 볼 것은 아니다.

③ 사업계획승인으로 의제된 인허가는 통상적인 인허가와 동일한 효력을 가지므로, 그 효력을 제거하기 위한 법적 수단으로 의제된 인허가의 취소나 철회가 허용될 필요가 있다. 특히 업무처리지침 제18조에서는 사업계획승인으로 의제된 인허가 사항의 변경 절차를 두고 있는데, 사업계획승인 후 의제된 인허가 사항을 변경할 수 있다면 의제된 인허가 사항과 관련하여 취소 또는 철회 사유가 발생한 경우 해당 의제된 인허가의 효력만을 소멸시키는 취소 또는 철회도 할 수 있다고 보아야 한다.

④ 이와 같이 사업계획승인으로 의제된 인허가 중 일부를 취소 또는 철회하면, 취소 또는 철회된 인허가를 제외한 나머지 인허가만 의제된 상태가 된다. 이 경우 당초 사업계획승인을 하면서 사업 관련 인허가 사항 중 일부에 대하여만 인허가가 의제되었다가 의제되지 않은 사항에 대한 인허가가 불가한 경우 사업계획승인을 취소할 수 있는 것처럼(업무처리지침 제15조 제2항), 취소 또는 철회된 인허가 사항에 대한 재인허가가 불가한 경우 사업계획승인 자체를 취소할 수 있다.

[2] 군수가 갑 주식회사에 구 중소기업창업법 제35조에 따라 산지전용허가 등이 의제되는 사업계획을 승인하면서 산지전용허가와 관련하여 재해방지 등 명령을 이행하지 아니한 경우 산지전용허가를 취소할 수 있다는 조건을 첨부하였는데, 갑 회사가 재해방지 조치를 이행하지 않았다는 이유로 산지전용허가 취소를 통보하고, 이어 토지의 형질 변경 허가 등이 취소되어 공장설립 등이 불가능하게 되었다는 이유로 갑 회사에 사업계획승인을 취소한 사안에서, 산지전용허가 취소는 군수가 의제된 산지전용허가의 효력을 소멸시킴으로써 갑 회사의 구체적인 권리·의무에 직접적인 변동을 초래하는 행위로 보이는 점 등을 종합하면 <u>의제된 산지전용허가 취소가 항고소송의 대상이 되는 처분에 해당하고, 산지전용허가 취소에 따라 사업계획승인은 산지전용허가를 제외한 나머지 인허가 사항만 의제하는 것이 되므로 사업계획승인 취소는 산지전용허가를 제외한 나머지 인허가 사항만 의제된 사업계획승인을 취소하는 것이어서 산지전용허가 취소와 사업계획승인 취소가 대상과 범위를 달리하는 이상, 갑 회사로서는 사업계획승인 취소와 별도로 산지전용허가 취소를 다툴 필요가 있는데도, 이와 달리 본 원심판단에 법리를 오해한 위법이 있다고</u> 한 사례(대판 2018.7.12, 2017두48734).

🏛 확인 OX

01 인·허가 의제제도

의제된 산지전용허가 취소는 항고소송의 대상이 되는 처분에 해당하고, 산지전용허가 취소에 따라 사업계획승인은 산지전용허가를 제외한 나머지 인허가 사항만 의제하는 것이 된다. 예상　　　　　　　　　　　(　　)

정답 이 01 O

[1] [다수의견] 과세처분이 당연무효라고 하기 위하여는 그 처분에 위법사유가 있다는 것만으로는 부족하고 그 하자가 법규의 중요한 부분을 위반한 중대한 것으로서 객관적으로 명백한 것이어야 하며, 하자가 중대하고 명백한지를 판별할 때에는 과세처분의 근거가 되는 법규의 목적·의미·기능 등을 목적론적으로 고찰함과 동시에 구체적 사안 자체의 특수성에 관하여도 합리적으로 고찰하여야 한다. 그리고 어느 법률관계나 사실관계에 대하여 어느 법령의 규정을 적용하여 과세처분을 한 경우에 그 법률관계나 사실관계에 대하여는 그 법령의 규정을 적용할 수 없다는 법리가 명백히 밝혀져서 해석에 다툼의 여지가 없음에도 과세관청이 그 법령의 규정을 적용하여 과세처분을 하였다면 그 하자는 중대하고도 명백하다고 할 것이나, 그 법률관계나 사실관계에 대하여 그 법령의 규정을 적용할 수 없다는 법리가 명백히 밝혀지지 아니하여 해석에 다툼의 여지가 있는 때에는 과세관청이 이를 잘못 해석하여 과세처분을 하였더라도 이는 과세요건사실을 오인한 것에 불과하여 그 하자가 명백하다고 할 수 없다.

[2] 조세환급금은 조세채무가 처음부터 존재하지 않거나 그 후 소멸하였음에도 불구하고 국가가 법률상 원인 없이 수령하거나 보유하고 있는 부당이득에 해당하고, 환급가산금은 그 부당이득에 대한 법정이자로서의 성질을 가진다. 부당이득반환의무는 일반적으로 기한의 정함이 없는 채무로서, 수익자는 이행청구를 받은 다음 날부터 이행지체로 인한 지연손해금을 배상할 책임이 있다. 그러므로 납세자가 조세환급금에 대하여 이행청구를 한 이후에는 법정이자의 성질을 가지는 환급가산금청구권 및 이행지체로 인한 지연손해금청구권이 경합적으로 발생하고, 납세자는 자신의 선택에 좇아 그중 하나의 청구권을 행사할 수 있다(대판 2018.7.19, 2017다242409).

🏛 **확인 OX**

01 행정행위의 하자
어느 법률관계나 사실관계에 대하여 어느 법령의 규정을 적용하여 과세처분을 한 경우에 그 법률관계나 사실관계에 대하여 그 법령의 규정을 적용할 수 없다는 법리가 명백히 밝혀지지 아니하여 해석에 다툼의 여지가 있는 때에는 과세관청이 이를 잘못 해석하여 과세처분을 하였다면 그 하자가 명백하다고 할 수 있다. 예상 ( )

02 조세환급금
조세환급금은 조세채무가 처음부터 존재하지 않거나 그 후 소멸하였음에도 불구하고 국가가 법률상 원인 없이 수령하거나 보유하고 있는 부당이득에 해당하고, 환급가산금은 그 부당이득에 대한 법정이자로서의 성질을 가진다. 예상 ( )

정답 01 × 02 ○

[1] 항고소송에서 행정처분의 위법 여부는 행정처분이 있을 때의 법령과 사실 상태를 기준으로 판단하여야 한다. 이는 처분 후에 생긴 법령의 개폐나 사실 상태의 변동에 영향을 받지 않는다는 뜻이지, 처분 당시 존재하였던 자료나 행정청에 제출되었던 자료만으로 위법 여부를 판단한다는 의미는 아니다. 따라서 법원은 행정처분 당시 행정청이 알고 있었던 자료뿐만 아니라 사실심 변론종결 당시까지 제출된 모든 자료를 종합하여 처분 당시 존재하였던 객관적 사실을 확정하고 그 사실에 기초하여 처분의 위법 여부를 판단할 수 있다.

[2] 행정행위의 '취소'는 일단 유효하게 성립한 행정행위를 그 행위에 위법한 하자가 있음을 이유로 소급하여 효력을 소멸시키는 별도의 행정처분을 의미함이 원칙이다. 반면, 행정행위의 '철회'는 적법요건을 구비하여 완전히 효력을 발하고 있는 행정행위를 사후적으로 효력의 전부 또는 일부를 장래에 향해 소멸시키는 별개의 행정처분이다. 그리고 행정행위의 '취소 사유'는 원칙적으로 행정행위의 성립 당시에 존재하였던 하자를 말하고, '철회 사유'는 행정행위가 성립된 이후에 새로이 발생한 것으로서 행정행위의 효력을 존속시킬 수 없는 사유를 말한다.

[3] 영유아보육법 제30조 제5항 제3호에 따른 평가인증의 취소는 평가인증 당시에 존재하였던 하자가 아니라 그 이후에 새로이 발생한 사유로 평가인증의 효력을 소멸시키는 경우에 해당하므로, 법적 성격은 평가인증의 '철회'에 해당한다. 그런데 행정청이 평가인증을 철회하면서 그 효력을 철회의 효력발생일 이전으로 소급하게 하면, 철회 이전의 기간에 평가인증을 전제로 지급한 보조금 등의 지원이 그 근거를 상실하게 되어 이를 반환하여야 하는 법적 불이익이 발생한다. 이는 장래를 향하여 효력을 소멸시키는 철회가 예정한 법적 불이익의 범위를 벗어나는 것이다. 이처럼 행정청이 평가인증이 이루어진 이후에 새로이 발생한 사유를 들어 영유아보육법 제30조 제5항에 따라 평가인증을 철회하는 처분을 하면서도, 평가인증의 효력을 과거로 소급하여 상실시키기 위해서는, 특별한 사정이 없는 한 영유아보육법 제30조 제5항과는 별도의 법적 근거가 필요하다(대판 2018.6.28, 2015두58195).

🏛 확인 OX

01 처분의 위법성 판단

항고소송에서 행정처분의 위법 여부는 행정처분이 있을 때의 법령과 사실 상태를 기준으로 판단하여야 하므로, 법원으로서는 처분 당시 존재하였던 자료나 행정청에 제출되었던 자료만으로 위법 여부를 판단하여야 한다. 예상　　　　　　　　　　　　　　　　(　　)

02 행정행위의 철회

행정행위의 철회는 일단 유효하게 성립한 행정행위를 그 행위에 위법한 하자가 있음을 이유로 소급하여 효력을 소멸시키는 별도의 행정처분을 의미함이 원칙이다. 반면, 행정행위의 취소는 적법요건을 구비하여 완전히 효력을 발하고 있는 행정행위를 사후적으로 효력의 전부 또는 일부를 장래에 향해 소멸시키는 별개의 행정처분이다. 예상　　　　　　　　(　　)

03 행정행위의 철회

영유아보육법에 따른 평가인증의 취소는 강학상 철회에 해당하며, 행정청이 평가인증취소처분을 하면서 별도의 법적 근거 없이는 평가인증의 효력을 취소사유 발생일로 소급하여 상실시킬 수 없다. 19. 국가직 9급　　　　　　　　　　(　　)

정답 01 ○ 02 × 03 ○

[1] 국토의 계획 및 이용에 관한 법률이 민간사업자가 도시·군계획시설(이하 '도시계획시설'이라 한다)사업의 시행자로 지정받기 위한 동의 요건을 둔 취지는 민간사업자가 시행하는 도시계획시설사업의 공공성을 보완하고 민간사업자에 의한 일방적인 수용을 제어하기 위한 것이다. 이러한 입법 취지에 비추어 보면, 사업시행자 지정에 관한 토지소유자의 동의가 유효하기 위해서는 동의를 받기 전에, 그 동의가 사업시행자 지정을 위한 것이라는 동의 목적, 그 동의에 따라 지정될 사업시행자, 그 동의에 따라 시행될 동의 대상 사업 등이 특정되고 그 정보가 토지소유자에게 제공되어야 한다.

[2] 도시계획시설사업 사업시행자 지정을 위한 동의를 받기 위하여 토지소유자에게 제공되어야 할 동의 대상 사업에 관한 정보는, 해당 도시계획시설의 종류·명칭·위치·규모 등이고, 이러한 정보는 일반적으로 도시계획시설결정 및 그 고시를 통해 제공되므로 토지소유자의 동의는 도시계획시설결정 이후에 받는 것이 원칙이라고 할 수 있다.

그런데 국토의 계획 및 이용에 관한 법령은 동의 요건에 관하여 동의 비율만을 규정하고 있을 뿐, 동의 시기 등에 관하여는 명문의 규정을 두고 있지 않다. 또한 재정상황을 고려하여 지방자치단체 등이 민간사업자 참여에 대한 토지소유자의 동의 여부를 미리 확인한 뒤 동의 여부에 따라 사업 진행 여부를 결정하는 것이 불합리하다고 볼 수도 없다. 이러한 점을 고려하면, 도시계획시설결정 이전에 받은 동의라고 하더라도, 동의를 받을 당시 앞으로 설치될 도시계획시설의 종류·명칭·위치·규모 등에 관한 정보가 토지소유자에게 제공되었고, 이후의 도시계획시설결정 내용이 사전에 제공된 정보와 중요한 부분에서 동일성을 상실하였다고 볼 정도로 달라진 경우가 아닌 이상, 도시계획시설결정 이전에 받은 사업시행자 지정에 관한 동의라고 하여 무효라고 볼 수는 없다.

[3] 국토의 계획 및 이용에 관한 법률(이하 '국토계획법'이라 한다)상 기반시설은 도시 공동생활을 위해 기본적으로 공급되어야 하지만 공공성이나 외부경제성이 크기 때문에 시설의 입지 결정, 설치 및 관리 등에 공공의 개입이 필요한 시설을 의미한다.

기반시설을 조성하는 행정계획 영역에서 행정주체가 가지는 광범위한 재량, 현대 도시생활의 복잡·다양성과 질적 수준 향상의 정도 등을 고려하면, 어떤 시설이 국토계획법령이 정하고 있는 기반시설에 형식적으로 해당할 뿐 아니라, 그 시설이 다수 일반 시민들이 행복한 삶을 추구하는 데 보탬이 되는 기반시설로서의 가치가 있고 그 시설에 대한 일반 시민의 자유로운 접근 및 이용이 보장되는 등 공공필요성의 요청이 충족되는 이상, 그 시설이 영리 목적으로 운영된다는 이유만으로 기반시설에 해당되지 않는다고 볼 것은 아니다.

다만 행정주체가 기반시설을 조성하기 위하여 도시·군계획시설결정을 하거나 실시계획인가처분을 할 때 행사하는 재량권에는 한계가 있음이 분명하므로, 이는 재량통제의 대상이 된다.

[4] 도시계획시설사업에 관한 실시계획인가처분은 해당 사업을 구체화하여 현실적으로 실현하기 위한 형성행위로서 이에 따라 토지수용권 등이 구체적으로 발생하게 된다. 따라서 행정청이 실시계획인가처분을 하기 위해서는 그 실시계획이 법령이 정한 도시계획시설의 결정·구조 및 설치기준에 적합하여야 함은 물론이고 사업의 내용과 방법에 대하여 인가처분에 관련된 자들의 이익을 공익과 사익 간에서는 물론, 공익 상호 간 및 사익 상호 간에도 정당하게 비교·교량하여야 하며, 그 비교·교량은 비례의 원칙에 적합하도록 하여야 한다(대판 2018.7.24, 2016두48416).

🏛 확인 OX

01 행정계획

행정청이 실시계획인가처분을 하기 위해서는 그 실시계획이 법령이 정한 도시계획시설의 결정·구조 및 설치기준에 적합하여야 함은 물론이고 사업의 내용과 방법에 대하여 인가처분에 관련된 자들의 이익을 공익과 사익 간에서는 물론, 공익 상호 간 및 사익 상호 간에도 정당하게 비교·교량하여야 하며, 그 비교·교량은 비례의 원칙에 적합하도록 하여야 한다. 예상 ( )

정답 01 ㅇ

34 | 퇴교처분 취소 2016두33339 ★★★

[1] 행정절차법 제12조 제1항 제3호, 제2항, 제11조 제4항 본문에 따르면, 당사자 등은 변호사를 대리인으로 선임할 수 있고, 대리인으로 선임된 변호사는 당사자 등을 위하여 행정절차에 관한 모든 행위를 할 수 있다고 규정되어 있다. 위와 같은 행정절차법령의 규정과 취지, 헌법상 법치국가원리와 적법절차원칙에 비추어 징계와 같은 불이익처분절차에서 징계심의대상자에게 변호사를 통한 방어권의 행사를 보장하는 것이 필요하고, 징계심의대상자가 선임한 변호사가 징계위원회에 출석하여 징계심의대상자를 위하여 필요한 의견을 진술하는 것은 방어권 행사의 본질적 내용에 해당하므로, 행정청은 특별한 사정이 없는 한 이를 거부할 수 없다.

[2] 행정절차법 제3조 제2항, 행정절차법 시행령 제2조 등 행정절차법령 관련 규정들의 내용을 행정의 공정성, 투명성 및 신뢰성을 확보하고 국민의 권익보호를 목적으로 하는 행정절차법의 입법 목적에 비추어 보면, 행정절차법의 적용이 제외되는 공무원 인사관계 법령에 의한 처분에 관한 사항이란 성질상 행정절차를 거치기 곤란하거나 불필요하다고 인정되는 처분이나 행정절차에 준하는 절차를 거치도록 하고 있는 처분에 관한 사항만을 말하는 것으로 보아야 한다. 이러한 법리는 '공무원 인사관계 법령에 의한 처분'에 해당하는 육군3사관학교 생도에 대한 퇴학처분에도 마찬가지로 적용된다. 그리고 행정절차법 시행령 제2조 제8호는 '학교·연수원 등에서 교육·훈련의 목적을 달성하기 위하여 학생·연수생들을 대상으로 하는 사항'을 행정절차법의 적용이 제외되는 경우로 규정하고 있으나, 이는 교육과정과 내용의 구체적 결정, 과제의 부과, 성적의 평가, 공식적 징계에 이르지 아니한 질책·훈계 등과 같이 교육·훈련의 목적을 직접 달성하기 위하여 행하는 사항을 말하는 것으로 보아야 하고, 생도에 대한 퇴학처분과 같이 신분을 박탈하는 징계처분은 여기에 해당한다고 볼 수 없다.

[3] 육군3사관학교의 사관생도에 대한 징계절차에서 징계심의대상자가 대리인으로 선임한 변호사가 징계위원회 심의에 출석하여 진술하려고 하였음에도, 징계권자나 그 소속 직원이 변호사가 징계위원회의 심의에 출석하는 것을 막았다면 징계위원회 심의·의결의 절차적 정당성이 상실되어 그 징계의결에 따른 징계처분은 위법하여 원칙적으로 취소되어야 한다. 다만 징계심의대상자의 대리인이 관련된 행정절차나 소송절차에서 이미 실질적인 증거조사를 하고 의견을 진술하는 절차를 거쳐서 징계심의대상자의 방어권 행사에 실질적으로 지장이 초래되었다고 볼 수 없는 특별한 사정이 있는 경우에는, 징계권자가 징계심의대상자의 대리인에게 징계위원회에 출석하여 의견을 진술할 기회를 주지 아니하였더라도 그로 인하여 징계위원회 심의에 절차적 정당성이 상실되었다고 볼 수 없으므로 징계처분을 취소할 것은 아니다(대판 2018.3.13, 2016두33339).

📖 확인 OX

01 행정절차법의 내용
징계심의대상자가 선임한 변호사가 징계위원회에 출석하여 징계심의대상자를 위하여 필요한 의견을 진술하는 것은 방어권 행사의 본질적 내용에 해당하므로, 행정청은 특별한 사정이 없는 한 이를 거부할 수 없다. 19. 사회복지직 ( )

02 행정절차법의 내용
행정절차법의 적용이 제외되는 공무원 인사관계 법령에 의한 처분에 관한 사항이란 성질상 행정절차를 거치기 곤란하거나 불필요하다고 인정되는 처분이나 행정절차에 준하는 절차를 거치도록 하고 있는 처분에 관한 사항만을 말하는 것으로 보아야 한다. 19. 사회복지직 ( )

03 행정절차법의 내용
육군3사관학교의 사관생도에 대한 퇴학처분은 행정절차법의 적용이 배제되는 경우이다. 19. 소방직 9급 ( )

정답 01 ○ 02 ○ 03 ×

[1] 상고이유 제3점에 대하여

행정절차법 제26조는 "행정청이 처분을 할 때에는 당사자에게 그 처분에 관하여 행정심판 및 행정소송을 제기할 수 있는지 여부, 그 밖에 불복을 할 수 있는지 여부, 청구절차 및 청구기간 그 밖에 필요한 사항을 알려야 한다."라고 규정하고 있다. 이러한 고지절차에 관한 규정은 행정처분의 상대방이 그 처분에 대한 행정심판의 절차를 밟는 데 편의를 제공하려는 것이어서 처분청이 위 규정에 따른 고지의무를 이행하지 아니하였다고 하더라도 경우에 따라 행정심판의 제기기간이 연장될 수 있음에 그칠 뿐, 그 때문에 심판의 대상이 되는 행정처분이 위법하다고 할 수는 없다(대법원 1987.11.24. 선고 87누529 판결, 대법원 2016.4.29. 선고 2014두3631 판결 참조).

한편 구 건축법 제80조 제3항은 "허가권자는 제1항에 따른 이행강제금을 부과하는 경우 금액, 부과 사유, 납부기한, 수납기관, 이의제기 방법 및 이의제기 기관 등을 구체적으로 밝힌 문서로 하여야 한다."라고 규정하고 있다.

구 건축법 제80조 제3항 중 '이의제기 방법 및 이의제기 기관' 부분은 이행강제금 부과처분의 상대방이 그 처분에 대한 불복절차를 밟는 데 편의를 제공하려는 것이어서, 행정절차법 제26조의 고지의무와 그 입법 목적이 동일하다. 따라서 행정절차법 제26조의 고지의무에 관한 앞서 본 법리는 구 건축법 제80조 제3항의 '이의제기 방법 및 이의제기 기관' 고지의무에 관해서도 마찬가지로 적용된다고 봄이 타당하다.

원심은, 원고가 제소기간 내에 이 사건 소를 제기하여 이 사건 처분의 적법 여부를 다투고 있는 이상, 피고가 원고에게 교부한 이 사건 처분서나 그 첨부서류에 구 건축법 제80조 제3항에서 정한 바에 따라 '이의제기 방법 및 이의제기 기관'을 구체적으로 기재하지 않았다는 사정만으로는 이 사건 처분을 취소하여야 할 절차상 하자가 인정되지 않는다고 판단하였다.

관련 법령 규정 및 법리에 비추어 살펴보면, 이러한 원심의 판단에 상고이유 주장과 같이 구 건축법 제80조 제3항에서 정한 고지의무, 절차상 하자 등에 관한 법리를 오해한 잘못이 없다.

[2] 그렇다면 이 사건 처분 중 무단 용도변경에 대한 이행강제금 부분은 위법하므로, 상고이유 제2점을 받아들여 원심판결 중 무단 용도변경에 대한 이행강제금 부분을 파기하고, 이 부분 사건을 다시 심리·판단하도록 원심법원에 환송하며, 나머지 상고를 기각하기로 하여, 관여 대법관의 일치된 의견으로 주문과 같이 판결한다(대판 2018.2.8, 2017두66633).

🏛 **확인 OX**

01 행정절차(고지)
처분청이 처분을 하면서 행정절차법 제26조의 고지의무를 이행하지 아니하였다면 원칙적으로 그 처분은 위법하게 된다. 예상 (   )

02 행정절차(고지)
처분청이 고지절차에 관한 행정절차법 규정에 따른 고지의무를 이행하지 아니하였다고 하더라도 경우에 따라 행정심판의 제기기간이 연장될 수 있음에 그칠 뿐, 그 때문에 심판의 대상이 되는 행정처분이 위법하다고 할 수는 없다. 예상 (   )

03 행정절차(고지)
행정청이 처분을 하면서 교부한 처분서나 그 첨부서류에 구 건축법 제80조 제3항에서 정한 바에 따라 '이의제기 방법 및 이의제기 기관'을 구체적으로 기재하지 않았다는 사정이 있다면 이 사건 처분을 취소하여야 할 절차상 하자가 인정된다. 예상 (   )

정답 01 × 02 ○ 03 ×

[1] 대학의 장 임용에 관하여 교육부장관의 임용제청권을 인정한 취지는 대학의 자율성과 대통령의 실질적인 임용권 행사를 조화시키기 위하여 대통령의 최종적인 임용권 행사에 앞서 대학의 추천을 받은 총장 후보자들의 적격성을 일차적으로 심사하여 대통령의 임용권 행사가 적정하게 이루어질 수 있도록 하기 위한 것이다.

대학의 추천을 받은 총장 후보자는 교육부장관으로부터 정당한 심사를 받을 것이라는 기대를 하게 된다. 만일 교육부장관이 자의적으로 대학에서 추천한 복수의 총장 후보자들 전부 또는 일부를 임용제청하지 않는다면 대통령으로부터 임용을 받을 기회를 박탈하는 효과가 있다. 이를 항고소송의 대상이 되는 처분으로 보지 않는다면, 침해된 권리 또는 법률상 이익을 구제받을 방법이 없다. 따라서 교육부장관이 대학에서 추천한 복수의 총장 후보자들 전부 또는 일부를 임용제청에서 제외하는 행위는 제외된 후보자들에 대한 불이익처분으로서 항고소송의 대상이 되는 처분에 해당한다고 보아야 한다. 다만 교육부장관이 특정 후보자를 임용제청에서 제외하고 다른 후보자를 임용제청함으로써 대통령이 임용제청된 다른 후보자를 총장으로 임용한 경우에는, 임용제청에서 제외된 후보자는 대통령이 자신에 대하여 총장 임용 제외처분을 한 것으로 보아 이를 다투어야 한다(대통령의 처분의 경우 소속 장관이 행정소송의 피고가 된다. 국가공무원법 제16조 제2항). 이러한 경우에는 교육부장관의 임용제청 제외처분을 별도로 다툴 소의 이익이 없어진다.

[2] 교육공무원법령은 대학이 대학의 장 후보자를 복수로 추천하도록 정하고 있을 뿐이고, 교육부장관이나 대통령이 대학이 정한 순위에 구속된다고 볼 만한 규정을 두고 있지 않다. 대학이 복수의 후보자에 대하여 순위를 정하여 추천한 경우 교육부장관이 후순위 후보자를 임용제청하더라도 단순히 그것만으로 헌법과 법률이 보장하는 대학의 자율성이 제한된다고 볼 수는 없다. 대학 총장 임용에 관해서는 임용권자에게 일반 국민에 대한 행정처분이나 공무원에 대한 징계처분에 비하여 광범위한 재량이 주어져 있다고 볼 수 있다. 따라서 대학에서 추천한 후보자를 총장 임용제청이나 총장 임용에서 제외하는 결정이 대학의 장에 관한 자격을 정한 관련 법령 규정에 어긋나지 않고 사회통념에 비추어 불합리하다고 볼 수 없다면 쉽사리 위법하다고 판단해서는 안 된다.

[3] 교육부장관이 어떤 후보자를 총장 임용에 부적격하다고 판단하여 배제하고 다른 후보자를 임용제청하는 경우라면 배제한 후보자에게 연구윤리 위반, 선거부정, 그 밖의 비위행위 등과 같은 부적격사유가 있다는 점을 구체적으로 제시할 의무가 있다. 그러나 부적격사유가 없는 후보자들 사이에서 어떤 후보자를 상대적으로 더욱 적합하다고 판단하여 임용제청하는 경우라면, 이는 후보자의 경력, 인격, 능력, 대학운영계획 등 여러 요소를 종합적으로 고려하여 총장 임용의 적격성을 정성적으로 평가하는 것으로 그 판단 결과를 수치화하거나 이유제시를 하기 어려울 수 있다. 이 경우에는 교육부장관이 어떤 후보자를 총장으로 임용제청하는 행위 자체에 그가 총장으로 더욱 적합하다는 정성적 평가 결과가 당연히 포함되어 있는 것으로, 이로써 행정절차법상 이유제시의무를 다한 것이라고 보아야 한다. 여기에서 나아가 교육부장관에게 개별 심사항목이나 고려요소에 대한 평가 결과를 더 자세히 밝힐 의무까지는 없다.

[4] 행정청의 전문적인 정성적 평가 결과는 그 판단의 기초가 된 사실인정에 중대한 오류가 있거나 그 판단이 사회통념상 현저하게 타당성을 잃어 객관적으로 불합리하다는 등의 특별한 사정이 없는 한 법원이 그 당부를 심사하기에는 적절하지 않으므로 가급적 존중되어야 한다. 여기에 재량권을 일탈·남용한 특별한 사정이 있다는 점은 증명책임 분배의 일반원칙에 따라 이를 주장하는 자가 증명하여야 한다.

이러한 법리는 임용제청에서 제외된 후보자가 교육부장관의 임용제청 제외처분 또는 대통령의 임용 제외처분에 불복하여 제기한 소송에서도 마찬가지이다. 교육부장관이 총장 후보자에게 총장 임용 부적격사유가 있다고 밝혔다면, 그 후보자는 그러한 판단에 사실오인 등의 잘못이 있음을 주장·증명함과 아울러, 임용제청되었거나 임용된 다른 후보자에게 총장 임용 부적격사유가 있다는 등의 특별한 사정까지 주장·증명하여야 한다. 이러한 주장·증명이 있을 때 비로소 그에 대한 임용제청 제외처분 또는 임용 제외처분이 위법하다고 볼 수 있다. 이러한 이유로 해당 처분을 취소하는 판결이 확정된 경우에는 교육부장관 또는 대통령에게 취소판결의 취지에 따라 두 후보자의 총장 임용 적격성을 다시 심사하여 임용제청 또는 임용을 할 의무가 발생한다(행정소송법 제30조 제1항)(대판 2018.6.15, 2016두57564).

⚖️ 확인 OX

01 소송요건(대상적격)

교육부장관이 대학에서 추천한 복수의 총장 후보자들 전부 또는 일부를 임용제청에서 제외하는 행위는 제외된 후보자들에 대한 불이익처분으로서 항고소송의 대상이 되는 처분에 해당한다. 20. 소방간부　　　　　　　　　　　　　　　　　　　　　　　　（　　）

02 소송요건(대상적격)

국립대학교 총장의 임용권한은 대통령에게 있으므로, 교육부장관이 대통령에게 임용제청을 하면서 대학에서 추천한 복수의 총장 후보자들 중 일부를 임용제청에서 제외한 행위는 처분에 해당하지 않는다. 19. 국가직 9급　　　　　　　　　　　　（　　）

03 소송요건(대상적격, 소의 이익)

교육부장관이 특정 후보자를 임용제청에서 제외하고 다른 후보자를 임용제청함으로써 대통령이 임용제청된 다른 후보자를 총장으로 임용한 경우에는, 임용제청에서 제외된 후보자는 대통령이 자신에 대하여 총장 임용 제외처분을 한 것으로 보아 이를 다투어야 하고 교육부장관의 임용제청 제외처분을 다툴 것은 아니다. 예상　　　　　　　　　　　　　　　　　（　　）

04 행정절차법의 내용

교육부장관이 어떤 후보자를 총장으로 임용제청하는 행위만으로는 그가 총장으로 더욱 적합하다는 정성적 평가 결과가 당연히 포함되어 있는 것으로 볼 수 없으므로, 행정절차법상의 이유제시의무를 다한 것이라고 볼 수 없다. 예상　　　　　　　　　　（　　）

05 판단여지

행정청의 전문적인 정성적 평가 결과는 그 판단의 기초가 된 사실인정에 중대한 오류가 있거나 그 판단이 사회통념상 현저하게 타당성을 잃어 객관적으로 불합리하다는 등의 특별한 사정이 없는 한 법원이 그 당부를 심사하기에는 적절하지 않으므로 가급적 존중되어야 한다. 여기에 재량권을 일탈·남용한 특별한 사정이 있다는 점은 증명책임분배의 일반원칙에 따라 이를 주장하는 자가 증명하여야 한다. 예상　　　　　　　　　　　　　　　　　　　　　　　　　　　（　　）

정답 01 ○ 02 × 03 × 04 ○ 05 ○

개인정보 보호법 제59조 제2호는 '개인정보를 처리하거나 처리하였던 자는 업무상 알게 된 개인정보를 누설하거나 권한 없이 다른 사람이 이용하도록 제공하는 행위를 하여서는 아니 된다'고 규정하고 있고, 제71조 제5호는 '제59조 제2호를 위반하여 업무상 알게 된 개인정보를 누설하거나 권한 없이 다른 사람이 이용하도록 제공한 자 및 그 사정을 알면서도 영리 또는 부정한 목적으로 개인정보를 제공받은 자'를 처벌하는 것으로 규정하고 있다.

위에서 보듯이 개인정보 보호법 제71조 제5호 후단은 그 사정을 알면서도 영리 또는 부정한 목적으로 개인정보를 제공받은 자를 처벌하도록 규정하고 있을 뿐 개인정보를 제공하는 자가 누구인지에 관하여는 문언상 아무런 제한을 두지 않고 있는 점과 개인정보 보호법의 입법 목적 등을 고려할 때, 개인정보를 처리하거나 처리하였던 자가 업무상 알게 된 개인정보를 누설하거나 권한 없이 다른 사람이 이용하도록 제공한 것이라는 사정을 알면서도 영리 또는 부정한 목적으로 개인정보를 제공받은 자라면, 개인정보를 처리하거나 처리하였던 자로부터 직접 개인정보를 제공받지 아니하더라도 개인정보 보호법 제71조 제5호의 '개인정보를 제공받은 자'에 해당한다(대판 2018.1.24, 2015도16508).

🏛 확인 OX

01 개인정보 보호

개인정보를 처리하거나 처리하였던 자가 업무상 알게 된 개인정보를 누설하거나 권한 없이 다른 사람이 이용하도록 제공한 것이라는 사정을 알면서도 영리 또는 부정한 목적으로 개인정보를 제공받은 자 라 하더라도 개인정보를 처리하거나 처리하였던 자로부터 직접 개인정보를 제공받지 아니하였다면 개인정보 보호법상의 개인정보를 제공받은 자에 해당하지 않는다. 예상 ( )

정답 01 ×

[1] 구 공공기관의 정보공개에 관한 법률(2013.8.6. 법률 제11991호로 개정되기 전의 것, 이하 '정보공개법'이라 한다) 제10조 제1항 제2호는 정보의 공개를 청구하는 자는 정보공개청구서에 '공개를 청구하는 정보의 내용' 등을 기재하도록 규정하고 있다. 청구인이 이에 따라 청구대상정보를 기재할 때에는 사회일반인의 관점에서 청구대상정보의 내용과 범위를 확정할 수 있을 정도로 특정하여야 한다. 또한 정보비공개결정의 취소를 구하는 사건에서, 청구인이 공개를 청구한 정보의 내용 중 너무 포괄적이거나 막연하여 사회일반인의 관점에서 그 내용과 범위를 확정할 수 있을 정도로 특정되었다고 볼 수 없는 부분이 포함되어 있다면, 이를 심리하는 법원으로서는 마땅히 정보공개법 제20조 제2항의 규정에 따라 공공기관에 그가 보유·관리하고 있는 청구대상정보를 제출하도록 하여, 이를 비공개로 열람·심사하는 등의 방법으로 청구대상정보의 내용과 범위를 특정시켜야 한다.

[2] 구 공공기관의 정보공개에 관한 법률(2013.8.6. 법률 제11991호로 개정되기 전의 것, 이하 '정보공개법'이라 한다) 제13조 제4항은 공공기관이 정보를 비공개하는 결정을 한 때에는 비공개이유를 구체적으로 명시하여 청구인에게 그 사실을 통지하여야 한다고 규정하고 있다. 정보공개법 제1조, 제3조, 제6조는 국민의 알 권리를 보장하고 국정에 대한 국민의 참여와 국정운영의 투명성을 확보하기 위하여 공공기관이 보유·관리하는 정보를 모든 국민에게 원칙적으로 공개하도록 하고 있다. 그러므로 국민으로부터 보유·관리하는 정보에 대한 공개를 요구받은 공공기관으로서는, 정보공개법 제9조 제1항 각호에서 정하고 있는 비공개사유에 해당하지 않는 한 이를 공개하여야 한다. 이를 거부하는 경우라 할지라도, 대상이 된 정보의 내용을 구체적으로 확인·검토하여, 어느 부분이 어떠한 법익 또는 기본권과 충돌되어 정보공개법 제9조 제1항 몇 호에서 정하고 있는 비공개사유에 해당하는지를 주장·증명하여야만 하고, 그에 이르지 아니한 채 개괄적인 사유만을 들어 공개를 거부하는 것은 허용되지 아니한다.

[3] 구 공공기관의 정보공개에 관한 법률(2013.8.6. 법률 제11991호로 개정되기 전의 것, 이하 '정보공개법'이라 한다)은 공공기관이 보유·관리하는 정보에 대한 국민의 공개청구 및 공공기관의 공개의무에 관하여 필요한 사항을 정함으로써 국민의 알 권리를 보장하고 국정에 대한 국민의 참여와 국정운영의 투명성을 확보함을 목적으로 한다. 이에 따라 공공기관이 보유·관리하는 모든 정보를 원칙적 공개대상으로 하면서, 다만 사업체인 법인 등의 사업활동에 관한 비밀의 유출을 방지하여 정당한 이익을 보호하고자 하는 취지에서, 정보공개법 제9조 제1항 제7호로 '법인·단체 또는 개인의 경영·영업상 비밀로서 공개될 경우 법인 등의 정당한 이익을 현저히 해할 우려가 있다고 인정되는 정보'를 비공개대상정보로 규정하고 있다. 이와 같은 정보공개법의 입법 목적 등을 고려하여 보면, 정보공개법 제9조 제1항 제7호에서 정한 '법인 등의 경영·영업상 비밀'은 '타인에게 알려지지 아니함이 유리한 사업활동에 관한 일체의 정보' 또는 '사업활동에 관한 일체의 비밀사항'을 의미하는 것이고, 그 공개 여부는 공개를 거부할 만한 정당한 이익이 있는지에 따라 결정되어야 한다. 이러한 정당한 이익이 있는지는 정보공개법의 입법 취지에 비추어 이를 엄격하게 판단하여야 한다(대판 2018.4.12, 2014두5477).

⚖ 확인 OX

01 개인정보 보호
청구대상정보를 기재할 때는 사회일반인의 관점에서 청구대상정보의 내용과 범위를 확정할 수 있을 정도로 특정하여야 한다. 15. 국가직 9급 ( )

02 개인정보 보호
공공기관은 정보공개청구를 거부할 경우에도 대상이 된 정보의 내용을 구체적으로 확인·검토하여 어느 부분이 어떠한 법의 또는 기본권과 충돌되어 정보공개법 제9조 제1항 몇 호에서 정하고있는 비공개사유에 해당하는지를 주장·입증하여야 하며, 그에 이르지 아니한 채 개괄적인 사유만 들어 공개를 거부하는 것은 허용되지 아니한다. 17. 국회직 8급 ( )

03 개인정보 보호
공개청구된 정보를 해당 공공기관이 공개하지 않기로 결정하였다면, 공공기관측에서 법령에서 정하고 있는 비공개사유에 해당하는지를 주장·입증하여야 한다. 12. 국회직 9급 ( )

정답 01 ○ 02 ○ 03 ○

[1] 공공기관의 정보공개에 관한 법률(이하 '정보공개법'이라 한다) 제9조 제1항 제5호가 비공개대상정보로서 규정하고 있는 '공개될 경우 업무의 공정한 수행에 현저한 지장을 초래한다고 인정할 만한 상당한 이유가 있는 정보'란 정보공개법 제1조의 정보공개제도의 목적과 정보공개법 제9조 제1항 제5호의 규정에 의한 비공개대상정보의 입법 취지에 비추어 볼 때, 공개될 경우 업무의 공정한 수행이 객관적으로 현저하게 지장을 받을 것이라는 고도의 개연성이 존재하는 경우를 말한다. 이러한 경우에 해당하는지는 비공개에 의하여 보호되는 업무수행의 공정성 등의 이익과 공개에 의하여 보호되는 국민의 알 권리 보장과 국정에 대한 국민의 참여 및 국정운영 투명성 확보 등의 이익을 비교·교량하여 구체적인 사안에 따라 신중하게 판단하여야 한다.

한편 외국 또는 외국 기관으로부터 비공개를 전제로 정보를 입수하였다는 이유만으로 이를 공개할 경우 업무의 공정한 수행에 현저한 지장을 받을 것이라고 단정할 수는 없다. 다만 위와 같은 사정은 정보 제공자와의 관계, 정보 제공자의 의사, 정보의 취득 경위, 정보의 내용 등과 함께 업무의 공정한 수행에 현저한 지장이 있는지를 판단할 때 고려하여야 할 형량 요소이다.

[2] 공공기관의 정보공개에 관한 법률(이하 '정보공개법'이라 한다)은 공공기관이 보유·관리하는 정보에 대한 국민의 공개청구 및 공공기관의 공개의무에 관한 필요한 사항을 정함으로써 국민의 알 권리를 보장하고 국정에 대한 국민의 참여와 국정운영의 투명성을 확보함을 목적으로, 공공기관이 보유·관리하는 모든 정보를 원칙적 공개대상으로 하면서도, 재판의 독립성과 공정성 등 국가의 사법작용이 훼손되는 것을 막기 위하여 제9조 제1항 제4호에서 '진행 중인 재판에 관련된 정보'를 비공개대상정보로 규정하고 있다. 이와 같은 정보공개법의 입법 목적, 정보공개의 원칙, 위 비공개대상정보의 규정 형식과 취지 등을 고려하면, 법원 이외의 공공기관이 위 규정이 정한 '진행 중인 재판에 관련된 정보'에 해당한다는 사유로 정보공개를 거부하기 위하여는 반드시 그 정보가 진행 중인 재판의 소송기록 그 자체에 포함된 내용의 정보일 필요는 없으나, 재판에 관련된 일체의 정보가 그에 해당하는 것은 아니고 진행 중인 재판의 심리 또는 재판 결과에 구체적으로 영향을 미칠 위험이 있는 정보에 한정된다고 보는 것이 타당하다(대판 2018.9.28, 2017두69892).

🏛 **확인 OX**

01 정보공개의 제한
외국 기관으로부터 비공개를 전제로 정보를 입수하였다는 이유만으로, 이를 공개할 경우 업무의 공정한 수행에 현저한 지장을 받을 것이라 단정할 수 없다. 19. 서울시 7급 ( )

02 정보공개의 제한
공공기관의 정보공개에 관한 법률 제9조 제1항 제4호의 진행 중인 재판에 관련된 정보에 해당한다는 사유로 정보공개를 거부하기 위해서는 그 정보가 진행 중인 재판의 소송기록 그 자체에 포함된 내용이어야 한다. 17. 국가직 7급 ( )

03 정보공개의 제한
비공개대상인 진행 중인 재판에 관련된 정보라 함은 재판에 관련된 일체의 정보가 해당하는 것이 아니고 진행 중인 재판의 심리 또는 재판결과에 구체적으로 영향을 미칠 위험이 있는 정보에 한정된다. 12. 국회직 9급 ( )

정답 01 ○ 02 × 03 ○

40 출입국관리법 제63조 제1항 위헌제청 2017헌가29 ★★☆

[1] 출입국관리법상 보호는 국가행정인 출입국관리행정의 일환이며, 주권국가로서의 기능을 수행하는 데 필요한 것이 므로 일정부분 입법정책적으로 결정될 수 있다.

심판대상조항은 외국인의 출입국과 체류를 적절하게 통제하고 조정하여 국가의 안전보장·질서유지 및 공공복리 를 도모하기 위한 것으로 입법목적이 정당하다. 강제퇴거대상자를 출국 요건이 구비될 때까지 보호시설에 보호하 는 것은 강제퇴거명령의 신속하고 효율적인 집행과 외국인의 출입국·체류관리를 위한 효과적인 방법이므로 수단 의 적정성도 인정된다.

강제퇴거대상자의 송환이 언제 가능해질 것인지 미리 알 수가 없으므로, 심판대상조항이 보호기간의 상한을 두지 않은 것은 입법목적 달성을 위해 불가피한 측면이 있다. 보호기간의 상한이 규정될 경우, 그 상한을 초과하면 보호 는 해제되어야 하는데, 강제퇴거대상자들이 보호해제 된 후 잠적할 경우 강제퇴거명령의 집행이 현저히 어려워질 수 있고, 그들이 범죄에 연루되거나 범죄의 대상이 될 수도 있다. 강제퇴거대상자는 강제퇴거명령을 집행할 수 있 을 때까지 일시적·잠정적으로 신체의 자유를 제한받는 것이며, 보호의 일시해제, 이의신청, 행정소송 및 집행정지 등 강제퇴거대상자가 보호에서 해제될 수 있는 다양한 제도가 마련되어 있다. 따라서 심판대상조항은 침해의 최소 성 및 법익의 균형성 요건도 충족한다.

그러므로 심판대상조항은 과잉금지원칙에 위배되어 신체의 자유를 침해하지 아니한다.

[2] 강제퇴거명령 및 보호에 관한 단속, 조사, 심사, 집행 업무를 동일한 행정기관에서 하게 할 것인지, 또는 서로 다른 행정기관에서 하게 하거나 사법기관을 개입시킬 것인지는 입법정책의 문제이므로, 보호의 개시나 연장 단계에서 사법부의 판단을 받도록 하는 절차가 규정되어 있지 않다고 하여 곧바로 적법절차원칙에 위반된다고 볼 수는 없다. 강제퇴거대상자는 행정소송 등을 통해 사법부로부터 보호의 적법 여부를 판단받을 수 있고, 강제퇴거 심사 전 조 사, 이의신청이나 행정소송 과정에서 자신의 의견을 진술하거나 자료를 제출할 수 있다.

따라서 심판대상조항은 헌법상 적법절차원칙에 위반된다고 볼 수 없다(헌재 2018.2.22, 2017헌가29).

⚖ 확인 OX

01 즉시강제

출입국관리법상 강제퇴거명령을 받은 사람에 대한 보호 규정이 보호기간의 상한을 두지 않은 것은 과잉금지원칙에 위배되어 신체의 자유를 침해한다. 예상 ( )

> [참고] 출입국관리법 제63조【강제퇴거명령을 받은 사람의 보호 및 보호해제】① 지방출입국·외국인관서의 장은 강제퇴거명령 을 받은 사람을 여권 미소지 또는 교통편 미확보 등의 사유로 즉시 대한민국 밖으로 송환할 수 없으면 송환할 수 있을 때까지 그 를 보호시설에 보호할 수 있다.

정답 01 ×

[1] 경찰관 직무집행법은 경찰관이 국민의 자유와 권리를 보호하고 사회공공의 질서를 유지하기 위하여 직무 수행에 필요한 사항을 정하면서 경찰관의 직권은 직무 수행에 필요한 최소한도에서 행사되어야 한다고 정하고 있다(제1조). 경찰관 직무집행법 제2조는 경찰관 직무의 범위로 국민의 생명·신체·재산의 보호(제1호), 범죄의 예방·진압·수사(제2호), 범죄피해자 보호(제2호의2), 공공의 안녕과 질서 유지(제7호)를 포함하고 있다. 경찰관 직무집행법 제6조는 "경찰관은 범죄행위가 목전에 행하여지려고 하고 있다고 인정될 때에는 이를 예방하기 위하여 관계인에게 필요한 경고를 하고, 그 행위로 인하여 사람의 생명·신체에 위해를 끼치거나 재산에 중대한 손해를 끼칠 우려가 있어 긴급한 경우에는 그 행위를 제지할 수 있다."라고 정하고 있다. 위 조항 중 경찰관의 제지에 관한 부분은 범죄 예방을 위한 경찰 행정상 즉시강제, 즉 눈앞의 급박한 경찰상 장해를 제거할 필요가 있고 의무를 명할 시간적 여유가 없거나 의무를 명하는 방법으로는 그 목적을 달성하기 어려운 상황에서 의무불이행을 전제로 하지 않고 경찰이 직접 실력을 행사하여 경찰상 필요한 상태를 실현하는 권력적 사실행위에 관한 근거조항이다. 경찰관 직무집행법 제6조에 따른 경찰관의 제지 조치가 적법한 직무집행으로 평가되기 위해서는, 형사처벌의 대상이 되는 행위가 눈앞에서 막 이루어지려고 하는 것이 객관적으로 인정될 수 있는 상황이고, 그 행위를 당장 제지하지 않으면 곧 인명·신체에 위해를 미치거나 재산에 중대한 손해를 끼칠 우려가 있는 상황이어서, 직접 제지하는 방법 외에는 위와 같은 결과를 막을 수 없는 절박한 사태이어야 한다. 다만 경찰관의 제지 조치가 적법한지는 제지 조치 당시의 구체적 상황을 기초로 판단하여야 하고 사후적으로 순수한 객관적 기준에서 판단할 것은 아니다.

[2] 주거지에서 음악 소리를 크게 내거나 큰 소리로 떠들어 이웃을 시끄럽게 하는 행위는 경범죄 처벌법 제3조 제1항 제21호에서 경범죄로 정한 '인근소란 등'에 해당한다. 경찰관은 경찰관 직무집행법에 따라 경범죄에 해당하는 행위를 예방·진압·수사하고, 필요한 경우 제지할 수 있다.

[3] 피고인은 평소 집에서 심한 고성과 욕설, 시끄러운 음악 소리 등으로 이웃 주민들로부터 수회에 걸쳐 112신고가 있어 왔던 사람인데, 피고인의 집이 소란스럽다는 112신고를 받고 출동한 경찰관 갑, 을이 인터폰으로 문을 열어달라고 하였으나 욕설을 하였고, 경찰관들이 피고인을 만나기 위해 전기차단기를 내리자 화가 나 식칼(전체 길이 약 37cm, 칼날 길이 약 24cm)을 들고 나와 욕설을 하면서 경찰관들을 향해 찌를 듯이 협박함으로써 갑, 을의 112신고 업무 처리에 관한 직무집행을 방해하였다고 하여 특수공무집행방해로 기소된 사안에서, 피고인이 자정에 가까운 한밤중에 음악을 크게 켜놓거나 소리를 지른 것은 경범죄 처벌법 제3조 제1항 제21호에서 금지하는 인근소란행위에 해당하고, 그로 인하여 인근 주민들이 잠을 이루지 못하게 될 수 있으며, 갑과 을이 112신고를 받고 출동하여 눈앞에서 벌어지고 있는 범죄행위를 막고 주민들의 피해를 예방하기 위해 피고인을 만나려 하였으나 피고인은 문조차 열어주지 않고 소란행위를 멈추지 않았던 상황이라면 피고인의 행위를 제지하고 수사하는 것은 경찰관의 직무상 권한이자 의무라고 볼 수 있으므로, 위와 같은 상황에서 갑과 을이 피고인의 집으로 통하는 전기를 일시적으로 차단한 것은 피고인을 집 밖으로 나오도록 유도한 것으로서, 피고인의 범죄행위를 진압·예방하고 수사하기 위해 필요하고도 적절한 조치로 보이고, 경찰관 직무집행법 제1조의 목적에 맞게 제2조의 직무 범위 내에서 제6조에서 정한 즉시강제의 요건을 충족한 적법한 직무집행으로 볼 여지가 있다는 이유로, 이와 달리 보아 공소사실을 무죄로 판단한 원심판결에 필요한 심리를 다하지 않은 채 논리와 경험의 법칙에 반하여 자유심증주의의 한계를 벗어나거나 경찰관 직무집행법의 해석과 적용, 공무집행의 적법성 등에 관한 법리를 오해한 잘못이 있다고 한 사례(대판 2018.12.13, 2016도19417).

🏛 확인 OX

01 즉시강제

경찰관은 범죄행위가 목전에 행하여지려고 하고 있다고 인정될 때에는 이를 예방하기 위하여 관계인에게 필요한 경고를 하고, 그 행위로 인하여 사람의 생명·신체에 위해를 끼치거나 재산에 중대한 손해를 끼칠 우려가 있어 긴급한 경우에는 그 행위를 제지할 수 있다라고 정한 경찰관 직무집행법 규정은 범죄 예방을 위한 경찰 행정상 즉시강제에 관한 근거조항이다. 예상   (   )

02 즉시강제

경찰관 직무집행법 제6조에 따른 경찰관의 제지 조치가 적법한지는 사후적으로 순수한 객관적 기준에서 판단하여야 하고, 제지 조치 당시의 구체적 상황을 기초로 판단할 것은 아니다. 예상   (   )

03 즉시강제

주거지에서 음악 소리를 크게 내거나 큰 소리로 떠들어 이웃을 시끄럽게 하는 행위는 경범죄 처벌법 제3조 제1항 제21호에서 경범죄로 정한 '인근소란 등'에 해당하고, 경찰관은 경찰관 직무집행법에 따라 경범죄에 해당하는 행위를 예방·진압·수사하고, 필요한 경우 제지할 수 있다. 예상   (   )

[1] 의료기기법 제2조 제1항은 의료기기를 사람이나 동물에게 단독 또는 조합하여 사용되는 기구·기계·재료 또는 이와 유사한 제품으로서 질병을 진단·치료·경감·처치 또는 예방할 목적으로 사용되는 제품(제1호), 상해 또는 장애를 진단·치료·경감 또는 보정할 목적으로 사용되는 제품(제2호), 구조 또는 기능을 검사·대체 또는 변형할 목적으로 사용되는 제품(제3호), 임신을 조절할 목적으로 사용되는 제품(제4호) 중 어느 하나에 해당하는 제품으로서 약사법에 따른 의약품과 의약외품 및 장애인복지법 제65조에 따른 장애인보조기구 중 의지·보조기를 제외한 것이라고 정의하고 있는데, 어떤 기구 등이 의료기기법상 의료기기에 해당하기 위하여는 그 기구 등이 객관적으로 의료기기법 제2조 제1항 각호에서 정한 성능을 가지고 있거나, 객관적으로 그러한 성능을 가지고 있지 않더라도 그 기구 등의 형태, 그에 표시된 사용목적과 효과, 그 판매 대상과 판매할 때의 선전, 설명 등을 종합적으로 고려하여 위 조항에서 정한 목적으로 사용되는 것으로 인정되어야 한다.

[2] 일반적으로 자연인이 법인의 기관으로서 범죄행위를 한 경우에도 행위자인 자연인이 그 범죄행위에 대한 형사책임을 지는 것이고, 다만 법률이 그 목적을 달성하기 위하여 특별히 규정하고 있는 경우에만 행위자를 벌하는 외에 법률효과가 귀속되는 법인에 대하여도 벌금형을 과할 수 있는 것인 만큼, 법인이 설립되기 이전에 어떤 자연인이 한 행위의 효과가 설립 후의 법인에게 당연히 귀속된다고 보기 어려울 뿐만 아니라, 양벌규정에 의하여 사용자인 법인을 처벌하는 것은 형벌의 자기책임원칙에 비추어 위반행위가 발생한 그 업무와 관련하여 사용자인 법인이 상당한 주의 또는 관리감독 의무를 게을리한 선임감독상의 과실을 이유로 하는 것인데, 법인이 설립되기 이전의 행위에 대하여는 법인에게 어떠한 선임감독상의 과실이 있다고 할 수 없으므로, 특별한 근거규정이 없는 한 법인이 설립되기 이전에 자연인이 한 행위에 대하여 양벌규정을 적용하여 법인을 처벌할 수는 없다고 봄이 타당하다(대판 2018.8.1, 2015도10388).

⛫ 확인 OX

01 행정형벌
자연인이 법인의 기관으로서 범죄행위를 한 경우에도 행위자인 자연인이 그 범죄행위에 대한 형사책임을 지는 것이고, 다만 법률이 그 목적을 달성하기 위하여 특별히 양벌규정을 두고 있는 경우에만 행위자를 벌하는 외에 법률효과가 귀속되는 법인에 대하여도 벌금형을 과할 수 있는 것이다. 예상   ( )

02 행정형벌
법인이 설립되기 이전에 어떤 자연인이 한 행위의 효과가 설립 후의 법인에게 당연히 귀속된다고 보기 어려울 뿐만 아니라, 법인이 설립되기 이전의 행위에 대하여는 법인에게 어떠한 선임감독상의 과실이 있다고 할 수 없으므로, 특별한 근거규정이 없는 한 법인이 설립되기 이전에 자연인이 한 행위에 대하여 양벌규정을 적용하여 법인을 처벌할 수는 없다고 봄이 타당하다. 예상   ( )

정답 01 ○ 02 ○

[1] 가산세는 세법에서 규정하는 의무의 성실한 이행을 확보하기 위하여 세법에 따라 산출한 본세의 세액에 가산하여 징수하는 독립된 조세로서, 본세에 감면사유가 인정된다고 해서 가산세도 당연히 감면대상에 포함되는 것은 아니다. 그리고 가산세 납부의무를 이행하지 않은 데 정당한 사유가 있는 경우에는 본세 납부의무가 있더라도 가산세는 부과하지 않는다(국세기본법 제2조 제4호, 제47조, 제48조 등 참조).

가산세 중에는 본세 납부의무와 무관하게 별도의 협력의무 위반에 대한 제재로서 부과되는 가산세도 있다. 그러나 가산세 부과의 근거가 되는 법률 규정에서 본세의 세액이 유효하게 확정된 것을 전제로 납세의무자가 법정기한까지 과세표준과 세액을 제대로 신고하거나 납부하지 않은 것을 요건으로 하는 무신고·과소신고·납부불성실 가산세 등은 신고·납부할 본세의 납부의무가 인정되지 않는 경우에 이를 따로 부과할 수 없다. 이는 관세의 경우에도 마찬가지이다.

[2] 구 자유무역협정의 이행을 위한 관세법의 특례에 관한 법률(2015.12.29. 법률 제13625호로 전부 개정되기 전의 것) 제10조, 제13조, 한·미 자유무역협정(FTA) 제6.18조에 따르면, 관세당국이 수입물품의 원산지 또는 협정관세 적용의 적정 여부 등을 확인하는 과정에서 납세자는 해당 상품이 원산지 상품이라는 것을 증명하는 추가 정보를 제출할 수 있고, 이를 통하여 협정관세(0%)의 적용 대상으로 판단된 수입물품에 대해서는 관세 납부의무가 없다.

관세법 제42조 제1항은 '부족한 관세액을 징수할 때'에 '해당 부족세액의 100분의 10'(제1호)과 '해당 부족세액'에 일정한 비율을 곱하여 산정한 금액(제2호)을 가산세로 정하고 있다. 위 각호의 규정에 따른 관세 가산세는 국세기본법의 무신고·과소신고·납부불성실 가산세와 마찬가지로 본세 납부의무가 있는 것을 전제로 하는 것으로서, 성질상 그 부과의 기초가 되는 '부족한 관세액'이 없는 이상 가산세 납부의무만 따로 인정할 수 없다(대판 2018.11.29, 2016두53180).

🏛️ **확인 OX**

01 가산세

가산세 부과의 근거가 되는 법률 규정에서 본세의 세액이 유효하게 확정된 것을 전제로 납세의무자가 법정기한까지 과세표준과 세액을 제대로 신고하거나 납부하지 않은 것을 요건으로 하는 무신고·과소신고·납부불성실 가산세 등은 신고·납부할 본세의 납부의무가 인정되지 않는 경우라 하더라도 이를 따로 부과할 수 있다. 예상 ( )

정답 10 ×

[1] 국세기본법 제14조 제1항은 실질과세 원칙을 정하고 있는데, 소득이나 수익, 재산, 거래 등 과세대상에 관하여 그 귀속명의와 달리 실질적으로 귀속되는 사람이 따로 있는 경우에는 형식이나 외관에 따라 귀속명의자를 납세의무자로 삼지 않고 실질적으로 귀속되는 사람을 납세의무자로 삼겠다는 것이다. 따라서 재산 귀속명의자는 이를 지배·관리할 능력이 없고 명의자에 대한 지배권 등을 통하여 실질적으로 이를 지배·관리하는 사람이 따로 있으며 그와 같은 명의와 실질의 괴리가 조세 회피 목적에서 비롯된 경우에는, 그 재산에 관한 소득은 재산을 실질적으로 지배·관리하는 사람에게 귀속된 것으로 보아 그를 납세의무자로 보아야 한다. 실질과세 원칙은 비거주자나 외국법인이 원천지국인 우리나라의 조세를 회피하기 위하여 조세조약상 혜택을 받는 나라에 명목회사를 설립하여 법인 형식만을 이용하는 국제거래뿐만 아니라, 거주자나 내국법인이 거주지국인 우리나라의 조세를 회피하기 위하여 소득세를 비과세하거나 낮은 세율로 과세하는 조세피난처에 사업활동을 수행할 능력이 없는 외형뿐인 이른바 '기지회사(base company)'를 설립하고 법인 형식만을 이용함으로써 실질적 지배·관리자에게 귀속되어야 할 소득을 부당하게 유보해 두는 국제거래에도 마찬가지로 적용된다.

[2] 법인의 출자자가 사외유출된 법인의 소득을 확정적으로 자신에게 귀속시켰다면 특별한 사정이 없는 한 이러한 소득은 주주총회 결의 여부, 배당가능이익의 존부, 출자비율에 따라 지급된 것인지 등과 관계없이 출자자에 대한 배당소득에 해당하는 것으로 추인할 수 있다.

[3] 구 국세기본법(2010.1.1. 법률 제9911호로 개정되기 전의 것) 제26조의2 제1항은 국세부과의 제척기간을 정하고 있다. 즉, 국세는 이를 부과할 수 있는 날부터 5년이 지난 다음에는 부과할 수 없고(제3호), 다만 납세자가 사기 기타 부정한 행위로써 국세를 포탈하거나 환급·공제받는 경우에는 10년(제1호), 납세자가 법정신고기한 내에 과세표준신고서를 제출하지 않은 경우에는 7년(제2호)이 지난 다음에는 부과할 수 없다. 이와 같은 국세부과의 제척기간이 지난 다음에 이루어진 부과처분은 무효이다.

[4] 구 국세기본법(2010.1.1. 법률 제9911호로 개정되기 전의 것, 이하 같다) 제26조의2 제1항 제1호가 정한 '사기 기타 부정한 행위'란 조세의 부과와 징수를 불가능하게 하거나 현저히 곤란하게 하는 위계 기타 부정한 적극적인 행위를 말하고, 다른 행위를 수반함이 없이 단순히 세법상의 신고를 하지 않거나 허위 신고를 함에 그치는 것은 여기에 해당하지 않는다. 또한 납세자가 명의를 위장하여 소득을 얻더라도, 명의위장이 조세포탈 목적에서 비롯되고 나아가 여기에 허위 계약서 작성과 대금의 허위지급, 과세관청에 대한 허위 조세 신고, 허위의 등기·등록, 허위의 회계장부 작성·비치 등과 같은 적극적인 행위까지 부가되는 등 특별한 사정이 없는 한, 명의위장 사실만으로 구 국세기본법 제26조의2 제1항 제1호에서 정한 '사기 기타 부정한 행위'에 해당한다고 볼 수 없다.

[5] '갑이 홍콩에 설립한 법인의 자금을 영국령 버진아일랜드에 설립한 법인들에 송금하거나 차명주주가 배당소득을 대신 수령하는 등의 방법으로 소득세를 포탈하였다'는 이유로 관할 세무서장이 갑에게 종합소득세 부과처분을 한 사안에서, '대한민국과 미합중국 간의 소득에 관한 조세의 이중과세 회피와 탈세방지 및 국제무역과 투자의 증진을 위한 협약'(이하 '한미조세협약'이라 한다) 제3조 제2항 (a)호는 '제1항의 규정에 의한 사유로 인하여 어느 개인이 양 체약국의 거주자인 경우에는 그가 주거를 두고 있는 그 체약국의 거주자로 간주된다.'고 정하고, 같은 항 (b)호는 '동 개인이 양 체약국 내에 주거를 두고 있거나 또는 어느 체약국에도 주거를 두고 있지 않는 경우에 그는 그의 인적 및 경제적 관계가 가장 밀접한 그 체약국(중대한 이해관계의 중심지)의 거주자로 간주된다.'고 정하고, 같은 항 (e)호는 '본항의 목적상 주거는 어느 개인이 그 가족과 함께 거주하는 장소(the Place where an individual dwells with his family)를 말한다.'고 정하고 있으며, 나아가 한미조세협약 제4조 제4항은 "본조 제5항을 제외한 이 협약의 어떠한 규정에도 불구하고 어느 체약국은, 이 협약이 효력을 발생하지 않았던 것처럼, 동 체약국의 시민 또는 거주자에 대하여 과세할 수 있다."라고 정하고, 한미조세협약 제2조 제1항 (h)호에 따르면 '시민'은 한국의 경우 한국의 국민을 뜻하는데, 갑은 1999년·2000년에 우리나라 세법상 거주자인 동시에 미국 세법상 거주자에 해당하나 가족과 함께 거주한 항구적 주거는 미국에 있었던 점, 한미조세협약 제3조 제3항은 같은 조 제2항의 규정에 의한 사유로 인하여

일방체약국의 거주자로 간주되는 개인은 제4조를 포함하여 한미조세협약의 모든 목적상 일방체약국의 거주자로 서만 간주된다고 정하고 있으므로 한미조세협약 제3조 제2항에 따라 미국의 거주자로 간주되는 갑은 한미조세협 약 제4조 제4항에서 말하는 우리나라의 '거주자'에 해당하지 않는 점, 우리 소득세법은 거주자인지 여부에 따라 과 세되는 소득의 범위를 구분하면서 우리나라 거주자가 아닌 자에게는 국내원천소득에 대하여만 과세하도록 정하는 데 우리나라의 국민인지 여부는 이러한 과세대상 소득의 범위에 영향이 없는 점을 종합하면, 갑이 1999년·2000년 에 한미조세협약 제3조 제2항에 따라 미국의 거주자로 간주되므로 홍콩 법인들로부터 차명주주 명의로 1999 년·2000년에 지급받은 배당금은 국외원천소득에 해당하여 과세할 수 없다고 본 원심판단을 정당하다고 한 사례.

[6] 하나의 납세고지서에 의하여 본세와 가산세를 함께 부과할 때에는 납세고지서에 본세와 가산세 각각의 세액과 산 출근거 등을 구분하여 기재하여야 하고, 여러 종류의 가산세를 함께 부과하는 경우에는 가산세 상호 간에도 종류별 로 세액과 산출근거 등을 구분하여 기재하여야 한다. 본세와 가산세 각각의 세액과 산출근거 및 가산세 상호 간의 종류별 세액과 산출근거 등을 제대로 구분하여 기재하지 않은 채 본세와 가산세의 합계액 등만을 기재한 경우에도 과세처분은 위법하다(대판 2018.12.13, 2018두128).

🏛 확인 OX

01 가산세
하나의 납세고지서에 의하여 복수의 과세처분을 함께하는 경우에는 과세처분별로 그 세액과 산출근거 등을 구분하여 기재함으로써 납세의무자가 각 과세처분의 내용을 알 수 있도록 해야 한다. 16. 지방직 9급   (   )

02 가산세
하나의 납세고지서에 의하여 본세와 가산세를 함께 부과할 때 납세고지서에 본세와 가산세 각각의 세액과 산출근거 등을 구분하여 기재하여야 하는 것은 아니다. 17. 국가직 7급   (   )

정답 01 ○ 02 ×

[1] 가산세는 세법에서 규정하는 의무의 성실한 이행을 확보하기 위하여 세법에 따라 산출한 본세액에 가산하여 징수하는 독립된 조세로서, 본세에 감면사유가 인정된다고 하여 가산세도 감면대상에 포함되는 것이 아니고, 반면에 그 의무를 이행하지 아니한 데 대한 정당한 사유가 있는 경우에는 본세 납세의무가 있더라도 가산세는 부과하지 않는다(국세기본법 제2조 제4호, 제47조, 제48조 등 참조).

가산세의 종류에 따라서는 본세 납세의무와 무관하게 별도의 협력의무 위반에 대한 제재로서 부과되는 가산세도 있으나, 가산세 부과의 근거가 되는 법률 규정에서 본세의 세액이 유효하게 확정되어 있을 것을 전제로 납세의무자가 법정기한까지 과세표준과 세액을 제대로 신고하거나 납부하지 않은 것을 요건으로 하는 무신고·과소신고·납부불성실 가산세 등은 신고·납부할 본세의 납세의무가 인정되지 아니하는 경우에 이를 따로 부과할 수 없고, 이는 관세의 경우에도 마찬가지이다.

[2] 관세법 제42조 제1항은 "부족한 관세액을 징수할 때"에 "해당 부족세액의 100분의 10"(제1호)과 "해당 부족세액"에 일정한 비율을 곱하여 산정한 금액(제2호)을 가산세로 정하고 있다. 위 각호의 규정에 따른 관세 가산세는 국세기본법의 무신고·과소신고·납부불성실 가산세와 마찬가지로 본세 납세의무가 최종적으로 존재하는 것을 전제로 하는 것으로서, 성질상 그 부과의 기초가 되는 '부족한 관세액'이 없는 이상 가산세 납세의무만 따로 인정될 수 없다. 일반적으로 관세의 감면을 받기 위해서는 수입신고 수리 전에 감면신청서를 제출하는 사전신고가 원칙이지만, 관세법령은 부과징수의 경우 "해당 납부고지를 받은 날부터 5일 이내"에 감면신청서를 적법하게 제출할 수 있는 규정을 두고 있다(관세법 시행령 제112조 제2항 제1호). 위와 같이 수입신고 이후에도 일정한 기한 내에 관세의 감면신청을 할 수 있도록 허용하는 취지는 관세법규의 복잡성 등을 고려하여 납세자의 권익을 두텁게 보호하기 위한 것이지, 사전신고 여부에 따라 관세 가산세 납세의무의 존부를 달리 판단할 근거는 없다. 또한 사전신고 시에 잘못이 있었더라도 적법한 기한 내에 이를 보완하여 관세 감면이 유효하게 이루어진 이상 관세법 제42조가 담보하고자 하는 관세액의 정당한 징수와 납세자의 협력의무 이행에 위반이 있었다고 평가할 수도 없다(대판 2018.11.29, 2015두56120).

🏛 확인 OX

01 가산세

가산세 부과의 근거가 되는 법률 규정에서 본세의 세액이 유효하게 확정되어 있을 것을 전제로 납세의무자가 법정기한까지 과세표준과 세액을 제대로 신고하거나 납부하지 않은 것을 요건으로 하는 무신고·과소신고·납부불성실 가산세 등은 신고·납부할 본세의 납세의무가 인정되지 아니하는 경우에 이를 따로 부과할 수 없고, 이는 관세의 경우에도 마찬가지이다. 예상 ( )

정답 01 ㅇ

46 | 손해배상(기) 2016다266736 ★★☆

[1] 피의자의 지위는 수사기관이 범죄인지서를 작성하는 등 형식적인 사건수리 절차를 밟기 전이라도 조사대상자에 대하여 범죄의 혐의가 있다고 보아 실질적으로 수사를 개시하는 행위를 한 때에 인정된다.

헌법 제12조 제4항 본문은 "누구든지 체포 또는 구속을 당한 때에는 즉시 변호인의 조력을 받을 권리를 가진다."라고 정하고 있다. 형사소송법 제89조는 "구속된 피고인은 법률의 범위 내에서 타인과 접견할 수 있다."라고 정하고, 이 규정은 체포 또는 구속된 피의자에 관하여도 준용된다(제209조). 형사소송법 제34조는 "변호인 또는 변호인이 되려는 자는 신체구속을 당한 피고인 또는 피의자(이하 '피의자 등'이라 한다)와 접견하고 서류 또는 물건을 수수할 수 있다."라고 정하고 있다.

이러한 형사소송법 규정은 헌법상 변호인의 조력을 받을 권리를 기본적 인권의 하나로 보장한 취지를 실현하기 위하여 피의자 등의 헌법상 기본권을 구체화함과 동시에 변호인 또는 변호인이 되려는 자(이하 '변호인'이라 한다)에게 피의자 등과 자유롭게 접견교통을 할 수 있는 법률상 권리를 인정한 것이다. 변호인의 접견교통권은 피의자 등의 인권보장과 방어준비를 위하여 필수불가결한 권리이므로, 수사기관의 처분 등으로 이를 제한할 수 없고, 다만 법령에 의해서만 제한할 수 있다.

수사기관이 법령에 의하지 않고는 변호인의 접견교통권을 제한할 수 없다는 것은 대법원이 오래전부터 선언해 온 확고한 법리로서 변호인의 접견신청에 대하여 허용 여부를 결정하는 수사기관으로서는 마땅히 이를 숙지해야 한다. 이러한 법리에 반하여 변호인의 접견신청을 허용하지 않고 변호인의 접견교통권을 침해한 경우에는 접견 불허 결정을 한 공무원에게 고의나 과실이 있다고 볼 수 있다.

변호인의 접견교통권은 피의자 등이 변호인의 조력을 받을 권리를 실현하기 위한 것으로서, 피의자 등이 헌법 제12조 제4항에서 보장한 기본권의 의미와 범위를 정확히 이해하면서도 이성적 판단에 따라 자발적으로 그 권리를 포기한 경우까지 피의자 등의 의사에 반하여 변호인의 접견이 강제될 수 있는 것은 아니다.

그러나 변호인이 피의자 등에 대한 접견신청을 하였을 때 위와 같은 요건이 갖추어지지 않았는데도 수사기관이 접견을 허용하지 않는 것은 변호인의 접견교통권을 침해하는 것이고, 이 경우 국가는 변호인이 입은 정신적 고통을 배상할 책임이 있다. 이때 변호인의 조력을 받을 권리의 중요성, 수사기관에 이러한 권리를 침해할 동기와 유인이 있는 점, 피의자 등이 접견교통을 거부하는 것은 이례적이라는 점을 고려하면, 피의자 등이 헌법 제12조 제4항에서 보장한 기본권의 의미와 범위를 정확히 이해하면서도 이성적 판단에 따라 자발적으로 그 권리를 포기하였다는 것에 대해서는 이를 주장하는 사람이 증명할 책임이 있다.

[2] 북한에서 태어나고 자란 중국 국적의 화교인 갑이 대한민국에 입국한 후 국가정보원장이 북한이탈주민의 보호 및 정착지원에 관한 법률에 따라 설치·운영하는 임시보호시설인 중앙합동신문센터에 수용되어 조사를 받았는데, 변호사인 을 등이 갑에 대한 변호인 선임을 의뢰받고 9차례에 걸쳐 갑에 대한 변호인접견을 신청하였으나, 국가정보원장과 국가정보원 소속 수사관이 을 등의 접견신청을 모두 불허하였고, 이에 을 등이 국가를 상대로 변호인 접견교통권 침해를 이유로 손해배상을 구한 사안에서, 을 등이 갑에 대한 접견을 신청하였을 당시 갑은 국가보안법위반(간첩) 등의 혐의로 수사를 받는 피의자의 지위에 있었는데, 당시 갑이 국가정보원 수사관에게 접견을 신청한 변호사를 만나고 싶지 않다고 진술하였으나, 갑은 북한에서 자라 처음 대한민국에 입국하여 곧바로 중앙합동신문센터에 수용되었고 누구와도 접촉이 금지되었던 점 등의 사정에 비추어 보면, 갑의 진술은 접견교통권 등 변호인의 조력을 받을 권리의 의미와 범위에 대하여 제대로 인식한 상태에서 자발적이고 진정한 의사로 이루어졌다고 보기 어

렵고, 따라서 국가정보원장이나 국가정보원 수사관이 변호인인 을 등의 갑에 대한 접견교통신청을 허용하지 않은 것은 변호인의 접견교통권을 침해한 위법한 직무행위에 해당하므로, 국가는 을 등이 입은 정신적 손해를 배상할 책임이 있다고 본 원심판단이 정당하다고 한 사례(대판 2018.12.27, 2016다266736).

🏛 **확인 OX**

01 국가배상청구권

수사기관이 법령에 의하지 않고 변호인의 접견신청을 허용하지 않아 변호인의 접견교통권을 침해하였더라도 곧바로 접견 불허결정을 한 공무원에게 고의나 과실이 있다고 볼 수는 없다. 예상   (   )

02 국가배상청구권

북한에서 태어나고 자란 중국 국적의 화교인 甲이 대한민국에 입국한 후 국가정보원장이 북한이탈주민의 보호 및 정착지원에 관한 법률에 따라 설치·운영하는 임시보호시설인 중앙합동신문센터에 수용되어 조사를 받았는데, 변호사인 乙 등이 甲에 대한 변호인 선임을 의뢰받고 9차례에 걸쳐 甲에 대한 변호인접견을 신청하였으나, 국가정보원장과 국가정보원 소속 수사관이 乙 등의 접견신청을 모두 불허하였고, 이는 변호인의 접견교통권을 침해한 위법한 직무행위에 해당하므로, 국가는 乙 등이 입은 정신적 손해를 배상할 책임이 있다. 예상   (   )

정답 01 × 02 ○

[1] 댐건설 및 주변지역지원 등에 관한 법률(이하 '댐건설법'이라 한다) 제11조 제1항, 제3항, 공익사업을 위한 토지 등의 취득 및 보상에 관한 법률(이하 '토지보상법'이라 한다) 제1조, 제61조, 제76조 제1항, 제77조 제1항의 내용을 종합해 볼 때, 물을 사용하여 사업을 영위하는 지위가 독립하여 재산권, 즉 처분권을 내포하는 재산적 가치 있는 구체적인 권리로 평가될 수 있는 경우에는 댐건설법 제11조 제1항, 제3항 및 토지보상법 제76조 제1항에 따라 손실보상의 대상이 되는 '물의 사용에 관한 권리'에 해당한다고 볼 수 있다.

[2] 하천법 제5조, 제33조 제1항, 제50조, 부칙(2007.4.6.) 제9조의 규정 내용과 구 하천법(1999.2.8. 법률 제5893호로 전부 개정되기 전의 것) 제25조 제1항 제1호, 구 하천법(2007.4.6. 법률 제8338호로 전부 개정되기 전의 것) 제33조 제1항 제1호의 개정 경위 등에 비추어 볼 때, 하천법 제50조에 의한 하천수 사용권(2007.4.6. 하천법 개정 이전에 종전의 규정에 따라 유수의 점용·사용을 위한 관리청의 허가를 받음으로써 2007.4.6. 개정 하천법 부칙 제9조에 따라 현행 하천법 제50조에 의한 하천수 사용허가를 받은 것으로 보는 경우를 포함한다. 이하 같다)은 하천법 제33조에 의한 하천의 점용허가에 따라 해당 하천을 점용할 수 있는 권리와 마찬가지로 특허에 의한 공물사용권의 일종으로서, 양도가 가능하고 이에 대한 민사집행법상의 집행 역시 가능한 독립된 재산적 가치가 있는 구체적인 권리라고 보아야 한다. 따라서 하천법 제50조에 의한 하천수 사용권은 공익사업을 위한 토지 등의 취득 및 보상에 관한 법률 제76조 제1항이 손실보상의 대상으로 규정하고 있는 '물의 사용에 관한 권리'에 해당한다.

[3] 물건 또는 권리 등에 대한 손실보상액 산정의 기준이나 방법에 관하여 구체적으로 정하고 있는 법령의 규정이 없는 경우에는, 그 성질상 유사한 물건 또는 권리 등에 대한 관련 법령상의 손실보상액 산정의 기준이나 방법에 관한 규정을 유추적용할 수 있다.

[4] 갑 주식회사가 한탄강 일대 토지에 수력발전용 댐을 건설하고 한탄강 하천수에 대한 사용허가를 받아 하천수를 이용하여 소수력발전사업을 영위하였는데, 한탄강 홍수조절지댐 건설사업 등의 시행자인 한국수자원공사가 댐 건설에 필요한 위 토지 등을 수용하면서 지장물과 영업손실에 대하여는 보상을 하고 갑 회사의 하천수 사용권에 대하여는 별도로 보상금을 지급하지 않자 갑 회사가 재결을 거쳐 하천수 사용권에 대한 별도의 보상금을 산정하여 지급해 달라는 취지로 보상금증액 소송을 제기한 사안에서, 공익사업을 위한 토지 등의 취득 및 보상에 관한 법률(이하 '토지보상법'이라 한다) 및 그 시행령, 시행규칙에 '물의 사용에 관한 권리'의 평가에 관한 규정이 없고, 하천법 제50조에 의한 하천수 사용권과 면허어업의 성질상 유사성, 면허어업의 손실액 산정 방법과 환원율 등에 비추어 볼 때, 갑 회사의 하천수 사용권에 대한 '물의 사용에 관한 권리'로서의 정당한 보상금액은 토지보상법 시행규칙 제44조(어업권의 평가 등) 제1항이 준용하는 수산업법 시행령 제69조 [별표 4](어업보상에 대한 손실액의 산출방법·산출기준 등) 중 어업권이 취소되거나 어업면허의 유효기간 연장이 허가되지 않은 경우의 손실보상액 산정 방법과 기준을 유추적용하여 산정하는 것이 타당하다고 본 원심판단을 수긍한 사례(대판 2018.12.27, 2014두11601).

🏛 확인 OX

01 보상규정 흠결시 권리구제
물건 또는 권리 등에 대한 손실보상액 산정의 기준이나 방법에 관하여 구체적으로 정하고 있는 법령의 규정이 없는 경우에는, 그 성질상 유사한 물건 또는 권리 등에 대한 관련 법령상의 손실보상액 산정의 기준이나 방법에 관한 규정을 유추적용할 수 있다. 예상

( )

02 보상규정 흠결시 권리구제
하천법 제50조에 의한 하천수 사용권은 공익사업을 위한 토지 등의 취득 및 보상에 관한 법률 제76조 제1항이 손실보상의 대상으로 규정하고 있는 '물의 사용에 관한 권리'에 해당한다. 예상

( )

정답 01 O 02 O

구 도시 및 주거환경정비법(2017.2.8. 법률 제14567호로 전부 개정되기 전의 것, 이하 '도시정비법'이라 한다)상 사업시행인가는 사업시행계획에 따른 대상 토지에서의 개발과 건축을 승인하여 주고, 덧붙여 의제조항에 따라 토지에 대한 수용권한 부여와 관련한 사업인정의 성격을 가진다. 따라서 <u>어느 특정한 토지를 최초로 사업시행 대상 부지로 삼은 사업시행계획이 당연무효이거나 법원의 확정판결로 취소된다면, 그로 인하여 의제된 사업인정도 효력을 상실한다.</u>

그러나 이와 달리 특정한 토지를 최초로 사업시행 대상 부지로 삼은 최초의 사업시행인가가 효력을 유지하고 있고 그에 따라 의제된 사업인정의 효력 역시 유지되고 있는 경우라면, 특별한 사정이 없는 한 최초의 사업시행인가를 통하여 의제된 사업인정은 변경인가에도 불구하고 그 효력이 계속 유지된다. 사업시행 대상부지 자체에 관하여는 아무런 변경 없이 건축물의 구조와 내용 등 사업시행계획의 내용을 대규모로 변경함으로써 최초 사업시행인가의 주요 내용을 실질적으로 변경하는 인가가 있는 경우에도 최초의 사업시행인가가 유효하게 존속하다가 변경인가 시부터 장래를 향하여 실효될 뿐이고, 사업시행 대상부지에 대한 수용의 필요성은 특별한 사정이 없는 한 변경인가 전후에 걸쳐 아무런 차이가 없다. 공익사업을 위한 토지 등의 취득 및 보상에 관한 법률(이하 '토지보상법'이라 한다) 제24조에 비추어 보더라도, 사업시행변경인가에 따라 사업대상 토지 일부가 제외되는 등의 방식으로 사업내용이 일부 변경됨으로써 종전의 사업대상 토지 중 일부에 대한 수용의 필요성이 없게 된 경우에, 그 부분에 한하여 최초 사업시행인가로 의제된 사업인정 중 일부만이 효력을 상실하게 될 뿐이고(제24조 제1항, 제5항 참조), 변동 없이 수용의 필요성이 계속 유지되는 토지 부분에 대하여는 최초 사업시행인가로 의제된 사업인정의 효력이 그대로 유지됨을 당연한 전제로 하고 있다.

이러한 도시정비법령과 토지보상법령의 체계와 취지에 비추어 보면, <u>특정한 토지를 사업시행 대상 부지로 삼은 최초의 사업시행인가 고시로 의제된 사업인정이 효력을 유지하고 있다면, 최초의 사업시행인가 고시일을 기준으로 보상금을 산정함이 원칙이다.</u> 만일 이렇게 보지 않고 사업시행변경인가가 있을 때마다 보상금 산정 기준시점이 변경된다고 보게 되면, 최초의 사업시행인가 고시가 있을 때부터 수용의 필요성이 유지되는 토지도 그와 무관한 사정으로 보상금 산정 기준시점이 매번 바뀌게 되어 부당할 뿐 아니라, 사업시행자가 자의적으로 보상금 산정 기준시점을 바꿀 수도 있게 되어 합리적이라고 볼 수 없다(대판 2018.7.26, 2017두33978).

🏛 확인 OX

01 손실보상의 내용
어느 특정한 토지를 최초로 사업시행 대상 부지로 삼은 사업시행계획이 당연무효이거나 법원의 확정판결로 취소된다면, 그로 인하여 의제된 사업인정도 효력을 상실한다. 예상 ( )

02 손실보상의 내용
특정한 토지를 최초로 사업시행 대상 부지로 삼은 최초의 사업시행인가가 효력을 유지하고 있고 그에 따라 의제된 사업인정의 효력 역시 유지되고 있는 경우라면, 특별한 사정이 없는 한 최초의 사업시행인가를 통하여 의제된 사업인정은 변경인가에도 불구하고 그 효력이 계속 유지된다. 예상 ( )

03 손실보상의 내용
특정한 토지를 사업시행 대상 부지로 삼은 최초의 사업시행인가 고시로 의제된 사업인정이 효력을 유지하고 있다면, 최초의 사업시행인가 고시일을 기준으로 보상금을 산정함이 원칙이다. 예상 ( )

정답 01 ○ 02 ○ 03 ○

[1] 공익사업을 위한 토지 등의 취득 및 보상에 관한 법률과 그 시행규칙의 관련 규정에 의하면, 공법상 제한을 받는 토지에 대한 보상액을 산정할 때에 해당 공법상 제한이 구 도시계획법(2002.2.4. 법률 제6655호 국토의 계획 및 이용에 관한 법률 부칙 제2조로 폐지) 등에 따른 용도지역·지구·구역(이하 '용도지역 등'이라고 한다)의 지정 또는 변경과 같이 그 자체로 제한목적이 달성되는 일반적 계획제한으로서 구체적 도시계획사업과 직접 관련되지 아니한 경우에는 그러한 제한을 받는 상태 그대로 평가하여야 한다. 반면 도로·공원 등 특정 도시계획시설의 설치를 위한 계획결정과 같이 구체적 사업이 따르는 개별적 계획제한이거나, 일반적 계획제한에 해당하는 용도지역 등의 지정 또는 변경에 따른 제한이더라도 그 용도지역 등의 지정 또는 변경이 특정 공익사업의 시행을 위한 것일 때에는, 그 공익사업의 시행을 직접 목적으로 하는 제한으로 보아 그 제한을 받지 아니하는 상태를 상정하여 평가하여야 한다.

[2] 어느 수용대상 토지에 관하여 특정 시점에서 용도지역·지구·구역(이하 '용도지역 등'이라고 한다)을 지정 또는 변경하지 않은 것이 특정 공익사업의 시행을 위한 것일 경우 이는 해당 공익사업의 시행을 직접 목적으로 하는 제한이라고 보아 용도지역 등의 지정 또는 변경이 이루어진 상태를 상정하여 토지가격을 평가하여야 한다. 여기에서 특정 공익사업의 시행을 위하여 용도지역 등을 지정 또는 변경하지 않았다고 볼 수 있으려면, 토지가 특정 공익사업에 제공된다는 사정을 배제할 경우 용도지역 등을 지정 또는 변경하지 않은 행위가 계획재량권의 일탈·남용에 해당함이 객관적으로 명백하여야만 한다.

[3] 2개 이상의 토지 등에 대한 감정평가는 개별평가를 원칙으로 하되, 예외적으로 2개 이상의 토지 등에 거래상 일체성 또는 용도상 불가분의 관계가 인정되는 경우에 일괄평가가 허용된다. 여기에서 '용도상 불가분의 관계'에 있다는 것은 일단의 토지로 이용되고 있는 상황이 사회적·경제적·행정적 측면에서 합리적이고 그 토지의 가치 형성적 측면에서도 타당하다고 인정되는 관계에 있는 경우를 뜻한다(대판 2018.1.25, 2017두61799).

🏛 **확인 OX**

01 손실보상의 내용
공법상 제한을 받는 토지에 대한 보상액을 산정할 때에 해당 공법상 제한이 구 도시계획법 등에 따른 용도지역 등의 지정 또는 변경과 같이 그 자체로 제한목적이 달성되는 일반적 계획제한으로서 구체적 도시계획사업과 직접 관련되지 아니한 경우에는 그러한 제한을 받는 상태 그대로 평가하여야 한다. 예상 (   )

02 손실보상의 내용
도로·공원 등 특정 도시계획시설의 설치를 위한 계획결정과 같이 구체적 사업이 따르는 개별적 계획제한이거나, 일반적 계획제한에 해당하는 용도지역 등의 지정 또는 변경에 따른 제한이더라도 그 용도지역 등의 지정 또는 변경이 특정 공익사업의 시행을 위한 것일 때에는, 그 공익사업의 시행을 직접 목적으로 하는 제한으로 보아 그러한 제한을 받는 상태 그대로 평가하여야 한다. 예상 (   )

정답 01 ○ 02 ×

[1] 사업시행자가 동일한 토지소유자에 속하는 일단의 토지 일부를 취득함으로 인하여 잔여지의 가격이 감소하거나 그 밖의 손실이 있을 때 등에는 잔여지를 종래의 목적으로 사용하는 것이 가능한 경우라도 잔여지 손실보상의 대상이 되며, 잔여지를 종래의 목적에 사용하는 것이 불가능하거나 현저히 곤란한 경우이어야만 잔여지 손실보상청구를 할 수 있는 것이 아니다. 마찬가지로 잔여 영업시설 손실보상의 요건인 "공익사업에 영업시설의 일부가 편입됨으로 인하여 잔여시설에 그 시설을 새로이 설치하거나 잔여시설을 보수하지 아니하고는 그 영업을 계속할 수 없는 경우"란 잔여 영업시설에 시설을 새로이 설치하거나 잔여 영업시설을 보수하지 아니하고는 그 영업이 전부 불가능하거나 곤란하게 되는 경우만을 의미하는 것이 아니라, 공익사업에 영업시설 일부가 편입됨으로써 잔여 영업시설의 운영에 일정한 지장이 초래되고, 이에 따라 종전처럼 정상적인 영업을 계속하기 위해서는 잔여 영업시설에 시설을 새로 설치하거나 잔여 영업시설을 보수할 필요가 있는 경우도 포함된다고 해석함이 타당하다.

[2] 구 공익사업을 위한 토지 등의 취득 및 보상에 관한 법률(2013.3.23. 법률 제11690호로 개정되기 전의 것, 이하 '토지보상법'이라 한다) 제26조, 제28조, 제30조, 제34조, 제50조, 제61조, 제83조 내지 제85조의 규정 내용과 입법 취지 등을 종합하면, 공익사업에 영업시설 일부가 편입됨으로 인하여 잔여 영업시설에 손실을 입은 자가 사업시행자로부터 구 공익사업을 위한 토지 등의 취득 및 보상에 관한 법률 시행규칙(2014.10.22. 국토교통부령 제131호로 개정되기 전의 것) 제47조 제3항에 따라 잔여 영업시설의 손실에 대한 보상을 받기 위해서는, 토지보상법 제34조, 제50조 등에 규정된 재결절차를 거친 다음 그 재결에 대하여 불복이 있는 때에 비로소 토지보상법 제83조 내지 제85조에 따라 권리구제를 받을 수 있을 뿐이다. 이러한 재결절차를 거치지 않은 채 곧바로 사업시행자를 상대로 손실보상을 청구하는 것은 허용되지 않는다.

재결절차를 거쳤는지 여부는 보상항목별로 판단하여야 한다. 피보상자별로 어떤 토지, 물건, 권리 또는 영업이 손실보상대상에 해당하는지, 나아가 보상금액이 얼마인지를 심리·판단하는 기초 단위를 보상항목이라고 한다. 편입토지·물건 보상, 지장물 보상, 잔여 토지·건축물 손실보상 또는 수용청구의 경우에는 원칙적으로 개별물건별로 하나의 보상항목이 되지만, 잔여 영업시설 손실보상을 포함하는 영업손실보상의 경우에는 '전체적으로 단일한 시설 일체로서의 영업' 자체가 보상항목이 되고, 세부 영업시설이나 영업이익, 휴업기간 등은 영업손실보상금 산정에서 고려하는 요소에 불과하다. 그렇다면 영업의 단일성·동일성이 인정되는 범위에서 보상금 산정의 세부요소를 추가로 주장하는 것은 하나의 보상항목 내에서 허용되는 공격방법일 뿐이므로, 별도로 재결절차를 거쳐야 하는 것은 아니다.

[3] 어떤 보상항목이 공익사업을 위한 토지 등의 취득 및 보상에 관한 법령상 손실보상대상에 해당함에도 관할 토지수용위원회가 사실을 오인하거나 법리를 오해함으로써 손실보상대상에 해당하지 않는다고 잘못된 내용의 재결을 한 경우에는, 피보상자는 관할 토지수용위원회를 상대로 그 재결에 대한 취소소송을 제기할 것이 아니라, 사업시행자를 상대로 구 토지보상법 제85조 제2항에 따른 보상금증감소송을 제기하여야 한다(대판 2018.7.20, 2015두4044).

🏛 확인 OX

01 간접손실보상
동일한 토지소유자에 속하는 일단의 토지의 일부가 취득됨으로써 잔여지의 가격이 감소한 때에는 잔여지를 종래의 목적으로 사용하는 것이 가능한 경우라도 그 잔여지는 손실보상의 대상이 된다. 19. 지방직 7급 ( )

02 손실보상의 방법과 불복절차
영업의 단일성·동일성이 인정되는 범위에서 보상금 산정의 세부요소를 추가로 주장하는 것은 하나의 보상항목 내에서 허용되는 공격방법일 뿐이므로, 별도로 재결절차를 거쳐야 하는 것은 아니다. 예상 ( )

03 보상금증감소송
어떤 보상항목이 공익사업을 위한 토지 등의 취득 및 보상에 관한 법령상 손실보상대상에 해당함에도 관할 토지수용위원회가 사실을 오인하거나 법리를 오해함으로써 손실보상대상에 해당하지 않는다고 잘못된 내용의 재결을 한 경우에는, 피보상자는 관할 토지수용위원회를 상대로 그 재결에 대한 취소소송을 제기하여야 한다. 예상 ( )

정답 01 O 02 O 03 ×

공익사업을 위한 토지 등의 취득 및 보상에 관한 법률이 잔여지 손실보상금 지급의무의 이행기를 정하지 않았고, 그 이행기를 편입토지의 권리변동일이라고 해석하여야 할 체계적, 목적론적 근거를 찾기도 어려우므로, 잔여지 손실보상금 지급의무는 이행기의 정함이 없는 채무로 보는 것이 타당하다. 따라서 잔여지 손실보상금 지급의무의 경우 잔여지의 손실이 현실적으로 발생한 이후로서 잔여지 소유자가 사업시행자에게 이행청구를 한 다음 날부터 그 지연손해금 지급의무가 발생한다(민법 제387조 제2항 참조)(대판 2018.3.13, 2017두68370).

🏛 확인 OX

01 간접손실보상

잔여지 손실보상금 지급의무는 이행기의 정함이 없는 채무로 보아야 하므로 잔여지 손실보상금에 대한 지연손해금 지급의무는 잔여지의 손실이 현실적으로 발생한 이후로서 잔여지 소유자가 사업시행자에게 이행청구를 한 다음 날부터 발생한다. 예상 ( )

정답 01 ○

[1] 하나의 재결에서 피보상자별로 여러 가지의 토지, 물건, 권리 또는 영업(이처럼 손실보상 대상에 해당하는지, 나아가 그 보상금액이 얼마인지를 심리·판단하는 기초 단위를 이하 '보상항목'이라고 한다)의 손실에 관하여 심리·판단이 이루어졌을 때, 피보상자 또는 사업시행자가 반드시 재결 전부에 관하여 불복하여야 하는 것은 아니며, 여러 보상항목들 중 일부에 관해서만 불복하는 경우에는 그 부분에 관해서만 개별적으로 불복의 사유를 주장하여 행정소송을 제기할 수 있다. 이러한 보상금 증감 소송에서 법원의 심판범위는 하나의 재결 내에서 소송당사자가 구체적으로 불복신청을 한 보상항목들로 제한된다.

법원이 구체적인 불복신청이 있는 보상항목들에 관해서 감정을 실시하는 등 심리한 결과, 재결에서 정한 보상금액이 일부 보상항목의 경우 과소하고 다른 보상항목의 경우 과다한 것으로 판명되었다면, 법원은 보상항목 상호 간의 유용을 허용하여 항목별로 과다 부분과 과소 부분을 합산하여 보상금의 합계액을 정당한 보상금으로 결정할 수 있다.

[2] 피보상자가 당초 여러 보상항목들에 관해 불복하여 보상금 증액 청구소송을 제기하였으나, 그중 일부 보상항목에 관해 법원에서 실시한 감정 결과 그 평가액이 재결에서 정한 보상금액보다 적게 나온 경우에는, 피보상자는 해당 보상항목에 관해 불복신청이 이유 없음을 자인하는 진술을 하거나 단순히 불복신청을 철회함으로써 해당 보상항목을 법원의 심판범위에서 제외하여 달라는 소송상 의사표시를 할 수 있다.

한편 사업시행자가 특정 보상항목에 관해 보상금 감액을 청구하는 권리는 공익사업을 위한 토지 등의 취득 및 보상에 관한 법률 제85조 제1항 제1문에서 정한 제소기간 내에 보상금 감액 청구소송을 제기하는 방식으로 행사함이 원칙이다. 그런데 사업시행자에 대한 위 제소기간이 지나기 전에 피보상자가 이미 위 보상항목을 포함한 여러 보상항목에 관해 불복하여 보상금 증액 청구소송을 제기한 경우에는, 사업시행자로서는 보상항목 유용 법리에 따라 위 소송에서 과다 부분과 과소 부분을 합산하는 방식으로 위 보상항목에 대한 정당한 보상금액이 얼마인지 판단 받을 수 있으므로, 굳이 중복하여 동일 보상항목에 관해 불복하는 보상금 감액 청구소송을 별도로 제기하는 대신 피보상자가 제기한 보상금 증액 청구소송을 통해 자신의 감액청구권을 실현하는 것이 합리적이라고 생각할 수도 있다.

이와 같이 보상금 증감 청구소송에서 보상항목 유용을 허용하는 취지와 피보상자의 보상금 증액 청구소송을 통해 감액청구권을 실현하려는 기대에서 별도의 보상금 감액 청구소송을 제기하지 않았다가 그 제소기간이 지난 후에 특정 보상항목을 심판범위에서 제외해 달라는 피보상자의 일방적 의사표시에 의해 사업시행자가 입게 되는 불이익 등을 고려하면, 사업시행자가 위와 같은 사유로 그에 대한 제소기간 내에 별도의 보상금 감액 청구소송을 제기하지 않았는데, 피보상자가 법원에서 실시한 감정평가액이 재결절차의 그것보다 적게 나오자 그 보상항목을 법원의 심판범위에서 제외하여 달라는 소송상 의사표시를 하는 경우에는, 사업시행자는 그에 대응하여 법원이 피보상자에게 불리하게 나온 보상항목들에 관한 법원의 감정 결과가 정당하다고 인정하는 경우 이를 적용하여 과다하게 산정된 금액을 보상금액에서 공제하는 등으로 과다 부분과 과소 부분을 합산하여 당초 불복신청된 보상항목들 전부에 관하여 정당한 보상금액을 산정하여 달라는 소송상 의사표시를 할 수 있다고 봄이 타당하다.

이러한 법리는 정반대의 상황, 다시 말해 사업시행자가 여러 보상항목들에 관해 불복하여 보상금 감액 청구소송을 제기하였다가 그중 일부 보상항목에 관해 법원 감정 결과가 불리하게 나오자 해당 보상항목에 관한 불복신청을 철회하는 경우에도 마찬가지로 적용될 수 있다(대판 2018.5.15, 2017두41221).

🏛 **확인 OX**

01 보상금증감소송

하나의 수용재결에서 여러 가지의 토지, 물건, 권리 또는 영업의 손실의 보상에 관하여 심리·판단이 이루어졌을 때, 피보상자는 재결 전부에 관하여 불복하여야 하고 여러 보상항목들 중 일부에 관해서만 개별적으로 불복할 수는 없다. 18. 국가직 7급 (　　　)

정답 01 × ×

53 종합쇼핑몰 거래정지처분 취소 2015두52395 ★★☆

갑 주식회사가 조달청과 물품구매계약을 체결하고 국가종합전자조달시스템인 나라장터 종합쇼핑몰 인터넷 홈페이지를 통해 요구받은 제품을 수요기관에 납품하였는데, 조달청이 계약이행내역 점검 결과 일부 제품이 계약 규격과 다르다는 이유로 물품구매계약 추가득수조선 규정에 따라 갑 회사에 대하여 6개월의 나라장터 종합쇼핑몰 거래정지 조치를 한 사안에서, 조달청이 계약상대자에 대하여 나라장터 종합쇼핑몰에서의 거래를 일정기간 정지하는 조치는 전자조달의 이용 및 촉진에 관한 법률, 조달사업에 관한 법률 등에 의하여 보호되는 계약상대자의 직접적이고 구체적인 법률상 이익인 나라장터를 통하여 수요기관의 전자입찰에 참가하거나 나라장터 종합쇼핑몰에서 등록된 물품을 수요기관에 직접 판매할 수 있는 지위를 직접 제한하거나 침해하는 행위에 해당하는 점 등을 종합하면, 위 거래정지 조치는 비록 추가특수조건이라는 사법상 계약에 근거한 것이지만 행정청인 조달청이 행하는 구체적 사실에 관한 법집행으로서의 공권력의 행사로서 그 상대방인 갑 회사의 권리·의무에 직접 영향을 미치므로 항고소송의 대상이 되는 행정처분에 해당하고, 다만 추가특수조건에서 정한 제재조치의 발동요건조차 갖추지 못한 경우에는 위 거래정지 조치가 위법하므로 갑 회사의 행위가 추가특수조건에서 정한 거래정지 조치의 사유에 해당하는지, 추가특수조건의 내용이나 그에 기한 거래정지 조치가 국가를 당사자로 하는 계약에 관한 법령 등을 위반하였거나 평등원칙, 비례원칙, 신뢰보호 원칙 등을 위반하였는지 등에 관하여 나아가 살폈어야 하는데도, 위 거래정지 조치가 사법상 계약에 근거한 의사표시에 불과하고 항고소송의 대상이 되는 행정처분으로 볼 수 없다고 판단하여 소를 각하한 원심판결에 법리를 오해한 잘못이 있다고 한 사례(대판 2018.11.29, 2015두52395).

📖 확인 OX

01 소송요건(대상적격)

조달청이 물품구매계약 추가특수조건 규정에 따라 甲 회사에 대하여 6개월의 나라장터 종합쇼핑몰 거래정지 조치를 한 사안에서, 거래정지 조치는 비록 추가특수조건이라는 사법상 계약에 근거한 것이지만 행정청인 조달청이 행하는 구체적 사실에 관한 법집행으로서의 공권력의 행사로서 그 상대방인 甲 회사의 권리·의무에 직접 영향을 미치므로 항고소송의 대상이 되는 행정처분에 해당한다. 예상 ( )

정답 01 ○

[1] 기반시설부담금 부과처분을 할 당시에 이미 납부의무자에게 구 기반시설부담금에 관한 법률(2008.3.28. 법률 제 9051호로 폐지, 이하 '법'이라 한다) 제8조 제4항과 제5항에서 정한 공제사유가 있었음에도 행정청이 해당 금액을 공제하지 않은 채 기반시설부담금 부과처분을 하였다면, 그 부과처분의 상대방인 납부의무자는 행정청의 공제의무 불이행을 위법사유로 주장하면서 취소소송을 제기하여 권리구제를 받을 수 있다. 납부의무자가 적법하게 부과된 기반시설부담금을 납부한 후에 법 제8조 제4항, 제5항, 제17조 제1항에서 정한 환급사유가 발생한 경우에는 증명자 료를 첨부하여 행정청에 환급신청을 할 수 있고[구 기반시설부담금에 관한 법률 시행령(2008.9.25. 대통령령 제 21038호 국토의 계획 및 이용에 관한 법률 시행령 부칙 제2조로 폐지) 제15조 제3항], 이에 대하여 행정청이 전부 또 는 일부 환급을 거부하는 경우에, 납부의무자가 환급액에 관하여 불복이 있으면 환급 거부결정에 대하여 취소소송 을 제기하여 권리구제를 받을 수 있게 하는 것이 행정소송법 및 기반시설부담금 환급 제도의 입법 취지에도 부합한 다. 따라서 납부의무자의 환급신청에 대하여 행정청이 전부 또는 일부 환급을 거부하는 결정은 행정청이 공권력의 주체로서 행하는 구체적 사실에 관한 법집행으로서 납부의무자의 권리·의무에 직접 영향을 미치므로 항고소송의 대상인 처분에 해당한다고 보아야 한다. 행정청의 환급 거부대상이 기반시설부담금 그 자체가 아니라 그 납부지체 로 발생한 지체가산금인 경우에도 달리 볼 것은 아니다. 정당한 환급액 내지 행정청의 환급의무의 범위는 취소소송 의 본안에서 심리·판단할 사항이지, 소송요건 심사 단계에서 고려할 요소가 아니다.

[2] 구 기반시설부담금에 관한 법률(2008.3.28. 법률 제9051호로 폐지, 이하 '법'이라 한다) 제16조 제2항에 따른 지체가 산금은 납부의무자가 부과된 기반시설부담금의 납부의무 이행을 지체하는 경우에 부담하는 지연배상금의 성질을 띤 것으로 납부기한이 경과함으로써 당연히 발생한다. 기반시설부담금 부과처분에 처분 당시부터 위법사유가 있어 부과처분이 당연무효이거나 부과처분을 소급적으로 취소하는 경우에는 지체가산금도 그 기초를 상실하는 것이어 서, 행정청이 납부의무자에게 기반시설부담금과 함께 지체가산금도 환급할 의무가 있다고 보아야 한다.

그러나 기반시설부담금 부과처분이 처분 당시에는 적법하였고 납부의무자의 납부의무 이행지체에도 정당한 사유 가 없어 행정청이 지체가산금을 정당하게 징수하였던 경우에는, 그 후 납부의무자에게 법 제17조 제1항, 구 기반시 설부담금에 관한 법률 시행령(2008.9.25. 대통령령 제21038호 국토의 계획 및 이용에 관한 법률 시행령 부칙 제2조 로 폐지, 이하 '시행령'이라 한다) 제15조 제2항 각호의 환급사유가 발생하였더라도 행정청이 당초 적법하게 부과· 징수하였던 기반시설부담금의 전부 또는 일부를 납부의무자에게 환급하여야 할 의무가 그때 비로소 성립하는 것 일 뿐(행정청의 환급결정에는 당초 적법하였던 기반시설부담금 부과처분을 장래를 향하여 일부 취소하는 결정의 의미가 포함되어 있는 것으로 보아야 한다), 그러한 사정만으로 행정청이 당초 정당하게 징수한 지체가산금까지 납 부의무자에게 환급하여야 할 의무가 발생한다고 볼 수는 없다. 따라서 이러한 경우에는 행정청이 납부의무자에게 법 제17조 제1항, 제2항, 시행령 제15조 제2항, 제4항에 따라 부담금환급금과 그에 대한 법정이자에 해당하는 환급가 산금을 지급할 의무가 있을 뿐이라고 보아야 한다(대판 2018.6.28, 2016두50990).

🎓 확인 OX

01 소송요건(대상적격)
기반시설부담금 납부의무자의 환급신청에 대하여 행정청이 전부 또는 일부 환급을 거부하는 결정은 행정청이 공권력의 주체로서 행하 는 구체적 사실에 관한 법집행으로서 납부의무자의 권리·의무에 직접 영향을 미치므로 항고소송의 대상인 처분에 해당한다고 보아 야 한다. 행정청의 환급 거부대상이 기반시설부담금 그 자체가 아니라 그 납부지체로 발생한 지체가산금인 경우에도 달리 볼 것은 아 니다. 예상 ( )

정답 01 ○

[1] 특허법 제198조의2 제1항, 특허법 시행규칙 제84조 제1항, 제2항, 특허협력조약(Patent Cooperation Treaty) 제15조 (2), (3), 특허협력조약 규칙(Regulations Under the Patent Cooperation Treaty) 91.1(a), 91.3(a) 등에 따르면, 국제출원의 출원서에 명백한 잘못이 있음을 이유로 하는 정정신청에 대한 특허청장의 거부사실의 통지는 국제출원에 대한 국제조사기관(International Searching Authority)으로서의 지위에서 한 것으로 볼 수 있다. 국제출원에서 국제조사기관의 지위에서 한 특허청장의 행위가 항고소송의 대상이 될 수 있는지는, 출원인의 권리의무에 직접적으로 영향을 미칠 가능성이 있는지 여부, 다른 권리구제수단이 마련되어 있는지 여부와 함께 특허협력조약의 취지 및 국제출원에서 국제조사절차가 갖는 의미와 역할 등을 종합적으로 고려하여 결정하여야 한다.

[2] 갑이 특허청장에게 '음소보다 더 세분화된 구성단위 또는 다양한 게임을 활용한 언어 학습 시스템'에 관하여 특허협력조약에 따른 국제출원을 하였다가 국제출원 당시 제출한 명세서의 내용을 정정하기 위해 명백한 잘못의 정정 신청을 하였는데, 특허청장이 갑에게 신청서에 첨부된 '정정내용이 이미 국제출원 시에 의도된 것이라고 인정하기 곤란하다'는 이유로 위 신청은 허가될 수 없다는 내용의 결정을 통지한 사안에서, 국제출원에 관한 법령과 조약의 규정, 국제출원에서 국제조사절차가 갖는 의미와 역할 등에 비추어, 위 통지가 국제출원에서 갑의 실체상의 권리관계에 직접적인 변동을 일으키거나 갑이 권리를 행사함에 중대한 지장을 초래한다고 보기 어려우므로 위 통지는 항고소송의 대상이 되지 않는다고 한 사례(대판 2018.9.13, 2016두45745).

🏛 확인 OX

01 소송요건(대상적격)

甲이 특허청장에게 '음소보다 더 세분화된 구성단위 또는 다양한 게임을 활용한 언어 학습 시스템'에 관하여 특허협력조약에 따른 국제출원을 하였다가 국제출원 당시 제출한 명세서의 내용을 정정하기 위해 명백한 잘못의 정정 신청을 하였는데, 특허청장이 甲에게 신청서에 첨부된 '정정내용이 이미 국제출원 시에 의도된 것이라고 인정하기 곤란하다'는 이유로 위 신청은 허가될 수 없다는 내용의 결정을 통지한 사안에서, 이 통지는 항고소송의 대상이 된다. 예상   (   )

정답 01 × ◁

[1] 항고소송은 처분 등의 취소 또는 무효확인을 구할 법률상 이익이 있는 자가 제기할 수 있고(행정소송법 제12조, 제35조), 불이익처분의 상대방은 직접 개인적 이익의 침해를 받은 자로서 원고적격이 인정된다.

[2] 교육공무원법 제29조의2 제1항, 제13조, 제14조 제1항, 제2항, 교육공무원 승진규정 제1조, 제2조 제1항 제1호, 제40조 제1항, 교육공무원임용령 제14조 제1항, 제16조 제1항에 따르면 임용권자는 3배수의 범위 안에 들어간 후보자들을 대상으로 승진임용 여부를 심사하여야 하고, 이에 따라 승진후보자 명부에 포함된 후보자는 임용권자로부터 정당한 심사를 받게 될 것에 관한 절차적 기대를 하게 된다. 그런데 임용권자 등이 자의적인 이유로 승진후보자 명부에 포함된 후보자를 승진임용에서 제외하는 처분을 한 경우에, 이러한 승진임용제외처분을 항고소송의 대상이 되는 처분으로 보지 않는다면, 달리 이에 대하여는 불복하여 침해된 권리 또는 법률상 이익을 구제받을 방법이 없다. 따라서 교육공무원법상 승진후보자 명부에 의한 승진심사 방식으로 행해지는 승진임용에서 승진후보자 명부에 포함되어 있던 후보자를 승진임용인사발령에서 제외하는 행위는 불이익처분으로서 항고소송의 대상인 처분에 해당한다고 보아야 한다.

다만 교육부장관은 승진후보자 명부에 포함된 후보자들에 대하여 일정한 심사를 진행하여 임용제청 여부를 결정할 수 있고 승진후보자 명부에 포함된 특정 후보자를 반드시 임용제청을 하여야 하는 것은 아니며, 또한 교육부장관이 임용제청을 한 후보자라고 하더라도 임용권자인 대통령이 반드시 승진임용을 하여야 하는 것도 아니다. 이처럼 공무원 승진임용에 관해서는 임용권자에게 일반 국민에 대한 행정처분이나 공무원에 대한 징계처분에서와는 비교할 수 없을 정도의 광범위한 재량이 부여되어 있다. 따라서 승진후보자 명부에 포함된 후보자를 승진임용에서 제외하는 결정이 공무원의 자격을 정한 관련 법령 규정에 위반되지 아니하고 사회통념상 합리성을 갖춘 사유에 따른 것이라는 주장·증명이 있다면 쉽사리 위법하다고 판단하여서는 아니 된다(대판 2018.3.27, 2015두47492).

🏛 **확인 OX**

01 소송요건(원고적격)
항고소송은 처분 등의 취소 또는 무효확인을 구할 법률상 이익이 있는 자가 제기할 수 있고, 불이익처분의 상대방은 직접 개인적 이익의 침해를 받은 자로서 원고적격이 인정된다. 예상 (　　)

02 소송요건(대상적격)
교육공무원법상 승진후보자 명부에 의한 승진심사 방식으로 행해지는 승진임용에서 승진후보자 명부에 포함되어 있던 후보자를 승진임용인사발령에서 제외하는 행위는 항고소송의 대상인 처분에 해당하지 않는다. 20. 소방간부, 19. 지방직 9급 (　　)

03 소송요건(대상적격)
교육공무원법에 따라 승진후보자 명부에 포함되어 있던 후보자를 승진심사에 의해 승진임용인사발령에서 제외하는 행위는 항고소송의 대상인 처분으로 보아야 한다. 19. 지방직 7급 (　　)

04 판단여지
공무원 승진임용에 관해서는 임용권자에게 일반 국민에 대한 행정처분이나 공무원에 대한 징계처분에서와는 비교할 수 없을 정도의 광범위한 재량이 부여되어 있다. 예상 (　　)

정답 01 ○ 02 × 03 ○ 04 ○

[1] 행정소송법상 거부처분 취소소송의 대상인 '거부처분'이란 '행정청이 행하는 구체적 사실에 관한 법집행으로서의 공권력의 행사 또는 이에 준하는 행정작용', 즉 적극적 처분의 발급을 구하는 신청에 대하여 그에 따른 행위를 하지 않았다고 거부하는 행위를 말하고, 부작위위법확인소송의 대상인 '부작위'란 '행정청이 당사자의 신청에 대하여 상당한 기간 내에 일정한 처분을 하여야 할 법률상 의무가 있음에도 불구하고 이를 하지 아니하는 것'을 말한다(제2조 제1항 제1호, 제2호). 여기에서 '처분'이란 행정소송법상 항고소송의 대상이 되는 처분을 의미하는 것으로서, 행정소송법 제2조의 처분의 개념 정의에는 해당한다고 하더라도 그 처분의 근거 법률에서 행정소송 이외의 다른 절차에 의하여 불복할 것을 예정하고 있는 처분은 항고소송의 대상이 될 수 없다. 검사의 불기소결정에 대해서는 검찰청법에 의한 항고와 재항고, 형사소송법에 의한 재정신청에 의해서만 불복할 수 있는 것이므로, 이에 대해서는 행정소송법상 항고소송을 제기할 수 없다.

[2] 형사소송법 제258조 제1항의 처분결과 통지는 불기소결정에 대한 항고기간의 기산점이 되며, 형사소송법 제259조의 공소불제기이유고지 제도는 고소인 등으로 하여금 항고 등으로 불복할지 여부를 결정하는 데 도움을 주도록 하기 위한 것이므로, 이러한 통지 내지 고지는 불기소결정이라는 검사의 처분이 있은 후 그에 대한 불복과 관련한 절차일 뿐 별도의 독립한 처분이 된다고는 볼 수 없다. 만약 검사가 형사소송법 제258조 제1항의 처분결과 통지 의무를 이행하지 않은 경우에는 항고기간이 진행하지 않는 효과가 발생하고, 형사소송법 제259조의 공소불제기이유고지 의무를 이행하지 않은 경우에는 고소인 등이 검사의 불기소결정의 이유를 알 수 없어 그에 대한 불복 여부를 결정하는 데 장애를 초래할 수 있게 되므로, 고소인 등이 검찰청법 제10조 제6항에 따라 '자신에게 책임이 없는 사유로 정하여진 기간 내에 항고를 제기하지 못하여' 그 사유가 해소된 때부터 항고기간이 진행하게 될 여지가 있게 될 뿐이다(대판 2018.9.28, 2017두47465).

🏛 확인 OX

01 부작위위법확인소송
어떠한 처분에 대하여 그 근거 법률에서 행정소송 이외의 다른 절차에 의하여 불복할 것을 예정하고 있는 경우, 그 처분이 행정소송법상 처분의 개념에 해당한다고 하더라도 그 처분의 부작위는 부작위위법확인소송의 대상이 될 수 없다. 20. 국가직 9급　　(　)

02 소송요건(대상적격)
검사의 불기소결정에 대해서는 항고소송을 제기할 수 없다. 19. 서울시 7급　　(　)

03 소송요건(대상적격)
검사의 불기소결정은 공권력의 행사에 포함되므로, 검사의 자의적인 수사에 의하여 불기소결정이 이루어진 경우 그 불기소결정은 처분에 해당한다. 19. 국가직 9급　　(　)

정답 01 ○ 02 ○ 03 ×

[1] 국가기관 등 행정기관(이하 '행정기관 등'이라 한다) 사이에 권한의 존부와 범위에 관하여 다툼이 있는 경우에 이는 통상 내부적 분쟁이라는 성격을 띠고 있어 상급관청의 결정에 따라 해결되거나 법령이 정하는 바에 따라 '기관소송'이나 '권한쟁의심판'으로 다루어진다.

그런데 법령이 특정한 행정기관 등으로 하여금 다른 행정기관을 상대로 제재적 조치를 취할 수 있도록 하면서, 그에 따르지 않으면 그 행정기관에 대하여 과태료를 부과하거나 형사처벌을 할 수 있도록 정하는 경우가 있다. 이러한 경우에는 단순히 국가기관이나 행정기관의 내부적 문제라거나 권한 분장에 관한 분쟁으로만 볼 수 없다. 행정기관의 제재적 조치의 내용에 따라 '구체적 사실에 대한 법집행으로서 공권력의 행사'에 해당할 수 있고, 그러한 조치의 상대방인 행정기관이 입게 될 불이익도 명확하다. 그런데도 그러한 제재적 조치를 기관소송이나 권한쟁의심판을 통하여 다툴 수 없다면, 제재적 조치는 그 성격상 단순히 행정기관 등 내부의 권한 행사에 머무는 것이 아니라 상대방에 대한 공권력 행사로서 항고소송을 통한 주관적 구제대상이 될 수 있다고 보아야 한다. 기관소송 법정주의를 취하면서 제한적으로만 이를 인정하고 있는 현행 법령의 체계에 비추어 보면, 이 경우 항고소송을 통한 구제의 길을 열어주는 것이 법치국가 원리에도 부합한다. 따라서 이러한 권리구제나 권리보호의 필요성이 인정된다면 예외적으로 그 제재적 조치의 상대방인 행정기관 등에게 항고소송 원고로서의 당사자능력과 원고적격을 인정할 수 있다.

[2] 국민권익위원회가 소방청장에게 인사와 관련하여 부당한 지시를 한 사실이 인정된다며 이를 취소할 것을 요구하기로 의결하고 그 내용을 통지하자 소방청장이 국민권익위원회 조치요구의 취소를 구하는 소송을 제기한 사안에서, 행정기관인 국민권익위원회가 행정기관의 장에게 일정한 의무를 부과하는 내용의 조치요구를 한 것에 대하여 그 조치요구의 상대방인 행정기관의 장이 다투고자 할 경우에 법률에서 행정기관 사이의 기관소송을 허용하는 규정을 두고 있지 않으므로 이러한 조치요구를 이행할 의무를 부담하는 행정기관의 장으로서는 기관소송으로 조치요구를 다툴 수 없고, 위 조치요구에 관하여 정부 조직 내에서 그 처분의 당부에 대한 심사·조정을 할 수 있는 다른 방도도 없으며, 국민권익위원회는 헌법 제111조 제1항 제4호에서 정한 '헌법에 의하여 설치된 국가기관'이라고 할 수 없으므로 그에 관한 권한쟁의심판도 할 수 없고, 별도의 법인격이 인정되는 국가기관이 아닌 소방청장은 질서위반행위규제법에 따른 구제를 받을 수도 없는 점, 부패방지 및 국민권익위원회의 설치와 운영에 관한 법률은 소방청장에게 국민권익위원회의 조치요구에 따라야 할 의무를 부담시키는 외에 별도로 그 의무를 이행하지 않을 경우 과태료나 형사처벌까지 정하고 있으므로 위와 같은 조치요구에 불복하고자 하는 '소속기관 등의 장'에게는 조치요구를 다툴 수 있는 소송상의 지위를 인정할 필요가 있는 점에 비추어, 처분성이 인정되는 국민권익위원회의 조치요구에 불복하고자 하는 소방청장으로서는 조치요구의 취소를 구하는 항고소송을 제기하는 것이 유효·적절한 수단으로 볼 수 있으므로 소방청장은 예외적으로 당사자능력과 원고적격을 가진다고 한 사례(대판 2018.8.1, 2014두35379).

🏛 확인 OX

01 소송요건(원고적격)

법령이 특정한 행정기관으로 하여금 다른 행정기관에 제재적 조치를 취할 수 있도록 하면서, 그에 따르지 않으면 그 행정기관에 과태료 등을 과할 수 있도록 정하는 경우, 권리구제나 권리보호의 필요성이 인정된다면 예외적으로 그 제재적 조치의 상대방인 행정기관에게 항고소송의 원고적격을 인정할 수 있다. 19. 국가직 7급 ( )

02 소송요건(원고적격)

국민권익위원회가 소방청장에게 인사와 관련하여 부당한 지시를 한 사실이 인정된다며 이를 취소할 것을 요구하기로 의결하고 내용을 통지하자 그 국민권익위원회 조치요구의 취소를 구하는 사안에서의 소방청장은 행정소송의 원고적격을 가지는 자에 해당한다.

19. 국회직 8급 ( )

정답 01 ○ 02 ○

[1] 행정처분의 직접 상대방이 아닌 자로서 처분에 의하여 자신의 환경상 이익을 침해받거나 침해받을 우려가 있다는 이유로 취소소송을 제기하는 제3자는, 자신의 환경상 이익이 처분의 근거 법규 또는 관련 법규에 의하여 개별적·직접적·구체적으로 보호되는 이익, 즉 법률상 보호되는 이익임을 증명하여야 원고적격이 인정된다.

[2] 행정소송법 제12조 후문은 '처분 등의 효과가 기간의 경과, 처분 등의 집행 그 밖의 사유로 인하여 소멸된 뒤에도 그 처분 등의 취소로 인하여 회복되는 법률상 이익이 있는 자의 경우에는' 취소소송을 제기할 수 있다고 규정하여, 이미 효과가 소멸된 행정처분에 대해서도 권리보호의 필요성이 인정되는 경우에는 취소소송의 제기를 허용하고 있다. 구체적인 사안에서 권리보호의 필요성 유무를 판단할 때에는 국민의 재판청구권을 보장한 헌법 제27조 제1항의 취지와 행정처분으로 인한 권익침해를 효과적으로 구제하려는 행정소송법의 목적 등에 비추어 행정처분의 존재로 인하여 국민의 권익이 실제로 침해되고 있는 경우는 물론이고 권익침해의 구체적·현실적 위험이 있는 경우에도 이를 구제하는 소송이 허용되어야 한다는 요청을 고려하여야 한다. 따라서 처분이 유효하게 존속하는 경우에는 특별한 사정이 없는 한 그 처분의 존재로 인하여 실제로 침해되고 있거나 침해될 수 있는 현실적인 위험을 제거하기 위해 취소소송을 제기할 권리보호의 필요성이 인정된다고 보아야 한다.

[3] 구 산업집적활성화 및 공장설립에 관한 법률(2009.2.6. 법률 제9426호로 개정되기 전의 것) 제13조 제1항, 제13조의2 제1항 제16호, 제14조, 제50조, 제13조의5 제4호의 규정을 종합하면, 공장설립승인처분이 있고 난 뒤에 또는 그와 동시에 공장건축허가처분을 하는 것이 허용되므로, 공장설립승인처분이 취소된 경우에는 그 승인처분을 기초로 한 공장건축허가처분 역시 취소되어야 하고, 공장설립승인처분에 근거하여 토지의 형질변경이 이루어진 경우에는 원상회복을 해야 함이 원칙이다. 따라서 개발제한구역 안에서의 공장설립을 승인한 처분이 위법하다는 이유로 쟁송취소되었다고 하더라도 그 승인처분에 기초한 공장건축허가처분이 잔존하는 이상, 공장설립승인처분이 취소되었다는 사정만으로 인근 주민들의 환경상 이익이 침해되는 상태나 침해될 위험이 종료되었다거나 이를 시정할 수 있는 단계가 지나버렸다고 단정할 수는 없고, 인근 주민들은 여전히 공장건축허가처분의 취소를 구할 법률상 이익이 있다고 보아야 한다(대판 2018.7.12, 2015두3485).

📖 확인 OX

01 소송요건(원고적격)
행정처분의 직접 상대방이 아닌 자로서 처분에 의하여 자신의 환경상 이익을 침해받거나 침해받을 우려가 있다는 이유로 취소소송을 제기하는 제3자는, 자신의 환경상 이익이 처분의 근거 법규 또는 관련 법규에 의하여 개별적·직접적·구체적으로 보호되는 이익임을 증명하여야 원고적격이 인정된다. 예상 ( )

02 소송요건(소의 이익)
처분이 유효하게 존속하는 경우에는 특별한 사정이 없는 한 그 처분의 존재로 인해 실제 침해되고 있거나 침해될 수 있는 현실적인 위험을 제거하기 위해 취소소송을 제기할 권리보호의 필요성이 인정된다고 보아야 한다. 예상 ( )

03 소송요건(소의 이익)
개발제한구역 안에서의 공장설립을 승인한 처분이 위법하다는 이유로 쟁송취소되었다면, 설령 그 승인처분에 기초한 공장 건축허가처분이 잔존하는 경우에도 인근 주민들에게는 공장건축허가처분의 취소를 구할 법률상 이익이 없다. 19. 지방직 9급 ( )

04 소송요건(소의 이익)
공장설립승인처분이 위법하다는 이유로 쟁송취소되었다고 하더라도 그 승인처분에 기초한 공장건축허가처분이 잔존하는 이상, 인근 주민들은 여전히 공장건축허가처분의 취소를 구할 법률상 이익이 있다. 19. 서울시 7급 ( )

정답 01 ○ 02 ○ 03 × 04 ○

[1] 원고적격 인정 여부

① 행정처분에 대한 취소소송에서 원고적격이 있는지 여부는, 당해 처분의 상대방인지 여부에 따라 결정되는 것이 아니라 그 취소를 구할 법률상 이익이 있는지 여부에 따라 결정되는 것이다. 여기서 법률상 이익이란 당해 처분의 근거 법률에 의하여 보호되는 직접적이고 구체적인 이익이 있는 경우를 말하며, 간접적이거나 사실적 · 경제적 이해관계를 가지는 데 불과한 경우는 포함되지 아니한다(대법원 2001.9.28. 선고 99두8565 판결 등).

② 구 출입국관리법(2018.3.20. 법률 제15492호로 개정되기 전의 것, 이하 '출입국관리법'이라 한다)은 외국인이 입국할 때에는 원칙적으로 유효한 여권과 대한민국의 법무부장관이 발급한 사증을 가지고 있어야 하고(제7조 제1항), 입국하는 출입국항에서 출입국관리공무원의 입국심사를 받아야 한다고(제12조 제1항) 규정하고 있다. 따라서 외국인이 이미 사증을 발급받은 경우에도 출입국항에서 입국심사가 면제되지는 않는다. 사증발급은 외국인에게 대한민국에 입국할 권리를 부여하거나 입국을 보장하는 완전한 의미에서의 입국허가결정이 아니라, 외국인이 대한민국에 입국하기 위한 예비조건 내지 입국허가의 추천으로서의 성질을 가진다고 봄이 타당하다.

한편 출입국관리법은, 입국하려는 외국인은 대통령령으로 정하는 체류자격을 가져야 하고(제10조 제1항), 사증발급에 관한 기준과 절차는 법무부령으로 정한다고(제8조 제3항) 규정하고 있다. 그 위임에 따라 출입국관리법 시행령 제12조 별표 1은 외국인의 다양한 체류자격을 규정하면서, 그 중 결혼이민(F-6) 체류자격을 "국민의 배우자"(가목), "국민과 혼인관계(사실상의 혼인관계를 포함한다)에서 출생한 자녀를 양육하고 있는 부 또는 모로서 법무부장관이 인정하는 사람"(나목), "국민의 배우자와 혼인한 상태로 국내에 체류하던 중 그 배우자의 사망이나 실종, 그 밖에 자신에게 책임질 수 없는 사유로 정상적인 혼인관계를 유지할 수 없는 사람으로서 법무부장관이 인정하는 사람"(다목)이라고 규정하고 있다(제28의4호). 그런데 외국인에게는 입국의 자유를 인정하지 않는 것이 세계 각국의 일반적인 입법 태도이다. 그리고 우리 출입국관리법의 입법목적은 "대한민국에 입국하거나 대한민국에서 출국하는 모든 국민 및 외국인의 출입국관리를 통한 안전한 국경관리와 대한민국에 체류하는 외국인의 체류관리 및 난민(難民)의 인정절차 등에 관한 사항을 규정"하는 것이다(제1조). 체류자격 및 사증발급의 기준과 절차에 관한 출입국관리법과 그 하위법령의 위와 같은 규정들은, 대한민국의 출입국 질서와 국경관리라는 공익을 보호하려는 취지일 뿐, 외국인에게 대한민국에 입국할 권리를 보장하거나 대한민국에 입국하고자 하는 외국인의 사익까지 보호하려는 취지로 해석하기는 어렵다.

사증발급 거부처분을 다투는 외국인은, 아직 대한민국에 입국하지 않은 상태에서 대한민국에 입국하게 해달라고 주장하는 것으로, 대한민국과의 실질적 관련성 내지 대한 민국에서 법적으로 보호가치 있는 이해관계를 형성한 경우는 아니어서, 해당 처분의 취소를 구할 법률상 이익을 인정하여야 할 법정책적 필요성도 크지 않다. 반면, 국적법상 귀화불허가처분이나 출입국관리법상 체류자격변경 불허가처분, 강제퇴거명령 등을 다투는 외국인은 대한민국에 적법하게 입국하여 상당한 기간을 체류한 사람이므로, 이미 대한민국과의 실질적 관련성 내지 대한 민국에서 법적으로 보호가치 있는 이해관계를 형성한 경우이어서, 해당 처분의 취소를 구할 법률상 이익이 인정된다고 보아야 한다.

나아가 중화인민공화국(이하 '중국'이라 한다) 출입경관리법 제36조 등은 외국인이 사증발급 거부 등 출입국 관련 제반 결정에 대하여 불복하지 못하도록 명문의 규정을 두고 있으므로, 국제법의 상호주의원칙상 대한민국이 중국 국적자에게 우리 출입국관리행정청의 사증발급 거부에 대하여 행정소송 제기를 허용할 책무를 부담한다고 볼 수는 없다.

이와 같은 사증발급의 법적 성질, 출입국관리법의 입법목적, 사증발급 신청인의 대한 민국과의 실질적 관련성, 상호주의원칙 등을 고려하면, 우리 출입국관리법의 해석상 외국인에게는 사증발급 거부처분의 취소를 구할 법률상 이익이 인정되지 않는다고 봄이 타당하다.

③ 원심판결 이유와 적법하게 채택된 증거들에 의하면, 다음과 같은 사실을 알 수 있다.

　　㉠ 대한민국 국민인 소외인은 국제결혼중개업체를 통해 2010.3.6.부터 4박 5일간 중국을 방문하여 중국 국적자인 원고를 소개받은 후, 소외인이 2010.4.5. 한국에서 혼인신고를, 원고가 2010.4.26. 중국에서 혼인신고를 마쳤다.

　　㉡ 원고는 소외인과 혼인하였음을 이유로, 2010. 5.경부터 2013. 5.경 사이에 매년 1차례씩 피고에게 결혼이민(F-6) 체류자격의 사증발급을 네 차례 신청하였다. 그러나 피고는 매번 소외인의 거주지를 관할하는 출입국관리사무소 소속 공무원의 실태조사를 거쳐, '소외인의 가족부양능력 결여' 등을 이유로 원고에 대한 사증발급을 네 차례 모두 거부하였다(그 중 피고가 2013.7.16. 원고에 대하여 한 네 번째 사증발급거부행위를 '이 사건 거부처분'이라 한다).

④ 위와 같은 사실관계를 앞서 본 법리에 비추어 살펴보면, 중국 국적자인 원고에게는 사증발급 거부처분의 취소를 구할 법률상 이익이 인정되지 않는다고 보아야 한다.

⑤ 그럼에도 원심은, 원고가 이 사건 거부처분의 직접 상대방이라는 이유만으로 원고에게 그 취소를 구할 법률상 이익이 있다고 인정한 다음, 본안으로 나아가 이 사건 거부처분의 위법성 여부에 관하여 판단하였다. 이러한 원심판단에는 항고소송의 원고 적격에 관한 법리를 오해하여 판결에 영향을 미친 위법이 있고, 이 점을 지적하는 상고이유 주장은 이유 있다.

[2] 그러므로 나머지 상고이유에 관한 판단을 생략한 채 원심판결을 파기하되, 이 사건은 이 법원이 직접 재판하기에 충분하므로 자판하기로 한다. 제1심판결을 취소하고, 이 사건 소를 각하하며, 소송총비용은 패소자가 부담하도록 하여, 관여 대법관의 일치된 의견으로 주문과 같이 판결한다(대판 2018.5.15, 2014두42506).

📖 확인 OX

01 개인적 공권

체류자격 및 사증발급의 기준과 절차에 관한 출입국관리법과 그 하위법령 등은, 대한민국의 출입국 질서와 국경관리라는 공익 뿐 아니라 외국인에게 대한민국에 입국할 권리를 보장하거나 대한민국에 입국하고자 하는 외국인의 사익까지 보호하려는 취지로 해석된다. 예상　　　　　　　　　　　　　　　　　　　　　　　　　　　　　　　　　　　　(　)

02 개인적 공권

사증발급 거부처분을 다투는 외국인은 대한민국과의 실질적 관련성 내지 대한민국에서 법적으로 보호가치 있는 이해관계를 형성한 경우로 볼 수 있으므로 해당 처분의 취소를 구할 법률상 이익을 인정 할 법정책적 필요성이 크다. 예상　　　　　　　　　　　　　　(　)

03 소송요건(원고적격)

출입국관리법상의 체류자격 및 사증발급의 기준과 절차에 관한 규정들은 대한민국의 출입국 질서와 국경관리라는 공익을 보호하려는 취지로 해석될 뿐이므로, 동법상 체류자격변경 불허가처분, 강제퇴거명령 등을 다투는 외국인에게는 해당 처분의 취소를 구할 법률상 이익이 인정되지 않는다. 19. 국가직 7급　　　　　　　　　　　　　　　　　　　　　　　　(　)

정답 01 × 02 × 03 ×

<u>수소법원의 재판관할권 유무는 법원의 직권조사사항으로서 법원이 그 관할에 속하지 아니함을 인정한 때에는 민사소송법 제34조 제1항에 의하여 직권으로 이송결정을 하는 것이고, 소송당사자에게 관할위반을 이유로 하는 이송신청권이 있는 것은 아니다. 따라서 당사자가 관할위반을 이유로 한 이송신청을 한 경우에도 이는 단지 법원의 직권발동을 촉구하는 의미밖에 없다.</u> 한편 법원이 당사자의 신청에 따른 직권발동으로 이송결정을 한 경우에는 즉시항고가 허용되지만 (민사소송법 제39조), 위와 같이 당사자에게 이송신청권이 인정되지 않는 이상 항고심에서 당초의 이송결정이 취소되었다 하더라도 이에 대한 신청인의 재항고는 허용되지 않는다(대결 2018.1.19, 2017마1332).

🏛 **확인 OX**

01 관할의 이송

수소법원의 재판관할권 유무는 법원의 직권조사사항으로서 법원이 그 관할에 속하지 아니함을 인정한 때에는 민사소송법 제34조 제1항에 의하여 직권으로 이송결정을 하는 것이고, 소송당사자에게 관할위반을 이유로 하는 이송신청권이 있는 것은 아니다. 예상

( )

정답 01 ○

[1] 구 도시 및 주거환경정비법(2017.2.8. 법률 제14567호로 전부 개정되기 전의 것, 이하 '구 도시정비법'이라 한다) 제65조 제2항은, "시장·군수 또는 주택공사등이 아닌 사업시행자가 정비사업의 시행으로 새로이 설치한 정비기반시설은 그 시설을 관리할 국가 또는 지방자치단체에 무상으로 귀속되고, 정비사업의 시행으로 인하여 용도가 폐지되는 국가 또는 지방자치단체 소유의 정비기반시설은 그가 새로이 설치한 정비기반시설의 설치비용에 상당하는 범위 안에서 사업시행자에게 무상으로 양도된다."라고 규정하고 있다. 위 전단 규정은, '정비사업의 시행으로 새로이 설치한 정비기반시설'을 국가 또는 지방자치단체에 무상으로 귀속되게 함으로써 정비사업 과정에서 필수적으로 요구되는 정비기반시설을 원활하게 확보하고 그 시설을 효율적으로 유지·관리한다는 공법상 목적을 달성하는 데 입법취지가 있다. 위 후단 규정은, 위 전단 규정에 따라 정비기반시설이 국가 또는 지방자치단체에 무상으로 귀속됨으로 인하여 발생하는 사업시행자의 재산상 손실을 고려하여, 그 사업시행자가 새로이 설치한 정비기반시설의 설치비용에 상당하는 범위 안에서 '정비사업의 시행으로 인하여 용도가 폐지되는 국가 또는 지방자치단체 소유의 정비기반시설'을 그 사업시행자에게 무상으로 양도되도록 하여 위와 같은 재산상의 손실을 합리적인 범위 안에서 보전해 주는 데 입법 취지가 있다.

위와 같은 구 도시정비법 제65조 제2항의 입법 취지와 구 도시정비법(제1조)의 입법 목적을 고려하면, 위 후단 규정에 따른 정비기반시설의 소유권 귀속에 관한 국가 또는 지방자치단체와 정비사업시행자 사이의 법률관계는 공법상의 법률관계로 보아야 한다. 따라서 위 후단 규정에 따른 정비기반시설의 소유권 귀속에 관한 소송은 공법상의 법률관계에 관한 소송으로서 행정소송법 제3조 제2호에서 규정하는 당사자소송에 해당한다.

[2] 원고가 고의 또는 중대한 과실 없이 행정소송으로 제기하여야 할 사건을 민사소송으로 잘못 제기한 경우, 수소법원으로서는 만약 그 행정소송에 대한 관할을 동시에 가지고 있다면 이를 행정소송으로 심리·판단하여야 하고, 그 행정소송에 대한 관할을 가지고 있지 아니하다면 당해 소송이 이미 행정소송으로서의 전심절차와 제소기간을 도과하였거나 행정소송의 대상이 되는 처분 등이 존재하지도 아니한 상태에 있는 등 행정소송으로서 소송요건을 결하고 있음이 명백하여 행정소송으로 제기되었더라도 어차피 부적법하게 되는 경우가 아닌 이상 이를 부적법한 소라고 하여 각하할 것이 아니라 관할법원에 이송하여야 한다(대판 2018.7.26, 2015다221569).

PART 3

2018년 행정법총론 중요 판례

🏛 확인 OX

01 당사자소송
구 도시 및 주거환경정비법의 규정에 따른 정비기반시설의 소유권 귀속에 관한 국가 또는 지방자치단체와 정비사업시행자 사이의 법률관계는 공법상의 법률관계로 보아야 하며, 정비기반시설의 소유권 귀속에 관한 소송은 공법상의 법률관계에 관한 소송으로서 당사자소송에 해당한다. 예상 ( )

02 관할의 이송
원고가 고의 또는 중대한 과실 없이 행정소송으로 제기하여야 할 사건을 민사소송으로 잘못 제기한 경우, 수소법원으로서는 만약 그 행정소송에 대한 관할을 동시에 가지고 있다 하더라도 이를 각하하여야 한다. 예상 ( )

정답 01 O 02 X

[1] 행정소송법 제23조 제2항은 '취소소송이 제기된 경우에 처분 등이나 그 집행 또는 절차의 속행으로 인하여 생길 회복하기 어려운 손해를 예방하기 위하여 긴급한 필요가 있다고 인정할 때에는 처분 등의 효력 등을 정지할 수 있다.'고 정하고 있다. 여기에서 '회복하기 어려운 손해'는 특별한 사정이 없는 한 금전으로 보상할 수 없는 손해로서 금전보상이 불가능한 경우 또는 금전보상으로는 사회관념상 행정처분을 받은 당사자가 참고 견딜 수 없거나 참고 견디기가 현저히 곤란한 경우의 유형, 무형의 손해를 일컫는다. 그리고 '처분 등이나 그 집행 또는 절차의 속행으로 인하여 생길 회복하기 어려운 손해를 예방하기 위하여 긴급한 필요'가 있는지는 처분의 성질, 양태와 내용, 처분상대방이 입는 손해의 성질·내용과 정도, 원상회복·금전배상의 방법과 난이도 등은 물론 본안청구의 승소가능성 정도 등을 종합적으로 고려하여 구체적·개별적으로 판단하여야 한다.

[2] 시장이 도시환경정비구역을 지정하였다가 해당구역 및 주변지역의 역사·문화적 가치 보전이 필요하다는 이유로 정비구역을 해제하고 개발행위를 제한하는 내용을 고시함에 따라 사업시행예정구역에서 설립 및 사업시행인가를 받았던 갑 도시환경정비사업조합에 대하여 구청장이 조합설립인가를 취소하자, 갑 조합이 해제 고시의 무효확인과 인가취소처분의 취소를 구하는 소를 제기하고 판결 선고 시까지 각 처분의 효력 정지를 신청한 사안에서, 정비구역 지정이 취소되고 이에 대하여 불가쟁력이 발생하는 경우 정비사업 시행을 전제로 하는 후속 처분들은 모두 그 의미를 상실하게 되고 갑 조합에 대한 조합설립인가 취소처분은 갑 조합이 적법하게 취득한 공법인의 지위를 갑 조합의 귀책사유 없이 사후적 사정변경을 이유로 박탈하는 것이어서 신중하게 판단해야 하므로 위 각 처분의 위법성에 관하여 갑 조합이 본안소송에서 주장·증명할 기회가 충분히 보장되어야 하는 점, 각 처분의 효력을 정지하지 않을 경우 갑 조합이 정비사업과 관련한 후속 조치를 실행하는 데 사실상, 법률상 장애가 있게 될 뿐 아니라 시장 및 구청장이나 관계 행정청이 정비사업의 진행을 차단하기 위한 각종 불이익 조치를 할 염려가 있는 점 등을 종합하면, 각 처분의 효력을 정지하지 않을 경우 갑 조합에 특별한 귀책사유가 없는데도 정비사업의 진행이 법적으로 불가능해져 갑 조합에 회복하기 어려운 손해가 발생할 우려가 있으므로 이러한 손해를 예방하기 위하여 각 처분의 효력을 정지할 긴급한 필요가 있다고 한 사례(대결 2018.7.12, 2018무600).

🏛 확인 OX

01 가구제
집행정지요건인 회복하기 어려운 손해라 함은 금전배상이 불가능한 경우와 사회통념상 원상회복이나 금전배상이 가능하더라도 금전배상만으로는 수인할 수 없거나 수인하기 어려운 유·무형의 손해를 의미하고 손해의 규모가 현저하게 큰 것임을 요한다. 10. 국회직 8급
( )

02 가구제
시장이 도시환경정비구역을 지정하였다가 해당구역 및 주변지역의 역사·문화적 가치 보전이 필요하다는 이유로 정비구역을 해제하고 개발행위를 제한하는 내용을 고시함에 따라 사업시행예정구역에서 설립 및 사업시행인가를 받았던 甲 도시환경정비사업조합에 대하여 구청장이 조합설립인가를 취소하자, 甲 조합이 해제 고시의 무효확인과 인가취소처분의 취소를 구하는 소를 제기하고 판결 선고 시까지 각 처분의 효력 정지를 신청한 사안에서, 각 처분의 효력을 정지하지 않을 경우 甲 조합에 특별한 귀책사유가 없는데도 정비사업의 진행이 법적으로 불가능해져 甲 조합에 회복하기 어려운 손해가 발생할 우려가 있으므로 이러한 손해를 예방하기 위하여 각 처분의 효력을 정지할 긴급한 필요가 있다. 예상
( )

정답 01 × 02 O

[1] 지방자치단체가 일방 당사자가 되는 이른바 '공공계약'이 사경제의 주체로서 상대방과 대등한 위치에서 체결하는 사법상 계약에 해당하는 경우 그에 관한 법령에 특별한 정함이 있는 경우를 제외하고는 사적 자치와 계약자유의 원칙 등 사법의 원리가 그대로 적용된다.

[2] 행정사건의 심리절차는 행정소송의 특수성을 감안하여 행정소송법이 정하고 있는 특칙이 적용될 수 있는 점을 제외하면 심리절차 면에서 민사소송 절차와 큰 차이가 없으므로, 특별한 사정이 없는 한 민사사건을 행정소송 절차로 진행한 것 자체가 위법하다고 볼 수 없다.

[3] 지방자치단체가 계약의 적정한 이행을 위하여 계약상대방과의 계약에 근거하여 계약당사자 사이에 효력이 있는 계약특수조건 등을 부가하는 것이 금지되거나 제한된다고 할 이유는 없고, 사적 자치와 계약자유의 원칙상 관련 법령에 이를 금지하거나 제한하는 내용이 없는데도 그러한 계약내용이나 조치의 효력을 함부로 부인할 것은 아니다. 다만 구 지방자치단체를 당사자로 하는 계약에 관한 법률(2013.8.6. 법률 제12000호로 개정되기 전의 것) 제6조 제1항에 따라 공공계약에서 계약상대방의 계약상 이익을 부당하게 제한하는 특약은 효력이 없으나, 이에 해당하기 위해서는 그 특약이 계약상대방에게 다소 불이익하다는 점만으로는 부족하고 지방자치단체 등이 계약상대방의 정당한 이익과 합리적인 기대에 반하여 형평에 어긋나는 특약을 정함으로써 계약상대방에게 부당하게 불이익을 주었다는 점이 인정되어야 한다. 계약상대방의 계약상 이익을 부당하게 제한하는 특약인지는 그 특약에 의하여 계약상대방에게 생길 수 있는 불이익의 내용과 정도, 불이익 발생의 가능성, 전체 계약에 미치는 영향, 당사자들 사이의 계약체결과정, 관계 법령의 규정 등 모든 사정을 종합하여 판단하여야 한다(대판 2018.2.13, 2014두11328).

PART 3

2018년 행정법총론 중요 판례

🏛 **확인 OX**

01 공법관계와 사법관계
지방자치단체가 체결하는 이른바 '공공계약'이 사경제의 주체로서 상대방과 대등한 위치에서 체결하는 사법상 계약에 해당하는 경우, 그 계약에는 법령에 특별한 정함이 있는 경우 외에는 사적 자치와 계약자유의 원칙 등 사법의 원리가 그대로 적용된다. 19. 지방직 7급
( )

02 취소소송의 심리
행정사건의 심리절차는 행정소송의 특수성을 감안하여 행정소송법이 정하고 있는 특칙이 적용될 수 있는 점을 제외하면 심리절차 면에서 민사소송 절차와 큰 차이가 없으므로, 특별한 사정이 없는 한 민사사건을 행정소송 절차로 진행한 것 자체가 위법하다고 볼 수 없다. 예상
( )

정답 01 O 02 O

[1] 성희롱이란 업무, 고용, 그 밖의 관계에서 국가기관·지방자치단체, 각급 학교, 공직유관단체 등 공공단체의 종사자, 직장의 사업주·상급자 또는 근로자가 ① 지위를 이용하거나 업무 등과 관련하여 성적 언동 또는 성적 요구 등으로 상대방에게 성적 굴욕감이나 혐오감을 느끼게 하는 행위 ② 상대방이 성적 언동 또는 요구 등에 따르지 아니한다는 이유로 불이익을 주거나 그에 따르는 것을 조건으로 이익 공여의 의사표시를 하는 행위를 하는 것을 말한다[양성평등기본법 제3조 제2호, 남녀고용평등과 일·가정 양립 지원에 관한 법률 제2조 제2호, 국가인권위원회법 제2조 제3호 (라)목 등 참조]. 여기에서 '성적 언동'이란 남녀 간의 육체적 관계나 남성 또는 여성의 신체적 특징과 관련된 육체적, 언어적, 시각적 행위로서 사회공동체의 건전한 상식과 관행에 비추어 볼 때, 객관적으로 상대방과 같은 처지에 있는 일반적이고도 평균적인 사람으로 하여금 성적 굴욕감이나 혐오감을 느끼게 할 수 있는 행위를 의미한다.

[2] 성희롱이 성립하기 위해서는 행위자에게 반드시 성적 동기나 의도가 있어야 하는 것은 아니지만, 당사자의 관계, 행위가 행해진 장소 및 상황, 행위에 대한 상대방의 명시적 또는 추정적인 반응의 내용, 행위의 내용 및 정도, 행위가 일회적 또는 단기간의 것인지 아니면 계속적인 것인지 등의 구체적 사정을 참작하여 볼 때, 객관적으로 상대방과 같은 처지에 있는 일반적이고도 평균적인 사람으로 하여금 성적 굴욕감이나 혐오감을 느낄 수 있게 하는 행위가 있고, 그로 인하여 행위의 상대방이 성적 굴욕감이나 혐오감을 느꼈음이 인정되어야 한다.

[3] 성희롱을 사유로 한 징계처분의 당부를 다투는 행정소송에서 징계사유에 대한 증명책임은 그 처분의 적법성을 주장하는 피고에게 있다. 다만 민사소송이나 행정소송에서 사실의 증명은 추호의 의혹도 없어야 한다는 자연과학적 증명이 아니고, 특별한 사정이 없는 한 경험칙에 비추어 모든 증거를 종합적으로 검토하여 볼 때 어떤 사실이 있었다는 점을 시인할 수 있는 고도의 개연성을 증명하는 것이면 충분하다. 민사책임과 형사책임은 지도이념과 증명책임, 증명의 정도 등에서 서로 다른 원리가 적용되므로, 징계사유인 성희롱 관련 형사재판에서 성희롱 행위가 있었다는 점을 합리적 의심을 배제할 정도로 확신하기 어렵다는 이유로 공소사실에 관하여 무죄가 선고되었다고 하여 그러한 사정만으로 행정소송에서 징계사유의 존재를 부정할 것은 아니다.

[4] 법원이 성희롱 관련 소송의 심리를 할 때에는 그 사건이 발생한 맥락에서 성차별 문제를 이해하고 양성평등을 실현할 수 있도록 '성인지 감수성'을 잃지 않아야 한다(양성평등기본법 제5조 제1항 참조). 그리하여 우리 사회의 가해자 중심적인 문화와 인식, 구조 등으로 인하여 피해자가 성희롱 사실을 알리고 문제를 삼는 과정에서 오히려 부정적 반응이나 여론, 불이익한 처우 또는 그로 인한 정신적 피해 등에 노출되는 이른바 '2차 피해'를 입을 수 있다는 점을 유념하여야 한다. 피해자는 이러한 2차 피해에 대한 불안감이나 두려움으로 인하여 피해를 당한 후에도 가해자와 종전의 관계를 계속 유지하는 경우도 있고, 피해사실을 즉시 신고하지 못하다가 다른 피해자 등 제3자가 문제를 제기하거나 신고를 권유한 것을 계기로 비로소 신고를 하는 경우도 있으며, 피해사실을 신고한 후에도 수사기관이나 법원에서 그에 관한 진술에 소극적인 태도를 보이는 경우도 적지 않다. 이와 같은 성희롱 피해자가 처하여 있는 특별한 사정을 충분히 고려하지 않은 채 피해자 진술의 증명력을 가볍게 배척하는 것은 정의와 형평의 이념에 입각하여 논리와 경험의 법칙에 따른 증거판단이라고 볼 수 없다(대판 2018.4.12, 2017두74702).

🏛 확인 OX

01 취소소송의 심리
민사소송이나 행정소송에서 사실의 증명은 특별한 사정이 없는 한 경험칙에 비추어 모든 증거를 종합적으로 검토하여 볼 때 어떤 사실이 있었다는 점을 시인할 수 있는 고도의 개연성을 증명하는 것으로 충분하지 않고, 추호의 의혹도 없어야 한다는 자연과학적 증명을 의미한다. 예상 ( )

02 취소소송의 심리
성희롱을 사유로 한 징계처분의 당부를 다투는 행정소송에서 징계사유에 대한 증명책임은 그 처분의 적법성을 주장하는 피고에게 있다.
예상 ( )

정답 01 × 02 ○

합격을 위한 확실한 해답!
해커스공무원·소방 교재 시리즈

영어 기초 시리즈

해커스 공무원 영어
기초 영문법/기초 독해

해커스 소방영어
기초 영문법/기초 독해

영어 보카 시리즈

해커스공무원
기출 보카 4800
(세트)

해커스소방
기출 보카

해커스소방
김정연 필수 보카

입문서 시리즈

해커스공무원
처음 헌법
조문해설집

해커스공무원
처음 헌법
만화판례집

기본서 시리즈

해커스공무원
영어 (세트)

해커스공무원
국어 (세트)

해커스공무원
한국사 (세트)

해커스공무원
이명호 한국사 (세트)

해커스공무원
현 행정학 (세트)

해커스공무원
神행정법총론 (세트)

해커스공무원
세법 (세트)

해커스공무원
회계학 (세트)

해커스공무원
교정학 (세트)

해커스공무원
사회 (세트)

해커스공무원
과학 (세트)

해커스공무원
수학

해커스공무원
교육학 (세트)

해커스공무원
박정훈
사회복지학개론 (세트)

해커스공무원
명품 행정학 (세트)

해커스공무원
쉬운 행정학

해커스공무원
하종화 사회
(세트)

해커스공무원
神헌법 (세트)

해커스공무원
박철한 헌법

해커스공무원
局경제학 (세트)

해커스공무원
패권 국제법 1, 2
일반국제법/국제경제법

해커스공무원
패권 국제법
조약집

해커스공무원
패권 국제법
판례집

해커스공무원
패권 국제정치학 1, 2, 3
사상 및 이론/외교사/이슈

해커스공무원
이명호 무역학

해커스공무원
이명호 올인원 관세법

해커스소방
김정연 영어

해커스소방
김정연
소방 생활영어

해커스소방
국어 (세트)

해커스소방
최정 국어

해커스소방
한국사 (세트)

해커스소방
김정희
소방관계법규 (세트)

해커스소방
김진성
소방관계법규

연표노트

해커스공무원
김승범 스페셜 한국사
연표 노트

필기노트 시리즈

해커스공무원
김우택 영문법
합격생 필기노트

해커스공무원
신민숙 국어 어법
합격생 필기노트

해커스공무원
이중석 맵핑 한국사
합격생 필기노트

빈칸노트 시리즈

해커스공무원
이중석 맵핑 한국사
올인원 블랭크노트

해커스공무원
이중석 맵핑한국사
연표-사료 블랭크노트

해커스공무원
이명호 관세법
뱅령집

판례집

해커스공무원
3개년 최신판례집
행정법총론

핵심/요점정리 시리즈

해커스공무원
단권화 핵심정리
국어

해커스공무원
단권화 핵심정리
한국사

해커스공무원
요점정리
패권 국제법

해커스공무원
요점정리
패권 국제정치학

워크북

해커스공무원
이명호 한국사
암기강화 프로젝트 워크북

합격을 위한 확실한 해답!
해커스공무원·소방 교재 시리즈

기출문제집 시리즈

 해커스공무원 7개년 기출문제집 영어

 해커스공무원 7개년 기출문제집 국어

 해커스공무원 10개년 기출문제집 한국사 (세트)

 해커스공무원 14개년 기출문제집 현 행정학

 해커스공무원 14개년 기출문제집 神행정법총론 (세트)

 해커스공무원 17개년 기출문제집 세법

 해커스공무원 20개년 기출문제집 관세법

 해커스공무원 14개년 기출문제집 회계학

 해커스공무원 11개년 기출문제집 교정학

 해커스공무원 8개년 기출문제집 사회

 해커스공무원 8개년 기출문제집 교육학

 해커스공무원 14개년 기출문제집 명권 행정학

 해커스공무원 11개년 기출문제집 쉬운 행정학 (세트)

 해커스공무원 16개년 기출문제집 神헌법 (세트)

 해커스공무원 11개년 기출문제집 局경제학

 해커스공무원 14개년 기출문제집 패권 국제법

 해커스공무원 대한국사 윤승규 기출 1200제

 해커스공무원 이명호 한국사 기출로 적중 (세트)

 해커스소방 김정연 영역별 기출문제집 영어

 해커스소방 3개년 기출문제집 국어

 해커스소방 최정 8개년 기출문제집 국어

 해커스소방 최정 단원별 기출문제집 국어

 해커스소방 7개년 기출문제집 한국사

 해커스소방 김진성 단원별 기출문제집 소방관계법규

 해커스소방 이영철 단원별 기출문제집 소방학개론

적중문제집 시리즈

 해커스공무원 단원별 적중 700제 영어

 해커스공무원 단원별 적중 700제 국어

 해커스공무원 단원별 적중 700제 한국사

 해커스공무원 단원별 적중 1000제 패권 국제법

 해커스공무원 기출+적중 1700제 패권 국제정치학 (세트)

 해커스공무원 기출+적중 1000제 과학

 해커스공무원 기출+적중 1000제 수학

 해커스공무원 대한국사 윤승규 단원별 700제

기출+실전문제집

해커스소방 김정연 소방 생활영어 기출+실전문제

영역별 문제집

해커스공무원 국어 비문학 독해 333

 해커스소방 단원별 적중 500제 영어

 해커스소방 김정연 영역별 실전문제집 영어

 해커스소방 단원별 적중 500제 국어

 해커스소방 최정 단원별 실전문제집 국어

 해커스소방 단원별 적중 500제 한국사

 해커스소방 김진성 단원별 실전문제집 소방관계법규

 해커스소방 이영철 단원별 실전문제집 소방학개론

매일학습 문제집

 해커스공무원 양효주 매일 국어 1, 2

하프모의고사

 해커스공무원 하프모의고사 영어

 해커스소방 하프모의고사 영어

실전동형모의고사 시리즈

 해커스공무원 실전동형모의고사 영어 1, 2

 해커스공무원 실전동형모의고사 국어 1, 2

 해커스공무원 실전동형모의고사 한국사 1, 2

 해커스공무원 실전동형모의고사 행정학 1, 2

 해커스공무원 실전동형모의고사 행정법총론 1, 2

 해커스공무원 실전동형모의고사 사회 1, 2

 해커스공무원 실전동형모의고사 과학 1, 2

 해커스공무원 실전동형모의고사 수학 1, 2

 해커스공무원 실전동형모의고사 神헌법 1, 2

 해커스공무원 실전동형모의고사 局경제학

 해커스소방 실전동형모의고사 영어

 해커스소방 실전동형모의고사 국어

 해커스소방 실전동형모의고사 한국사

봉투모의고사

 해커스공무원 FINAL 봉투모의고사 영어

 해커스공무원 FINAL 봉투모의고사 국어

 해커스공무원 FINAL 봉투모의고사 한국사

 해커스소방 FINAL 봉투모의고사 영어

면접마스터

 해커스공무원 면접마스터